Putzke/Scheinfeld/Putzke
Strafprozessrecht

# Strafprozessrecht

von

**Dr. Holm Putzke, LL.M. (Krakau)**
Professor an der Universität Passau
sowie der EBS Universität für
Wirtschaft und Recht Wiesbaden

**Dr. Jörg Scheinfeld**
Professor an der Universität Mainz

**Dr. Christina Putzke**
Richterin am Landgericht Passau

9. Auflage 2022

C.H.BECK

**www.beck.de**

ISBN 978 3 406 78537 5


Wilhelmstraße 9, 80801 München
Druck: Druckerei C.H.Beck Nördlingen
(Adresse wie Verlag)

Satz: DTP-Vorlagen der Autoren
Umschlaggestaltung: Druckerei C.H.Beck Nördlingen

$CO_2$ neutral

chbeck.de/nachhaltig

Gedruckt auf säurefreiem, alterungsbeständigem Papier
(hergestellt aus chlorfrei gebleichtem Zellstoff)

# Vorwort

Die aufmerksame Lektüre dieses Buches befähigt auf dem Gebiet des Strafprozessrechts zum guten Bestehen der ersten juristischen Prüfung. Zugleich dient es der Vorbereitung von studienbegleitenden Klausuren. Was Rechtsprechung, Literatur und Gesetzgebung angeht, ist das Buch auf dem neuesten Stand. Wer es durchgearbeitet hat, kann jene prozessrechtlichen Aufgaben bewältigen, die in Klausuren und mündlicher Prüfung üblicherweise gestellt werden. Zielgruppe sind Studenten, die den Einstieg in das Gebiet des Strafprozessrechts suchen; ferner alle, die bereits erworbenes Wissen auffrischen und festigen wollen, etwa Examenskandidaten und Rechtsreferendare.

Dem Lernerfolg dienen das didaktische Konzept sowie die sprachliche und gedankliche Gestaltung des Buches. Die Gesetzesstrukturen haben wir anschaulich herausgearbeitet und wichtiges Detailwissen in systematische Zusammenhänge gestellt. Was Streitfälle angeht, nennen und begründen wir stets die Sicht der Rechtsprechung, setzen uns aber in gebotener Kürze auch mit abweichenden Meinungen auseinander. Dadurch werden Lesbarkeit und Lernerfolg gleichermaßen gewährleistet. Letzterem dienen auch Lernkontrollfragen, die wir am Ende dieses Buches zusammengefasst haben.

Wer sich entscheidet, mit diesem Buch zu lernen, sollte das Kapitel „Einführung" nicht aussparen, weil dies für ein effektives Arbeiten wichtig ist. Unterschätzen Sie zudem nicht den Blick ins Gesetz und lesen Sie genannte Normen nach! Nur so wird sich Ihnen die Systematik der StPO erschließen – der einzige Weg, um eines Tages sagen zu können: „Ich habe nicht nur Wissen angehäuft, sondern vermag das Gelernte auch verständig anzuwenden!" Das ist ein Hauptziel dieses Buches.

In der neuen Auflage haben wir aktuelle Rechtsprechung eingearbeitet und auch Änderungen berücksichtigt durch das Gesetz zur Fortentwicklung der StPO vom 25.6.2021, das am 1.7.2021 in Kraft getreten ist. Bei unseren Mitarbeitern in Mainz und Passau bedanken wir uns für die Unterstützung.

Kritik und Anregungen sind wie immer stets willkommen, gern per E-Mail unter holm.putzke@uni-passau.de.

Passau und Mainz, Juni 2022

*Holm Putzke*
*Jörg Scheinfeld*
*Christina Putzke*

# Inhaltsverzeichnis

# Literaturübersicht (Auswahl)

## Lehrbücher

*Beulke/Swoboda:* Strafprozessrecht, 15. Aufl. 2020
*Haller/Conzen:* Das Strafverfahren, 9. Aufl. 2021
*Hartmann/Schmidt:* Strafprozessrecht, 7. Aufl. 2018
*Heger/Pohlreich:* Strafprozessrecht, 2. Aufl. 2018
*Heghmanns:* Strafverfahren. Strafrecht für alle Semester, 2014
*Hellmann:* Strafprozessrecht, 2. Aufl. 2005
*Kindhäuser/Schumann:* Strafprozessrecht, 6. Aufl. 2021
*Klesczewski:* Strafprozessrecht, 2. Aufl. 2013
*Kramer:* Grundlagen des Strafverfahrensrechts, 9. Aufl. 2021
*Krey/Heinrich:* Deutsches Strafverfahrensrecht, 2. Aufl. 2018
*Kühne:* Strafprozessrecht, 9. Aufl. 2015
*Ostendorf / Brüning:* Strafprozessrecht, 4. Aufl. 2021
*Roxin/Schünemann:* Strafverfahrensrecht, 29. Aufl. 2017
*Schroeder/Verrel:* Strafprozessrecht, 8. Aufl. 2022
*Tofahrn:* Strafprozessrecht, 4. Aufl. 2019
*Volk/Engländer:* Grundkurs StPO, 10. Aufl. 2021

## Fall- und Wiederholungsbücher

*Eisenberg/Bung/Kölbel:* Fälle zum Schwerpunktbereich Strafrecht, 10. Aufl. 2019
*Engländer:* Examens-Repetitorium Strafprozessrecht, 11. Aufl. 2022
*Schuster/Weitner:* StPO-Fallrepetitorium, 8. Aufl. 2019
*Heinrich/Reinbacher:* Examinatorium Strafprozessrecht, 3. Aufl. 2020
*Hellmann:* Fallsammlung zum Strafprozessrecht, 3. Aufl. 2007
*Mitsch/Ellbogen:* Fälle zum Strafprozessrecht, 2. Aufl. 2020
*Murmann:* Prüfungswissen Strafprozessrecht, 4. Aufl. 2019
*Rössner/Safferling:* 30 Probleme aus dem Strafprozessrecht, 4. Aufl. 2020
*Roxin/Achenbach:* Strafprozessrecht (Prüfe dein Wissen), 17. Aufl. 2019
*Schroeder/Meindl:* Fallrepetitorium zum Strafverfahrensrecht, 4. Aufl. 2004

## Kommentare

Alternativkommentar zur StPO, hrsg. v. Wassermann, 1988 ff.
Gesamtes Strafrecht, hrsg. v. Dölling u.a., 5. Aufl. 2022
*Graf* (Hrsg.): Beck'scher Online-Kommentar StPO, 43. Edition, Stand: 1.4.2022
Heidelberger Kommentar zur StPO, hrsg. v. Gercke u.a., 6. Aufl. 2019
*Joecks/Jäger:* Studienkommentar StPO, 5. Aufl. 2020
Karlsruher Kommentar zur StPO, hrsg. v. Hannich, 8. Aufl. 2019
KMR: Kommentar zur StPO, hrsg. v. von Heintschel-Heinegg/Stöckel, 2022
*Löwe-Rosenberg*: StPO, hrsg. v. Erb u.a., 27. Aufl. 2016 ff.
*Meyer-Goßner/Schmitt:* Strafprozessordnung, 65. Aufl. 2022
*Pfeiffer:* Strafprozessordnung, 5. Aufl. 2005
*Radtke/Hohmann:* Strafprozessordnung, 2011
*Satzger/Schluckebier/Widmaier:* StPO, 4. Aufl. 2019
Systematischer Kommentar zur StPO, hrsg. v. Wolter, 5. Aufl. 2015 ff.

# Abkürzungsverzeichnis

| | |
|---|---|
| a.A. | andere(r) Ansicht |
| a.E. | am Ende |
| AG | Amtsgericht |
| Alt. | Alternative |
| AO | Abgabenordnung |
| Art. | Artikel |
| Aufl. | Auflage |
| Az. | Aktenzeichen |
| BAK | Blutalkoholkonzentration |
| BKA | Bundeskriminalamt |
| BayPAG | Bayerisches Polizeiaufgabengesetz |
| BBG | Bundesbeamtengesetz |
| BerlVerfGH | Verfassungsgerichtshof des Landes Berlin |
| BGH | Bundesgerichtshof |
| BGHSt | Entscheidungen des *BGH* in Strafsachen |
| BGHSt (GrS) | Entsch. des *BGH* in Strafsachen (Großer Senat) |
| BeamtStG | Beamtenstatusgesetz |
| BRAO | Bundesrechtsanwaltsordnung |
| BT-Drucks. | Drucksache des Bundestages |
| BtMG | Betäubungsmittelgesetz |
| BVerfG | Bundesverfassungsgericht |
| BVerfGG | Bundesverfassungsgerichtsgesetz |
| BVerfGE | Entscheidungen des *BVerfG* |
| BZRG | Bundeszentralregistergesetz |
| d.h. | das heißt |
| DRiG | Deutsches Richtergesetz |
| EGGVG | Einführungsgesetz zum GVG |
| EGStPO | Einführungsgesetz zur StPO |
| EKG | Elektrokardiogramm |
| etc. | et cetera (und so weiter) |
| EuGH | Gerichtshof der Europäischen Gemeinschaften |
| f./ff. | folgende(r)/folgende |
| FS | Festschrift |
| gem. | gemäß |
| GG | Grundgesetz für die Bundesrepublik Deutschland |
| ggf. | gegebenenfalls |
| grds. | grundsätzlich |
| GVG | Gerichtsverfassungsgesetz |
| Hb. | Handbuch |
| h.M. | herrschende Meinung |
| HRRS | Höchstrichterliche Rechtsprechung im Strafrecht |

| | |
|---|---|
| hrsg. | herausgegeben |
| Hs. | Halbsatz |
| idR | in der Regel |
| IGH | Gerichtshof der Vereinten Nationen (auch: Internationaler Gerichtshof) |
| insb. | insbesondere |
| IPbpR | Gesetz zu dem Internationalen Pakt über bürgerliche und politische Rechte |
| iSd | im Sinne des/der |
| iVm | in Verbindung mit |
| JGG | Jugendgerichtsgesetz |
| JR | Juristische Rundschau |
| JuS | Juristische Schulung |
| JZ | Juristenzeitung |
| KG | Kammergericht (Oberlandesgericht Berlins) |
| LG | Landgericht |
| maW | mit anderen Worten |
| MiStra | Anordnung über Mitteilungen in Strafsachen |
| MRK | (Europäische) Konvention zum Schutze der Menschenrechte und Grundfreiheiten |
| NJW | Neue Juristische Wochenschrift |
| Nr./Nrn. | Nummer/Nummern |
| NStZ | Neue Zeitschrift für Strafrecht |
| OLG | Oberlandesgericht |
| OWiG | Gesetz über Ordnungswidrigkeiten |
| PolG NRW | Polizeigesetz des Landes Nordrhein-Westfalen |
| PStR | Praxis Steuerstrafrecht |
| PsychPbG | Gesetz über die psychosoziale Prozessbegleitung im Strafverfahren |
| RiStBV | Richtlinien für das Strafverfahren und das Bußgeldverfahren |
| Rn | Randnummer(n) |
| RPflG | Rechtspflegergesetz |
| Rspr. | Rechtsprechung |
| Rz | Randziffer |
| S. | Seite(n) /Satz (Sätze) |
| s. | siehe |
| SDÜ | Schengener Durchführungsübereinkommen |
| sog. | sogenannte/r/s/n |
| StA | Staatsanwalt/Staatsanwaltschaft |
| StGB | Strafgesetzbuch |
| StPO | Strafprozessordnung |
| StraFo | Strafverteidiger Forum |
| str. | streitig |
| StrEG | Gesetz über die Entschädigung für Strafverfolgungsmaßnahmen |
| StUG | Stasi-Unterlagen-Gesetz |
| StV | Strafverteidiger |

| | |
|---|---|
| StVG | Straßenverkehrsgesetz |
| TKG | Telekommunikationsgesetz |
| TKÜ | Telekommunikationsüberwachung |
| TÜ | Telefonüberwachung |
| u.a. | und andere/unter anderem |
| U-Haft | Untersuchungshaft |
| UZwG | Gesetz über den unmittelbaren Zwang |
| v. | von/vom |
| Var. | Variante |
| vgl. | vergleiche |
| WÜK | Wiener Übereinkommen über konsularische Beziehungen |
| ZAP | Zeitschrift für die Anwaltspraxis |
| z.B. | zum Beispiel |
| ZJS | Zeitschrift für das Juristische Studium |
| ZIS | Zeitschrift für Internationale Strafrechtsdogmatik |

# Kapitel 1. Einführung

## A. Strafprozessrecht als Prüfungsstoff

**Literatur:** *Norouzi*, Die strafprozessuale Zusatzfrage in der ersten Prüfung – Taktische und methodische Hinweise, JuS 2007, 989.

Gegenstand des Studiums sind nach § 5a II DRiG die „Pflichtfächer und Schwerpunktbereiche mit Wahlmöglichkeiten". Dazu haben die Bundesländer detaillierte Juristenausbildungsgesetze und Juristenausbildungs- bzw. Prüfungsordnungen erlassen. Zum Strafprozessrecht werden im staatlichen Teil der ersten Prüfung überall meist nur Grundzüge verlangt. Dazu gehören jedenfalls die gesetzlichen Strukturen, die wesentlichen Normen und Rechtsinstitute, die Verfahrensgrundsätze, das Ermittlungsverfahren, das Verfahren im ersten Rechtszug sowie die Arten und Voraussetzungen der Rechtsbehelfe. Weil es „nur" auf Kenntnisse im Überblick ankommt, gibt es keine reinen Strafprozessrechtsklausuren. Vielmehr wird das Wissen meist in Form einer „strafprozessualen Zusatzfrage" geprüft. 1

Diese Klausurteile sind manchmal abstrakt formuliert (z.B. „Erfasst § 94 StPO auch die Beschlagnahme gespeicherter Daten?"); idR beziehen sie sich aber auf einen konkreten Fall und es wird z.B. nach der Rechtmäßigkeit einer dort geschilderten Maßnahme oder nach den Erfolgsaussichten eines Rechtsmittels gefragt. Typische Aufgaben können etwa wie folgt lauten: „War das Vorgehen verfahrensfehlerfrei?", „Kann Untersuchungshaft verhängt werden?", „Wer ist bei einer Anklageerhebung zuständig?", „Kann die Aussage/der Beweis in der Hauptverhandlung verwertet werden?", „Beurteilen Sie die Erfolgsaussichten einer Beschwerde/Revision!" 2

Im universitären Teil, falls der gewählte Schwerpunkbereich Strafprozessrecht enthält, sind rein strafprozessuale Sachverhalte keine Seltenheit, und es kommt auf vertiefte Kenntnisse an. 3

Übrigens: Die gesamte erste juristische Prüfung dient zugleich der Feststellung, ob der Kandidat für den Referendardienst fachlich geeignet ist. Deshalb ist neben theoretischem Wissen wichtig, ein praktisches Verständnis für das Strafprozessrecht zu entwickeln. 4

# B. Effektives Arbeiten mit diesem Buch

5 Der Aufbau unseres Buches orientiert sich am Ablauf des Strafverfahrens, so wie es die Strafprozessordnung (StPO) beim Normalverfahren vorsieht. Damit weichen wir bewusst von der Darstellungsweise in anderen Lehrbüchern ab. Dort wird der Leser auf den ersten Seiten meist konfrontiert mit der Zuständigkeit, dem Instanzenzug oder zahlreichen Verfahrensgrundsätzen. Wir behandeln diese Punkte erst dort, wo sie im Strafverfahren ihre spezifischen Wirkungen entfalten. Etwa wird sich die Frage nach der gerichtlichen Zuständigkeit erstmals der StA stellen, wenn sie entscheiden muss, bei welchem Gericht sie anklagt, also am Ende des Ermittlungsverfahrens. Die Verfahrensgrundsätze ergeben sich meist aus konkreten Normen (z.B. das Mündlichkeitsprinzip aus §§ 249, 261). Manchmal gelten diese Grundsätze generell, manchmal aber auch nur für einen Verfahrensabschnitt. Dort werden wir sie behandeln. Die übliche, losgelöste Darstellung am Anfang eines Buches birgt folgende Gefahr: Der Leser denkt, man könne bei jedem strafprozessualen Problem mit einem der aufgelisteten Prinzipien argumentieren. Dieser bequem erscheinende Weg lenkt ab von der vorzugswürdigen Arbeit mit dem Gesetz und verstellt den Blick dafür, dass jeder Grundsatz nur so weit gilt, wie er sich aus einer gesetzlichen Vorschrift (oder einem Rechtsprinzip) ableiten lässt.

6 Diese Vorgehensweise entspricht auch effektivem Lernen: Wer leicht abrufbares Wissen erwerben möchte, dem werden weder Ausführungen zum Mündlichkeits-, Legalitäts- oder Opportunitätsprinzip noch eine Übersicht zur Zuständigkeit helfen, wenn er nicht in der Lage ist, diese Informationen innerhalb einer Gesamtstruktur zuzuordnen. Freilich verzichten auch wir nicht auf zusammenfassende Übersichten, etwa zum Instanzenzug (→ Rn 538) oder den Verfahrensgrundsätzen (→ S. 217).

7 Am Ende des Buches finden Sie Kontrollfragen, mit denen Sie Ihren Lernerfolg überprüfen können. Dadurch wird der Stoff gefestigt. Auch helfen Ihnen die Lernkontrollfragen, den Stoff (in Abständen) mit wenig Zeitaufwand zu wiederholen.

Vielen Studenten fällt das Behalten des Stoffs leichter, wenn sie unseren Lernkontrollfragen eigene hinzufügen und diese in die Wiederholungsprogramme einbauen.

8 Zwei letzte Tipps: Verfallen Sie nicht in ein lähmendes Streben nach Perfektionismus! Und gehen Sie möglichst früh dazu über, Ihr Wissen am praktischen (Klausur-)Fall zu erproben und zu verfestigen! Denn Probeklausuren sind (jedenfalls objektiv …) keine Last – begreifen Sie sie als Chance, Wissenslücken zu erkennen und zu schließen.

# Kapitel 2. Überblick zum Strafverfahren

## A. Rechtsquellen

**Literatur:** *Roxin/Schünemann*, § 3 Rn 1 ff.

Ohne das Strafverfahrensrecht wäre das Strafrecht nicht mehr als die Summe unverbindlicher Appelle. Die Strafgesetze drohen Strafen nur an. Selbst Mörder gelten nach Art. 6 II MRK bis zur rechtskräftigen Feststellung ihrer Schuld als unschuldig. Diese Vermutung ist widerlegbar. Weil das Recht zu strafen heute allein dem Staat vorbehalten ist, hat der Gesetzgeber für den Schuldnachweis das Strafverfahren geschaffen. Seine Form verdankt es mehreren Gesetzen: Das Fundament bildet die **Verfassung** (insb. Art. 20 III, 92, 97 und 101 bis 104 GG). Wichtige Eckpfeiler sind die **StPO** und das **GVG**. Ergänzt werden sie durch das **JGG**, das **BZRG** und die **MRK**. **9**

Das **JGG** enthält Besonderheiten für Jugendliche (14–18 Jahre, § 1 II Alt. 1 JGG) und Heranwachsende (18–21 Jahre, § 1 II Alt. 2 JGG). Im **BZRG** finden sich z.B. Regelungen, ab welcher Höhe und wie lange eine verhängte Strafe im Bundeszentralregister gespeichert wird (Stichwort: Führungszeugnis). Die **MRK** hat keinen Verfassungsrang, sondern gehört zum innerstaatlichen Recht im Rang einfachen Bundesrechts (vgl. Art. 59 II 1 GG). **10**

Hinzu kommen bundeseinheitlich geltende Verwaltungsvorschriften, z.B. die Anordnung über Organisation und Dienstbetrieb der Staatsanwaltschaften (**OrgStA**), die Richtlinien für das Strafverfahren und das Bußgeldverfahren (**RiStBV**) und die Anordnung über Mitteilungen in Strafsachen (**MiStra**). **11**

Die **OrgStA** enthält die Befugnisse der einzelnen Funktionsebenen bei der StA, etwa Regelungen über die Gegenzeichnung oder Vorlagepflichten an Abteilungs- und Behördenleiter. Wichtig ist Nr. 21 OrgStA, worin die Zuständigkeit der Amtsanwälte festgelegt ist. In der **RiStBV** werden das Straf- und Bußgeldverfahren sowie einzelne Straftatbestände gewissermaßen kommentiert und technische Fragen zur Verfahrenshandhabung beantwortet. Die **MiStra** ist eine Rechtsverordnung, die auf § 12 V EGGVG fußt. Geregelt werden in der MiStra der Umfang, die Form und die Adressaten für die Mitteilung personenbezogener Daten (wenn z.B. ein Richter angeklagt wird, ist der zuständige Dienstvorgesetzte darüber zu informieren, vgl. Nr. 15 I Ziffer 2, V MiStra). **RiStBV** und **MiStra** sind abgedruckt im Anhang bei *Meyer-Goßner*; die RiStBV zudem im Ergänzungsband zum „Schönfelder" (Nr. 90e). **12**

# B. Ziele des Strafverfahrens

**Literatur:** *Rieß*, Über die Aufgaben des Strafverfahrens, JR 2006, 269; *Roxin/Schünemann*, § 1 Rn 2.

**13** „Jemand mußte Josef K. verleumdet haben, denn ohne daß er etwas Böses getan hätte, wurde er eines Morgens verhaftet". So lässt *Franz Kafka* das Strafverfahren gegen seine Romanfigur beginnen und damit ihren Leidensweg. Selbst zum tragischen Schluss weiß Josef K. nichts über den Tatvorwurf. In einem Rechtsstaat wäre das zwar nicht undenkbar, aber doch nahezu unmöglich, allemal skandalös und hätte Konsequenzen.

**14** Vor solchen und ähnlichen Attacken soll u.a. die StPO bewahren. Aber was genau ist das Ziel dieses Gesetzes? Anerkannt ist, dass es mehr als ein Verfahrensziel gibt. Die unterschiedlichen Ziele erkennen Sie am besten, wenn Sie auf die Interessen der Beteiligten schauen: Der Staat ist Inhaber des Gewaltmonopols, weshalb er zugleich Garant für den **Rechtsfrieden** ist. Wird der durch eine Straftat gestört, ist es staatliche Pflicht, ihn wiederherzustellen. Der Normbruch muss repariert werden, und jemand muss die Reparatur „bezahlen". Anzustreben ist ein Ausgang des Strafverfahrens, mit dem sich die Betroffenen und die Bevölkerung vernünftigerweise (!) zufriedengeben können. Es geht darum, den Schuldigen zu verurteilen und den Unschuldigen freizusprechen. Eine solche **materiell richtige Entscheidung (Gerechtigkeit)** lässt sich aber nur dann erreichen, wenn im Verfahren die Wahrheit ans Licht kommt. Wahrheit „um jeden Preis" und mit allen Mitteln zu finden (etwa durch Folter), widerspräche jedoch den Interessen des Betroffenen und seinen verbrieften Rechten, die sich etwa aus dem GG oder der MRK ergeben. Diese begrenzen bei der Wahrheitssuche die staatlichen Eingriffsbefugnisse. Nicht weniger als die Suche nach einer materiell richtigen Entscheidung dient das Strafverfahren also auch dem **Schutz des Betroffenen**. Nur bei Beachtung der Schutzvorschriften kann von einem rechtsstaatlichen Strafverfahren und der Verwirklichung von Gerechtigkeit die Rede sein. Deshalb muss die materiell richtige Entscheidung zugleich **prozessordnungsgemäß** (man sagt oft: justizförmig) zustande kommen (**Verfahrensgerechtigkeit**).

**15** Bei derart gegenläufigen Zielen sind Konflikte unvermeidbar. Wie ist etwa zu verfahren, wenn ein Beschuldigter während eines polizeilichen Verhörs einen Mord gesteht, kurz bevor die Drohung wahrgemacht wird, eine Zigarette auf seinem Handrücken auszudrücken? Ist er trotz eines glaubhaften Geständnisses freizusprechen, wenn sich im Prozess keine weiteren Belastungsbeweise finden lassen? Solche und ähnliche Fragen zu lösen, ist die Aufgabe des Strafverfahrensrechts.

## C. Die Beteiligten (Überblick)

Der **Beschuldigte** ist Subjekt des Verfahrens und mit Verteidigungsrechten ausgestattet. Prägen Sie sich folgende Terminologie ein: 16

- **Beschuldigter** ist derjenige, gegen den eine Strafverfolgungsbehörde eine Maßnahme trifft, die erkennbar darauf abzielt, gegen ihn strafrechtlich vorzugehen (§ 397 I AO), oder gegen den „zureichende tatsächliche Anhaltspunkte" für eine Beteiligung vorliegen (§ 152 II).
- **Angeschuldigter** ist „der Beschuldigte, gegen den die öffentliche Klage erhoben ist" (§ 157 Hs. 1); Angeschuldigter heißt er aber auch schon in der Anklageschrift (§ 200 I 1).
- **Angeklagter** ist „der Beschuldigte oder Angeschuldigte, gegen den die Eröffnung des Hauptverfahrens beschlossen ist" (§ 157 Hs. 2).

Der **Verteidiger** (§§ 137 ff.) ist Interessenvertreter, aber auch „Organ der Rechtspflege" (§ 1 BRAO), mal Pflichtverteidiger (§ 140), mal Wahlverteidiger (§ 142 I 1) und hat bestimmte Rechte, die teils über diejenigen des Beschuldigten hinausreichen. 17

Die **StA** ist Herrin des Vorverfahrens (§ 161 I 1), „objektives Organ der Rechtspflege" (§§ 160 II, 296 II) und „von den Gerichten unabhängig" (§ 150 GVG). Als Teil der Exekutive ist der einzelne StA sowohl wie die StA im Ganzen an die „dienstlichen Anweisungen" der „Vorgesetzten" gebunden (§ 146 GVG). § 145 GVG erlaubt diesem sogar, eine Sache ganz an sich zu ziehen (Devolutionsrecht) oder einen StA abzulösen und durch einen anderen zu ersetzen (Substitutionsrecht). 18

Die Organisationsstruktur der StA regeln die §§ 141 ff. GVG. Neben den Bundesanwälten (§ 142 I Nr. 1 GVG; die korrekte Bezeichnung der Behörde lautet: „Der Generalbundesanwalt beim Bundesgerichtshof") und Staatsanwälten gibt es Amtsanwälte (§ 142 I Nr. 3 GVG). 19

Amtsanwälte dürfen nur in amtsgerichtlichen Sachen tätig werden (§ 142 II GVG). Die Befähigung zum Richteramt ist nicht erforderlich; meist handelt es sich um Rechtspfleger mit besonderer Ausbildung.

Die **Polizei** nimmt Anzeigen entgegen (§ 158) und ermittelt für die StA (§ 161); bei Gefahr im Verzug (s. Rn 121) aus eigener Kompetenz (§ 163). Es gibt zwei Typen von Polizisten: „normale" und sog. **Ermittlungspersonen der StA** (§ 152 I GVG). Letztere haben mehr Befugnisse. Wer Ermittlungsperson ist, ergibt sich aus Rechtsverordnungen, erlassen von den Bundesländern gem. § 152 II GVG (z.B. in Bayern Nr. 755 in der Textsammlung von *Ziegler/Tremel*). 20

Ermittlungspersonen können nicht nur Polizeibeamte sein, sondern etwa auch Zollsekretäre, Forstassistenten, Landwirtschaftsräte oder Bergdirektoren.

21 Die **Gerichte** bestehen aus **Richtern** und **Schöffen**. Berufsrichter sind Volljuristen. Sie müssen die Befähigung zum Richteramt iSd § 5 I DRiG haben (dazu zählen auch „ordentliche Professoren der Rechte", § 7 DRiG). Ehrenamtliche Richter (in der Strafgerichtsbarkeit heißen sie Schöffen, § 45a DRiG) sind idR nicht juristisch geschult. Ihr Mitwirken soll eine gewisse Lebensnähe der Entscheidungen sicherstellen. Sowohl für Berufsrichter als auch Schöffen gilt der Grundsatz der sachlichen Unabhängigkeit (Art. 97 I GG, § 1 GVG, § 25 DRiG, für Schöffen § 45 I 1 DRiG). Berufsrichter sind nach Art. 97 II 1 GG sogar grds. unabsetzbar und unversetzbar. Aber auch Schöffen dürfen nicht willkürlich abberufen werden (§ 44 II DRiG).

22 Der **Verletzte** (§ 373b I) ist durch die behauptete Tat – ihre tatsächliche Begehung unterstellt – unmittelbar in einem Rechtsgut beeinträchtigt oder hat unmittelbar einen Schaden erlitten (es genügt nicht, betroffen zu sein „wie jeder Staatsbürger"), er ist meist Zeuge, stellt den Strafantrag und erhebt manchmal **Nebenklage** (§§ 395–402) oder **Privatklage** (§§ 374–394). Besondere Regelungen für den Verletzten finden sich in den §§ 403–406c („Entschädigung des Verletzten", sog. Adhäsionsverfahren) und in den §§ 406d–h („Sonstige Befugnisse des Verletzten").

23 Weitere Verfahrensbeteiligte können sein: der **Zeuge** (§§ 48 ff.), der **Sachverständige** (§§ 72 ff.) und der **Urkundsbeamte** (§§ 226, 271 I 1).

# D. Gang des (Normal-)Verfahrens

24 **Fall 1:** Ein Anrufer meldet StA S, dass Dieb D soeben die Beute in seinem Auto verstecke. Daraufhin veranlasst S eine Durchsuchung, bei der das gesamte Gut beschlagnahmt wird. Anschließend erhebt er Anklage. Richter R eröffnet das Hauptverfahren, und D wird in der Hauptverhandlung zu einer Geldstrafe verurteilt. Weil D trotz Mahnung die letzte Rate nicht zahlt, wird die Summe von seinem Lohnkonto gepfändet.

25 Eine Übersicht zum Gang des Verfahrens finden Sie auf Seite 8. Den besten Lernerfolg bringt es, wenn Sie sich beim Lesen immer einmal wieder durch einen Blick darauf vergewissern, welcher Verfahrensabschnitt gerade behandelt wird.

26 Ein Strafverfahren besteht aus dem **Erkenntnisverfahren** und dem **Vollstreckungsverfahren**. Im Erkenntnisverfahren soll herausgefunden werden, ob sich jemand strafbar gemacht hat, ob also ein Strafanspruch besteht. Es gliedert sich in drei Abschnitte:

Im Fall 1 hat S das **Vorverfahren** (Ermittlungsverfahren) eingeleitet, indem er die Durchsuchung veranlasste. Das durfte er, denn die StA ist als Herrin des Vorverfahrens dafür zuständig, „den Sachverhalt zu erforschen" (§ 160 I). Dazu kann sie gewisse Zwangsmittel einsetzen, etwa Durchsuchung und Beschlagnahme. Weil der Einsatz dieser Maßnahmen genügend Beweise gegen D ergab, hat S Anklage erhoben und damit das Vorverfahren beendet. S hat das Normalverfahren gewählt. Bei leichten Delikten sind aber auch einfachere und schnellere Verfahrensarten möglich: Strafbefehlsverfahren (→ Rn 505 ff.) und Beschleunigtes Verfahren (→ Rn 519 ff.). Auch kann die StA das Verfahren in manchen Fällen einstellen, etwa wegen Geringfügigkeit (→ Rn 493 ff.), oder es auf den Privatklageweg verweisen (→ Rn 489 ff.). **27**

Das **Zwischenverfahren** wird im Fall 1 nicht sichtbar. In diesem Verfahrensabschnitt prüft der Richter, ob das Ansetzen einer Hauptverhandlung, die den Angeschuldigten belastet und in seine Rechte eingreift, verhältnismäßig ist. R muss den Verdacht gegen D für hinreichend erachtet haben, denn er hat durch Beschluss das Hauptverfahren eröffnet. Dieser Eröffnungsbeschluss markiert gleichzeitig das Ende des Zwischenverfahrens. Hätte R die Eröffnung des Hauptverfahrens abgelehnt, wäre das Verfahren schon dadurch beendet gewesen. **28**

Das **Hauptverfahren** zerfällt in die „Vorbereitung der Hauptverhandlung" (Terminbestimmung, Ladung der Zeugen etc.) und in die „Durchführung der Hauptverhandlung" (vor allem die Beweisaufnahme). Die Hauptverhandlung endet nach der Urteilsverkündung (in Fall 1 wird eine Geldstrafe gem. § 40 StGB verhängt) mit der Rechtsmittelbelehrung. Hingegen endet das gesamte Hauptverfahren erst mit der formellen Rechtskraft des Urteils, das heißt: mit Ablauf der Rechtsmittelfrist. **29**

Das **Vollstreckungsverfahren** (§§ 449–463d) gewährleistet, dass die im Urteil festgelegte Bestrafung auch erfolgt; es betrifft also die Durchsetzung des Strafanspruchs. Im Fall 1 muss die Geldstrafe nach §§ 459, 459c beigetrieben werden. Jedenfalls im staatlichen Teil wird das Vollstreckungsverfahren in der ersten Prüfung nicht abgefragt. **30**

Die StA ist Herrin am Anfang des Strafverfahrens (§ 161) und – als Vollstreckungsbehörde (§ 451) – an seinem Ende. Hingegen „herrscht" über das Zwischen- und Hauptverfahren das Gericht (§ 156). Im Jugendstrafrecht ist der Jugendrichter gem. § 82 I JGG zugleich Vollstreckungsleiter, d.h. er nimmt die Aufgaben der StA und der Strafvollstreckungskammer wahr. **31**

## 32 Übersicht zum Gang des Strafverfahrens

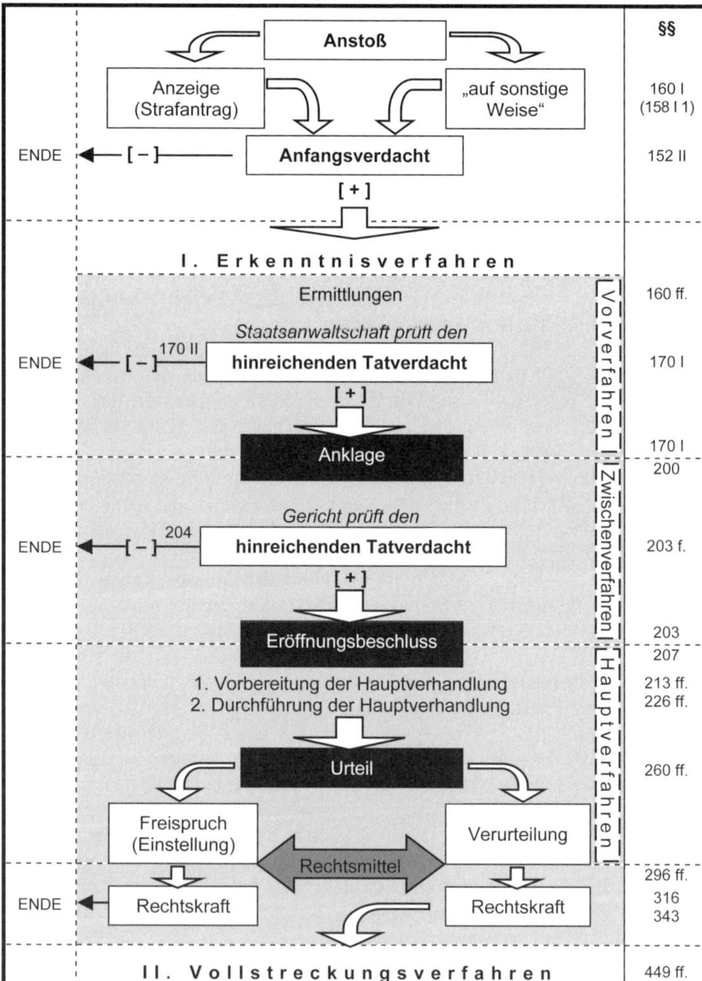

# Kapitel 3. Das Strafverfahren

## A. Vorverfahren (Ermittlungsverfahren)

Der Zweck des Vorverfahrens lässt sich **§ 160 I** entnehmen: Die StA hat „zu ihrer Entschließung darüber, ob die öffentliche Klage zu erheben ist, den Sachverhalt zu erforschen". Wann die öffentliche Klage (Anklage) zu erheben ist, sagt **§ 170 I** im Zusammenspiel mit **§ 203:** Der StA darf einen Beschuldigten anklagen, wenn „die Ermittlungen genügenden Anlaß" dazu bieten (§ 170 I); das tun die Ermittlungsergebnisse, wenn zu prognostizieren ist, dass das Strafgericht das Hauptverfahren eröffnet, wenn also der Angeschuldigte „einer Straftat hinreichend verdächtig erscheint" (§ 203). Damit ist der „**hinreichende Tatverdacht**" umschrieben. Prägen Sie sich diese wichtige Erkenntnis ein: Die Anforderungen des § 170 I sind mit denen des § 203 identisch! Soll eine Anklage zur Eröffnung des Hauptverfahrens führen, muss sie also die Anforderungen des § 203 erfüllen. Dafür ist nötig, dass 33

die Verurteilung des Beschuldigten wahrscheinlich ist.

Hinreichend verdächtig ist ein Beschuldigter/Angeschuldigter m.a.W. dann, wenn nach vorläufiger Tatbewertung „**die Wahrscheinlichkeit einer Verurteilung nach durchgeführter Beweisaufnahme höher ist als die Wahrscheinlichkeit eines Freispruchs**" (*OLG Nürnberg* StV 2010, 468, 469). Die Grundlage für diese Prognose zu schaffen, ist der primäre Zweck des Ermittlungsverfahrens. 34

Obwohl schon Ermittlungen gegen den Beschuldigten teilweise massiv in seine Grundrechte eingreifen (dürfen), gilt stets Art. 6 II MRK: „Bis zum gesetzlichen Nachweis seiner Schuld wird vermutet, daß der wegen einer strafbaren Handlung Angeklagte unschuldig ist" (ebenso geregelt in Art. 14 II IPbpR). 35

Aus dem Rechtsstaatsprinzip des Art. 20 III GG folgt, dass diese

**Unschuldsvermutung**

für das gesamte Strafverfahren gilt, also auch für das Vorverfahren. Die Unschuldsvermutung darf nicht wörtlich verstanden werden, denn sonst wären U-Haft oder andere Zwangsmaßnahmen stets unverhältnismäßig.

Gemeint ist nur, dass der Beschuldigte bis zum Nachweis der Schuld nicht als schuldig behandelt, insbesondere nicht sanktioniert werden darf.

**36** Aus Art. 6 II MRK und dem Rechtsstaatsprinzip folgt ein weiterer Grundsatz:

**in dubio pro reo**

(im Zweifel für den Angeklagten). Dieser Zweifelssatz gilt auch für manche Prozessvoraussetzungen, aber nur hinsichtlich der tatsächlichen Umstände und nach Teilen der Rspr. und Lit. ausschließlich für **die Verjährung** (Tatzeitpunkt?), die **anderweitige Rechtshängigkeit** und den **Strafklageverbrauch** (also zur Frage: Ist die strafbare Handlung innerhalb eines schon abgeurteilten geschichtlichen Vorgangs begangen worden?) und das **Vorliegen eines Strafantrags** (etwa: Gab es einen Strafantrag des bestohlenen Verletzten vor seinem Tod?).

**37** Folgerichtig ist es indes, den Zweifelssatz grds. auf *alle* Verfahrensvoraussetzungen und Verfahrenshindernisse zu erstrecken (dahingehend neuerdings auch *BGH* NStZ 2010, 160 m. zust. Anm. *Schwabenbauer* HRRS 2011, 26; differenzierend *Meyer-Goßner*, Prozessvoraussetzungen und Prozesshindernisse, S. 60 ff.). Für eine Beschränkung gibt es keinen Sachgrund. – Zu Zweifelssatz und richterlicher Überzeugungsbildung (§ 261): → Rn 732.

## I. Einleitung des Vorverfahrens

**Literatur:** *Bosch*, Der Strafantrag, JURA 2013, 368; *Dallmeyer/Jahn*, Einleitung und Einstellung des Ermittlungsverfahrens, in: Hb. zum Strafverfahren, hrsg. v. Heghmanns/Scheffler, 2008, I Rn 1 ff.

**38** Die Strafverfolgungsbehörden dürfen nicht einfach „drauflos ermitteln". Denn schon das Ermittlungsverfahren belastet den Beschuldigten. Zu denken ist vor allem an einen (unumkehrbaren) Ansehensverlust, etwa bei einem Lehrer, gegen den wegen sexuellen Missbrauchs ermittelt wird. Außerdem sollte sich der Bürger in einer freiheitlichen Demokratie den Staat schon dadurch „vom Leib halten" können, dass jener sich rechtstreu verhält und keinen Anlass zu irgendwelchen Verdächtigungen gibt. Deshalb errichtet das Gesetz den Strafverfolgungsbehörden eine – niedrige – Hürde und setzt für die Einleitung des Ermittlungsverfahrens voraus, dass

„zureichende tatsächliche Anhaltspunkte"
für eine „verfolgbare Straftat"

vorliegen (§ 152 II), d.h.: Tatsachen müssen es nach kriminalistischer Erfahrung möglich erscheinen lassen, dass eine verfolgbare Straftat vorliegt. Gängig ist die blasse Bezeichnung **Anfangsverdacht**. Bei der Entscheidung, ob er vorliegt, hat die StA einen **Beurteilungsspielraum**, der erst verlassen ist, wenn die Einleitung eines Ermittlungsverfahrens willkürlich erscheint (bloße **Vermutung** = wenn von bestimmten Anzeichen ohne ausreichende Tatsachengrundlage willkürlich auf die Annahme einer Straftat geschlossen wird). – Vielfach richtet sich ein Tatverdacht nicht gegen eine bestimmte Person, sondern gegen Unbekannt. Das schadet nicht, denn der Anfangsverdacht ist tatbezogen: Die zureichenden Anhaltspunkte müssen nur den Verdacht ergeben, dass überhaupt eine Tat begangen worden ist. Von wem sie begangen worden ist, muss das Vorverfahren klären.

**Beispiel:** D schlendert an mehreren Tagen über den städtischen Busbahnhof, **39** einen Ort, der als Drogenmarktplatz bekannt ist. – Die statistische Häufigkeit bestimmter Straftaten an bestimmten Orten genügt für den strafrechtlichen Anfangsverdacht nicht (anders im Polizeirecht, vgl. etwa Art. 13 I Nr. 2 BayPAG). **Gegenbeispiele: (1)** Der Sozialdienst katholischer Frauen ruft das „Moses-Projekt" ins Leben. Es ermöglicht Not leidenden Müttern, ihren Säugling anonym durch eine „Babyklappe" in ein Kinderbett zu legen, wo er dann umgehend weiter versorgt wird. Die StA erfährt davon, dass ein Kind „eingelegt" wurde. – Obwohl eine Strafbarkeit wegen Verletzung der Unterhaltspflicht (§ 170 I StGB) von der Leistungsfähigkeit des Unterhaltspflichtigen abhängt, ist der Anfangsverdacht zu bejahen. Denn es ist gut möglich, dass die Mutter ihr Kind aus anderen Gründen als finanzieller Not abgegeben hat. **(2)** Die Katholische Kirche hatte eine interdisziplinäre Studie zum sexuellen Missbrauch in Auftrag ergeben. Die Studie kam unter Auswertung der – von der Kirche zur Verfügung gestellten und anonymisierten Akten – zu dem Ergebnis, dass es in allen 27 Diözesen zu Straftaten von etwa 1670 Klerikern an Kindern und Jugendlichen gekommen war. Zwar benannte die Studie die jeweiligen Opfer und Täter nicht namentlich, gleichwohl ergibt sich aus ihr ein Anfangsverdacht: Nach den §§ 152 I, 160 I kommt es nicht auf die Kenntnis an, wer Opfer und Täter sind, sondern darauf, dass es ein Opfer, einen Täter und deshalb eine Straftat gibt (zum Ganzen *Scheinfeld/Willenbacher*, NJW 2019, 1357).

Der Anfangsverdacht ist **wichtig für** die Beschuldigteneigenschaft **40** (→ Rn 46 ff.), die Beschuldigtenrechte (→ Rn 140 ff.), als (Mindest-)Voraussetzung für (manche) Zwangsmaßnahmen, für den Ausschluss von Amtshaftungsansprüchen (§§ 839, 823 BGB) und für den Ausschluss einer Strafbarkeit der Amtsperson (z.B. § 258a StGB).

Trennen Sie den Anstoß zur Einleitung des Verfahrens von der Ein- **41** leitung selbst:

### 1. Der Anstoß: „Anzeige oder auf anderem Wege“ (§ 160 I)

42 **Fall 2:** In der Fernseh-Castingshow des D sind Herabwürdigungen der Kandidaten an der Tagesordnung. Als D nach einer Gesangsdarbietung den sensiblen Kandidaten K als „talentfrei-quakenden Frosch“ bezeichnet, rastet K aus, wirft D das Mikro an den Kopf (Folge: Platzwunde), nennt ihn ein „Arschloch“ und zwingt ihn mit Drohungen, das Studio zu verlassen. (a) D ruft bei der StA an und will, dass sie wegen aller infrage kommenden Straftaten einschreitet. (b) D stellt bei der Polizei schriftlich Strafantrag bezüglich §§ 223, 240 StGB. (c) Der zuständige StA hat die Sendung gesehen.

43 Offizialdelikte (→ Rn 524) müssen von Amts wegen verfolgt werden (**§§ 152, 160 I, 163 I 1**). Die nötige Kenntnis von der Straftat können die Strafverfolgungsbehörden auf mehreren Wegen erlangen. Die **Anzeige** ist in der Praxis der häufigste Weg. Sie ist die bloße Anregung, den mitgeteilten Sachverhalt mit dem Ziel zu überprüfen, ob ein Ermittlungsverfahren einzuleiten ist (Fall 2a). Sie kann von jedermann formlos gestellt werden (Anruf, Fax, E-Mail, Brief etc.), und zwar bei den in § 158 I genannten Behörden (ohne Rücksicht auf deren örtliche oder sachliche Zuständigkeit).

44 § 158 I 1 Alt. 2 nennt weiter den **Strafantrag**. Er ist der ausdrückliche Wunsch des Verletzten oder sonst Berechtigten nach Strafverfolgung (**Strafantrag im weiteren Sinne**, er gibt dem Antragsteller, falls das Verfahren eingestellt wird, gewisse Rechte → Rn 487). Einen solchen Strafverfolgungswunsch hat D sowohl im **Fall 2a** als auch im **Fall 2b** ausgedrückt. Dieser Wunsch ist streng zu trennen vom **Strafantrag im engeren Sinn** nach § 158 II. Mit ihm ist der Strafantrag gemäß §§ 77 ff. StGB gemeint; er ist bei Antragsdelikten iSd StGB erforderlich (z.B. §§ 185 ff. iVm § 194; § 223 iVm § 230 StGB), und er muss den Förmlichkeiten des § 158 II genügen (ein Online-Antrag ohne elektronische Signatur und gestellt bei einer Internet-Wache genügt dem AG Auerbach, zust. *Jahn* JuS 2021, 564). Bei den Antragsdelikten des StGB wird weiter unterschieden zwischen relativen und absoluten. Während bei den absoluten Antragsdelikten die Straftat ausschließlich bei Vorliegen eines Strafantrags im engeren Sinne verfolgt wird, kann die StA bei den relativen Antragsdelikten – wie bei § 223 StGB im Fall 2b – das besondere öffentliche Interesse bejahen (s. § 230 I 1 Hs. 2 StGB), damit den Strafantrag entbehrlich machen und ggf. Anklage erheben.

45 Schließlich kann die StA Kenntnis durch **eigene Wahrnehmungen** erlangen: Im Fall 2c muss die StA das Verfahren „von Amts wegen“ einleiten, sie hat „auf anderem Wege“ Kenntnis „von dem Verdacht einer Straftat“ erhalten (**§ 160 I**).

## 2. Die Einleitung im engeren Sinne: das Einschreiten

Der Anfangsverdacht und die damit zusammenhängenden Ermittlungen richten sich meist gegen einen individuellen **Beschuldigten**. Wann jemand in diese Rolle gerät, ist von großer Bedeutung: Einerseits weist das Gesetz dem Beschuldigten größere Rechte zu als anderen Betroffenen (z.B. **§ 136 I**). Andererseits darf das Ermittlungsverfahren nicht vorschnell eingeleitet werden, weil es den Betroffenen belastet, insbesondere gewisse Maßnahmen nur gegen Beschuldigte durchgeführt werden dürfen (z.B. § 81a I). In der zweiten Konstellation schadet dem Betroffenen die großzügige Zuschreibung des Beschuldigtenstatus, wohingegen sie ihm in der ersten nutzt. An diese Zweischneidigkeit ist beim Beschuldigtenstatus zu denken. **46**

Der Beschuldigtenstatus hat auch Auswirkungen auf die Verjährung. Unterbrochen wird sie durch die erste Vernehmung (§ 78c I 1 Nr. 1 StGB). **47**

**Fall 3** (nach BGHSt 38, 214): A fuhr mit einer BAK von 1,67 Promille mit seinem Auto, verlor die Gewalt und ließ das Fahrzeug stark beschädigt liegen. Der Streifenpolizist P fand im Unfallfahrzeug den Führerschein des A. Etwa eine halbe Stunde später traf P den A auf der Straße. Dieser nannte auf Befragen zunächst einen falschen Namen und Wohnort. P hatte den Verdacht, A sei die in dem Führerschein ausgewiesene Person und hielt ihm das vor. Der räumte das ein. Auf den Verkehrsunfall angesprochen, gab er an, er sei Beifahrer gewesen, wolle aber den Namen des Fahrers nicht nennen und zum Unfallhergang nichts sagen. Auf weiteres Befragen behauptete er, nach dem Unfall zwei Glas Bier getrunken zu haben. Hat P sich rechtmäßig verhalten? **48**

P hätte A im Fall 3 nach **§§ 136 I 1, 163a IV 2** belehren müssen, wenn A zu diesem Zeitpunkt bereits Beschuldigter war. Man könnte annehmen, A sei schon deshalb Beschuldigter, weil P ihn verdächtigt und ihm damit insgeheim die „Tat zur Last legt" (vgl. § 136 I 1). Dagegen spricht aber **§ 60 Nr. 2**, der einen Tatverdächtigen kennt, der lediglich „Zeuge" ist und kein Beschuldigter.

Andererseits besteht Einigkeit darüber, dass jedenfalls derjenige als Beschuldigter anzusehen ist, gegen den ein Strafverfahren eingeleitet wurde. Im Steuerstrafrecht gibt es in **§ 397 I AO** eine „Legaldefinition", die den Inkulpationsakt umschreibt, d.h. zu welchem Zeitpunkt ein Verfahren als eingeleitet gilt: „Das Strafverfahren ist eingeleitet, sobald die Finanzbehörde, die Polizei, die Staatsanwaltschaft, eine ihrer Ermittlungspersonen oder der Strafrichter eine Maßnahme trifft, die erkennbar darauf abzielt, gegen jemanden wegen einer Steuerstraftat strafrechtlich vorzugehen." Im Fall 3 hat P den A nach seinem Alkoholkonsum gefragt. Das zielte erkennbar darauf ab, dem Verdacht einer Straftat nachzugehen (§ 316 StGB). A war schon zu diesem Zeitpunkt **49**

Beschuldigter, und P hätte ihn belehren müssen. Zum Beweisverwertungsverbot, das aus dem Unterlassen der Belehrung folgt: → Rn 423.

**50** In diese Fallgruppe ist auch der Sachverhalt BGHSt 51, 367 einzustufen: Ehefrau und Tochter des Beschuldigten B sind seit Monaten unauffindbar. Die Polizei vernimmt B stundenlang als „Zeugen", hält ihm Widersprüche seiner Aussage vor und fordert ihn auf, den Aufenthaltsort der Leichen zu benennen. Diese Aufforderung zielt darauf ab, gegen B strafrechtlich vorzugehen.

**51** Die Definition des § 397 I AO erfasst den Beschuldigtenbegriff aber nicht vollständig. Sie ist nur als Jedenfalls-Definition zu gebrauchen: *Immer dann*, wenn die Voraussetzungen des § 397 I AO vorliegen, ist das Ermittlungsverfahren eingeleitet, aber *nicht nur dann*:

**52** **Fall 4:** Die StA ermittelt wegen eines Tötungsdelikts bislang gegen „Unbekannt". Täter T hält sich irrig für überführt. In Wahrheit gibt es nur starke Verdachtsmomente. Als sich Kommissar K gerade überlegt, dass gegen T ein Ermittlungsverfahren eröffnet und eine DNA-Analyse durchgeführt werden sollte, meldet T sich auf der Wache und erklärt, er wolle Angaben machen. K belehrt ihn, dass er gem. § 55 I das Recht habe, belastende Angaben zu verschweigen. Dennoch gesteht T die Tat und das Tatmotiv „Habgier". Vor dem Haftrichter R widerruft er das Geständnis. Darf R es verwerten?

**53** Das Geständnis des T ist unverwertbar, wenn K gegen § 136 I verstoßen hat und dies nicht durch die Belehrung nach § 55 II kompensiert worden ist. K hätte T nach § 136 I belehren müssen (Schweigerecht etc.), wenn T zu diesem Zeitpunkt „Beschuldigter" war. Wendet man § 397 I AO analog an, ist die Beschuldigteneigenschaft zu verneinen, denn eine Strafverfolgungsmaßnahme gegen T gab es noch nicht.

**54** Fall 4 zeigt, dass § 397 I AO nicht allein maßgeblich sein kann. Verdichtet sich nämlich der Beteiligungsverdacht aufgrund „tatsächlicher Anhaltspunkte", so ist die StA verpflichtet, das Verfahren gegen den Verdächtigen förmlich einzuleiten; dies soll verhindern, dass ihm die Beschuldigtenrechte vorenthalten werden (**Umgehungssperre**): „Nach **pflichtgemäßer Beurteilung** der Strafverfolgungsbehörde muss erst dann von der Zeugen- zur Beschuldigtenvernehmung übergegangen werden, wenn sich der Verdacht so verdichtet hat, dass die vernommene Person ernstlich als Täter der untersuchten Straftat in Betracht kommt" (*BGH* NStZ-RR 2004, 368); denn der Beschuldigtenstatus und die Beschuldigtenrechte sollen nicht im Belieben der Behörden stehen. Liegen also „zureichende tatsächliche Anhaltspunkte" dafür vor, dass gerade der Betroffene eine Straftat begangen hat, muss die Strafverfolgungsbehörde ein Verfahren gegen ihn einleiten (§ 152 II). Verletzt die Behörde die Einleitungspflicht, gilt der Betroffene (T) schon als „Beschuldigter".

Dieser Sicht wird gern **§ 60 Nr. 2** als Argument entgegengehalten: Auf den Tatverdacht könne es für den Beschuldigtenbegriff nicht ankommen, weil es den „verdächtigen Zeugen" gebe. Dabei wird übersehen, dass es unterschiedliche Verdachtsgrade gibt; ein „einfacher" Verdacht reicht für den Status als „verdächtiger Zeuge"; „zureichende Anhaltspunkte" für ein Ermittlungsverfahren gerade gegen den Betroffenen erzwingen den Beschuldigtenstatus! **55**

Das Fehlen der Belehrung wird in Fall 4 nicht durch die Belehrung über das Schweigerecht kompensiert. Denn jedenfalls fehlte der Hinweis auf das Recht zur Befragung eines Verteidigers (**§ 136 I 2**). Und es ist nicht ersichtlich, dass T dieses Recht kannte. R darf das Geständnis des T also nicht verwerten bei seiner Prüfung des dringenden Tatverdachts (§ 112 I 1). **56**

Die Beschuldigteneigenschaft einer Person fehlt bei sog. **informatorischen Befragungen** und bei **Spontanäußerungen**: **57**

**Beispiel:** Auf dem Rathausplatz sitzt O mit blutiger und gebrochener Nase auf dem Boden, um ihn herum eine Traube von zehn angetrunkenen Punkern. Polizist P kommt hinzu und fragt, was geschehen sei. O gibt an, geschlagen worden zu sein, aber nicht zu wissen, von wem; doch sei außer den Zehnen niemand da gewesen. Als P noch überlegt, was er nun tun muss, sagt T: „Das war Notwehr! Was sollte ich denn machen!?"

Vor der ersten Frage des P war nicht einmal klar, dass überhaupt eine Straftat vorlag. Zur Orientierung durfte P daher fragen, was vorgefallen war (informatorische Befragung). Danach spitzte sich der Verdacht der Körperverletzung auf die zehn anwesenden Punker zu. Zu diesem Zeitpunkt hätte P vor weiteren Fragen zum Tathergang alle belehren müssen (§ 136 I 1). Dem ist T aber mit seiner Spontanäußerung zuvorgekommen. Dagegen konnte (und musste) P nichts tun. Zum Nachweis, dass T zugeschlagen hat, darf die Spontanäußerung des T verwertet werden, indem P dazu als Zeuge vernommen wird.

Die **Beschuldigteneigenschaft** ist nach alledem zu bejahen **58**

> bei Verfolgungsmaßnahmen einer Strafverfolgungsbehörde (§ 397 I AO) oder zureichenden tatsächlichen Anhaltspunkten der Beteiligung an einer verfolgbaren Straftat (§ 152 II).

Lernen Sie mit Blick auf den Beschuldigtenbegriff die üblichen Vokabeln: Vom **formellen Beschuldigtenbegriff** ist die Rede, wenn als Kriterium nur die formelle Einleitung des Ermittlungsverfahrens gerade gegen den Betroffenen gilt; vom **materiellen Beschuldigtenbegriff** spricht man, wenn ein **Inkulpationsakt**, also ein Willensakt der Strafverfolgungsbehörde genügen soll (oder wenn gar ein **zureichender Tatverdacht** ausreichen soll). **59**

60 **Fall 5:** Ein anonymer Anrufer fordert StA S auf, den Oberbürgermeister von Düsseldorf unter die Lupe zu nehmen. Der habe aus Geldnot einen Kreditbetrug zu Lasten einer Bank begangen. Was muss S tun?

61 Examensrelevant ist die Frage, ob **Vorermittlungen** zulässig sind. Machen Sie sich nochmals die Funktion der StPO klar: In Grundrechte darf nur „durch oder aufgrund eines Gesetzes" eingegriffen werden. Als solche Gesetze kommen nicht die reinen „Aufgabennormen" in Betracht, **erforderlich ist eine „Befugnisnorm"**, etwa **§ 161 I 1** („ist die Staatsanwaltschaft befugt, ... Ermittlungen jeder Art ... vorzunehmen"). Bei Eingriffen in wichtige Rechtsgüter muss das Gesetz allerdings präzisere Befugnisnormen bereitstellen, so z.B. § 102. Das Verhältnis ist ähnlich dem von Generalklauseln und Standardmaßnahmen im Polizeirecht. Aber ermächtigt die strafprozessuale Generalklausel des § 161 I 1 auch zu Vorermittlungen, wenn kein Anfangsverdacht besteht? Mit anderen Worten: Gibt es ein **Vor-Vorverfahren**?

Ein Anfangsverdacht besteht im Fall 5 nicht, weil es keine „zureichenden tatsächlichen Anhaltspunkte" für eine Straftat gibt (§ 152 II). Denn der Anrufer hat den Kreditbetrug bloß behauptet. Ein Vorverfahren einzuleiten, ist S nicht verpflichtet (es bestünde sogar die Gefahr einer Amtshaftung oder gem. § 344 StGB einer Strafbarkeit wegen der Verfolgung Unschuldiger).

62 Die h.M. kennt aber eine **Vorermittlungspflicht:** Sie geht davon aus, dass die StA das Vorliegen eines Anfangsverdachts ermitteln müsse. Aber woraus folgt diese Pflicht? Wer die §§ 152 II, 161 I 1 iVm § 160 I anführt, dreht sich im Kreis. Denn die Normen setzen das Bestehen eines Anfangsverdachts voraus („zureichende tatsächliche Anhaltspunkte" = „Verdacht einer Straftat"); wenn die Pflicht zum Einschreiten erst ab Vorliegen von bestimmten Anhaltspunkten besteht, ist die StA nicht verpflichtet, das Vorliegen der Anhaltspunkte zu ermitteln. Sonst wäre sie ja auch weitergehend verpflichtet, die dafür nötigen Anhaltspunkte zu ermitteln usw. Gesetzlich anerkannt ist eine Vorermittlungspflicht nur im Fall des Leichenfundes, also beim Rechtsgut „Leben" – dem § 159 I genügen irgendwelche „Anhaltspunkte". Die Systematik drängt daher zu dem Umkehrschluss, dass andere Vorermittlungen unzulässig sind.

63 Die meisten muten der StA aber im Fall 5 nicht zu, die Hände in den Schoß zu legen. Daher erklärt die h.M. solche Vorermittlungen für zulässig, die wie Gefahrerforschungsmaßnahmen im Polizeirecht der näheren Bestimmung des „Gefahren"-Verdachts dienen. S muss nach h.M. Ermittlungen darüber anstellen, ob ein Ermittlungsverfahren einzuleiten ist (registriert werden solche Verfahren üblicherweise nicht als Js-Sache, sondern unter einem AR-Aktenzeichen).

Grundrechtseingriffe sind, abgesehen von ganz leichten, bei Vorermittlungen aber unzulässig, denn Ermächtigungsgrundlagen fehlen.

Ob eine **Ermittlungspflicht** besteht, ist auch für die folgende Konstellation umstritten: Erhält „die Staatsanwaltschaft ... Kenntnis" (§ 160 I), wenn der einzelne StA **außerdienstlich Informationen** über eine Straftat erlangt? 64

> **Fall 6:** StA S ist zur Kur in Davos. Während er sich der Liegekur hingibt, hört er, wie auf dem Nachbarbalkon der Dortmunder Lehrer L seiner Frau unter Tränen gesteht, mit mehreren 13-jährigen Schülerinnen Petting getrieben zu haben. Zurück in Dortmund, überlegt S, was er tun muss.

S nimmt seine Kenntnisse mit in den Dienst, sodass man durchaus sagen kann: „die (Institution) Staatsanwaltschaft" hat Kenntnis vom Anfangsverdacht (§§ 174, 176 StGB).

Allerdings würde privater Kontakt mit Staatsanwälten wohl weitgehend gemieden, wenn man im Umgang mit ihnen stets auf der Hut sein müsste. Wegen des allgemeinen Persönlichkeitsrechts des StA (Art. 2 I iVm 1 I GG) schränkt man daher die Verfolgungspflicht ein: Das Recht des einzelnen StA auf freie Entfaltung seiner Persönlichkeit muss abgewogen werden gegen das Interesse, welches die Allgemeinheit an der Strafverfolgung hat. Während die h.M. von Fall zu Fall abwägt, wollen manche für Rechtssicherheit sorgen und ziehen materiellrechtliche Wertungen heran: einige stellen auf den Katalog des § 138 StGB ab, andere auf die Kategorie „Verbrechen" (§ 12 I StGB).

Nach diesen Kriterien müsste S im Fall 6 nicht einschreiten: Die Tat des L fehlt im Katalog des § 138 StGB, und sie ist nur ein Vergehen (§§ 174, 176 StGB). Der Fall zeigt, dass die angebotenen materiellrechtlichen Maßstäbe unangemessen sind. Denn sobald der Täter (mit seiner Tat) mehrere Vergehen begeht, steigt das Strafverfolgungsinteresse, ohne dass die beiden Kriterien (§ 138, Verbrechen) dies einfingen. Mit der h.M. ist S also im Fall 6 zum Einschreiten zu verpflichten; denn einerseits verletzt die Tat ein gewichtiges Rechtsgut und andererseits ist S nicht sehr belastet, da L nur eine Kurbekanntschaft ist.

Darf die StA das Vorliegen einer „Straftat" iSd § 160 I rechtlich eigenständig beurteilen oder ist sie an eine gefestigte Rspr. gebunden? 65

> **Fall 7:** Frauenarzt Krokowski (K) nimmt bei A einen an sich erlaubten Schwangerschaftsabbruch vor, verursacht aber fahrlässig, dass das Kind lebend zur Welt kommt. Es stirbt erst nach einigen Stunden. – Davon noch mitgenommen, vergisst er, vor einem anderen Eingriff die Patientin Zimmermann (Z) über die Gefahren aufzuklären. Diese Operation führt er dann lege artis und erfolgreich durch. In Kenntnis der Gefahren hätte Z die OP abgelehnt. – (a) Hinsichtlich des Kindes klagt StA S den K nach § 222 StGB an. Ist

S strafbar nach § 344 StGB? (b) Muss S den K wegen Körperverletzung zum Nachteil der Z anklagen, wenn S meint, § 223 StGB sei nicht verwirklicht?

Im Fall 7a sieht die gefestigte Rspr. keine fahrlässige Tötung. Sie argumentiert: Wäre das Kind im Mutterleib gestorben, wäre es noch kein „Mensch" und § 222 StGB schiede aus; das müsse erst recht gelten, wenn das Kind länger lebe. Manche halten dagegen: Wenn das Kind erst mit vier Jahren gestorben wäre, läge auch nach der Rspr. eine fahrlässige Tötung vor; weil nun aber jedes menschliche Leben gleich viel wert sei, unabhängig vom Alter der Person, werde die Tat von § 222 StGB erfasst. – Nach allgemeiner Ansicht ist S, wenn er anklagen will, nicht an die Sicht der Rspr. gebunden. Zum einen bietet der Eröffnungsbeschluss einen hinreichenden Filter (§ 203), zum andern muss es der StA (in gewissen Abständen) möglich sein, einen Rechtsprechungswechsel herbeizuführen. Daher ist S im Fall 7a nicht strafbar nach § 344 StGB.

**66** Im Fall 7b verneinen einige eine Körperverletzung, weil der Eingriff *lege artis* und erfolgreich durchgeführt wurde. Die gefestigte Rspr. sieht, weil Z nicht aufgeklärt wurde, eine Körperverletzung als gegeben an. Bindet das die StA?

Bei der Beurteilung der StA, ob eine „Straftat" vorliegt, geht es sicher um eine „amtliche Verrichtung", bei der sie „von den Gerichten unabhängig" ist (**§ 150 GVG**). Andererseits „bieten die Ermittlungen genügenden Anlaß zur Erhebung der öffentlichen Klage" (**§ 170 I**), denn schließlich würde K ja verurteilt. Dass es für die Frage, ob eine „Straftat" iSd §§ 160 I, 203 vorliegt, auf die Sicht der Rspr. ankommt, bestätigt uns **§ 172 II 1:** Das letzte Wort zu dieser Frage spricht im Klageerzwingungsverfahren das Gericht (vgl. auch Art. 92 GG). Außerdem ist zu bedenken, dass es zu Ungleichbehandlungen käme, würden Rechtsfragen in jedem StA-Bezirk anders beantwortet (Art. 3 I GG). – S ist also im Fall 7b an eine gefestigte Rspr. gebunden.

**67** **Merke:** Geht die gefestigte Rspr. von der Straflosigkeit eines Verhaltens aus, **darf** die StA anklagen, wenn sie eine Rspr.-Änderung herbeiführen will; sie **muss** anklagen, wenn nach gefestigter Rspr. ein Verhalten strafbar ist (kann vor Gericht aber auf Freispruch plädieren). Ob eine Rspr. schon gefestigt ist, muss im Einzelfall entschieden werden.

## II. Erforschung des Sachverhalts

**Literatur:** *Schulenburg*, Legalitäts- und Opportunitätsprinzip, JuS 2004, 765.

**68** Liegen die Voraussetzungen zur Einleitung eines Strafverfahrens vor, sind die Ermittlungsbehörden zum Einschreiten verpflichtet. Für die Polizei ergibt sich dies aus § 163 I 1, für die StA aus § 152 II. Beide Ermittlungspflichten sind inhaltlich identisch. Auf diesem Verfolgungszwang gründet sich das

**Legalitätsprinzip.**

Es will vor allem dem Gleichheitssatz (Art. 3 I GG) entsprechen und eine Verfolgung unabhängig vom Ansehen der Person erreichen. Zudem stellt das Legalitätsprinzip den notwendigen Ausgleich zum Offizialprinzip (→ Rn 524) dar: Wenn der Staat schon Inhaber des Gewalt- und Anklagemonopols ist, dann muss er auch verpflichtet sein, bei Rechtsverletzungen einzuschreiten.

Keine Regel ohne Ausnahme – sie findet sich abstrakt ebenfalls in § 152 II: Die StA ist zum Einschreiten verpflichtet, „soweit nicht gesetzlich ein anderes bestimmt ist". Solche anderen gesetzlichen Bestimmungen bilden das **69**

**Opportunitätsprinzip,**

und sie durchbrechen das Legalitätsprinzip. Hierzu zählen etwa § 153 (Einstellung wegen Geringfügigkeit), § 153a (Einstellung nach Erfüllung von Auflagen) oder § 376 (Verweisung auf den Privatklageweg). In diesen Fällen hat sich der Gesetzgeber am Verhältnismäßigkeitsprinzip orientiert und bei bestimmten Straftaten den Aufwand eines Strafverfahrens als nicht erforderlich angesehen. Hier bleibt der StA die Anklageerhebung erspart (beachte aber § 377 II). Auf die einzelnen Bestimmungen und ihre Voraussetzungen gehen wir detailliert erst im Rahmen des Abschnitts „Abschlussentscheidung der Staatsanwaltschaft" ein (→ Rn 489 ff.). Denn vor einer Einstellung muss die StA auch in diesen Fällen den Sachverhalt erforschen, um etwa das Vorliegen der Verfahrensvoraussetzungen beurteilen zu können (→ Rn 86 ff.).

**Beispiel:** Wäre der Beschuldigte 13 Jahre alt, dürfte das Verfahren nicht nach § 153 I wegen „geringer Schuld" eingestellt werden, weil Schuldunfähigkeit nach § 19 StGB vorläge (es müsste vielmehr der hinreichende Tatverdacht wegen Fehlens einer Verfahrensvoraussetzung verneint und eine Einstellung des Verfahrens nach § 170 II verfügt werden). **70**

Stellt sich im Verlauf der Ermittlungen heraus, dass eine Verfahrensvoraussetzung fehlt oder ein Verfahrenshindernis besteht oder dass das Opportunitätsprinzip zum Tragen kommt, sind die Ermittlungen abzubrechen und es ist eine Abschlussentscheidung zu treffen. **71**

Eine solche Entscheidung steht allerdings nur der StA, nicht auch der Polizei zu. Letztere hat allein die Pflicht, „Straftaten zu erforschen" (vgl. § 163 I 1) und dann die Ermittlungsergebnisse „ohne Verzug" der StA zu übersenden (§ 163 II 1).

72 Soweit die Theorie. Die Praxis zeichnet überwiegend ein anderes Bild. Zwar wird die StA gern und oft als „Herrin des Ermittlungsverfahrens" bezeichnet (§ 160 I weist ihr diese Stellung zu); den Hauptteil der Ermittlungstätigkeit erledigt allerdings die Polizei im Rahmen des ersten Zugriffs. Betrachtet sie eine Sache als „ausermittelt", übersendet sie die Akten der StA.

## 1. Umfang

73 Zu erforschen ist gem. § 160 I der Sachverhalt, und zwar im Lichte der Fragestellung, „ob die öffentliche Klage zu erheben ist". Dafür verlangt § 170 I einen „genügenden Anlass", also „hinreichenden Tatverdacht" (→ Rn 33), der gleiche Maßstab, der auch für den Eröffnungsbeschluss gilt (§ 203: „hinreichend verdächtig"). Insoweit sind zwei Fragen zu beantworten, die zugleich den Mindestumfang der Sachverhaltserforschung beschreiben. *Erstens:* Sind die Verfahrensvoraussetzungen gegeben (→ Rn 90 ff.)? *Zweitens:* Können die vorhandenen bzw. zu erwartenden Beweise die gerichtliche Überzeugung (§ 261) begründen, dass die Voraussetzungen eines Straftatbestandes vorliegen und dass der Beschuldigte zu bestrafen ist (→ Rn 725 ff.)?

74 Wie die letzte Frage zeigt, dient die Arbeit der StA neben der Vorbereitung einer (eigenen) Abschlussentscheidung (Klage oder Einstellung des Verfahrens) auch der Vorbereitung eines gerichtlichen Verfahrens. Deshalb trägt die StA gem. § 160 II auch die Verantwortung für die **Beweissicherung**.

75 § 160 II lehrt aber noch ein Weiteres: Die StA ist nicht allein Anwältin des Staates, sondern ein zur Objektivität verpflichtetes Rechtspflegeorgan. Denn ihre Ermittlungen haben sich nicht nur auf „die zur Belastung, sondern auch **die zur Entlastung dienenden Umstände**" zu erstrecken.

76 Deshalb nennen einige die StA „objektivste Behörde der Welt". Anderer Ansicht ist das *BVerfG* (NStZ 2001, 382, 384): „Polizei und Staatsanwaltschaft genießen keine Unabhängigkeit, und von ihnen kann … nicht wie vom Richter strikte Neutralität erwartet werden."

77 Zeichnet sich ein „genügender Anlass" zur Klageerhebung ab (siehe § 170 I), kommen auch die späteren **Rechtsfolgen** der Tat in den Blick. Die hierfür maßgeblichen Umstände sind nach § 160 III ebenfalls zu ermitteln.

78 Dazu gehören vor allem Umstände, die für Art und Höhe der Sanktion Bedeutung haben. Anknüpfungspunkt ist § 46 II StGB (Umfang des Schadens, Dauer von Verletzungen etc.). Bei diesbezüglichen Ermittlungen kann sich die StA der **Gerichtshilfe** bedienen (§ 160 III 2). Die Gerichtshelfer (meist Sozialarbeiter) erforschen die persönlichen Verhältnisse und das soziale Umfeld des Beschuldigten. Ihre Ergebnisse fassen sie in einem Bericht zusammen.

Für die Ermittlungen der StA wie auch im gesamten Strafverfahren gilt ein wichtiger Grundsatz: Die Wahrheit ist **von Amts wegen** sorgfältig und umfassend zu ermitteln. Dies ergibt sich für den StA aus § 160 und für den Richter aus den §§ 155 II und 244 II und wird als 79

**Untersuchungsgrundsatz**

bezeichnet (auch als „Ermittlungsgrundsatz", „Instruktions-" bzw. „Inquisitionsprinzip" oder „Prinzip der materiellen Wahrheit").

Welche Folgen hat die Geltung dieses Grundsatzes? Deutlich werden sie, wenn wir den Gegensatz betrachten: das Verhandlungsprinzip (Prinzip der formellen Wahrheit). Es gilt im Zivilprozess und führt dazu, dass ausschließlich darüber verhandelt wird, was die Parteien behaupten, unter Beweis gestellt und schließlich bewiesen haben. Im Strafverfahren gibt es keine solche Bindung an Behauptungen. Das Gericht darf selbst einem Geständnis des Angeklagten nicht ohne weiteres glauben. Außerdem kann das Gericht von Amts wegen Beweismittel heranziehen, ohne Rücksicht darauf zu nehmen, ob vom Angeklagten oder der StA nach diesen Beweisen verlangt wurde. Im Ermittlungsverfahren ist es aber mit dem Untersuchungsgrundsatz vereinbar, den Umfang der Ermittlungen nach der Bedeutung der Sache auszurichten (vgl. Nr. 3, 4 RiStBV).

Ausfluss des Untersuchungsgrundsatzes ist, dass das Ausbleiben des Angeklagten in der Hauptverhandlung nicht als Schuldeingeständnis gewertet werden und ein Versäumnisurteil (wie im Zivilprozess) nicht ergehen darf (Säumnis hat jedoch Folgen etwa im Berufungsverfahren gem. § 329 I 1, im Strafbefehlsverfahren gem. § 412 und für den Privatkläger gem. § 391 II). 80

## a) Verständigungen

**Fall 8:** StA S ermittelt gegen A wegen Subventionsbetrugs. Der Sachverhalt ist kompliziert, täglich kommen neue Akten. Als S sich gerade damit abfindet, den Sonntag im Büro zu verbringen, ruft Ally Mc Deal, As Verteidigerin, an. Mc Deal berichtet, dass A die Subventionen bereits zurückgezahlt hat und bei Einstellung des Verfahrens einen bestimmten Geldbetrag zahlen würde. Nach einigem Hin und Her einigt man sich auf 40.000 €. Nachdem A den Sachverhalt glaubhaft gestanden hat, wird das Verfahren mit Zustimmung des Gerichts vorläufig eingestellt. Ging alles mit rechten Dingen zu? 81

Verfahren mit vielen Tatvorwürfen und aufwändigen Beweisaufnahmen sind bei der StA unbeliebt (sie bringen nicht mehr Erledigungsziffern als ein rasch bearbeiteter Ladendiebstahl und blockieren die Bearbeitung anderer Akten). Auch der Beschuldigte hat kein Interesse, monatelang das Strafverfahren „im Nacken" zu haben. Deshalb 82 einigen sich die Beteiligten häufig im Vorverfahren, d.h. es kommt – oft ähnlich wie im Fall 8 – zur **Verständigung** (auch als Absprache oder – abfälliger – als „**Deal**“ bezeichnet).

**83** Im Vorverfahren galten solche Verständigungen schon früher wegen § 153a als zulässig. Die Norm sieht vor, das Verfahren gegen Auflagen einzustellen, wenn Gericht, StA und Beschuldigter zustimmen, sich also über dieses Vorgehen „verständigen“ (→ Rn 489 ff.). Freilich müssen die Voraussetzungen des § 153a vorliegen (aus einem Verbrechen darf kein Vergehen werden). Daneben ist – wegen des Sanktionscharakters der Auflage – der Untersuchungsgrundsatz zu beachten. So ist ggf. die Glaubhaftigkeit eines Geständnisses durch weitere Beweiserhebungen zu überprüfen.

**84** Im Fall 8 hat S sich gesetzmäßig verhalten – die Voraussetzungen des § 153a I lagen vor. Insbesondere können die Wiedergutmachungszahlung und die geständige Einlassung berücksichtigt werden (§ 46 II 2 Var. 6 StGB: „Verhalten nach der Tat“), sodass „die Schwere der Schuld nicht entgegensteht“.

**85** Mit dem **Gesetz zur Regelung der Verständigung im Strafverfahren** (August 2009) hat der Gesetzgeber ganz generell die Vornahme von „verfahrensförderlichen Erörterungen“ zwischen StA und sonstigen Verfahrensbeteiligten (Beschuldigter, Verteidiger, ggf. Nebenkläger oder Finanzbehörde) zugelassen (**§ 160b**). Als Gegenstand der Erörterungen kommt vor allem eine Beschränkung der Strafverfolgung in Betracht (**§§ 153, 153a, 154a**). Aber auch eine spätere Verständigung in der Hauptverhandlung (**§ 257c**) kann im Ermittlungsverfahren vorbereitet werden. Kommen die Erörterungen der Beteiligten zu einem positiven oder negativen Ergebnis, muss die StA dies **aktenkundig** machen (§ 160b S. 2 – ausführlich zu Verständigungen → Rn 639).

### b) Prüfen der Verfahrensbedingungen

**Literatur:** *Meyer-Goßner*, Prozessvoraussetzungen und Prozesshindernisse, 2011; *Mürbe*, Fallen und Fehler bei der Behandlung der strafprozessualen Prozeßvoraussetzungen, JA 1997, 321.

**86** Ein Strafverfahren darf nur dann durchgeführt werden, wenn bestimmte Bedingungen erfüllt sind: Es müssen alle **Verfahrensvoraussetzungen** gegeben sein (alternative Bezeichnungen: Prozess-, Verfolgungs- oder Sachentscheidungsvoraussetzungen) und es dürfen keine **Verfahrenshindernisse** bestehen.

**87** Viele setzen das Nichtvorliegen von Verfahrensvoraussetzungen mit dem Vorliegen von Verfahrenshindernissen („negative Verfahrensvoraussetzungen„) gleich. Allerdings lassen sich sehr wohl Unterschiede benennen zwischen Verfahrensvoraussetzungen und -hindernissen, weshalb eine Unterscheidung durchaus Sinn hat (näher *Meyer-Goßner*, S. 35).

Fehlt eine Verfahrensvoraussetzung oder besteht ein Verfahrenshindernis, ist wie folgt zu verfahren: 88

- Im **Ermittlungsverfahren** ist gem. § 170 II 1 der hinreichende Tatverdacht zu verneinen.
- Im **Zwischenverfahren** wird gem. § 204 I die Eröffnung des Hauptverfahrens abgelehnt.
- **Nach Eröffnung des Hauptverfahrens** wird das Verfahren gem. § 206a I eingestellt, soweit die Hauptverhandlung noch nicht begonnen hat. **Nach Beginn der Hauptverhandlung** wird das Verfahren gem. § 260 III eingestellt (steht bereits fest, dass freizusprechen wäre, gibt es aber einen „**Vorrang des Freispruchs**").
- Besteht ein **Verfahrenshindernis** nur **vorübergehend**, kann das Verfahren vorläufig eingestellt werden – vor Erhebung der öffentlichen Klage nach § 154f, nach Anklageerhebung gem. § 205 S. 1.

Bei der Frage, ob dem Gericht eine Befassung mit dem Anklagevorwurf verboten ist (Fehlen einer Verfahrensvoraussetzung = Befassungsverbot) oder eine Bestrafung wegen dieses Vorwurfs (Vorliegen eines Verfahrenshindernisses = Bestrafungsverbot), wird abgestellt auf den Schweregrad: Es muss sich um derart schwer wiegende Umstände handeln, dass ihr Fehlen (bei Verfahrensvoraussetzungen) oder Vorliegen (bei Verfahrenshindernissen) eine Sachentscheidung ausschließt – die Zulässigkeit des Verfahrens muss insgesamt in Frage gestellt sein. 89

Die Verfahrensvoraussetzungen und -hindernisse lassen sich – zwecks besserer Einprägsamkeit – in drei Gruppen einteilen (wobei Verfahrenshindernisse sind: fehlender Strafantrag, Verhandlungsunfähigkeit, Verjährung und Amnestie; vgl. *Meyer-Goßner*, S. 37): 90

- **das Gericht betreffend:** deutsche Gerichtsbarkeit (§§ 18–20 GVG), Rechtsweg (§ 13 GVG), sachliche Zuständigkeit (§ 1 StPO iVm §§ 24 ff., 73 ff., 120 GVG), örtliche Zuständigkeit (§§ 7 ff.); 91
- **die Tat betreffend:** Strafantrag (§§ 77 ff. StGB), Ermächtigung (§ 77e StGB – Bsp.: §§ 90 IV, 353a II StGB), Strafverlangen (§ 77e StGB – Bsp.: §§ 257 IV, 323a StGB), wirksame Anklage (§§ 151, 200, → Rn 529), wirksamer Eröffnungsbeschluss (§ 203, → Rn 570), keine Strafverfolgungsverjährung (§§ 78 ff. StGB), keine gesetzliche Amnestie und kein Gnadenerweis, kein Strafklageverbrauch = keine entgegenstehende Rechtskraft (Art. 103 III GG), keine anderweitige Rechtshängigkeit; 92

93 **Beachte:** Das Antragsrecht eines Toten geht auf den Ehegatten und Kinder über, aber nur „in den Fällen, die das Gesetz bestimmt" (§ 77 II 1 StGB); nötig ist eine besondere Regelung. Sie fehlt z.B. bei den §§ 123, 202a, 202b StGB; sie gibt es z.B. bei der Verunglimpfung Verstorbener (§ 194 II 1 StGB) und der vorsätzlichen Körperverletzung (§ 230 I 2 StGB).

94 ▪ **den Täter betreffend:** Leben, Verhandlungsfähigkeit (entspricht nicht der Prozessfähigkeit im Zivilrecht, sondern bedeutet die Fähigkeit des Beschuldigten, seine Rechte wahrzunehmen – auch eine geisteskranke Person kann also verhandlungsfähig sein), Strafmündigkeit (§ 19 StGB: 14 Jahre; bei der Privatklage gem. § 80 JGG: 18 Jahre), keine Immunität (Art. 46 II, IV GG, § 152a), keine schwerwiegende Lebens- oder Gesundheitsgefahr durch die Fortsetzung des Verfahrens (BVerfGE 51, 324, 345 ff.; vgl. dazu „Fall Honecker", *BerlVerfGH* NJW 1993, 515).

95 Welches Verfahren kann trotz Todes des Beschuldigten durchgeführt werden? Das Wiederaufnahmeverfahren zu Gunsten des Verurteilten (s. § 361 I). Seine Rehabilitation betreiben können die in § 361 II genannten Personen.

96 **Fall 9:** Ein polizeilicher Lockspitzel (agent provocateur) arrangiert mit A ein Drogengeschäft, um ihn zu überführen. A „beißt" an und wird später auf frischer Tat verhaftet. Die Veröffentlichung von belastendem Material durch die StA führt im Strafverfahren zu einer massiven öffentlichen Vorverurteilung in den Medien. Das Verfahren zieht sich über zwölf Jahre in die Länge. Haben die geschilderten Vorgänge Auswirkungen auf das Strafverfahren?

Es liegt auf der Hand, dass es problematisch ist, wenn der Staat, ohne sich als solcher erkennen zu geben, z.B. mittels eines Verdeckten Ermittlers andere zur Begehung von Straftaten ermuntert, um diese Personen sodann als Straftäter verfolgen zu können („**tatprovozierendes Verhalten**„). Mit dem Argument, dass der Staat den staatlichen Strafanspruch verwirkt, weil er gegen das Verbot widersprüchlichen Verhaltens (venire contra factum proprium) verstößt, könnte man durchaus ein Verfahrenshindernis annehmen. Bislang favorisiert die Rechtsprechung allerdings die **„Strafzumessungslösung„** d.h. die Annahme eines Strafmilderungsgrundes (BGHSt 32, 345). Argumente: Ein Verfahrenshindernis muss an klar zu bestimmende Tatsachen knüpfen (BGHSt 24, 239, 240) und darf nicht erst das Ergebnis einer umfassenden Prüfung aufgrund einer Hauptverhandlung sein; die dem Schutz des Staates anvertrauten Rechtsgüter dürfen nicht zur Disposition eines Lockspitzels stehen; selbst ein Befehl zur Begehung einer Straftat (§§ 56 II BBG, 11 II Soldatengesetz) schließt die Strafbarkeit nicht aus; es gibt keine Anhaltspunkte, dass der Gesetzgeber ein Verfahrenshindernis annehmen wollte.

In einer Entscheidung aus dem Jahr 2014 hat der ***EGMR*** darauf hingewiesen, dass die Rspr. des *BGH* als Ausgleich für den Verstoß gegen ein faires Verfahren dann nicht genüge, wenn gegen den Betroffenen weder ein objektiv begründeter Verdacht vorgelegen habe noch eine Tatgeneigtheit erkennbar gewesen sei. In einem solchen Fall führe die Tatprovokation zu einem **Beweisverwertungsverbot** (EGMR BeckRS 2015, 80007). Dies hat der *2. Strafsenat* mit Urt. v. 10.6.2015 zum Anlass genommen, die ständige Rspr. des BGH zu ändern und in einem Fall ein **Verfahrenshindernis** anzunehmen (2 StR 97/14). Zuvor hatte das *BVerfG* – sich mit der Rspr. des *EGMR* auseinandersetzend – die Strafzumessungslösung verteidigt und entschieden, dass eine Verfahrenseinstellung nur in extremen Ausnahmefällen aus dem Rechtsstaatsprinzip (Recht auf ein faires Verfahren) hergeleitet werden könne, weil dieses auch das Interesse an einer der materiellen Gerechtigkeit dienenden Strafverfolgung schütze (NJW 2015, 1083). **97**

Eine **überlange Verfahrensdauer** ist problematisch mit Blick auf den **98**

**Beschleunigungsgrundsatz.**

Abgeleitet wird er aus Art. 20 III GG und Art. 6 MRK. Bei einer Verletzung dieses Grundsatzes vertrat der *BGH* früher ebenfalls eine Strafzumessungslösung (BGHSt 35, 137). Seit BGHSt (GrS) 52, 124 wendet die Rspr. die sog. Vollstreckungslösung an, nach der eine Anrechnung auf die zu vollstreckende Strafe erfolgen könne. In „ganz außergewöhnlichen Sonderfällen" (etwa, wenn die gesetzliche Regelverjährungsfrist um mehr als drei Jahre überschritten wurde, vgl. BGHSt 46, 159) ist die Fortsetzung des Verfahrens allerdings nicht mehr hinnehmbar (Folge: Einstellung des Verfahrens). Ebenfalls strafmildernd kann eine **öffentliche Vorverurteilung** wirken.

Wichtig ist die Frage des **Prozessgegenstandes**. Sie wird bereits im Rahmen der Verfahrensvoraussetzungen relevant, weil sich der StA fragen muss, ob die Tat anderweitig anhängig oder gar abgeurteilt ist. Die genaue Bestimmung der prozessualen Tat ist zudem von Bedeutung, weil die Tat in der Anklageschrift zu bezeichnen ist (§ 200 I 1) und allein die dort beschriebene Tat Gegenstand der Urteilsfindung sein darf (§ 264 I). **99**

> **Fall 10:** StA S hat als Ankläger erlebt, wie der Angeklagte A verurteilt wurde, weil er ohne Fahrerlaubnis einen LKW von einem Hof gefahren hat. Drei Monate später erhält S einen Hinweis, dass A mit der Fahrt Grabsteine vom Hof eines Bestatters gestohlen hatte. Muss S wegen Diebstahls ermitteln? **100**

Die StA hat nur bei „verfolgbaren Straftaten einzuschreiten" (§§ 152 II, 160 I). An der Verfolgbarkeit des möglichen Diebstahls **101** fehlt es im Fall 10, wenn dieser mit dem Fahren ohne Fahrerlaubnis (§ 21 I Nr. 1 StVG) dieselbe Tat bildet. Denn Art. 103 III GG bestimmt: „Niemand darf wegen derselben Tat auf Grund der allgemeinen Strafgesetze mehrmals bestraft werden".

**102** Exkurs zu Art. 103 III GG: Das Verbot „mehrmaliger Bestrafung" in Art. 103 III GG zerfällt in drei unterschiedliche Verbote; nämlich in die Verbote der erneuten **(a)** Bestrafung nach Ausschöpfung des Unrechts- und Schuldgehaltes, **(b)** Bestrafung innerhalb des Unrechts- und Schuldgehalts („Nachschlagsverbot") und **(c)** Straf*verfolgung* nach Freispruch oder Verurteilung.

**103** Das erste Verbot wurzelt im Verhältnismäßigkeitsprinzip, die anderen beiden geben der Rechtssicherheit den Vorrang gegenüber der gerechten Bestrafung. Das Verbot der Straf**verfolgung** ergibt sich nicht aus dem Wortlaut, der nur bestimmt, dass niemand mehrfach „bestraft" werden darf. Die Verfassungsgeber wollten aber den Grundsatz „ne bis in idem" festschreiben. Weil dieser gewohnheitsrechtliche Satz es auch verbot, einen Abgeurteilten erneut zu verfolgen, liest man Art. 103 III GG wie folgt: „Niemand darf wegen einer strafbaren Tat, derentwegen er bereits rechtskräftig abgeurteilt worden ist, erneut verfolgt werden" (sog. materielle Rechtskraft). Beachte auch die eingeschränkte Rechtskraftwirkung von Strafbefehlen (§§ 410 III, 373a) etc. (→ Rn 885).

**104** Schon **Art. 54 SDÜ** hat den Grundsatz des „ne bis in idem" erweitert auf den europäischen Raum, allerdings nur auf die ratifizierenden Staaten (wozu übrigens auch die Schweiz als Nicht-EU-Staat zählt). Die Norm setzt voraus, dass die betroffene Person entweder freigesprochen worden oder „im Fall einer Verurteilung die Sanktion bereits vollstreckt worden ist, gerade vollstreckt wird oder nach dem Recht des Urteilsstaats nicht mehr vollstreckt werden kann" (näher *Heger*, HRRS 2008, 413 zu BGHSt 52, 275; vgl. auch *EuGH* NStZ 2009, 454; *BGH* NStZ 2009, 457). Verfahrensbeendende Maßnahmen, die im Erstverfolgerstaat materielle Rechtskraft entfalten (in Deutschland z.B. § 153a), gelten als „rechtskräftige Aburteilung" und bewirken nach Art. 54 SDÜ Strafklageverbrauch. Neben diese Regelung tritt jetzt Art. 50 Charta der Grundrechte der Europäischen Union (GC): „Niemand darf wegen einer Straftat, derentwegen er bereits in der Union nach dem Gesetz rechtskräftig verurteilt oder freigesprochen worden ist, in einem Strafverfahren erneut verfolgt oder bestraft werden" (zum Ganzen *Zöller*, FS Krey, 501 ff., 516 ff.).

**105** Wann liegt aber nur eine Tat im prozessualen Sinne vor? Nach h.M. ist eine **prozessuale Tat**

> der geschichtliche Vorgang, der zusammen abgeurteilt werden muss, um eine unnatürliche Aufspaltung des Geschehens zu verhindern.

(Dabei erfasst der geschichtliche Vorgang auch Umstände, die nicht in der Anklage erwähnt sind.) Unter diese vage Beschreibung kann der Jurist nicht subsumieren. So kann man beispielsweise eine Geburtstagsfeier ganz gut als einen geschichtlichen Vorgang ansehen. Damit ist aber nichts gewonnen. Stellen wir uns vor, ein Gast begeht über den

Abend verteilt gegen verschiedene Personen eine Beleidigung, einen Diebstahl und eine Körperverletzung. Es ist klar, dass das Ereignis „Geburtstagsfeier“ hier keine verbindende Kraft hat. Mit folgenden Kriterien können Sie argumentieren, um zu bestimmen, ob ein einheitlicher geschichtlicher Vorgang anzunehmen ist: **Tatort**, **Tatzeit**, **Tatobjekt**, **Angriffsrichtung**.

Im Fall 10 hat A beide Gesetzesverletzungen (§ 21 StVG, § 242 **106**
StGB) durch „dieselbe Handlung“ des Vom-Hof-Fahrens begangen, und wegen dieser Identität der Ausführungshandlungen stehen die Delikte in Tateinheit (§ 52 I Alt. 1 StGB). § 52 II StGB fordert in solchen Fällen eine einheitliche Strafzumessung. Um diesem Gebot zu entsprechen, ist die Annahme eines einheitlichen Prozessgegenstandes in Fällen der Tateinheit vielleicht immer nötig. Die h.M. gesteht den Konkurrenzverhältnissen aber nur eine Indizwirkung zu. Tateinheit führt also nur idR zu einer einzigen Tat; Tatmehrheit nur idR zu zwei selbständigen Taten.

In einigen Fällen führt die materiell-rechtliche Annahme von Tat- **107**
einheit nämlich zu weitgehenden Privilegierungen, insbesondere bei Dauerdelikten (vgl. BGHSt 29, 288; 48, 153):

> **Fall 11:** Das *OLG Stuttgart* hat die Terroristin Jakobsmeier u.a. wegen Mordversuchs verurteilt. Sie soll diesen Versuch als Mitglied der RAF begangen haben. Wegen dieser Mitgliedschaft war sie bereits zuvor verurteilt worden. Ist sie wegen „derselben Tat ... mehrmals bestraft“ worden?

Weil der Mordversuch (Zustandsdelikt) in Fall 11 aktiver Teil der Mitgliedschaft (Dauerdelikt) war, sah der *BGH* beide Delikte in Tateinheit stehen. Er gab aber der materiellen Gerechtigkeit den Vorzug (Stichwort: „**Verkennen der Unrechtsdimension**“) und nahm in prozessualer Hinsicht eigenständige Taten an („**prozessrechtliche Lösung**“, vgl. BGHSt 36, 151). In der Literatur wollen manche am Kriterium der Tateinheit festhalten und sind bereit, den Strafklageverbrauch als Preis für die Rechtssicherheit zu zahlen. Andere nehmen Tatmehrheit an („**materiell-rechtliche Lösung**“), weil schwere Straftaten einen neuen „Tatentschluss“ erforderten.

Im Fall 10 muss man Tateinheit und einen einheitlichen geschichtlichen Vorgang bejahen. Demnach ist mit der h.M., wenn sie konsequent bleibt, die Strafklage verbraucht, und die StA dürfte nicht tätig werden.

> **Fall 12:** A war Beteiligter eines Verkehrsunfalls (mit tödlichem Ausgang für einen anderen Verkehrsteilnehmer) und beging Fahrerflucht. Fahrlässigkeit konnte StA S dem A nicht nachweisen, deshalb klagte er ihn nur einer Tat gem. § 142 StGB an. Nachdem die Verurteilung rechtskräftig geworden war, meldete **108**

sich die Exfreundin des A und bekundete Umstände, die einen Fahrlässigkeitsvorwurf begründen. Darf S den A nach § 222 StGB anklagen?

Die fahrlässige Tötung und die Verkehrsunfallflucht stehen wegen der Zäsurwirkung des Unfalls zueinander in Tatmehrheit (§ 53 StGB). Zwischen diesen Taten gibt es aber einen prozessual bedeutsamen Zusammenhang: Für die Verurteilung wegen der Verkehrsunfallflucht muss das Gericht untersuchen, ob A am Unfall beteiligt war. Aus diesem Grund sieht die Rspr. einen einheitlichen Prozessgegenstand. Somit sperrt Art. 103 III GG im Fall 12 die Anklage (s. dazu BGHSt 23, 141 und BGHSt 45, 211).

109 **Fall 13:** A wurde wegen Hehlerei verurteilt, weil er sich am 1. Mai ein gestohlenes Fahrrad gekauft haben soll. Später stellt sich heraus, dass er das Rad am 30. April dem Eigentümer geraubt hatte. Darf A wegen Raubes angeklagt werden?

A kann als Täter der Vortat kein Hehler sein. Deshalb schließen sich Hehlerei und Raub rechtlich aus (**Sachverhaltsalternativität**). Bilden sie dennoch eine prozessuale Tat? Verbindend wirkt, dass sich beide Delikte auf dasselbe Tatobjekt beziehen. Das hat die Rspr. früher ausschlaggebend sein lassen und die Tatidentität bejaht (RGSt 8, 135). Nunmehr nimmt die Rspr. aber zwei Taten an (vgl. BGHSt 32, 215; 35, 80). Dahinter steht wohl, dass die Schwere der Delikte zu weit auseinander klafft (anders würde vielleicht entschieden bei Diebstahl und Hehlerei, vgl. *BGH* NStZ 1999, 523). Außerdem konnte es nach der alten Rspr. in manchen Fällen zu einer unnatürlichen Verklammerung von zeitlich weit auseinanderliegenden Vorgängen kommen.

110 Eine schon verbüßte Strafe soll im zweiten Verfahren immerhin *anzurechnen* sein. Aber wie liegt die Sache im nächsten Fall?

**Fall 14:** A hat 15 Jahre Freiheitsstrafe verbüßt für den vermeintlichen Mord an ihrem Ehemann E. Als sie ihre Freiheit genießt, sieht sie den E in einem Café sitzen. Der hatte damals seinen Tod nur vorgetäuscht. Aus Rache erschlägt A den E nunmehr tatsächlich.

Geht man wegen der Identität des Opfers von derselben Tat aus, steht Art. 103 III GG einer Verfolgung entgegen; verneint man die Tatidentität, geht aber von einer Anrechnung aus, müsste A für ihre Tat nicht mehr ins Gefängnis. Beides kann nicht richtig sein, was die Auslegung des Art. 103 III GG bestätigt: Diese Norm bezieht den Strafklageverbrauch auf die Tat, für die der Täter bestraft wurde, meint also die abgeurteilte Tat. Welche Tat abgeurteilt wurde, richtet sich nach § 264 I: „Gegenstand der Urteilsfindung ist die in der Anklage bezeichnete Tat, wie sie sich nach dem Ergebnis der Verhandlung darstellt." In der Anklage wird die Tat aber auch bezeichnet (konkretisiert) nach „Zeit und Ort ihrer Begehung" (**§ 200 I**). Demnach gehört auch dies zum Tatbegriff (näher *Schlehofer*, GA 1997, 101 ff.). Weil im Fall 14 beides auseinanderfällt, handelt es sich um zwei Taten. Die bereits verbüßte ungerechtfertigte Freiheitsstrafe ist nicht anzurechnen; vielmehr ist A nur zu entschädigen (§§ 1, 7 StrEG).

**Zusammenfassung:** Eine prozessuale Tat liegt bei materiell- **111**
strafrechtlicher Tateinheit (§ 52 StGB) idR, nicht aber zwingend vor. Ebenso wenig zwingend, aber doch meistens, liegen bei materiell-strafrechtlicher Tatmehrheit (§ 53 StGB) mehrere Taten im prozessualen Sinne vor. Im Zweifel muss zwischen Rechtssicherheit, Gerechtigkeit und Billigkeit ein Ausgleich gesucht werden. Zurückgreifen können Sie hierbei auf Kriterien wie den Tatort, die Tatzeit, das Tatobjekt (**§§ 200 I 1, 264 I**) sowie Angriffsziel und -mittel.

Die Bedeutung des prozessualen Tatbegriffes reicht über den Straf- **112**
klageverbrauch als Verfahrensvoraussetzung weit hinaus. Der Tatbegriff hat zugleich eine **Umgrenzungsfunktion**. Gegenstand des Zwischenverfahrens ist nur die angeklagte Tat (**§ 155 I**); Gegenstand des Hauptverfahrens ist nur die Tat, die Bestandteil des Eröffnungsbeschlusses war. Für den Beschuldigten hat dies den Vorteil, sich nur gegen eine Tat verteidigen zu müssen, über die er hinreichend informiert wurde. Werden andere Taten mitverhandelt oder gar mit abgeurteilt, unterliegen sie einem Befassungsverbot wegen fehlender Anklage (m.a.W. es fehlt eine Verfahrensvoraussetzung). Will die StA eine neue Tat in das *laufende* Verfahren einführen, muss sie gem. **§ 266 I** „Nachtragsanklage" erheben; ihr muss der Angeklagte zustimmen. Hingegen genügt ein rechtlicher Hinweis iSd **§ 265 I**, wenn das Gericht die angeklagte Tat lediglich anders rechtlich würdigt (zu den §§ 265, 266 → Rn 628 ff.).

### c) Sammeln von Beweisen

Es liegt auf der Hand, dass nur solche Beweise etwas taugen, die **113**
auch der Richter in einer späteren Hauptverhandlung verwenden darf. Geht es um die Schuld- und Straffrage (also den Tathergang, die Schuld und die Strafhöhe), ist der Richter an die Beweisvorschriften der StPO gebunden („numerus clausus der Beweismittel"). Man spricht hier vom **Strengbeweisverfahren**.

Die StPO kennt **fünf Beweismittel**. Die „persönlichen" sind die **Ein-** **114**
**lassung** des Beschuldigten (Angeschuldigten, Angeklagten), der **Zeugenbeweis** (§§ 48–71) und der **Sachverständigenbeweis** (§§ 72–85). Die „sachlichen" sind der **Augenschein**- (§§ 86–93) und der **Urkundenbeweis** (§§ 249–256).

Die Einlassung des Angeklagten ist formal kein Teil der Beweisaufnahme **115**
(§ 244 I: „Nach der Vernehmung des Angeklagten folgt die Beweisaufnahme"),

muss aber bei der Urteilsfindung vom Gericht berücksichtigt werden. Denn seine Überzeugung bildet es „aus dem Inbegriff der Verhandlung“ (§ 261).

116 Das Gericht ist nicht an das Strengbeweisverfahren gebunden, wenn die Umstände weder die Schuld- noch die Straffrage betreffen. Dies ist der Fall, wenn es um prozessuale Fragen geht, so etwa bei der Feststellung des Alters eines Zeugen zur Beurteilung, ob seine Vereidigung zulässig ist (§ 60 Nr. 1). Das Gericht kann im Wege des **Freibeweises** vorgehen, was bedeutet, dass es jede beliebige Weise der Erkenntnis nutzen darf (z.B. telefonische Rückfrage oder ein Blick in die Akten).

Die h.M. verwendet das Freibeweisverfahren auch für die Feststellung der Verfahrensvoraussetzungen. Das wird zu Recht kritisiert: Umstände, von denen die Zulässigkeit des gesamten Verfahrens abhängen, sollten auch in einem förmlichen Beweisverfahren geprüft werden.

## 2. Ermittlungsbefugnisse (Inhaber von Zwangsgewalt)

117 Bisher haben wir uns damit beschäftigt, **wann** und **was** Polizei und StA ermitteln müssen. Jetzt geht es darum, **wie** dies geschieht und **wer** entsprechende Anordnungen treffen darf. Häufig greifen Ermittlungen in Grundrechte des Beschuldigten oder Dritter ein. So beeinträchtigt etwa die Festnahme die persönliche Freiheit, die Entnahme einer Blutprobe die körperliche Unversehrtheit, eine Beschlagnahme das Eigentum oder eine Durchsuchung die Unverletzlichkeit der Wohnung. Solche Maßnahmen sind **nicht** schon über die Generalklausel des § 161 I 1 (für die Polizei: § 163 I) gedeckt, sondern bedürfen spezieller Ermächtigungen, die wir im Detail noch besprechen werden.

Bei allen Ermächtigungsnormen ist besonderes Augenmerk auf die Frage zu richten, **wer** zur Vornahme einer bestimmten Maßnahme ermächtigt wird. Die StPO geht dabei von einer **Befugnispyramide** aus. Mitwirken an der Strafverfolgung können folgende Personen (in aufsteigender Bedeutung): Jedermann, der „normale“ Polizist, eine Ermittlungsperson der StA, der StA und der Ermittlungsrichter.

118 Es geht nicht darum, jedem Genannten sämtliche ihn ermächtigenden Normen der StPO zuzuordnen. Sich dies zu merken, ist nicht nötig, weil alles im Gesetz steht (etwa § 127 I 1: „jedermann“; § 163b I 1: „die Beamten des Polizeidienstes“; § 105 I 1: „durch die Staatsanwaltschaft“; § 81f: „durch das Gericht“). Wichtig ist, dass Sie das System erkennen.

119 ▪ **Jedermann** hat nur das Recht zur vorläufigen Festnahme (§ 127 I 1).

120 ▪ Ein **„normaler“ Polizist** (also einer, der nicht zugleich „Ermittlungsperson“ ist) darf neben der Vernehmung von Beschuldigten, Zeugen oder Sachverständigen (vgl. § 163 III, 163a IV) ebenfalls vorläufig festnehmen (vgl. §§ 127 I 1, 127 II, 163b I 2). Darüber hinaus hat er

z.B. das Recht zur Identitätsfeststellung (§ 163b) und zur Vornahme erkennungsdienstlicher Maßnahmen (§§ 81b, 163b I 3).

- Wesentlich weitergehende Befugnisse – allerdings **nur bei Gefahr im Verzug** – haben dagegen die **Ermittlungspersonen der StA** (→ Rn 20). 121

„Gefahr im Verzug" bedeutet: Durch konkrete Tatsachen begründete Gefährdung des Untersuchungserfolgs (etwa infolge des Verlustes eines Beweismittels oder der Beeinträchtigung des Beweiswertes), wenn die Maßnahme nicht sofort erfolgt, sondern eine richterliche Anordnung abgewartet wird (vgl. *BVerfG* NJW 2007, 1345, 1346). Hinweis für ungeduldige Strafverfolger: Deren Eilkompetenz lebt nicht dadurch wieder auf, dass der mit der Sache befasste Richter nicht innerhalb eines bestimmten Zeitraums entscheidet (*BVerfG* BeckRS 2015, 48330).

Anordnen können sie z.B. körperliche Untersuchungen von Beschuldigten oder Zeugen (§§ 81a II, 81c V 1), Beschlagnahmen (§ 98 I 1), Durchsuchungen (§ 105 I 1) oder die Einrichtung von Kontrollstellen (§ 111 II).

- Dem **StA** stehen sämtliche Rechte zu, die auch den „Ermittlungspersonen" eingeräumt werden (s. dazu §§ 160 I, 161 I). Darüber hinaus darf er – ebenfalls nur bei Gefahr im Verzug – z.B. die Überwachung und Aufzeichnung des Fernmeldeverkehrs beim Beschuldigten anordnen (§ 100b I 2). 122
- Aus eigener Initiative wird das Gericht (in Form des sog. **Ermittlungsrichters** nur bei Gefahr im Verzug tätig (als sog. Notstaatsanwalt iSd § 165; s. auch § 21). Weil jedoch die StA die „Herrin des Ermittlungsverfahrens" ist, muss der Ermittlungsrichter ihr nach § 167 die weiteren Verfügungen überlassen. 123

Im Geschäftsverteilungsplan wird ein Richter beim *AG* zum Ermittlungsrichter bestimmt, der dann für Ermittlungshandlungen und Anordnungen von Zwangsmaßnahmen im Vorverfahren zuständig ist (§ 21e GVG) – vgl. aber auch § 169: Ermittlungsrichter beim *OLG* und *BGH*.

Im Übrigen bedarf es zum Tätigwerden des Ermittlungsrichters eines Antrages der StA oder des Beschuldigten. Dabei sind drei Fälle zu unterscheiden: 124

- Mitwirkung ist geboten, 125

**Beispiele:** Eine richterliche Vernehmung oder Beschlagnahme unterbricht die Verjährung (vgl. z.B. § 78c I Nr. 2, 4 u. 5 StGB). Auch zur Beweissicherung kann die richterliche Vernehmung angezeigt sein: So darf eine dabei angefertigte Niederschrift später nach § 251 verlesen werden. Außerdem hält es die h.M. für zulässig, in der Hauptverhandlung richterliche Verhörspersonen über die Aussage eines Zeugen zu vernehmen, der sich nachher auf sein Zeugnisverweigerungsrecht beruft (→ Rn 471).

126 ▪ Mitwirkung ist zur Anordnung von Maßnahmen gesetzlich vorgesehen,

**Beispiele:** Gänzlich versagt ist der StA etwa die Verhängung von Untersuchungs- oder Ordnungshaft (§§ 114 I, 161a II 2). Auch die Abnahme von Eiden (§ 65 iVm § 161a I 3) oder die vorläufige Entziehung der Fahrerlaubnis (§ 111a I 1) ist dem Richter vorbehalten.

127 ▪ Mitwirkung ist zur Fortsetzung von Maßnahmen gesetzlich vorgesehen.

**Beispiele:** Haben Polizei oder StA bei Gefahr im Verzug Maßnahmen getroffen, bleiben diese idR nur in Kraft, wenn der Richter sie innerhalb einer bestimmten Frist bestätigt oder ihnen zustimmt. Dies gilt etwa für die Beschlagnahme (§ 98 II 1), den Einsatz technischer Mittel (§ 100e I 3) oder die vorläufige Festnahme (§ 128 I 1).

128 **Fall 15:** Domina D wurde von ihrem betrunkenen Ehemann E verprügelt. Tags darauf stellt sie Strafantrag bei StA S. Weil S befürchtet, dass sich D und E bald wieder vertragen und D als einzige Zeugin in der Hauptverhandlung die Aussage verweigern könnte, beantragt er bei Richter R eine richterliche Vernehmung. R hält dies für überflüssig und lehnt den Antrag ab.

129 Ermittlungsmaßnahmen, die der Ermittlungsrichter auf Antrag der StA vornimmt, stellen keine Rechtsprechungstätigkeit dar. Vielmehr leistet er Amtshilfe (Art. 35 GG). Zu prüfen ist bei solchen Anträgen zwar die Zulässigkeit der Maßnahme, nicht aber deren Zweckmäßigkeit und Notwendigkeit (§ 162 II).

130 Sind jedoch Zwangsmaßnahmen zu überprüfen, die – abgesehen von Gefahr im Verzug – allein dem Richter vorbehalten sind, ist das richterliche Ermessen nicht beschränkt.

131 Im Fall **15** handelt es sich um eine Ermittlungsmaßnahme. Deshalb darf R im Rahmen der Zulässigkeit zwar die Verhältnismäßigkeit prüfen, nicht jedoch die Zweckmäßigkeit. Gegen die ablehnende Entscheidung steht der StA die Beschwerde an das *LG* zu (§ 304).

### 3. Mittel zur Sachverhaltserforschung und Verfahrensdurchführung

132 Überblick: Um den Sachverhalt nach § 160 zu erforschen, ermächtigt § 161 I 1 die StA zu „Ermittlungen jeder Art“, insbesondere dazu, von „allen Behörden Auskunft zu verlangen“ (zu beachten sind allerdings z.B. das Steuer- und Sozialgeheimnis). Die StA kann ihr Vorgehen also frei gestalten. Angesichts des auch hier geltenden Verhältnismäßigkeitsprinzips darf sie aber nur solche Maßnahmen ergreifen, die zur Aufklärung der Straftat zulässig, geeignet und erforderlich sind.

Dabei kann die StA nicht auf eigenes Personal zurückgreifen, um intensive Ermittlungen durchzuführen. Sie ist ein „Kopf ohne Hände".

**Beispiel:** Denken Sie etwa daran, wie mehrere hundert Polizisten nach einer Leiche in einem Wald suchen. Selbst alle StAe einer mittleren Behörde wären kein effektiver Suchtrupp. Abgesehen davon haben die meisten – anders als manche Fernsehserie vermittelt – schlicht keine Ahnung von Kriminalistik, ja könnten noch nicht einmal einen Beschuldigten vernünftig vernehmen. **133**

§ 161 I 1 gestattet deshalb dem Kopf eine „Organleihe" bei der Polizei. Deren Hände durchwühlen die Wälder. Bei derartigen „Organleihen" untersteht die Polizei rechtlich den Innenministern der Länder (keine Dienstaufsicht der StA!). Die Zuordnung zur StA ist nur funktional. Ausdruck findet dies im **Weisungsrecht** der StA gegenüber den Polizisten (§ 161 I 2). **134**

**Fall 16:** Geiselnehmer G droht, die Angestellten einer Bank zu töten. StA S weist den Polizisten P an, G ins Bein zu schießen und die Bank zu stürmen. **135**

Beim Weisungsrecht ist zu unterscheiden: Bei den sog. **Ermittlungspersonen der Staatsanwaltschaft** (→ Rn 20) besteht ein unmittelbares Über- und Unterordnungsverhältnis. An sie ergehen Weisungen als **Auftrag** (§ 161 I 2 Alt. 2). Weisungen an alle anderen Polizeibeamten werden als **Ersuchen** (§ 161 I 2 Alt. 1) bezeichnet. **136**

Der Grund für die Unterscheidung liegt darin, dass die StPO den Ermittlungspersonen gegenüber den „normalen" Polizisten besondere Befugnisse einräumt (→ Rn 120).

Sowohl die Ermittlungspersonen als auch die „normalen" Polizisten sind an die Weisungen der StA gebunden (vgl. §§ 152 I GVG, 161 I 2). Allerdings ist die StA nur im Rahmen der „Strafverfolgung" weisungsbefugt. Im Fall 16 hat der Einsatz der Polizei eine Doppelfunktion: Er dient sowohl der Gefahrenabwehr (Schutz der Geiseln) als auch der Strafverfolgung (Festnahme des G). Ein Weisungsrecht der StA besteht nur, wenn der Schwerpunkt der Tätigkeit auf der Strafverfolgung liegt. Hier steht wohl im Vordergrund, das Leben der Geiseln zu retten. Also: kein Weisungsrecht. – Anders aber, wenn die Geiseln entwischt sind und G sich in der Bank verschanzt. **137**

Ob die StA allerdings neben dem „Ob" des Einschreitens auch das „Wie", d.h. die konkrete Durchführung einer Maßnahme, anweisen kann, ist umstritten. Soweit es sich um eine strafprozessuale Maßnahme handelt, wird dies teilweise bejaht unter Verweis auf §§ 161 I 2, 7 UZwG und aus dem Umkehrschluss zu § 81c VI 2 (vgl. hierzu Anlage A zur RiStBV). **138**

### a) Beschuldigter

**Literatur:** *Huber*, Grundwissen – Strafprozessrecht: Schweigerecht des Beschuldigten, JuS 2007, 711.

139 Der Beschuldigte steht im Mittelpunkt des Strafverfahrens. Was seine Stellung betrifft, ist zu differenzieren: Zum einen räumt die StPO dem Beschuldigten zahlreiche Rechte ein. Dies erhebt ihn zum **Prozesssubjekt**. Zum andern muss er als **Prozessobjekt** (besser: Verfahrensverpflichteter) die mit dem Strafverfahren ggf. verbundenen Eingriffe (z.B. U-Haft) über sich ergehen lassen (soweit er z.B. körperlich untersucht wird, ist er sogar Beweismittel).

#### *aa) Rechte*

140 Viele Beschuldigtenrechte entstehen erst im Zwischen- oder Hauptverfahren (weshalb sie eingehend erst dort erörtert werden). Bereits im Vorverfahren sind bedeutend:

141 (1) Der Beschuldigte gilt bis zur rechtskräftigen Verurteilung als unschuldig (zur Unschuldsvermutung → Rn 35).

142 (2) **Art. 103 I GG** und **Art. 6 I 1 MRK** garantieren den im gesamten Strafverfahren geltenden

**Grundsatz des rechtlichen Gehörs.**

Diesen Anspruch auf Äußerung und Gehörtwerden sichert im Vorverfahren **§ 163a I 1**, der die Vernehmung des Beschuldigten vorsieht (bei einfachen Sachen genügt eine schriftliche Äußerung, § 163a I 2).

143 Rechtliches Gehör in anderen Verfahrensstadien:

- Allgemein wird das rechtliche Gehör von **§ 33 I–III** garantiert. Vor Beschlüssen und Urteilen in der Hauptverhandlung sind alle Beteiligten zu hören, nicht aber vor Verfügungen. (Beschlüsse sind Entscheidungen des Gerichts als Spruchkörper, z.B. die Entscheidung über eine Richterablehnung oder Verfahrenseinstellung. Verfügungen sind Einzelanordnungen des Vorsitzenden, z.B. Terminsbestimmung, Belehrung oder Hinweis.)
- Im Vor- und Zwischenverfahren ist dem Beschuldigten bzw. Angeschuldigten im Zusammenhang mit U-Haft die Möglichkeit zur Stellungnahme eingeräumt (vgl. §§ 115, 118 und 128). Im Zwischenverfahren hat er das Recht, sich zu dem in der Anklage enthaltenen Tatvorwurf zu äußern (§ 201 I).
- Während der Hauptverhandlung kann sich der Angeklagte zur Person und zur Sache äußern (§ 243 V 2) sowie nach jeder Beweisaufnahme Erklärungen abgeben (§ 257 I) und das letzte Wort beanspruchen (§ 258 II Hs. 2). Im Übrigen darf gegen einen abwesenden oder verhandlungsunfähigen Angeklagten grds. nicht verhandelt werden (§ 230 I).

- Im Rechtsmittelverfahren gewährleisten den Anspruch auf rechtliches Gehör etwa die §§ 308 I, 311 III, 311a (Beschwerde), die §§ 324 II, 326 (Berufung) und die §§ 350, 351 II (Revision).

(3) In gleichem Maße, wie der Beschuldigte das Recht hat, sich zu äußern, kann er auf dieses Recht auch verzichten und einfach nichts sagen (vgl. § 136 I 2). Diese **144**

**Aussagefreiheit (Nemo-tenetur-Grundsatz)**

ergibt sich aus dem Grundsatz, sich nicht selbst belasten zu müssen („nemo tenetur se ipsum accusare" = niemand darf gezwungen werden, sich selbst anzuklagen, m.a.W.: Niemand braucht Zeuge gegen sich selbst zu sein), normativ verankert in **Art. 14 III lit. g IPbpR**.

**Fall 17:** Um festzustellen, ob Autofahrer A angetrunken ist, soll er eine auf dem Fußboden gemalte Linie entlanggehen und danach ins „Röhrchen" blasen. A weigert sich. Darf er das oder dürfen umgekehrt die Beamten ihn zur Gehprobe und zum Alkoholtest zwingen? **145**

Der Grundsatz der Selbstbelastungsfreiheit wäre halbherzig, wenn er nur die Aussagefreiheit umfasste. Auch durch aktives Tun kann man sich belasten. Deshalb gilt auch, dass niemand aktiv an seiner Überführung mitzuwirken braucht und dazu auch nicht gezwungen werden darf. Nicht erfasst ist jedoch das bloß passive Erdulden, etwa einer Gegenüberstellung; insoweit muss der Beschuldigte auch sein Profil zeigen. **146**

Im Fall 17 ist es deshalb As gutes Recht, weder auf der Linie entlang zu gehen noch ins Röhrchen zu blasen. Um zu klären, ob und – wenn ja – wie viel Alkohol A getrunken hat, muss er aber mit der Entnahme einer Blutprobe rechnen. **147**

Umstritten ist, ob der Beschuldigte ein Recht zur Lüge hat oder ihn – bei Aussagebereitschaft – eine Wahrheitspflicht trifft. Unseres Erachtens ist hier zu differenzieren: Salopp formuliert darf der Beschuldigte im Strafverfahren alles sagen, womit er glaubt, seine Haut zu retten. Er darf also auch „das Blaue vom Himmel herunter lügen". Allerdings muss er aufpassen: Verwirklichen seine Lügen einen Straftatbestand, indem er etwa eine Straftat vortäuscht (§ 145d StGB), andere falsch verdächtigt (§ 164 StGB), beleidigt oder verleumdet (§§ 185 ff. StGB), kann er dafür bestraft werden. Auch können Schlüsse bezüglich seiner Glaubwürdigkeit gezogen werden, wenn er der Lüge überführt wird. Die aktive Begehung von Straftaten erlaubt der Nemo-tenetur-Grundsatz also nicht. Auch für Unterlassungsdelikte bietet er weder einen Rechtfertigungs- noch Entschuldigungsgrund. Dies zeigt **148**

149 **Fall 18:** Erheblich alkoholisiert verursacht A auf einer einsamen Landstraße einen Unfall mit dem Radfahrer R. R kann nur gerettet werden, wenn A ihn sofort ins nächste Krankenhaus bringt. A weiß allerdings, dass die Zufahrt per Video überwacht wird und seine Hilfe ganz sicher auch zu seiner Identifikation führen würde. Plötzlich fällt ihm der Grundsatz der Selbstbelastungsfreiheit ein; beruhigt lässt er R liegen. Darf A das?

Gemeinhin erhält man beim Studium von Ausbildungsliteratur den Eindruck, Prozessgrundsätze seien heilig.

Wer so an **Fall 18** herangeht, wird in Schwierigkeiten geraten. Denn man liest allerorts: Niemand braucht aktiv an seiner eigenen Überführung mitzuwirken. Sieht man das absolut, dann hätte der Nemo-tenetur-Grundsatz die Funktion eines Rechtfertigungs- oder wenigstens Entschuldigungsgrundes und A könnte sich darauf berufen. Doch Vorsicht: „Grundsatz" bezeichnet oft nicht mehr als eine Rechtsposition, und diese ist meist einem Regel-Ausnahme-Schema unterworfen. So können Rechtspflichten mit der Selbstbelastungsfreiheit kollidieren. In einem solchen Fall gilt es, die unterschiedlichen Positionen abzuwägen.

In **Fall 18** kollidiert die Selbstbelastungsfreiheit mit der Pflicht, Hilfe zu leisten (§§ 212, 13; 323c StGB). Weil der Gesetzgeber die Verletzung dieser Rechtspflicht sogar strafrechtlich sanktioniert, fällt die Abwägung zugunsten der Hilfeleistung aus. Man muss den Nemo-tenetur-Grundsatz also genau genommen wie folgt lesen: Niemand braucht Zeuge gegen sich selbst zu sein, es sei denn, ihn trifft dazu eine Rechtspflicht.

150 (4) In **Art. 6 III lit. c MRK** findet sich das Recht auf Verteidigung. Die StPO sichert in **§ 137 I 1** dem Beschuldigten das Recht zu, in jeder Lage des Verfahrens einen Verteidiger zu wählen (→ Rn 377). Dieses Recht ist Ausfluss des (im gesamten Strafverfahren geltenden)

**Fairnessprinzips,**

das auch unter dem anglo-amerikanischen Rechtsbegriff des **fair trial** geläufig ist. Positiviert findet sich die Maxime nach h.M. in Art. 6 I 1 MRK und wird überdies aus dem Rechts- und Sozialstaatsprinzip (Art. 1, 20 III, 28 GG) hergeleitet. Das Prinzip meint, der Beschuldigte muss die Möglichkeit haben, sich bestmöglich zu verteidigen (**Waffengleichheit**).

151 (5) Was aber würden all diese Rechte dem Beschuldigten nutzen, wenn er nicht wüsste, dass er sie hat! Deshalb hat der Beschuldigte auch das Recht, über seine Rechte **belehrt** zu werden (vgl. §§ 136 I, 163a III 2, IV 2).

*bb) Pflichten*

152 Wo Rechte sind, gibt es meist auch Pflichten. Kurz ausgedrückt, hat der Beschuldigte eine **Erscheinungs- und Duldungspflicht**.

**Fall 19:** A wird beschuldigt, nach einem Auswärtssieg des VfL Bochum gegen den FC Bayern (7:1) mehrere Tische eines Biergartens demoliert zu haben. Er soll am kommenden Montag, 11.00 Uhr, auf der Polizeiwache erscheinen und sich zu dem Vorwurf äußern. Muss A so früh aufstehen? 153

Eine **Pflicht zum Erscheinen** sieht die StPO in drei Fällen vor, 154
nämlich bei einer Ladung zur Vernehmung durch den StA und den Ermittlungsrichter sowie bei einer Ladung zur Hauptverhandlung.

Erscheint der Beschuldigte nicht, kann er – soweit ein Hinweis auf die 155
Folgen des Ausbleibens in der Ladung vorhanden war – zwangsweise vorgeführt werden (dies folgt für die **StA** aus **§§ 163a III 2 iVm 133 ff.**, den **Ermittlungsrichter** aus **§§ 133 ff.** und für die **Hauptverhandlung** aus **§ 230 II**).

Im **Fall 19** hilft ein Blick auf § 163a IV. Anders als Absatz 3, der für die Verneh- 156
mung durch den StA gilt, verweist Absatz 4 nicht auf § 133. Eine zwangsweise Vorführung ist also nicht zulässig. Lässt sich ein Erscheinen aber nicht erzwingen, gibt es dazu auch keine Pflicht. Deshalb kann A die polizeiliche Ladung getrost ignorieren.

Eine **Pflicht zum Dulden** ist gegeben bei Zwangsmaßnahmen 157
(→ Lösung zu Fall 36).

Neben der Erscheinungs- und Duldungspflicht gibt es zudem die 158
Pflicht, **Angaben zur Person (Identität)** zu machen (es besteht insofern kein Schweigerecht!). Diese Pflicht lässt sich verfahrensrechtlich nicht erzwingen. Die Verweigerung stellt allerdings eine Ordnungswidrigkeit dar, § 111 OWiG.

Aus dieser Vorschrift ergibt sich auch, welche Angaben der Be- 159
schuldigte zur Person machen *muss*: u.a. Name, Familienstand, Geburtstag und -ort sowie Wohnung und Staatsangehörigkeit. Soweit jedoch ein genannter Umstand für die vorgeworfene Straftat eine Rolle spielt, greift wieder der Grundsatz, sich nicht selbst belasten zu müssen (dann erfüllt das Schweigen auch nicht § 111 OWiG).

*cc) Vernehmung*

**Literatur:** *Neuhaus*, Wider den rein formalen Vernehmungsbegriff, Kriminalistik 1995, 787.

§ 163a I 1 verpflichtet die Strafverfolgungsbehörden, den Beschul- 160
digten „spätestens vor dem Abschluß der Ermittlungen zu vernehmen" (in der Hauptverhandlung ergibt sich die Pflicht, den Angeklagten zu vernehmen, aus § 243 V 2). Diente die Vernehmung früher nur der Gewährung rechtlichen Gehörs, ist sie heute nach h.M. auch ein Instrument, den Beschuldigten zum Gegenstand der Wahrheitsermittlung zu machen (Doppelfunktion). Zeichnet sich eine Einstellung des Verfahrens ab, kann die Vernehmung unterbleiben (vgl. § 163a I 1 Hs. 2).

**161** Zum Vernehmungsbegriff müssen Sie wissen:

Eine **Vernehmung** ist eine **Befragung**, die von einem **Staatsorgan in amtlicher Funktion** durchgeführt wird und zum **Ziel** hat, eine **Aussage** des Vernommenen zu gewinnen (hM: formeller Vernehmungsbegriff).

Teile der Literatur vertreten einen funktionellen Vernehmungsbegriff, der keine Sichtbarkeit der amtlichen Funktion des Staatsorgans verlangt und stattdessen genügen lässt, dass die Vernehmung vom Staatsorgan zurechenbar veranlasst worden ist, womit eine Umgehung der Belehrungspflicht vermieden werden soll (am Fall *Wagner* ZJS 2018, 485; auch → Rn 437 ff., 443).

**162** (1) Im Vorverfahren sind Vernehmungen möglich durch die **Polizei** (§ 163a I, IV), die **StA** (§ 163a I, III) und den **Ermittlungsrichter** (§§ 115 II, 128 I 2, 135 S. 1, 136, 162 I).

Haben Sie die Systematik entdeckt? Die zentralen Vorschriften über die Vernehmung finden sich in den §§ 133 ff. Diese Vorschriften gelten nur für **richterliche Vernehmungen**. Soweit Polizei oder StA vernehmen, ist § 163a einschlägig, der jedoch auf die §§ 133 ff. verweist (für die StA vollständig, für die Polizei nur teilweise).

**163** (2) Bei der Vernehmung des **Beschuldigten** (B) bzw. **Mitbeschuldigten** (MB) durch Richter, StA oder Polizei können unterschiedliche Anwesenheitsrechte bestehen.

| Anwesenheitsrecht des ⇩ | ⇨ wenn der **Richter** den | | wenn die **StA** den | | wenn die **Polizei** den | |
|---|---|---|---|---|---|---|
| | B | MB | B | MB | B | MB |
| | **v e r n i m m t?** | | | | | |
| **Beschuldigten,** | | NEIN[2] | | NEIN | | NEIN |
| **Verteidigers,** | JA[1] | NEIN[2] | JA[3] | NEIN | JA[5] | NEIN |
| **Staatsanwalts,** | JA[1] | JA[1] | | | JA[4] | JA[4] |
| **Zeugen,** | NEIN | NEIN | NEIN | NEIN | NEIN | NEIN |

[1] § 168c I; [2] BGHSt 42, 391; [3] § 163a III 2 iVm § 168c I; [4] arg. §§ 160, 161
[5] §§ 163a IV 3 iVm § 168c I, V (das Anwesenheitsrecht des Verteidigers bei polizeilichen Vernehmungen des Beschuldigten ist neu und gilt seit 5.9.2017)

**164** (3) Der Ablauf einer Vernehmung ähnelt sich in allen Verfahrensstadien. Ab 2020 gibt § 136 IV die Möglichkeit und schreibt für bestimmte Fälle vor, die Vernehmung des Beschuldigten im Ermittlungsverfahren in Bild und Ton aufzuzeichnen (für StA und Polizei dann mit § 163a IV 2). Das war längst überfällig und sollte, bis auf wenig Ausnahmen, generell verpflichtend sein! Nach § 136 V ist auch die Beschuldigtenvernehmung im Wege der Bild- und Tonübertragung (§ 58b) möglich. Die wesentlichen Schritte einer Vernehmung sind § 136 zu entnehmen:

1. Schritt: **Mitteilung** des Tatvorwurfs und der Strafnormen **165**

Dadurch soll dem Beschuldigten ermöglicht werden, sich wirksam zu verteidigen. Deshalb darf der Sachverhalt nicht nur schlagwortartig („Vorgeworfen wird ihnen ein Raub") wiedergegeben werden, sondern die Angaben müssen geeignet sein, eine Verteidigung zu ermöglichen. Bei einer *polizeilichen* Vernehmung müssen keine Strafvorschriften genannt werden (weil § 163a IV – anders als § 163a III 2 – nicht auf § 136 I 1 verweist).

2. Schritt: **Belehrung** über das Äußerungs- und Schweigerecht sowie das Recht auf Hinzuziehung eines Verteidigers (sowie nach § 136 I 5 Hs. 2 neuerdings eine alberne und zugleich abschreckende zusätzliche Belehrung des Beschuldigten über die Kostenfolge der Beiordnung eines Pflichtverteidigers) **166**

**Fall 20:** Nach entsprechender Belehrung verlangt A, einen Verteidiger zu befragen. Wissend, dass A keinen Cent bei sich trägt, stellt ihm der Vernehmungsbeamte das Telefon mit den Worten zur Verfügung: „Die Einheit kostet 50 Cent und bezahlt wird im Voraus!". Resigniert lässt A daraufhin von seinem Wunsch ab.

Nicht jeder Beschuldigte kennt sein Schweigerecht. Viele werden sogar glauben, vor „Amtspersonen" aussagen zu müssen. Über die Aussagefreiheit ist der Beschuldigte deshalb zu belehren. Gleiches gilt für das Recht auf Konsultation eines Verteidigers. In der Regel wird der Beschuldigte seine Beratung bereits benötigen, um entscheiden zu können, ob eine Aussage oder das Schweigen die beste Verteidigung ist. Eine Belehrung über das Recht auf Verteidigerkonsultation wäre allerdings nichts wert, wenn nicht zugleich die Pflicht bestünde, beim Herstellen des Kontakts zu helfen (z.B. durch Vorlage einer Liste mit Verteidigern). Im Fall 20 ist deshalb das Recht auf Verteidigung verletzt (Art. 6 I, III lit. c MRK). Bei einer notwendigen Verteidigung ist ein Beschuldigter darüber zu belehren, dass er sich an einen Rechtsanwalt seines Vertrauens wenden kann, auch wenn der Beschuldigte nicht in der Lage ist, ihn zu bezahlen (*BGH* NStZ 2006, 236).

3. Schritt: **Vernehmung** zur Person **167**

Wie oben bereits erwähnt, ergibt sich die Pflicht, seine Personalien anzugeben, aus § 111 OWiG. Es muss sichergestellt sein, den richtigen Beschuldigten vor sich zu haben. Oft findet sich der Hinweis, dass die Vernehmung zur Person am Beginn stehe. Unserem Erachten nach ist das nicht richtig. Denn soweit die Angaben zur Person zugleich belastende Umstände darstellen, besteht keine Aussagepflicht, sondern ein Recht, die Aussage zu verweigern. Eine entsprechende Belehrung muss deshalb der Vernehmung zur Person vorausgehen.

**168** 4. Schritt: **Belehrung** über die Rechte, einzelne Beweiserhebungen zu beantragen und (in geeigneten Fällen) sich schriftlich zu äußern

**169** 5. Schritt: **Mitteilung** der Verdachtsgründe und Vernehmung zur Sache

Dass der Beschuldigte neben dem Tatvorwurf (1. Schritt) auch die Verdachtsgründe mitgeteilt bekommt, soll ihm die Gelegenheit geben, den bestehenden Verdacht auszuräumen und günstige Tatsachen vorzubringen (§ 136 II). Die Verdachtsgründe sind ihm jedoch nur mitzuteilen, wenn dadurch die Sachverhaltsaufklärung nicht gefährdet wird. Nach § 136 III sind zudem die persönlichen Verhältnisse des Beschuldigten zu erfragen (Vorleben, Ausbildung, familiäre und wirtschaftliche Verhältnisse).

Nachdem der Gesetzgeber mit dem Gesetz zur Fortentwicklung der StPO und zur Änderung weiterer Vorschriften vom 25.6.2021 die Überschrift „Erste Vernehmung" in „Vernehmung" umgewandelt hat, hat er gleichzeitig klargestellt, dass sämtliche Hinweise und Belehrungen nicht nur in der ersten, sondern in jeder Vernehmung zu erteilen sind.

*dd) Verbotene Vernehmungsmethoden*

**Literatur:** *Jahn*, Strafprozessrecht als geronnenes Verfassungsrecht – Hauptprobleme und Streitfragen des § 136a StPO, JuS 2005, 1057.

**170** Die Aussagefreiheit nützt dem Beschuldigten nur dann, wenn er im gesamten Verfahren die Möglichkeit hat, Herr seiner Entschlüsse zu bleiben, also über das „Ob" und „Wie" seines Verhaltens zu bestimmen. Als Kernvorschrift schützt **§ 136a** die Entschlussfreiheit (der auch bei Vernehmungen von Zeugen und Sachverständigen gilt, vgl. §§ 69 III, 72). Darin findet sich ein Katalog unzulässiger Beeinträchtigungen. Um die Strafverfolgungsbehörden in diesem Sinne zu disziplinieren, führt ein Verstoß gegen § 136a gem. § 136a III 2 grds. zur Unverwertbarkeit der so gewonnenen Aussage (→ Rn 411 ff.).

**171** (1) Zu den verbotenen Vernehmungsmethoden gehören nicht nur die in Absatz 1 genannten. Die Aufzählung ist nicht abschließend. Vielmehr ist jede Methode verboten, durch die der gleiche Zweck verfolgt wird wie mit den in Absatz 1 genannten Mitteln.

Bedeutsam sind:

**172** **Misshandlung** ist jede erhebliche Beeinträchtigung der körperlichen Unversehrtheit und des körperlichen Wohlbefindens (§ 223 StGB).

**Beispiele:** Nahrungsentzug, systematische Störung des Schlafs, Anstrahlen mit grellem Licht bei Vernehmungen, Frierenlassen oder Unterbringung in Steh- oder Dunkelzellen.

Sobald Ruhemangel (nicht unbedingt Schlafentzug) die Fähigkeit zur freien Willensentscheidung beeinträchtigt, ist „**Ermüdung**" zu bejahen. Dies kann bei 30 Stunden Ruhelosigkeit schon zu bejahen, bei 24 noch zu verneinen sein. Es spielt keine Rolle, ob der Beschuldigte erst durch die Vernehmung ermüdet wird oder die Ermüdung vorher selbst herbeigeführt hat.

Das verbotene **Verabreichen von Mitteln** liegt dann vor, wenn feste, flüssige oder gasförmige Stoffe in den Körper eingeführt werden und dies zu einer Beeinträchtigung der Willensfreiheit führt (letzteres fehlt z.B. bei der Verabreichung von Brechmitteln). **173**

**Fall 21:** Mit den Worten „Es ist ein Brauch von alters her: Wer Sorgen hat, hat auch Likör!", bietet Polizist P dem Bankräuber B, der beharrlich schweigt, einen Schnaps an. Nach dem vierten Glas löst sich dessen Zunge und er beginnt über den Tathergang zu plaudern. **174**

Im Fall 21 hat P dem B ein hemmungslösendes Mittel verabreicht. Das ist unzulässig. Denn die Fähigkeit zur Willenssteuerung wird durch Alkohol stark beeinträchtig. Wie ist aber zu entscheiden, wenn B schon mit einer BAK von 2 Promille zur Vernehmung gebracht wird? Ihn zu vernehmen ist solange zulässig, wie er verhandlungsfähig bleibt und seine Willensfreiheit nicht ernsthaft beeinträchtigt ist. Es macht – wie bei der Ermüdung – keinen Unterschied, ob der Beschuldigte etwas während der Vernehmung verabreicht bekommt oder selbst einnimmt oder dies vorher geschieht.

**Beachte:** Manchen Beschuldigten sind Mittel zu verabreichen, um die Vernehmungsfähigkeit überhaupt erst herzustellen (z.B. bei Drogenabhängigen).

Die (verbotene) **Täuschung** ist von der (zulässigen) **kriminalistischen List** zu unterscheiden. Wo diese endet und jene beginnt, ist nicht immer klar. **175**

**Fall 22:** A wird sexueller Missbrauch vorgeworfen. Weil er schweigt, baut Polizist P drei Leitz-Ordner vor ihm auf und erklärt, dass er bei so viel Belastungsmaterial keine Chance habe. A gesteht daraufhin. In Wirklichkeit enthielten die Ordner Dienstaufsichtsbeschwerden. List oder Täuschung?

Unter **kriminalistische List** fällt z.B. ein vernehmungspsychologisch geschicktes Vorgehen oder eine besondere Fragetechnik (nicht aber Suggestivfragen). Auch besteht keine Verpflichtung, zu Beginn der Vernehmung alle Ermittlungsergebnisse offen zu legen. Nicht das Verschweigen einzelner Tatsachen, sondern **Täuschung** liegt hingegen vor, wenn der Vernommene bewusst irregeführt wird. Entscheidend ist dabei die Frage, ob sich das Verhalten der Vernehmungsbeamten negativ auf die Aussagefreiheit des Beschuldigten auswirkt.

Im Fall 22 wurde A vorgespiegelt, Belastungsmaterial sei vorhanden. Die Abgabe des Geständnisses fußte somit auf wahrheitswidrigen Behauptungen, die A verfahrensrechtlich „an die Wand drückten". Darin liegt eine verbotene Täuschung. Zu den Folgen unzulässiger Täuschung → Rn 413 ff.

176 Zur Aufklärung bestehender Irrtümer ist der Vernehmungsbeamte nach h.M. nicht verpflichtet (es sei denn, der Beschuldigte nimmt irrig an, er sei zur Aussage verpflichtet – Aufklärungspflicht folgt aus § 136 I 2). Bei fahrlässig hervorgerufenen Irrtümern folgt die Aufklärungspflicht aus Ingerenz (*OLG Bremen* NJW 1967, 2022; a.A. BGHSt 35, 328).

177 **Fall 23:** Vergewaltigungsopfer O kann sich nur an die Stimme des Täters erinnern. Weil V bereits mehrfach einschlägig vorbestraft ist und deshalb auf ihn der Tatverdacht fällt, wird er gebeten, auf dem Polizeirevier zu erscheinen. Während ein Beamter ihn in ein belangloses Gespräch verwickelt, erhält O im Nebenzimmer die Gelegenheit, die Unterhaltung heimlich zu belauschen. Sie erkennt die Stimme des Täters. List oder Täuschung?

Der *BGH* hatte einen dem Fall 23 ähnlichen Sachverhalt zu entscheiden. Die Richter nahmen nur eine vernehmungsähnliche Situation an – worüber sich trefflich streiten lässt (s. Rn 179) – und differenzierten danach, ob das Gespräch zwecks Belauschung arrangiert wurde oder sich die Gelegenheit des Mithörens zufällig ergab. Letzteres sei zulässig, ersteres verbotene Täuschung. Weil vorliegend das Mithören arrangiert worden war, liegt verbotene Täuschung vor (s. BGHSt 40, 66).

178 Wie § 136a I 2 und 3 deutlich machen, ist Zwang und Drohung nur verboten, wenn die Maßnahme oder deren Androhung prozessordnungswidrig ist. Dabei ist die objektive Lage entscheidend, nicht wie der Beschuldigte sich fühlt (denn schon die Beschuldigtensituation werden die meisten als Zwangslage empfinden).

179 **Fall 24:** Nachdem P ein paar Tage in U-Haft sitzt, erhält er einen neuen Zellengenossen, den W. Dieser erzählt stolz, kürzlich ein riesiges Weizenfeld in Brand gesetzt zu haben. Leider habe ihn die Polizei erwischt. Daraufhin lässt sich P Verschwiegenheit versprechen und beginnt sodann von seinen Taten zu prahlen. In Wirklichkeit war W aber kein Brandstifter, sondern Polizeispitzel. Ist ein solches Vorgehen zulässig?

Zunächst muss man sich im Fall 24 fragen, ob § 136a überhaupt anwendbar ist, also eine Vernehmung vorliegt. Nach dem **formellen Vernehmungsbegriff** ist unter einer Vernehmung eine Befragung zu verstehen, die von einem Staatsorgan in amtlicher Funktion durchgeführt wird mit dem Ziel der Gewinnung einer Aussage (BGHSt [GrS] 42, 139). Das wird man bei einem eingeschleusten Spitzel verneinen müssen. Denn eine Vernehmung liegt nur dann vor, wenn der Vernehmende dem Aussagenden in amtlicher Eigenschaft gegenübertritt. Anders läge die Sache, wenn man einen **materiellen Vernehmungsbe-**

**griff** vertritt. Danach ist eine Vernehmung gegeben, wenn ein rollenmäßig befugtes Prozessorgan, das nicht notwendig als solches nach außen in Erscheinung tritt, eine Entäußerung von Wissen veranlasst (*Dencker*, StV 1994, 674). Diese Sicht lässt sich allerdings nicht vereinbaren mit der Tätigkeit von Verdeckten Ermittlern (§§ 110a ff.).

Trotz fehlender „Vernehmung" findet § 136a aber analog Anwendung. Die Gerichte streiten sich darüber, ob eine Täuschung (*LG Hannover*) oder unerlaubter Zwang (*BGH*) vorliegt. Gezwungen wurde P zu nichts, bewusst irregeführt hat W ihn aber, indem er P vorspiegelte, ein normaler Insasse zu sein. – Abgesehen davon sei an das Erfordernis einer gesetzlichen Ermächtigungsgrundlage erinnert. Sie müssen sich fragen, ob der Staat ein Geständnis – wie im Fall geschildert – erlangen darf, und feststellen, dass dem nicht so ist. Denn allein § 136 beschreibt das zulässige Vorgehen. Alles andere ist eine **Umgehung des Gesetzes** und somit unzulässig (str.).

(2) Im Fall 24 steckt noch eine andere Problematik: Wer ist **Norm-** **180**
**adressat** des § 136a? Schnell beantwortet ist diese Frage für Richter (§ 136a), Staatsanwälte (§ 136a iVm § 163a III 2) und die Beamten der Polizei (§ 136a iVm § 163a IV 2).

Aber wie steht es bei Privatpersonen? Aus der unmittelbaren Geltung des **181**
§ 136a für den oben genannten Personenkreis folgt zugleich das Verbot, sich privater Personen zur Anwendung unzulässiger Vernehmungsmethoden zu bedienen. In diesen Fällen müssen die Ermittler sich als „mittelbare Täter" das Verhalten des privaten „Werkzeugs" zurechnen lassen. Denn sonst wäre die Norm leicht zu umgehen. Handelt der Private hingegen aus eigenem Antrieb, besteht nur ausnahmsweise Drittwirkung (→ Fall 65).

Für „nicht offen ermittelnde Polizeibeamte" (→ Rn 263) sollen die §§ 136, 136a laut *BGH* weder direkt noch analog gelten (NStZ 2010, 527).

(3) Eine Aussage, die auf einer verbotenen Vernehmungsmethode **182**
beruht, darf selbst dann nicht verwertet werden, wenn der Beschuldigte einwilligt (§ 136a III 1 und 2). Darin drückt sich die **Disziplinierungsfunktion** des Verbotes aus: Jede Aussicht auf Verwertung der unzulässig bewirkten Aussage will der Gesetzgeber verhindern.

Konsequenz dieser strengen Regelung ist nach h.M. auf der andern Seite aber, dass im Falle der Anwendung verbotener Vernehmungsmethoden nicht nur belastende, sondern auch entlastende Erkenntnisse unverwertbar sind. Freilich besteht in jedem Fall die Möglichkeit, die Vernehmung in ordnungsgemäßer Weise zu wiederholen. Dann ist der Beschuldigte jedoch über die Unverwertbarkeit der zuvor gewonnenen Aussage zu belehren (**qualifizierte Belehrung**, → Fall 58).

183 **Fall 25:** M hat sich bei einem Sachverständigen einer polygraphischen Untersuchung unterzogen (Kontrollfragentest). Nach dem Gutachten des Sachverständigen zeigen die Ergebnisse, dass M eine Tatbeteiligung wahrheitsgemäß verneint hat. Darf StA S den hinreichenden Tatverdacht auch unter Berufung auf den Polygraphentest verneinen?

Beim Einsatz des Polygraphen („Lügendetektor") scheiden sich die Geister. Der *BGH* sah in seiner Verwendung früher sogar einen Verstoß gegen die Menschenwürde (BGHSt 5, 332) und hielt die Anwendung unter Berufung auf § 136a selbst dann für unzulässig, wenn der Beschuldigte sich (freiwillig!) damit entlasten wollte. Inzwischen hat der *1. Strafsenat* diese Argumentation zu Recht aufgegeben, den Vergleichsfragentest im Jahr 1998 jedoch als „völlig ungeeignetes Beweismittel" i.S.v. § 244 III 2 Var. 4 eingestuft (BGHSt 44, 308). Dies war schon Ende der 1990er Jahre nicht überzeugend (ausführlich zur Kritik *Putzke/Scheinfeld/Klein/Undeutsch*, ZStW 121 [2009], 607; siehe auch *Nestler*, JA 2017, 10):

184 Ein völlig ungeeignetes Beweismittel ist ein Sachverständiger nämlich nicht schon dann, „wenn er absehbar aus den Anknüpfungstatsachen keine sicheren und eindeutigen Schlüsse zu ziehen vermag. Als Beweismittel eignet er sich vielmehr schon dann, wenn seine Folgerungen die unter Beweis gestellte Behauptung als mehr oder weniger wahrscheinlich erscheinen lassen und hierdurch unter Berücksichtigung des sonstigen Beweisergebnisses Einfluss auf die Überzeugungsbildung des Gerichts erlangen können" (*BGH* NStZ 2012, 345).

185 Aber auch mit Blick darauf, dass es inzwischen neue Studien gibt, die den Beweiswert polygraphischer Untersuchungen belegen, ist die Sicht des *1. Strafsenats* längst revisionsbedürftig (a.A. immer noch erst jüngst wieder der *1. Strafsenat*: *BGH*, Beschl. v. 30.11.2010, NStZ 2011, 474 m. Anm. *Putzke*, ZJS 2011, 557).

186 Trotz der verbissen ablehnenden Haltung des *1. Strafsenats* spielen polygraphische Untersuchungen in der Praxis zunehmend eine wichtige Rolle, vor allem in familiengerichtlichen Verfahren (zuletzt etwa *AG Bautzen*, Urt. v. 26.10.2017, BeckRS 2017, 138202; ferner *OLG Dresden*, Beschl. v. 31.3.2011, Az.: 24 WF 1201/10). Rechtsgeschichte geschrieben hat freilich das *Schöffengericht* des *AG Bautzen*, das polygraphische Untersuchungen für zuverlässig hält. Werde der Test freiwillig und von einem zertifizierten Sachverständigen durchgeführt, sei die Verwertung der damit gewonnenen Ergebnisse als Indiztatsache zulässig (BeckRS 2017, 138202; zur richtigen Vorgehensweise bei einem Beweisantrag s. *Putzke/Scheinfeld* StraFo 2010, 58). Die spürbar wachsende Gegenbewegung der Instanzgerichte zur Rspr. des *BGH* mag auch daran liegen, dass der *BGH* sich in seiner o.g. Entscheidung vom 30.11.2010 über sämtliche Argumente begründungslos hinweggesetzt

hat, die gegen die Entscheidung BGHSt 44, 308 inzwischen vorgetragen wurden. Das macht schon Eindruck – nur leider keinen guten.

Da die StA an die höchstrichterliche Rspr. gebunden ist (→ Rn 65 f.), darf S im Fall 25 das Strafverfahren nicht einstellen, muss vielmehr anklagen. Die Anklagepflicht würde S allerdings nicht daran hindern, auf Freispruch zu plädieren. **187**

### b) Zeuge (§§ 48 ff.)

**Literatur:** *Fürmann*, Das Zeugnisverweigerungsrecht, §§ 52–53a StPO, JuS 2004, 303; *Rinio*, Das Auskunftsverweigerungsrecht des tatbeteiligten Zeugen, § 55 StPO, JuS 2008, 600.

Jeder Mensch kann Zeuge sein. Er ist zwar ein äußerst fehleranfälliges, aber unverzichtbares Beweismittel. Nicht zuletzt deshalb gibt es für all jene, die der deutschen Gerichtsbarkeit unterliegen, eine **Zeugenpflicht**. Was **Aufgabe** des Zeugen ist, lässt sich § 54 I, IV und § 68 I 2 entnehmen: Von „Umständen", „Tatsachen" und „Wahrnehmungen" ist dort die Rede. Die Aussage eines Zeugen zur Sache betrifft folglich die **Wahrnehmung von** (inneren oder äußeren) **Tatsachen**. Nicht umfasst sind also reine Werturteile oder Rechtsfragen. **188**

*aa) Abgrenzung zu anderen Verfahrensbeteiligten*

Mit jeder Verfahrensrolle sind unterschiedliche Rechte und Pflichten verbunden. So darf etwa der Beschuldigte schweigen, wo der Zeuge zur Aussage verpflichtet sein kann. Seine Rolle muss deshalb zu anderen Verfahrensbeteiligten abgegrenzt werden. **189**

> **Fall 26:** L wird verdächtigt, gemeinsam mit M bei 37 Autos die Reifen zerstochen zu haben. Bei der Vernehmung des L befragt ihn StA S zum Tatbeitrag des M. Ist L Zeuge? **190**

Es ist allgemeine Meinung, dass ein **Mitbeschuldigter kein Zeuge** sein kann. Wann jemand Mitbeschuldigter ist, wird unterschiedlich beantwortet. Die engere Ansicht (z.B. der *BGH*) sieht die ganze Sache formell: Sind mutmaßliche Beteiligte gleichzeitig **in demselben Verfahrensabschnitt** Beschuldigte, gelten sie als Mitbeschuldigte. Die weitere materielle Ansicht misst der formellen Stellung keine Bedeutung zu. Vielmehr ist Mitbeschuldigter jeder, gegen den **wegen derselben Tat** ermittelt wird. Zu übereinstimmenden Lösungen gelangen die Ansichten im Fall 26. L ist formell und materiell Mitbeschuldigter. Deshalb kann er von S nicht als Zeuge vernommen werden.

Anders jedoch im **191**

> **Fall 27:** Wie im Fall 26 wird gegen L und M ermittelt. Dann erkrankt L plötzlich schwer. StA S stellt gegen ihn das Verfahren vorläufig ein (gem.

§ 154f) und verfügt die Abtrennung des Verfahrens. Nunmehr verlangt er vom siechenden L eine Aussage gegen M. Muss L jetzt Zeugnis ablegen?

Die formelle Ansicht würde im Fall 27 argumentieren, dass L jetzt nicht mehr in demselben Verfahrensabschnitt (Mit-)Beschuldigter sei und hätte demnach gegen eine Zeugenvernehmung keine Bedenken. Materiell hingegen wäre er trotz Verfahrenseinstellung noch (Mit-)Beschuldigter, was einer Vernehmung als Zeuge entgegenstünde.

**192** Ein starkes Argument für die formelle Ansicht liefert § 60 Nr. 2: Die Vereidigung eines teilnahmeverdächtigen Zeugen ist verboten. Zeuge kann ein Beteiligter also jedenfalls dann sein, wenn er in einem anderen Verfahren angeklagt wird. Problematisch an der formellen Sicht ist, dass sie es ins Belieben der Strafverfolgungsorgane stellt, welche Rechte der Betroffene hat. Deshalb wird man den Beteiligten nur hinsichtlich solcher Umstände als Zeuge vernehmen können, die in keinem Zusammenhang zur gemeinschaftlichen Tat stehen, denn sonst würde er als Zeuge in seinem eigenen Verfahren aussagen.

**193** Weil die Zeugenpflicht der Stellung anderer Verfahrensbeteiligter vorgeht, kann auch der am Verfahren beteiligte Richter, der StA oder der Verteidiger in den Zeugenstand gerufen werden (für den Nebenkläger regelt dies § 397 I 1).

- Der **Richter** ist ab diesem Zeitpunkt gem. § 22 Nr. 5 von der Ausübung des Richteramtes ausgeschlossen. Erklärt er dienstlich, zur Beweisfrage nichts zu wissen, darf er den Antrag auf seine Vernehmung ablehnen. Diese Möglichkeit hat die Rspr. geschaffen, um zu verhindern, dass unliebsame Richter vom Beschuldigten oder dessen Verteidiger durch willkürliche Zeugenbenennung „ausgeschaltet" werden (vgl. BGHSt 44, 4; 47, 270).
- Auch der **StA** verlöre die für das Plädoyer erforderliche Sachlichkeit, wenn er seine eigene Glaubwürdigkeit als Zeuge zu beurteilen hätte. Deshalb führt seine Vernehmung als Zeuge dann zum Ausschluss von der Anklagevertretung, wenn er Angaben zu relevanten Beweisfragen gemacht hat. Achtung: Wenn ein StA als Zeuge aussagt, muss gleichzeitig ein anderer StA als Sitzungsvertreter auftreten. Sonst läge ein Revisionsgrund nach § 338 Nr. 5 vor.
- Der **Verteidiger** kann nicht ausgeschlossen werden, wenn er gleichzeitig als Zeuge auftritt. Allerdings muss er im Plädoyer seine eigene Aussage würdigen, was genauso zu einer Konfliktlage führt. Deshalb kann die Niederlegung des Mandates standesrechtlich geboten sein.

**194** Eine andere Verfahrensrolle nimmt auch der **Sachverständige** ein: Er handelt im Auftrag eines Strafverfolgungsorgans und soll mit seiner besonderen Sachkunde die Beurteilung einer Beweisfrage erleichtern. Davon zu trennen ist der **sachverständige Zeuge**. Er ist Zeuge und bringt seine Sachkunde ohne Auftrag in das Verfahren ein (vgl. § 85).

**Beispiel:** Ein Feuerwehrmann ist sachverständiger Zeuge, wenn er darüber aussagt, dass die Farbe der Flammen typische Merkmale eines Brandbeschleunigers aufgewiesen habe.

*bb) Pflichten und Rechte*

(1) Im Wesentlichen treffen den Zeugen drei Pflichten: **zu erscheinen** (§§ 48, 51, 161a I, 163 III), **wahrheitsgemäß auszusagen** (§§ 57 S. 1, 68, 69, 70, 161a I) und **zu schwören** (§§ 57, 59, 70). Nicht jeder nimmt diese Pflichten ernst. Deshalb gibt es in der StPO Vorschriften, welche die Durchsetzung der Zeugenpflichten ermöglichen. Nach § 51 I setzen alle dort aufgeführten Maßnahmen eine **ordnungsgemäße Ladung** des Zeugen iSd § 48 voraus. Wer gleichwohl **nicht erscheint**, nicht aussagt oder nicht schwört, für den regeln die §§ 51, 70 die Folgen (Kostentragung, Ordnungsgeld, Ordnungshaft, Vorführung bzw. Erzwingungshaft). Ausnahmen regeln die §§ 51 II, 70. **195**

Im Zusammenhang mit den Zeugenpflichten und deren Durchsetzung weisen wir ergänzend auf Folgendes hin: 1. Die Pflicht zum Erscheinen besteht auch im Falle einer polizeilichen Ladung, soweit ihr ein Auftrag der StA zugrunde liegt (§ 163 III 1); bei Zweifeln über die Zeugeneigenschaft oder das Vorliegen von Weigerungsrechten entscheidet die StA. 2. Dass die Aussage der Wahrheit entsprechen muss, ergibt sich aus § 153 StGB. Allerdings werden Falschaussagen vor der StA oder Polizei nicht von § 153 StGB erfasst. Denn dort ist nur die Falschaussage „vor Gericht oder vor einer anderen zur eidlichen Vernehmung von Zeugen oder Sachverständigen zuständigen Stelle" unter Strafe gestellt. Die eidliche Vernehmung im Strafverfahren gestattet § 161a I 3 aber allein dem Richter. Wer vor der Polizei oder StA falsch aussagt, kann dafür allenfalls nach §§ 145d StGB, 164 StGB oder 258 I StGB zur Rechenschaft gezogen werden. **196**

(2) Nicht immer ist ein Zeuge zur Aussage verpflichtet. Vielmehr räumt die StPO das Recht ein, das Zeugnis aus persönlichen (§ 52), beruflichen (§§ 53, 53a) oder dienstlichen (§ 54) Gründen insgesamt zu verweigern oder einzelne Fragen nicht zu beantworten (§ 55). **197**

**Fall 28:** Nach einem Unfall wird T auf der Flucht mit überhöhter Geschwindigkeit geblitzt. Die daraufhin als Beifahrerin ermittelte Freundin F beruft sich bei der Zeugenvernehmung darauf, das Zeugnis verweigern zu dürfen. Obwohl darauf hingewiesen, dass T seine Heiratsabsicht nur vortäusche, schweigt F, woraufhin gegen sie ein Ordnungsgeld verhängt wird. Zu Recht? **198**

**§ 52** gewährt dem Verlobten des Beschuldigten, dem Ehegatten sowie einigen nahen Verwandten ein **uneingeschränktes Zeugnisverweigerungsrecht**. Der *BGH* sieht von der Vorschrift die „Familienbande" geschützt.

Im Fall 28 kann ein Ordnungsgeld nach § 70 I 2 iVm S. 1 verhängt werden, wenn F „ohne gesetzlichen Grund" das Zeugnis verweigerte. Ein solcher könnte nach § 52 I Nr. 1 gegeben sein. Zivilrechtlich ist das Eheversprechen bis zur Anfechtung gültig (Verlöbnis). Im Strafrecht hingegen wird der Begriff des Verlobtseins eigenständig beurteilt. Es kommt auf das „sittliche Element" der zur Ehe hinführenden Entscheidung an. Danach ist das Eheversprechen eines Heiratsschwindlers unbeachtlich, weshalb kein Zeugnisverweigerungsrecht eingreift. Das Ordnungsgeld wurde also korrekt festgesetzt.

**199** **Fall 29:** A wird verdächtigt, gemeinsam mit B einen Versicherungsbetrug begangen zu haben. In einem abgetrennten Verfahren wurde A freigesprochen. Im Ermittlungsverfahren gegen B vernimmt nun StA S die Schwester des A zum Tatgeschehen. Sie verweigert die Aussage unter Hinweis auf ihre Verwandtschaft zu A. Greift § 52?

Richten sich die Ermittlungen oder das Verfahren gegen mehrere Beschuldigte, kann ein Zeuge nach § 52 das Zeugnis verweigern, wenn allein mit Blick auf einen einzigen Beschuldigten § 52 I einschlägig ist. Dies leuchtet ein: Denn möglicherweise würde durch die Aussage gegen einen Mitbeschuldigten zugleich der Verwandte belastet. Auswirken soll sich das Zeugnisverweigerungsrecht selbst dann, wenn ein Beschuldigter verstorben oder das Strafverfahren gegen ihn rechtskräftig abgeschlossen ist. Sah der *BGH* das früher auch so, hat er es heute für Fälle des Todes eines Mitbeschuldigten, seiner rechtskräftigen Verurteilung oder seines rechtskräftigen Freispruchs aufgegeben (*BGH* NStZ 1992, 291). Der „Schutz des familiären Verhältnisses" sei „nicht absolut" (*BGH* NJW 1993, 2326). Zur Konsequenz hat diese Rspr., dass As Schwester im Fall 29 kein Zeugnisverweigerungsrecht zusteht.

**200** **Fall 30:** Journalist J will über das Ermittlungsverfahren gegen eine bekannte Moderatorin berichten. Bei seiner Recherche werden J von einem Informanten, der nicht genannt werden will, brisante Details anvertraut. Nach Veröffentlichung seines Berichts wird J von StA S zur Zeugenvernehmung geladen. Muss J den Namen seines Informanten preisgeben?

**§ 53** (ergänzt durch § 53a) räumt jenen Personen ein **beschränktes Zeugnisverweigerungsrecht** ein, die berufsbedingt im Rahmen eines gesellschaftlich anerkannten Vertrauensverhältnisses Informationen erlangen (z.B. Geistliche, Ärzte oder Rechtsanwälte). Wegen § 203 StGB verdichtet sich das Schweigerecht meist zur Schweigepflicht. Quellenschutz ist eine existenzielle Grundlage des Journalismus. Dem trägt der Gesetzgeber Rechnung und räumt Journalisten in § 53 I 1 Nr. 5 ein Zeugnisverweigerungsrecht ein. Als Journalist ist J im Fall 30 demnach berechtigt, nach § 53 I 2 über die Person seines Informanten Stillschweigen zu wahren.

Durch Auslegung kann der Kreis der Zeugnisverweigerungsberechtigten nicht erweitert werden. Die Beschränkung auf ein Minimum sei notwendig, damit die Rechtspflege funktionstüchtig bleibe. Das *BVerfG* (E 33, 367) sieht allein unter ganz besonderen Umständen mit Rücksicht auf Art. 1 I, 2 I GG die Notwendigkeit, eine Begrenzung des Zeugniszwangs unmittelbar aus den Grundrechten herzuleiten. Im Fall des *BVerfG*, in dem es um einen Sozialarbeiter ging, sah es solche besonderen Umstände nicht gegeben. **201**

**§ 54** macht die Aussage für Personen des öffentlichen Dienstes, insbesondere Richter und Beamte, von einer Aussagegenehmigung abhängig und enthält damit eine **bedingte Zeugnisverweigerungspflicht**. Wer ohne eine solche Genehmigung aussagt, riskiert eine Strafbarkeit nach § 353b StGB. Hinsichtlich der Erteilung einer solchen Genehmigung verweist § 54 I auf die beamtenrechtlichen Vorschriften (vgl. §§ 37 BeamtStG, 67, 68 BBG). **202**

**Fall 31:** Gegen die Mafiagröße M wird wegen Menschenhandels (§ 232 StGB) ermittelt. Seine vor vier Monaten entlassene Haushaltshilfe H teilt StA S während der Zeugenvernehmung wichtige Details mit. Befragt nach der Herkunft ihres Wissens, verweigert sie die Aussage. Sie schweigt, weil sie regelmäßig die Post von M heimlich geöffnet und gelesen hat. Deshalb wurde sie auch entlassen. Bei Offenbarung ihres Verhaltens gegenüber S befürchtet sie strafrechtliche Verfolgung. Darf sie schweigen? **203**

**§ 55** ist Ausdruck des Grundsatzes, dass niemand gegen sich selbst Zeuge zu sein braucht (→ Rn 144). Es wäre unzumutbar, die staatsbürgerliche Aussagepflicht erfüllen zu müssen und sich damit gleichzeitig der Gefahr strafrechtlicher Verfolgung auszusetzen. In dieses Licht gesetzt schützt die Norm – anders als § 52 – nur den Zeugen (und seine Angehörigen), nicht den Angeklagten (str.). Der wichtigste Unterschied zu § 52 besteht darin, dass dem Zeugen bei § 55 kein Totalverweigerungsrecht zusteht. Lediglich einzelne Fragen dürfen unbeantwortet bleiben. Wenn aber der gesamte Inhalt einer Aussage die Voraussetzungen des § 55 I erfüllt, darf die Aussage in vollem Umfang verweigert werden. Eine Berufung auf § 55 scheidet jedoch aus, wenn die Gefahr einer Strafverfolgung zweifellos ausgeschlossen ist (z.B. bei Verfahrenshindernissen).

So liegt es im Fall 31. H hat zwar den Tatbestand des § 202 I Nr. 1 StGB erfüllt. Allerdings ist die Strafantragsfrist von drei Monaten (§ 205 I StGB iVm § 77b I 1 StGB) bereits verstrichen. H muss mit keiner strafrechtlichen Verfolgung mehr rechnen und darf sich daher nicht auf § 55 I berufen.

(3) Neben den Zeugnis- und Aussageverweigerungsrechten hat der Zeuge drei weitere Rechte: Recht auf **zusammenhängende Bekun-** **204**

**dung** (§ 69 I 1), Recht auf **faire Behandlung** (Rechtsgedanke des § 68a) und das Recht auf **Entschädigung** (§ 71).

**205** „Beistand und Schutz“ soll der Zeuge erhalten. Hierzu gibt es zahlreiche Vorschriften, etwa: §§ 58a (255a), 68a, 168e, 241a, 247 S. 2, 247a, 397a I, 406g III und § 171b GVG. Hervorzuheben ist § 68b. Danach kann ein Zeuge sich eines anwaltlichen Beistands bedienen („**Zeugenbeistand**“), der ihm – soweit der Zeuge keinen hat und seine schutzwürdigen Interessen es verlangen – nach § 68b II sogar beigeordnet werden kann.

*cc) Vernehmung*

**206** Der Untersuchungsgrundsatz (§ 160) gebietet es idR, bereits im Ermittlungsverfahren Zeugen zu vernehmen.

**207** (1) Dies geschieht (meist) durch die Polizei, (oft) durch die StA und (nicht selten) durch den Ermittlungsrichter.

**208** Wie der Beschuldigte ist der Zeuge nicht verpflichtet, im Falle einer polizeilichen Ladung bei der **Polizei** zu erscheinen und auszusagen. Beim Zeugen gibt es aber eine Ausnahme: Er muss bei einer Ladung durch eine Ermittlungsperson erscheinen, wenn der Ladung ein Auftrag der Staatsanwaltschaft zugrunde liegt (§ 163 III 1); das gilt erst recht bei einer Ladung der **StA** (§ 161a I 1). § 161a verweist auf die entsprechende Anwendung der §§ 48 ff., sodass über § 69 III auch § 136a gilt. Der **Ermittlungsrichter** wird meist wegen § 251 II tätig (manchmal aber auch wegen § 161a I 3: Vereidigung), und zwar auf Antrag der StA (§ 162 I). Vor dem Ermittlungsrichter muss der Zeuge erscheinen, aussagen und ggf. seine Aussage beeiden.

**209** (2) Wie schon bei der Beschuldigtenvernehmung bestehen auch bei der Zeugenvernehmung unterschiedliche Anwesenheitsrechte beim Vernehmungstermin und Informationspflichten darüber.

| Anwesenheitsrecht des ⇩ | ⇨ wenn der **Richter** den | wenn die **StA** den | wenn die **Polizei** den |
|---|---|---|---|
| | **Zeugen vernimmt?** | | |
| **Beschuldigten**, | JA[1] | NEIN[2] | NEIN |
| **Verteidigers**, | JA[1] | NEIN[2] | NEIN[3] |
| **Staatsanwalts**, | JA[1] | | JA[4] |

[1] § 168c II, V (Ausnahmen: III–V); [2] § 161a verweist nicht auf § 168c; [3] Gegenschluss aus § 163 III; [4] Argument aus §§ 160, 161

**210** (3) Die **Vernehmung eines Zeugen** erfolgt grds. einzeln und in Abwesenheit der später zu hörenden Zeugen (§ 58 I). Eine Ausnahme sieht § 58 II bei der Gegenüberstellung vor. Nach § 58b ist auch die Vernehmung eines Zeugen im Wege der Bild- und Tonübertragung zulässig.

Sowohl im Vorverfahren als auch im Hauptverfahren (insb. in der Hauptverhandlung) läuft die Vernehmung nach ein und demselben Muster ab: Belehrung (§§ 161a I 2, 57; §§ 52 III 1, 55 II bzw. 161a I 2, 163 III), Vernehmung zur Person (§§ 68, 68a), Bezeichnung des Gegenstandes der Untersuchung und der Person des Beschuldigten (§ 69 I 2), Vernehmung zur Sache (§ 69), ggf. Vereidigung (§ 59), sog. „Nacheid". Beachte: Vernommen ist ein Zeuge – anders als bei der Beschuldigteneigenschaft (→ Rn 57) – auch dann, „wenn ihn die Polizei formlos (informatorisch) über den Ermittlungsgegenstand befragt" (*BGH* NJW 1980, 1533). **211**

Personen, die ein Zeugnisverweigerungsrecht nach den §§ 53, 53a oder eine Zeugnisverweigerungspflicht nach § 54 haben, müssen darüber nicht belehrt werden, weil davon ausgegangen wird, dass sie ihre Rechte und Pflichten kennen (Ausn.: offensichtliche Unkenntnis). Bei der Vernehmung zur Person besteht wegen der Notwendigkeit der Identifizierung eine Aussagepflicht, selbst wenn ein Zeugnisverweigerungsrecht greift (Ausnahme: „anonymer Zeuge", § 68 II, III). Bei richterlichen Vernehmungen in Anwesenheit des Beschuldigten und in der Hauptverhandlung muss der Zeuge aber grundsätzlich nur den Wohnort und nicht seine vollständige Anschrift angeben (§ 68 I). Abzugeben hat der Zeuge sodann einen zusammenhängenden Bericht (§ 69 I 1), weil seine Schilderung unbeeinflusst von Fragen und Vorhalten sein soll. Bedarf es weiterer Aufklärung, können Fragen gestellt werden (§ 69 II). Das Verhör dient der Überprüfung der Aussage, um Unklarheiten und Widersprüche zu beheben oder Lücken zu schließen. Besonders ist darauf zu achten, was eigene Wahrnehmungen, Erzählungen anderer oder Schlussfolgerungen sind. Die Vereidigung ist allein dem Richter vorbehalten (§ 161a I 3); im Vorverfahren nur unter den Voraussetzungen des § 62. **212**

Von der Polizei ist aus Gründen der Beweissicherung (§§ 251, 253) ein Vernehmungsprotokoll zu fertigen (entsprechend § 168b). Für die StA schreibt dies § 168b ausdrücklich vor. Richterliche Vernehmungen im Ermittlungsverfahren sind nach § 168 S. 1 ebenfalls zu protokollieren (in der Hauptverhandlung greift § 273). **213**

### c) Sachverständiger (§§ 72 ff.)

Die Hinzuziehung eines Sachverständigen ist nur in den folgenden Fällen vorgeschrieben: § 81 (Unterbringung zur Beobachtung in einem psychiatrischen Krankenhaus), §§ 80a, 246a, 414 III (voraussichtliche spätere Unterbringung in einem psychiatrischen Krankenhaus); §§ 87 ff. (Leichenschau und -öffnung); § 91 (Verdacht auf Vergiftung) und § 92 (Geld- oder Wertzeichenfälschung). Im Übrigen steht es weitgehend im Ermessen der StA und des Gerichts, wann die eigene Sachkunde ausreicht und wann nicht, etwa bei Beurteilung der Glaubhaftigkeit der Aussagen von Kindern und Geisteskranken. Die Sachkunde muss dann aber im Urteil näher dargelegt werden. **214** *aa) Begriff*

215 Der Sachverständige ist **Beweisperson** und bringt aufgrund eines durch die Strafverfolgungsbehörden erteilten **Auftrag**es seine besondere **Sachkunde** ins Strafverfahren ein. Kraft dieser Sachkunde **teilt** er dem Gericht **allgemeine Erfahrungsgrundsätze mit**, **stellt Tatsachen fest** und **zieht Schlussfolgerungen**.

216 **Beispiel:** Bei einem Ertrinkenden füllen sich die Lungen mit Wasser (Erfahrungsgrundsatz). Die Lungen der im Wasser gefundenen Leiche enthielten kein Wasser (Feststellung). Also war die Person bereits tot, als sie ins Wasser gelangte (Schlussfolgerung).

217 **Fall 32:** Gegenüber der StA bekundet TÜV-Mitarbeiter M: „Der Halter des schwarz lackierten VW Golf kam am 2.7. zur Fahrzeugabnahme. Ich stellte fest, dass das Fahrzeug vorn links erhebliche Schleifspuren aufwies und das Blech eingedellt war. Bei näherer Untersuchung zeigte sich zudem, dass auch die Fahrzeugkarosserie verzogen und die Spur verstellt war. Außerdem habe ich gelbe Lackreste, die von einem anderen Fahrzeug stammen müssen, im Bereich der Schleifspuren entdeckt. Es sind Schäden, wie sie von einem Unfall herrühren. Die Berührung fand vorn links statt mit einer Geschwindigkeit von ungefähr 50 km/h." Welche Verfahrensrolle nimmt M ein?

Im Fall 32 hat M teilweise eigene Wahrnehmungen geschildert – dies macht ihn zum Zeugen. Dafür gelten die §§ 48 ff. Gleichzeitig nahm er aber Tatsachen wahr, wofür eine besondere Sachkunde erforderlich ist (Karosserie verzogen, Spur verstellt) – dies macht ihn zum sachverständigen Zeugen. Anwendbar ist § 85, der auf die Vorschriften des Zeugen verweist. Seine Schlussfolgerungen (Unfall mit 50 km/h) stellen ein Sachverständigengutachten dar.

*bb) Inhalt des Gutachtens und Beweiswert*

218 Ein Gutachter zieht seine Schlüsse aus Tatsachen (sog. **Anknüpfungstatsachen**). Zum einen können diese vom Gericht vorgegeben werden (beachte **§ 78**). Zum andern kann er sie aber auch selbst herausfinden. Ermittelt er Anknüpfungstatsachen allein aufgrund seiner Sachkunde, ist die Rede von **Befundtatsachen**, die als Teil des Gutachtens dem Gericht mitgeteilt werden. Das Gericht kann sie ohne weitere Beweisaufnahme in die Urteilsbildung einfließen lassen. Erfährt der Sachverständige hingegen Tatsachen, die ebenso gut auch das Gericht mit den ihm zur Verfügung stehenden Erkenntnis- und Beweismitteln hätte herausfinden können, so heißen diese Anknüpfungstatsachen **Zusatztatsachen**. Eine Verwertung ist jedenfalls nicht schon deshalb möglich, weil sie im Gutachten des Sachverständigen stehen. In dieser Rolle ist der Gutachter kein zulässiges Beweismittel. Viel-

mehr müssen die Auskunftsperson des Gutachters oder der Gutachter selbst als Zeuge vernommen werden.

**Beispiel:** Das Gericht teilt einem Sachverständigen mit, dass ein Sportschütze **219**
verdächtigt wird, auf seinen Kollegen geschossen und ihn am Arm verletzt zu haben. Der Getroffene stand zum Zeitpunkt der Tat zwei Meter vom Schützen entfernt. Dieser bestreitet die Tat. Das „Opfer“ hat ausgesagt, erst den Knall gehört und einige Zeit später den Schmerz gespürt zu haben (alles **Anknüpfungstatsachen**). Der Sachverständige soll herausfinden, ob der Vereinskollege geschossen hat. Die Untersuchung zeigt, dass mit dessen Pistole zwar geschossen worden war, die Fleischwunde jedoch nicht von einem zwei Meter entfernt abgegebenen Schuss stammen kann. Dazu passe auch die Aussage des Getroffenen, erst den Knall gehört und dann den Schmerz gespürt zu haben (**Befundtatsachen**). Außerdem erfährt der Sachverständige von einem Polizisten, dass 500 Meter entfernt eine Patronenhülse gleichen Kalibers gefunden worden ist (**Zusatztatsache**).

*cc) Rechte und Pflichten*

(1) Anders als beim Zeugen gibt es keine allgemeine Sachverständi- **220**
genpflicht. Sie besteht nur dann, wenn der Richter oder StA (§ 161a I) eine Person ernennt, welche die Voraussetzungen des § 75 erfüllt. In diesem Fall hat der Sachverständige (ähnlich wie der Zeuge) drei Pflichten: **Erscheinen** (arg. § 77 I 1), **Erstattung des Gutachtens** (§ 75) und **Schwören** (§ 79). Weigert er sich, können ihm Kosten und Ordnungsgeld auferlegt werden (§ 77).

(2) Drei wesentliche Rechte stehen dem Sachverständigen zu: Ers- **221**
tens **darf** er den Beschuldigten oder Zeugen **vernehmen** (§ 80 I) und **Akteneinsicht** erhalten (§ 80 II). Zweitens kann er die Erstattung des Gutachtens aus denselben Gründen wie ein Zeuge **verweigern** (§ 76); darüber ist er zu belehren (§ 72 iVm §§ 52 III 1, 55 II). Drittens hat er Anspruch auf **Entschädigung** in Form einer Gebühr (§ 84).

(3) Von vornherein ausgeschlossen ist ein Sachverständiger nur bei **222**
einer Leichenöffnung, wenn er vor dem Tod des Verstorbenen sein behandelnder Arzt war (§ 87 II 3). Im Übrigen kann er nach § 74 aus denselben Gründen wie ein Richter (§ 22 Nr. 1–4) abgelehnt werden. Bei erfolgreicher Ablehnung besteht aber die Möglichkeit, den Sachverständigen zu Tatsachen, die er bei Durchführung seines Auftrages ermittelt hat, als (sachverständigen) Zeugen zu vernehmen.

### d) Verletzter („Opfer“)

Die durch eine Straftat geschädigte Person wird in der StPO nur an **223**
ganz wenigen Stellen „Opfer“ genannt (allein in § 154c II und mittelbar etwa im Zusammenhang mit dem „Täter-Opfer-Ausgleich“; im StGB vor allem bei den Sexualdelikten). Die gebräuchliche Bezeich-

nung für das (vermeintliche oder tatsächliche) Opfer lautet sowohl im StGB (s. § 77 StGB) als auch in der StPO „Verletzter„ (s. z.B. § 172 I).

**224** Der Begriff des **Verletzten** ist nunmehr in § 373b I legaldefiniert:

> Verletzter im Sinne der StPO ist danach derjenige, der durch die Tat – ihre Begehung unterstellt oder rechtskräftig festgestellt – in seinen Rechtsgütern unmittelbar beeinträchtigt worden ist oder unmittelbar einen Schaden erlitten hat.

Darunter fällt jedenfalls der Inhaber des Rechtsgutsobjekts (Sache, Körper, Wohnung), gegen den sich der Angriff des Täters real richtet (auch bei einem untauglichen Versuch gibt es demzufolge einen Verletzten).

**225** Demgegenüber wird vor allem im Zusammenhang mit dem Adhäsionsverfahren (§§ 403 ff.) und bei den sonstigen Befugnissen eines Verletzten (§§ 406d ff.) bislang ein „weiter Verletztenbegriff„ bevorzugt, der auch durch eine Straftat nur mittelbar Geschädigte erfasst (zusammenfassend *OLG Hamburg* BeckRS 2012, 15124). Unseres Erachtens sprechen die besseren Gründe dafür, in der StPO einen einheitlich weiten Verletztenbegriff zugrundezulegen. Ob sich diese Rechtsprechung in Folge der Legaldefinition des Verletztenbegriffs in § 373b I nunmehr ändert, bleibt abzuwarten.

**226** Ein Verletzter kann in einem Strafverfahren mehrere Rollen einnehmen: Anzeigender (ausgestattet mit besonderen Rechten: → Rn 487, 533 ff.), Zeuge (→ Rn 188 ff.), Privatkläger (→ Rn 489 ff.), Nebenkläger (→ Rn 228) und Antragsteller im Adhäsionsverfahren (→ Rn 229).

**227** Unabhängig von seiner konkreten Beteiligung stehen dem Verletzten verschiedene Rechte zu: § 406f I gewährt ihm, sich bei der Wahrnehmung seiner Verletztenrechte des Beistands eines Rechtsanwalts zu bedienen oder sich durch einen solchen vertreten zu lassen. Diese Aufgabe dürfen über § 138 III auch die in § 138 I, II 1 genannten Personen wahrnehmen (insb. Rechtslehrer an deutschen Hochschulen); ihnen ist bei einer Vernehmung des Verletzten die Anwesenheit gestattet. Diesen Personen erlaubt § 406e zudem die Einsichtnahme in die Ermittlungsakten, wovon ein normaler Zeuge (also ein Nicht-Verletzter) keinen Gebrauch machen kann. Bei der Vernehmung des Verletzten gestattet § 406f II die Anwesenheit einer Person seines Vertrauens (einem normalen Zeugen gewährt das Gesetz diese Möglichkeit nicht; er kann sich allein eines anwaltlichen Beistands bedienen, vgl. § 68b, dazu → Rn 205).

Weitere Rechte enthalten §§ 406d, 406e, 406g, 406j und k, worauf der Verletzte gem. § 406i hinzuweisen ist. Ein höchst zweifelhaftes Element des „Zeugencoaching“ stellt die sog. Psychosoziale Prozessbegleitung dar (§ 406e iVm dem PsychPbG). Zu befürchten ist vor allem eine Kontaminierung von Aussagen, was im Zweifel zu deren Unverwertbarkeit führen muss (vertiefend *Neuhaus* StV 2017, 55).

*aa) Nebenklage*

§ 395 I, II listet verschiedene Straftaten auf, bei denen ein Verletzter sich der Anklage (oder dem Antrag im Sicherungsverfahren gem. §§ 413 ff.) mit einer Nebenklage anschließen kann. Dies geschieht mittels einer Anschlusserklärung (§ 396). Nach Zulassung des Anschlusses erhält ein Nebenkläger diverse Rechte (§ 397) – zusätzlich zu denjenigen, die einem „normalen“ Verletzten ohnehin zustehen. **228**

Etwa darf er als Zeuge – entgegen § 243 II 1 – während der gesamten Hauptverhandlung anwesend sein, einen Schlussvortrag halten oder sich nach § 397a einen Rechtsanwalt als Beistand bestellen lassen („Opferanwalt„). Zudem enthält § 400 (in beschränktem Maße) eine Befugnis, Rechtsmittel einzulegen.

*bb) Adhäsionsverfahren*

Oftmals haben Verletzte (oder deren Erben) einen aus der Straftat erwachsenen vermögensrechtlichen Anspruch (z.B. auf Schmerzensgeld, Schadenersatz, Herausgabe). Zur Geltendmachung müssten sie normalerweise den Zivilrechtsweg beschreiten – mit allen Konsequenzen, z.B. der Zahlung von drei Gerichtsgebühren vor Klagezustellung. **229**

Um Opfern dies zu ersparen, dürfen Verletzte solche Ansprüche nach § 403 schon im Strafverfahren geltend machen. Notwendig dafür ist ein Antrag (§ 404). Diesem muss das Gericht nicht entsprechen, wenn er unzulässig ist, unbegründet erscheint oder er sich zur Erledigung im Strafverfahren nicht eignet (§ 406 I 3, 4). Andernfalls erhält der Verletzte einen (vorläufig vollstreckbaren) Titel (§ 406 III).

**e) Eingriffs- bzw. Zwangsmaßnahmen (Auswahl)**

**Literatur:** *Jahn*, Strafprozessuale Eingriffsmaßnahmen im Lichte der aktuellen Rechtsprechung des BVerfG, NStZ 2007, 255.

Zwangsmittel haben verschiedene Funktionen. Sie stehen sowohl im Dienste der Suche nach dem Beschuldigten (Rasterfahndung, §§ 98a, 98b; „Steckbrief“, § 131), der Feststellung der Verfahrensvoraussetzungen (Anstaltsunterbringung, § 81), der Sachverhaltserforschung (Einsatz eines Verdeckten Ermittlers, § 110a; „großer“ Lauschangriff, § 100c), der Beweissicherung (körperliche Untersuchung des Beschuldigten, § 81a; Beschlagnahme, §§ 94 ff.), der Sicherung und Durchführung des Verfahrens (vorläufige Festnahme, § 127; U-Haft, §§ 112 ff.) als auch der Sicherung der Urteilsvollstreckung (Haftbefehl im Vollstreckungsverfahren, § 457) und der Verhütung von Straftaten (U-Haft wegen Wiederholungsgefahr, § 112a). (Allgemein zur Anordnungskompetenz → Rn 117 ff.) **230**

231 In Prüfungen werden Ihnen Zwangsmittel meist in Form der Frage begegnen, ob das Vorgehen von Polizei, StA oder Gericht ordnungsgemäß, rechtmäßig oder zulässig, also prozessordnungsgemäß war. Prüfen Sie zunächst die Voraussetzungen der Befugnisnorm (also die Anordnungskompetenz und die materiellen Tatbestandsvoraussetzungen)! Im Anschluss hieran kann zu erörtern sein, ob die MRK verletzt oder „Justizgrundrechte" (Art. 92 ff., 101 ff. GG), Grundrechte (Art. 1 ff. GG), die Verhältnismäßigkeit sowie ungeschriebene Verfahrensgrundsätze beachtet wurden.

### *aa) Computergestützte Ermittlungsmaßnahmen*

232 Zu den computergestützten Ermittlungsmaßnahmen zählen vor allem die Raster- und Schleppnetzfahndung. Nicht verwechselt werden dürfen diese Maßnahmen mit der sog. Schleierfahndung, worunter verdachtsunabhängige Kontrollen zu verstehen sind. Dabei handelt es sich um ein präventives Instrument des Polizeirechts.

233 (1) Die **Rasterfahndung** (§§ 98a, 98b) läuft rein maschinell ab. Es werden dabei aus öffentlichen oder privaten Beständen personenbezogene Daten nach bestimmten Prüfungsmerkmalen selektiert. Ziel ist es zum einen, Personen herauszufiltern, die tätertypische Kriterien erfüllen (positive Rasterfahndung). Zum andern können aber auch jene Personen ausgegliedert werden, die zwar im Raster „hängen bleiben", als Täter aber nicht in Frage kommen (negative Rasterfahndung).

234 Weil die Rasterfahndung massiv in das Recht auf informationelle Selbstbestimmung eingreift, ist sie nur bei solchen Straftaten zulässig, die im Katalog des § 98a I 1 Nr. 1–6 genannt und von erheblicher Bedeutung sind. Für deren Begehung müssen „zureichende tatsächliche Anhaltspunkte" gegeben sein, d.h. ein Anfangsverdacht iSd § 152 II muss vorliegen (→ Rn 38). § 98a I 2 enthält eine Subsidiaritätsklausel und erlaubt die Anordnung der Rasterfahndung nur dann, wenn die Strafverfolgung „auf andere Weise erheblich weniger erfolgversprechend oder wesentlich erschwert wäre".

235 **Fall 33:** Die Frankfurter Polizei hat innerhalb kurzer Zeit in fünf Fällen bei Flugreisenden aus Afghanistan große Mengen Kokain entdeckt. Sie erbittet deshalb von der Flughafenverwaltung sämtliche Daten von Personen, die aus diesem Land eingereist sind und in Deutschland nur kurz verweilen; dadurch sollen Drogenkuriere ermittelt werden. Die Flughafenverwaltung weigert sich, diese Daten an die Polizei zu übermitteln. Mit Recht?

Im Fall 33 handelt es sich um eine in § 98a I 1 Nr. 1 aufgeführte Straftat aus dem Gebiet des Betäubungsmittelverkehrs. Anfangsverdacht besteht, weil vermehrt bei einer bestimmten Personengruppe Drogen gefunden wurden. Die Straftat ist auch von erheblicher Bedeutung. Denn die Einfuhr großer Mengen von Drogen stellt zum einen kein Bagatelldelikt dar, zum andern wird dadurch der Rechtsfrieden empfindlich gestört, und die Straftat ist geeignet, das Gefühl der Rechtssicherheit in der Bevölkerung besonders zu beeinträchtigen. Andere, gleich geeignete Maßnahmen sind nicht ersichtlich, sodass die Anordnung auch verhältnismäßig war.

Anordnen darf die Rasterfahndung der Richter und – bei Gefahr im Verzug – die StA (§ 98b I 1). Im letzteren Fall ist die richterliche Bestätigung unverzüglich einzuholen (§ 98b I 2). Unterbleibt dies, tritt die Anordnung nach drei Tagen automatisch außer Kraft (§ 98b I 3). **236**

Die Flughafenverwaltung ist nur dann zur Übermittlung der Daten verpflichtet, wenn der Rasterfahndung eine richterliche (oder bei Gefahr im Verzug staatsanwaltschaftliche) Anordnung zugrunde liegt. Daran fehlt es im Fall 33. Die Weigerung war rechtens.

(2) Die **Schleppnetzfahndung** (§ 163d) ergänzt § 111. Die bei Massenkontrollen anfallenden Datenmengen dürfen in sog. Kurzzeitdateien gespeichert und später ausgewertet werden. Zu beachten sind der begrenzte Straftatenkatalog des § 163d I, die Anordnungskompetenz (II) und die inhaltlichen Anforderungen an die Anordnung (III). **237**

(3) 2021 neu eingeführt wurde die automatische Kennzeichenerfassung im öffentlichen Verkehrsraum nach § 163g. Die Vorschrift dient vor allem Fahndungszwecken. Sie erlaubt die Erhebung der Kennzeichen von Kraftfahrzeugen und verschiedener abschließend genannter weiterer Daten (Kennzeichen, Ort, Datum, Uhrzeit, Fahrtrichtung), wenn der (Anfangs-)Verdacht der Begehung einer Straftat von erheblicher Bedeutung besteht und die Annahme gerechtfertigt ist, dass die Maßnahme zur Ermittlung der Identität oder des Aufenthaltsorts des Beschuldigten führen wird.

*bb) Erkennungsdienstliche Maßnahmen*

(1) Sobald jemand verdächtig ist, eine Straftat begangen zu haben, dürfen nach §§ 163b I, 163c alle erforderlichen Maßnahmen zur **Identitätsfeststellung** getroffen werden. Beinhalten kann dies – nach vorheriger Belehrung (§ 163b I 1 Hs. 2 iVm § 163a IV 1) – etwa die Frage nach den Personalien oder die Aufforderung sich auszuweisen. Lässt sich die Identität selbst dann noch „nicht oder nur unter erheblichen Schwierigkeiten“ feststellen, sind gem. § 163b I 2 das Festhalten (nicht länger als zwölf Stunden, § 163c II) sowie nach § 163b I 3 die Durchsuchung und erkennungsdienstliche Maßnahmen zulässig. Entsprechende Anordnungen können sowohl StA als auch die Beamten des Polizeidienstes (also nicht nur „Ermittlungspersonen der StA“) treffen. **238**

**Fall 34:** Schulschwänzer S wird Zeuge eines Unfalls, bei dem ein Fußgänger schwer verletzt wird. Der Autofahrer flüchtet. Als die herbeigerufene Polizei den Tatort inspiziert, fällt ihnen S auf, der in einiger Entfernung herumsteht. **239**

Auf Befragen eines Polizeibeamten räumt der Schüler ein, den Unfall gesehen zu haben. Danach will er sich – inzwischen im Polizeiauto sitzend – jedoch aus dem Staub machen, weil er Ärger befürchtet. Bevor S die Wagentür öffnen kann, verriegelt sie der Polizist. Durfte er das?

§ 163b II erlaubt die Identitätsfeststellung sogar bei einem **Nichtverdächtigen**. Gegen seinen Willen dürfen jedoch weder er noch mitgeführte Sachen durchsucht oder an ihm erkennungsdienstliche Maßnahmen vorgenommen werden. Zulässig ist, ihn festzuhalten (d.h. zu verhindern, dass er sich entfernt), wenn dies zur Bedeutung der Sache nicht unverhältnismäßig ist.

Im Fall 34 hatte S den Unfall beobachtet. Die Feststellung seiner Identität war also „zur Aufklärung einer Straftat geboten". Ob das Festhalten zulässig war, richtet sich nach der Bedeutung der Sache. Bei einem Verkehrsunfall mit Bagatellsachschäden dürfte ein Festhalten unverhältnismäßig sein. Hier wurde der Fußgänger jedoch schwer verletzt, sodass gegen die Maßnahme der Polizei keine Bedenken bestehen.

240 (2) Im Gegensatz zur Identitätsfeststellung nach § 163b sind **erkennungsdienstliche Maßnahmen** nach § 81b nur gegen einen Beschuldigten (nicht aber gegen mögliche Zeugen) zulässig. Es genügt der Anfangsverdacht iSd § 152 II.

241 § 81b enthält zwei Alternativen: Soweit die Maßnahmen für „die Zwecke der Durchführung des Strafverfahrens" angeordnet werden (Alt. 1), dienen sie der repressiven Strafverfolgung. Stehen „Zwecke des Erkenntnisdienstes" im Vordergrund (Alt. 2), handelt es sich um eine präventive Tätigkeit. Weil es sich dabei genau genommen um materielles Polizeirecht handelt, bezeichnen manche diese Zwangsmaßnahme als einen Fremdkörper in der StPO.

242 § 81b nennt das Anfertigen von Lichtbildern, die Abnahme von Fingerabdrücken und die Vornahme von Messungen. Ähnliche Maßnahmen (z.B. Abnahme von Hand- und Fußabdrücken) sollen jedoch ebenfalls von § 81b erfasst werden.

243 **Fall 35:** Während einer Vorstellung im Zirkus wird Clown C verhaftet. Es besteht der Verdacht, dass er einige Stunden zuvor im Park versucht hat, eine junge Frau zu vergewaltigen. Um von ihm Lichtbilder anzufertigen, fordert StA S den C auf, sich abzuschminken und seine Perücke abzunehmen. C weigert sich und macht Faxen. S lässt C daraufhin von zwei starken Polizisten fototauglich „herrichten". War die Anordnung in Ordnung?

Welcher Befugnisnorm die Veränderung des äußeren Erscheinungsbildes subsumiert werden kann, ist umstritten. Manche sehen darin einen **körperlichen Eingriff** iSd **§ 81a** (BVerfGE 47, 239). Wenn man diesen Eingriff allerdings definiert als Beibringung von (auch geringfügigen) Verletzungen des Körpers, lässt sich hier ein körperlicher

Eingriff vertretbar verneinen. Andere sprechen beim Verändern des Äußeren von einer bloßen **Vorbereitungsmaßnahme** zu einer körperlichen Untersuchung oder erkennungsdienstlichen Maßnahme. Im letzteren Fall wäre **§ 81b** anzuwenden. Bedeutsam ist die Lösung des Streits für die unterschiedliche Anordnungskompetenz: Bei § 81b ist jeder Polizeibeamte zuständig, bei § 81a hingegen primär der Richter und nur bei Gefahr im Verzug StA und deren „Ermittlungspersonen".

Folgt man letzterer Ansicht, weil in Cs Körperlichkeit nicht eingegriffen worden ist, so erlaubt im Fall 35 § 81b das Herrichten. S war anordnungsbefugt. Dass die Maßnahmen „notwendig" waren (Verhältnismäßigkeit), unterstellen wir hier. Auch die Anwendung des unmittelbaren Zwanges erlaubt § 81b. Die Anordnung von S war also rechtens.

*cc) Medizinische Zwangsmaßnahmen*

**Literatur:** *Prittwitz*, Richtervorbehalt, Beweisverwertungsverbot und Widerspruchslösung bei Blutentnahmen gem. § 81a Abs. 2 StPO, StV 2008, 486; *Saliger/Ademi*, Der Massengentest nach § 81h StPO, JuS 2008, 193.

(1) **§ 81a** I 1 erlaubt die zwangsweise körperliche Untersuchung des Beschuldigten, um verfahrenserhebliche Tatsachen festzustellen. Innerhalb der Norm wird zwischen der einfachen körperlichen Untersuchung (I 1) und körperlichen Eingriffen (I 2) unterschieden, wobei letztere nur von einem Arzt nach den Regeln der ärztlichen Kunst vorgenommen werden dürfen. **244**

**Fall 36:** Nach einer Messerstecherei will sich der am Arm verletzte Täter T absetzen, wird aber von der Polizei gestoppt. Polizist P, zugleich Ermittlungsperson der StA, sieht das blutverschmierte T-Shirt und ordnet die Untersuchung des Armes an. Er schiebt den Ärmel nach oben und macht sich zur Wunde Notizen. Außerdem soll T ins Alkoholtestgerät blasen, was T verweigert. Daraufhin zückt P eine Einwegspritze. Nach umfassender Belehrung willigt T in die Blutabnahme ein. Hat sich P korrekt verhalten? **245**

Eine einfache **körperliche Untersuchung** des Beschuldigten dient folgendem Zweck: Feststellung der Beschaffenheit des Körpers oder einzelner Körperteile. Als Mittel zählen dazu etwa die Computertomographie, Blutdruckmessung oder Anfertigung eines EKG. Die damit zusammenhängenden Maßnahmen muss der Beschuldigte dulden. **246**

Abzugrenzen ist die körperliche Untersuchung von der Durchsuchung (§ 102). Sollen am Körper oder in zugänglichen natürlichen Körperöffnungen (Mund, After, Vagina) versteckte Gegenstände aufgefunden werden, handelt es sich um eine Durchsuchung. Unterscheidungsmerkmal ist der Zweck der Maßnahme (str.). Eine praktische Bedeutung hat die Abgrenzung freilich nicht.

247 Die Untersuchung der Stichwunde im Fall 36 stellt eine körperliche Untersuchung dar, die T dulden muss. Diese Duldungspflicht hätte sogar mit unmittelbarem Zwang durchgesetzt werden können. Als Ermittlungsperson der StA war P auch zur Anordnung befugt. Fraglich ist allerdings, ob T verpflichtet gewesen wäre, ins Testgerät zu blasen. Das ist zu verneinen. Denn allein eine Duldungspflicht ergibt sich aus § 81a. Hingegen fällt aktives Mitwirken (z.B. Kontrastmittel schlucken, Schrift- oder Sprechproben abgeben) unter den Verfahrensgrundsatz, dass niemand Zeuge gegen sich selbst zu sein braucht („nemo tenetur").

248 Ein **körperlicher Eingriff** liegt hingegen vor, wenn dem Körper – selbst geringfügige – Verletzungen beigebracht werden. Hierzu zählt auch die Entnahme von Blut, die allerdings als absolut ungefährlich gilt. Meistens ist deren Anordnung mit einem Untersuchungsauftrag nach § 81a I 1 verbunden, insbesondere wenn es um Trunkenheit im Verkehr und die Feststellung des Blutalkoholgehaltes geht.

249 Anordnungsbefugt ist primär der Richter, bei Gefahr im Verzug auch die Staatsanwaltschaft und deren Ermittlungspersonen (§ 81a II). Bei Missachtung des Richtervorbehalts (= Beweiserhebungsverbot) wird ein Beweisverwertungsverbot bei Entnahme einer Blutprobe (zum Nachweis von Alkohol, Betäubungsmitteln oder Medikamenten im Blut) unter Hinweis auf die Geringfügigkeit der Körperverletzung überwiegend abgelehnt, es sei denn, es liegt eine willkürliche Annahme von Gefahr im Verzug vor oder ein nach dem Maßstab objektiver Willkür besonders schwerwiegender Fehler (vgl. dazu *BVerfG* BeckRS 2011, 48523; *OLG Frankfurt* a.M. BeckRS 2011, 22781; *KG* NStZ-RR 2009, 243). – Für Taten nach §§ 316, 315c I Nr. 1a, II, III StGB bestimmt § 81a II 2 StPO seit 24.8.2017, dass eine richterliche Anordnung entbehrlich ist, StA und Ermittlungspersonen haben gleichrangig die Anordnungskompetenz, wobei freilich die Sachleitungsbefugnis der StA zusteht.

250 Gekoppelt ist ein körperlicher Eingriff an die Maßgabe, dass ihn ein „Arzt nach den Regeln der ärztlichen Kunst" (*lege artis*) vornimmt.

251 P ist im Fall 36 kein approbierter Arzt. Dies hätte allerdings keine Unverwertbarkeit der Blutprobe zur Folge (BGHSt 24, 125). Doch darauf kommt es im vorliegenden Fall nicht an. Denn § 81a I 2 greift nur, wenn die Maßnahmen „ohne Einwilligung des Beschuldigten" angeordnet werden. Hier hat T jedoch eingewilligt, sodass ein Rückgriff auf § 81a nicht nötig ist. Die Wirksamkeit der Einwilligung richtet sich nach den Anforderungen, die auch an eine materiellrechtliche Rechtfertigung zu stellen sind. So darf der Eingriff nicht gegen die guten Sitten verstoßen (§ 228 StGB), also nicht die konkrete Gefahr einer schweren Gesundheitsschädigung in sich tragen. Außerdem kommt es auf die Verstandesreife und den ausdrücklichen, freien und eindeutigen Entschluss zur Einwilligung an. Um dies zu gewährleisten, bedarf es einer umfassenden Belehrung über die Gefährlichkeit des Eingriffs und ggf. über die Beschuldigtenrechte.

252 **Fall 37** (nach *OLG Frankfurt* NJW 1997, 1647): Bei der Festnahme verschluckt T etwas. Polizist P veranlasst daraufhin, dass ein Arzt dem T über

eine Magensonde zwangsweise ein Brechmittel zuführt. T erbricht daraufhin eine verschlossene Tüte mit Crack. Deckt § 81a das Vorgehen?

Weil der Wortlaut des § 81a sehr weit reicht, betont das *BVerfG* die Notwendigkeit einer verfassungskonformen Auslegung. Der Verhältnismäßigkeitsgrundsatz müsse besonders beachtet werden. Je schwerer eine Maßnahme wiege, desto stärker habe der Tatverdacht zu sein. **253**

Im Fall 37 könnte die Verabreichung von Brechmitteln (Exkorporation) bereits wegen eines Verstoßes gegen die Menschenwürde und das Folterverbot (Art. 3 MRK) unzulässig sein (so *EGMR* NJW 2006, 3117). Das wird man noch nicht sagen können. Wegen der körperlichen Beeinträchtigungen könnte der Brechmitteleinsatz aber gegen den Verhältnismäßigkeitsgrundsatz verstoßen. Gesundheitliche Gefahren sieht das *BVerfG* bei einem gesunden Menschen aber nicht (NJW 1996, 3071). Auch handelt es sich um das bei gleicher Eignung mildeste Mittel: Magenauspumpen wäre deutlich eingriffsintensiver. Auch kann nicht immer abgewartet werden, bis verschluckte Gegenstände auf natürliche Weise aus dem Verdauungstrakt ausgeschieden werden (die Vorführungsfrist ist dafür oftmals zu kurz, und ohne einen Haftgrund darf der Beschuldigte nicht festgehalten werden). Bei verschluckten Drogen besteht aber auch eine konkrete Gefahr für das Leben oder die Gesundheit des Beschuldigten: Die Behältnisse können platzen oder sich auflösen. Der Einwand, der Beschuldigte werde gezwungen, aktiv an seiner Überführung mitzuwirken, greift nicht, weil das Erbrechen keine aktive Handlung des Beschuldigten ist, sondern eine unkontrollierte Körperreaktion (s. auch *BGH* NJW 2010, 2595; *Schuhr*, NJW 2006, 3538). **254**

Weitere zulässige Eingriffe: Urinentnahme (die Harnentnahme mittels eines Katheters ist aber ein derart schwerwiegender Eingriff, dass ihn nur besonders gewichtige Straftaten rechtfertigen), Haarprobe, Auspumpen des Magens oder die Verabreichung von Abführmitteln (vgl. *OLG Karlsruhe* NStZ 2005, 399). **255**

(2) Ebenso wie bei § 81a hebt die Einwilligung eines **Nichtbeschuldigten** in eine **körperliche Untersuchung** die Anwendung des **§ 81c** auf. Fehlt die Einwilligung, darf er nur unter zwei Voraussetzungen untersucht werden: Erstens muss der Nichtbeschuldigte als Zeuge in Betracht kommen (**Zeugengrundsatz**). **256**

Der Zeugenbegriff wird hier sehr weit verstanden. Handlungs- und Willensunfähige zieht man in den Kreis der zu untersuchenden Personen ein. Deshalb lässt sich der Grundsatz aufstellen, dass jede tatunverdächtige Person untersucht werden darf, bei der Spuren oder Tatfolgen zu vermuten sind.

Zweitens muss die Untersuchung dem Auffinden von Spuren oder Tatfolgen am Körper des Zeugen dienen (**Spurengrundsatz**). Spuren sind durch die Tat verursachte (objektiv erkennbare) Veränderungen am Körper, die Rückschlüsse auf den Täter oder die Tatausführung zulassen (z.B. Spermienreste oder Hautreste unter den Fingernägeln). **257**

Tatfolgen sind Veränderungen am Körper, die keinen Hinweis auf den Täter geben (etwa eine Blutvergiftung infolge eines Tötungsversuchs).

258 **Fall 38:** StA S hofft, beim Vergewaltigungsopfer O Spermien des Täters zu finden. Eine dafür erforderliche gynäkologische Untersuchung unter Narkose lehnt O jedoch ab. Darf S die Untersuchung trotzdem anordnen?

Im Unterschied zu § 81a dürfen nur Spuren *am* (Körperoberfläche), nicht aber *im* Körper festgestellt werden. Während die Untersuchung der natürlichen Körperöffnungen noch „an" dem Körper sein soll, wird die Schwelle zum unzulässigen Eingriff jedenfalls dann überschritten, wenn optisch oder mechanisch in den Körper eingedrungen wird (z.B. beim Vaginalspiegeln oder Magenauspumpen). Kurz gesagt sind körperliche Eingriffe, wie § 81a sie beim Beschuldigten erlaubt, bei anderen Personen unzulässig. Hierzu zählt zwar noch nicht die normale gynäkologische Untersuchung, jedenfalls aber die Narkotisierung, weshalb im Fall 38 die Untersuchung ohne Einwilligung nicht vorgenommen werden darf.

259 In Fortführung des Zeugnisverweigerungsrechts aus § 52 räumt § 81c III 1 ein Untersuchungsverweigerungsrecht ein, worüber der Zeuge zu belehren ist. Weigert sich der Betroffene jedoch „ohne gesetzlichen Grund", kann gegen ihn nach § 70 iVm § 81c VI 1 vorgegangen werden (→ Rn 195).

260 (3) Um Spurenverursacher entweder zu identifizieren oder auszuschließen, dürfen ein Richter sowie bei Gefahr im Verzug auch die StA und deren Ermittlungspersonen (§ 81f I 1) eine **molekulargenetische Untersuchung (DNA-Analyse)** iSv § 81e anordnen. Als Mittel ist heute die Polymerase-Kettenreaktion (Vermehrung von genetischem Material) verbreitet (früher: Erstellung des sog. genetischen Fingerabdrucks). Obwohl die DNA-Analyse ein bedeutsames Beweismittel ist, kann eine Verurteilung allein darauf nicht gestützt werden. Es handelt sich lediglich um eine statistische Aussage, wodurch sich eine Würdigung aller Beweisumstände nicht von vornherein erübrigt (vgl. *Neuhaus*, in: GS Schlüchter, 2003, S. 535).

261 **Fall 39:** Die Polizei sucht einen Vergewaltiger, welcher im Umkreis der Universität mehrere Taten begangen hat. Deshalb lädt sie alle männlichen Personen zwischen 25 und 40 Jahren aus den angrenzenden Stadtteilen sowie die vom Alter her in Betracht kommenden Mitarbeiter der Universität zur Speichelprobe. Ist eine DNA-Analyse des Materials zulässig?

Nach § 81e I 1 darf die DNA-Analyse nur verwendet werden, um entweder die Abstammung festzustellen oder zu klären, ob aufgefundenes Spurenmaterial vom Beschuldigten oder Verletzten stammt. Unter denselben Voraussetzungen wie in Satz 1 erlaubt § 81e II 1, Spurenmaterial von Dritten zu untersuchen. Bei einer großen Personengruppe wie in Fall 39 richten sich die Maßnahmen nicht gegen Beschuldigte. § 81e I 1 iVm § 81c II erlaubt auch bei Dritten die Entnahme von Blut- oder Speichelproben. Wenn allerdings – wie im vorliegenden Fall – überhaupt keine auf Tatsachen beruhende Verbindungen der ausgewählten Personen zu der aufzuklärenden Straftat bestehen, ist der Eingriff iSd § 81c IV nicht „zumutbar", also unverhältnismäßig (anders etwa, wenn ein Tatverdacht gegen einen Porschefahrer besteht und alle Porschefahrer eines bestimmten Gebietes vorgeladen werden, vgl. *BVerfG* NJW 1996, 3071). Bei derartigen Reihenuntersuchungen („Massenscreenings") ist deshalb die **Einwilligung** der Betroffenen zur Blut- oder Speichelabnahme erforderlich. Die DNA-Analyse des erlangten Materials erlaubt § 81e I 1.

Hier könnten sich Zweifel an der Wirksamkeit der Einwilligung einstellen, denn ein Täter wird die Einwilligung meist nur erteilen, um sich nicht wegen ihrer Verweigerung verdächtig zu machen. Das *BVerfG* folgt solchen Einwänden aber nicht (NStZ 1996, 345 f.).

(4) Molekulargenetische Untersuchungen nach § 81g sollen die Aufklärung künftiger Straftaten von erheblicher Bedeutung erleichtern. Voraussetzung ist die Gefahr, dass der Beschuldigte zukünftig ähnliche Straftaten begehen könnte. Als Indizien nennt das Gesetz „die Art oder Ausführung der Tat" (kriminelle Energie, Nachtatverhalten), die „Persönlichkeit des Beschuldigten" (Vorstrafen, soziales Umfeld) und „sonstige Erkenntnisse" (kriminalistisch und kriminologisch anerkannte Erfahrungssätze). Die DNA-Identitätsmuster werden in der DNA-Identifizierungsdatei beim BKA gespeichert (hingegen sind die gewonnenen Körperzellen nach § 81g II 1 Hs. 2 unverzüglich zu vernichten). § 2 I DNA-Identitätsfeststellungsgesetz erlaubt Maßnahmen nach § 81g sogar bei rechtskräftig verurteilten Tätern – selbst dann, wenn die Straftaten Jahre zurückliegen. Weil die Maßnahmen des § 81g erkennungsdienstliche Zwecke verfolgen, stellt die Norm einen Fremdkörper in der StPO dar. **262**

### *dd) Verdeckte Ermittlungsmaßnahmen*

**Literatur:** *Schneider*, Ausgewählte Rechtsprobleme des Einsatzes verdeckter Ermittler, NStZ 2004, 359; *Zöller*, Heimlichkeit als System, StraFo 2008, 15.

(1) Den Einsatz eines **Verdeckten Ermittlers** regeln die §§ 110a ff. **263**
Zunächst wollen wir einige Begriffe klären, die oft verwechselt werden:

**Informant:** Person, die im Einzelfall bereit ist, gegen Zusicherung der Vertraulichkeit der Strafverfolgungsbehörde Informationen zu geben (Anl. D I. 2.1 RiStBV). **V-Person** (Vertrauensperson oder „freier Mitarbeiter" der Polizei): Person, die nicht einer Strafverfolgungsbehörde angehört, aber gleichwohl bereit ist, diese bei der Aufklärung von Straftaten auf längere Zeit vertraulich (ggf. mit Geheimhaltung der Identität) zu unterstützen (Anl. D I. 2.2 RiStBV). **Verdeckter Ermittler:** „Beamte des Polizeidienstes, die unter einer ihnen verliehenen, auf Dauer angelegten, veränderten Identität (Legende)" ermitteln (**§ 110a II**). **NOP** (= nicht offen ermittelnder Polizeibeamter): Beamte, die nur gelegentlich verdeckt ermitteln (z.B. Scheinaufkäufer). **Lockspitzel** („agent provocateur"): Person (meist V-Mann, NOP oder Verdeckter Ermittler), die einen Tatverdächtigen zu einer strafbaren Handlung verleitet, wobei der Täter überführt werden soll.

**264** **§ 110a I** erlaubt den Einsatz eines verdeckten Ermittlers, wenn

- (gem. S. 1) der Anfangsverdacht für das Vorliegen einer Straftat von erheblicher Bedeutung besteht, „die Aufklärung auf andere Weise aussichtslos oder wesentlich erschwert wäre (§ 110a I 3) und die Anordnung verhältnismäßig ist.
- (gem. S. 2) ein Verbrechen vorliegt, bestimmte Tatsachen die Annahme der Wiederholungsgefahr begründen, „die Aufklärung auf andere Weise aussichtslos oder wesentlich erschwert wäre" (§ 110a I 3) und die Maßnahme verhältnismäßig ist.
- (gem. S. 4) bei einem Verbrechen „die besondere Bedeutung der Tat den Einsatz gebietet", die Anwendung anderer „Maßnahmen aussichtslos" wäre und der Einsatz verhältnismäßig ist.

**265** **Fall 40:** Um die Druckerei einer Geldfälscherbande ausfindig zu machen, ordnet die Polizei an, dass der Polizeibeamte P verdeckt ermittelt. StA S ist einverstanden. Nachdem P einige Monate in den einschlägigen Kreisen Kontakte geknüpft hat, wird er eines Tages vom Kopf der Bande, dem T, in dessen Villa eingeladen. Weil kein Richter erreichbar ist, stimmt S dem Aufenthalt zu. Fünf Tage lang hält sich P in Ts Villa auf. S konsultiert erst am fünften Tag Richter R, der seine Zustimmung schriftlich erteilt. Am vierten Tag hatte P von T wichtige Details zur Herstellung und zum Vertrieb der Banknoten erfahren. Verlief alles korrekt?

**266** Ob ein Verdeckter Ermittler eingesetzt wird, entscheidet meist die Polizei. Allerdings muss nach § 110b I 1 die StA zustimmen. Unter den Voraussetzungen des § 110b I 2 kann dies auch nachträglich (aber unverzüglich) erfolgen. Stimmt die StA nicht innerhalb von drei Tagen (ab Erlass der Anordnung) zu, bedeutet dies das Ende für die Maßnahme (§ 110b I 2 Hs. 2). Manchmal ist aber auch die **Zustimmung des Richters** erforderlich. Dies ist der Fall, wenn sich der Einsatz gegen einen konkreten Beschuldigten richtet (§ 110b II 1 Nr. 1) oder der Verdeckte Ermittler eine nicht allgemein zugängliche Wohnung betritt (§ 110b II 1 Nr. 2). Bei **Gefahr im Verzug** genügt auch in diesen Fällen die Zustimmung der StA, die sogar nachträglich (aber unverzüglich) eingeholt werden kann. Wird die Zustimmung des Richters jedoch nicht innerhalb von drei Tagen erlangt, ist die Maßnahme zu beenden (§ 110b II 4).

**267** Im Fall 40 liegen die Voraussetzungen zum Einsatz eines Verdeckten Ermittlers nicht vor. S hat gem. § 110b I zwar zugestimmt. Nach § 110c durfte der Verdeckte Ermittler auch Ts Wohnung betreten (insofern genügte die Zustimmung von S, denn es war Gefahr im Verzug, was immer dann der Fall ist, wenn die richterliche Anordnung nicht eingeholt werden kann, ohne dass der Zweck der Maßnahme gefährdet wird). Allerdings liegt ein Verstoß gegen § 110b II 4 vor. R hat der Maßnahme erst am fünften Tag zugestimmt. Dies hätte jedoch bereits zwingend bis zum Ablauf des dritten Tages geschehen müssen. Jene Informationen, die P nach dem dritten Tag erlangt hat, dürfen gegen ihn in einem späteren Prozess nicht verwertet werden.

Die Identität eines Verdeckten Ermittlers kann im Strafverfahren geheim gehalten werden (§ 110b III 1, 3). Betrat der Verdeckte Ermittler eine Wohnung, sind die betroffenen Personen nach § 101 IV hierüber zu informieren, soweit dies weder den Zweck der Untersuchung, die öffentliche Sicherheit, Leib oder Leben einer Person noch den weiteren Einsatz des Verdeckten Ermittlers gefährdet. **268**

Beim Einsatz eines Verdeckten Ermittlers kann es zu einem Konflikt mit dem Schweigerecht des Beschuldigten kommen. Hat ein Beschuldigter sich irgendwann darauf bereits berufen, ist es unzulässig, später durch beharrliche Fragen und unter Hinweis auf ein vorgetäuschtes Vertrauensverhältnis Äußerungen zu entlocken (BGHSt 52, 11; dazu *Mitsch*, Jura 2008, 211). Derart gewonnene Erkenntnisse unterliegen einem Beweisverwertungsverbot (*BGH* NStZ 2009, 343). **269**

Auf Informanten und V-Leute lassen sich die §§ 110a ff. grds. nicht anwenden, da der Gesetzgeber mit Blick auf diesen Personenkreis bewusst keine gesetzliche Regelung geschaffen hat. Ausnahme: § 96 analog, denn es kann notwendig sein, auch Informanten und V-Leute zu schützen. **270**

(2) Die **Überwachung der Telekommunikation** (Telekommunikationsüberwachung, kurz: TKÜ) nach **§§ 100a ff.** greift in das Post- und Fernmeldegeheimnis ein (Art. 10 I GG, § 88 TKG). Mit dem Gesetz zur Fortentwicklung der StPO und zur Änderung weiterer Vorschriften vom 25.6.2021 wurde der Katalog der Straftaten erweitert. **271**

> **Fall 41:** Als der Ganove G seinen Kumpanen K anruft, weiß G nicht, dass K schon Besuch von der Polizei hat. Weil K den Beamten bereits alles über den letzten Coup gebeichtet hat, erlaubt er ihnen, das Telefonat mitzuhören. Verletzen die Beamten das Fernmeldegeheimnis? **272**

Der Schutz des Fernmeldegeheimnisses reicht nach h.M. nur bis zum Endgerät des Teilnehmers. Ein Eingriff liegt demnach nicht vor, wenn – wie im Fall 41 – ein Gesprächsteilnehmer das Mithören erlaubt. Es soll dabei gleichgültig sein, ob dies einer Privatperson oder einem Strafverfolgungsorgan gestattet wird. Zumindest letzterer Fall ist umstritten (manche fordern trotz Erlaubnis des Gesprächspartners eine richterliche Anordnung). Zur Hörfalle Fall 60, → Rn 442.

273 **Fall 42:** Pharmalobbyist L wird verdächtigt, Bundestagsabgeordnete der FDP bestochen zu haben, damit sie dafür stimmen, dass überteuerte Arzneimittel von den gesetzlichen Krankenkassen übernommen werden. Deshalb wird sein Telefonanschluss überwacht. Als er einmal den Hörer nicht richtig auflegt, wird auch die anschließende im Arbeitszimmer geführte Unterhaltung mit seinem Freund aufgezeichnet. L erläutert ihm dabei seine bisherige Vorgehensweise. Darf dieses „Raumgespräch" gegen L verwendet werden?

Die Aufzeichnung des „**Raumgesprächs**" in Fall 42 könnte § 100a II Nr. 1b erlauben. Anfangsverdacht zur Abgeordnetenbestechung (einer Straftat nach § 108e StGB) liegt vor. Fraglich ist, ob es sich bei dem Raumgespräch um „Telekommunikation" gehandelt hat.

Verstanden wird darunter ein technischer Vorgang des Aussendens, Übermittelns und Empfangens von Nachrichten jeglicher Art in der Form von Zeichen, Sprache, Bildern oder Tönen mittels technischer Einrichtungen oder Systeme, die als Nachrichten identifizierbare elektromagnetische oder optische Signale senden, übertragen, vermitteln, empfangen, steuern oder kontrollieren können (vgl. § 3 Nr. 22 TKG).

Bei einem „Raumgespräch" handelt es sich gerade nicht um das „Aussenden, Übermitteln und Empfangen von Signalen mittels Telekommunikationsanlagen", sodass keine „Telekommunikation" vorlag (BGHSt 31, 296; *Beulke*, Rn 253; a.A. *BGH* NJW 2003, 2034). Ein „großer Lauschangriff" (§ 100c) scheidet mangels Anordnung (§ 100e) aus. Manche erwägen eine analoge Anwendung von § 108 (Zufallsfunde), doch wurden die Erkenntnisse im Fall 42 nicht während der Überwachung einer Telekommunikation gewonnen und sind insgesamt rechtswidrig erlangt, dürfen daher nicht verwertet werden.

274 Beim Zugriff auf den **E-Mail**-Verkehr ist umstritten, welche Norm dies legitimiert (lehrreich *Zimmermann*, JA 2014, 321). Mangels spezieller Eingriffsermächtigungsnorm ist zu differenzieren nach dem Stadium und der Art des Zugriffs: Befinden E-Mails sich noch im Entwurfsstadium und im Herrschaftsbereich des Senders oder werden sie nach Kenntnisnahme des Empfängers auf einem Datenträger gespeichert („ruhende" E-Mails), erlaubt **§ 94** die Beschlagnahme (die §§ 95, 110 III, 100j I 2 StPO iVm § 113 I 2, IV 1 TKG begründen ggf. gegenüber dem Telekommunikationsdienstleister eine Herausgabeplicht des Passworts). Während des Datenflusses handelt es sich um Telekommunikation, weshalb ein Zugriff allein über §§ 100a, 100e zulässig ist. Bei der Zwischenspeicherung beim Provider überzeugt die differenzierte Sicht des BVerfG: §§ 100a, 100e bei heimlichem Zugriff und §§ 94 ff. bei offenem (s. auch BGH 5 StR 229/19 – BeckRS 2020, 36910; h.L.: durchweg §§ 100a, 100e). Das gilt auch für die Endspeicherung beim Mail-Provider des Empfängers. Kommt im Entwurfsstadium ein Web-

mail-Service zum Einsatz, handelt es sich um Telekommunikation, weshalb ein verdeckter Zugriff nur nach §§ 100a, 100e zulässig ist.

Möglich ist in der Offline-Phase auch ein verdeckter Zugriff mittels einer sog. **Online-Durchsuchung**, mit der die Nutzung eines technischen Gerätes umfassend überwacht und gespeicherte Inhalte aufgezeichnet werden (§ 100b). Zulässig war eine solche Online-Durchsuchung bislang nur nach dem BKA-Gesetz und Art. 34d des Bayerischen Polizeiaufgabengesetzes. Eine entsprechende Regelung im Polizeirecht des Landes NRW hat das *BVerfG* für verfassungswidrig erklärt (*BVerfG* NJW 2008, 822). Insoweit hat das ***BVerfG* das Grundrecht auf Gewährleistung der Vertraulichkeit und Integrität informatorischer Systeme** entwickelt (Art. 2 I iVm Art. 1 I GG). Weil der Eingriff nicht nur neu hinzukommende Kommunikationsinhalte überwacht, sondern alle gespeicherten Inhalte und darüber hinaus das Nutzungsverhalten des Betroffenen (!), sieht das *BVerfG* die Online-Durchsuchung in puncto Eingriffstiefe auf dem Niveau einer akustischen Wohnraumüberwachung. § 100b ermächtigt zu solch heimlichen Eingriffen. Mit dem Gesetz zur Fortentwicklung der StPO und zur Änderung weiterer Vorschriften vom 25.6.2021 wurde der Katalog der Straftaten erneut erweitert. Wegen besagter Eingriffstiefe orientiert sich die – verfassungsrechtlich höchst bedenkliche – Regelung an §§ 100c; 100d gilt auch für die Online-Durchsuchung. **275**

Gem. § 100i dürfen auch Handystandorte sowie Geräte- oder Kartennummern durch **„IMSI-Catcher“** ermittelt werden: Maßnahmen nach § 100i I Nr. 1 ermöglichen die Ermittlung der Gerätenummer (IMEI: International Mobile Equipment Identity) eines Mobilfunkendgeräts (Mobiltelefon) oder der Kartennummer (IMSI: International Mobile Subscriber Identity) einer SIM-Karte; § 100i I Nr. 2 erlaubt die genaue Standortbestimmung eines Mobiltelefons (lesenswert zur Funktionsweise eines IMSI-Catchers: BVerfG BeckRS 2006, 26176). **276**

§ 100i ist auch die Rechtsgrundlage für das Versenden von „stillen SMS„ („stealth ping“). Diese schicken Ermittlungsbehörden an ein Mobiltelefon, was eine Rückmeldung bei der jeweiligen Funkzelle auslöst, wodurch bei einer Vielzahl solcher Nachrichten, von denen der Nutzer nichts mitbekommt, ein Bewegungsmuster erstellt werden kann (dazu BGH NStZ 2018, 611). **276a**

Ebenfalls seit Mitte 2017 sind die Strafverfolgungsorgane nach § 100a ausdrücklich ermächtigt zur **Quellen-TKÜ** (Zugriff auf Kommunikationsinhalte – etwa Audiodaten oder Messenger-Daten vor der Verschlüsselung, z.B. bei Internettelefonie [Voice-over-IP-Kommunikation] oder WhatsApp, mittels eines auf dem Endgerät des Betroffenen aufgespielten Computerprogramms, einem sog. Bundestrojaner). Ausgelesen werden dürfen nur Kommunikationsinhalte, also das, was auch bei der herkömmlichen TKÜ erforscht werden dürfte; ihr gegenüber ist die Quellen-TKÜ subsidiär. Der Kernbereich privater Lebensführung wird gemäß § 100d geschützt. **276b**

277 **Fall 43:** Dealer D nutzt zur schnelleren Abwicklung seines Geschäfts ein Motorrad der Marke Kawasaki ZX-9R. Während einer TÜ (§ 100a II Nr. 7a iVm § 29 I Nr. 1, III 2 Nr. 1 BtMG), bei der das Gespräch von D in einem Restaurant abgehört wird, erfahren die Ermittlungsbehörden, dass er das Motorrad gestohlen hat. Darf diese Information zur strafrechtlichen Verfolgung des Diebstahls verwendet werden?

Der Straftatenkatalog des § 100a II ist abschließend. Umfasst werden sowohl die täterschaftliche als auch teilnehmende Tatbegehung sowie die strafbaren Versuchshandlungen. Die Erkenntnisse aus der TÜ dürften nur verwendet werden, wenn sie Straftaten betreffen, die im Katalog des § 100a II auftauchen (z.B. nicht, wenn im Fall 43 ans Licht käme, dass D einen Richter bestochen hat). Fall 43 wäre damit eigentlich klar zu lösen. Schließlich taucht § 242 StGB nicht in § 100a auf. Aber gibt sich der *BGH* mit einer solch unbefriedigenden Lösung zufrieden? Natürlich nicht. Ausgedacht haben die Richter sich deshalb Folgendes: Die bei einer TÜ über eine Nicht-Katalogstraftat gewonnenen Erkenntnisse dürfen dann verwertet werden, wenn die Tat „mit dem Verdacht einer Katalogtat ... im Zusammenhang" steht. Das wird man im Fall 43 bejahen müssen, weil D das Motorrad für seine Kuriertätigkeit nutzt. Beachte: Sollen die TÜ-Erkenntnisse in „anderen Strafverfahren" verwertet werden, muss es sich um eine Katalogtat handeln (§ 479 II 1 i.V.m. § 161 III).

Ginge es um einen „großen Lauschangriff", d.h. eine akustische Wohnraumüberwachung, wäre § 100e VI einschlägig, der §§ 479 II, 161 III vorgeht.

278 Das Einbeziehen der „Zusammenhangstaten" lässt sich allgemein für alle Zwangsmaßnahmen wie folgt begründen: Eine strafprozessuale Maßnahme bezieht sich stets auf den Verfahrensgegenstand im Ganzen, also auf die prozessuale Tat. Das lässt sich indirekt den Vorschriften zur Beschlagnahme entnehmen: § 108 erfasst als Zufallsfunde nur Gegenstände, die „**in keiner Beziehung** zur Untersuchung stehen". Für Beweismittel, die sich auf Zusammenhangstaten beziehen, geht der Gesetzgeber dann aber offenbar davon aus, dass sie iSd § 94 I schon „**für die Untersuchung** von Bedeutung" sind. Denn andernfalls ergäbe sich der Widerspruch, dass zwar Beweismittel für „entfernte" Taten beschlagnahmt werden dürften, solche für Zusammenhangstaten aber nicht, weil es keine entsprechende Ermächtigungsgrundlage gibt. – Da es strukturell bei allen Zwangsmaßnahmen so liegt, ist die Ermächtigung zu einer bestimmten Maßnahme immer zu beziehen auf die prozessuale Tat insgesamt.

279 Manchmal schießt der *BGH* aber übers Ziel hinaus: Wenn es sich um Straftaten nach §§ 129 ff. StGB handelt, sollen Erkenntnisse über Straftaten, die sich auf die kriminelle Vereinigung beziehen (aber nicht im Katalog des § 100a II stehen) verwendet werden dürfen. So weit, so gut. Die Verwertung solcher Informationen wird aber selbst dann gestattet, wenn sich herausstellt, dass die kriminelle Vereinigung, entgegen der Vermutung von Polizei und StA, gar nicht

existierte, geschweige denn Gegenstand der Anklage wird. Das geht zu weit. Denn eine „kriminelle Vereinigung“ lässt sich leicht konstruieren.

Eine andere Problematik bietet das Geldwäschemerkmal in § 100a II Nr. 1m. **280**
Richtig ist die Einschränkung, dass der Verdacht der Geldwäsche nur genügt, wenn deren Vortat eine Katalogtat des § 100a ist, weil sonst über das Merkmal der Geldwäsche der strenge Katalog des 100a ausgehöhlt würde (vgl. *BGH* NJW 2003, 1880; *Roßmüller/Scheinfeld*, wistra 2004, 52).

(3) Die **akustische Überwachung** kann außerhalb („kleiner Lausch- **281**
angriff“) und innerhalb von Wohnungen („großer Lauschangriff“) stattfinden (der Schutzbereich einer „Wohnung“ ist weit zu verstehen: darunter fällt auch ein umzäunter Vorgarten, vgl. *BGH* NStZ 1998, 157). In beiden Fällen handelt es sich um den verdeckten Einsatz technischer Mittel zum gezielten Abhören und Aufzeichnen des nichtöffentlich gesprochenen Wortes. Eine optische Wohnraumüberwachung ist nach wie vor nicht zulässig.

Ganz früher stützten die Strafverfolgungsorgane derartige Maßnahmen weitgehend auf die Ermittlungsgeneralklausel des § 161 (§ 163), obwohl diese ausdrücklich erst seit 1999 **„Ermittlungen jeder Art“** gestattet. Infolge des OrgKG wurde 1992 auch § 100c a.F. eingeführt. Im Jahr 2004 erklärte das *BVerfG* den dort in Nr. 3 geregelten „großen Lauschangriff“ für teilweise verfassungswidrig (BVerfGE 109, 279).

Bekräftigt hat das *BVerfG*, dass es innerhalb eines elementaren Lebensraums **282**
ein Recht gibt, „in Ruhe gelassen zu werden“. Die akustische Überwachung von Wohnräumen zu Strafverfolgungszwecken verletze nicht generell den Menschenwürdegehalt von Art. 13 I und 2 I iVm 1 I GG. Ein Verstoß liege aber vor, „wenn der **Kernbereich privater Lebensgestaltung** nicht respektiert wird“. In diesem Bereich sei kein Platz für eine Verhältnismäßigkeitsabwägung zwischen Unverletzlichkeit der Wohnung und Strafverfolgungsinteresse. Dies gelte bei Gesprächen mit Personen, zu denen der Abgehörte „in einem besonderen, den Kernbereich betreffenden **Vertrauensverhältnis** steht“, was etwa der Fall sei bei „Familienangehörigen oder sonstigen engsten Vertrauten“. Dieser Kreis erfasse auch andere Personen des besonderen Vertrauens, decke sich aber „nur teilweise mit den in §§ 52 und 53 StPO genannten Zeugnisverweigerungsberechtigten“. Darüber hinaus stellte das Gericht in räumlicher und zeitlicher Hinsicht neue Maßstäbe auf (eine Rundumüberwachung sei idR unzulässig). Zudem äußerte es sich zum Rechtsschutz, dem Straftatenkatalog, zu Benachrichtigungspflichten und zur Weitergabe der Daten.

Am 1.7.2005 trat ein Gesetz in Kraft, das am 1.1.2008 weitere Er- **283**
gänzungen erfahren hat, in dem der Gesetzgeber die Vorgaben des *BVerfG* umgesetzt hat (gelten gelassen von *BVerfG* StV 2012, 257; kritisch *Gercke* StV 2012, 266).

Um einen Fall zum sog. Lauschangriff zu bewältigen, ist es wichtig, dass Sie **284**
sich die §§ 100c, 100e und 100f aufmerksam durchlesen. Hier wird lediglich auf Grundzüge und Besonderheiten hingewiesen.

**285** Entsprechend der Eingriffsintensität ist die Anordnungsbefugnis bei Maßnahmen der §§ 100c und 100f ausgestattet:

- Wer den „kleinen Lauschangriff" anordnen darf, regelt § 100f IV iVm § 100e I: grds. der Richter, bei Gefahr im Verzug auch die StA.
- Die Anordnung des „großen Lauschangriffs" ist nach § 100e II der Staatsschutzkammer beim *LG* (§ 74a GVG) vorbehalten (ausnahmsweise einmal nicht dem Ermittlungsrichter). Bei Gefahr im Verzug darf deren Vorsitzender alleine entscheiden (§ 100e II 2), wobei seine Anordnung von der Kammer innerhalb von drei Tagen zu bestätigen ist (sonst tritt sie gem. § 100e II 3 außer Kraft).

**286** Die §§ 100c, 100f erlauben das Abhören und Aufzeichnen des „nichtöffentlich gesprochenen Wortes". Der Begriff ist deckungsgleich zum gleichlautenden Tatbestandsmerkmal in § 201 I Nr. 1 StGB. Nichtöffentlich ist eine Äußerung, wenn sie nicht an die Allgemeinheit gerichtet und für Außenstehende nicht oder nicht ohne besondere Mühe wahrnehmbar ist (*Wessels/Hettinger*, BT 1, 38. Aufl. 2014, Rn 527).

Hat der Betroffene Kenntnis von der Maßnahme, ändert sich nichts, denn die §§ 100c und 100f gelten nicht nur „ohne Wissen", was sich jeweils aus dem ersten Wort „auch" ergibt.

**287** Generelle Voraussetzung für eine Anordnung ist das Bestehen eines durch bestimmte Tatsachen begründeten Verdachts, dass jemand Täter oder Teilnehmer einer Katalogtat ist (§ 100c I iVm II bzw. § 100f I iVm § 100a). Ein solcher **qualifizierter** (oder: konkretisierter) **Tatverdacht** ist einerseits nicht identisch mit dem Anfangsverdacht, erreicht andererseits noch nicht den Grad des „hinreichenden" oder gar „dringenden" Tatverdachts. Für den nach § 100c I und § 100f I nötigen Verdacht genügen weder bloße Anhaltspunkte noch zu erwartende Erkenntnisse. Bejaht werden kann der Verdacht vielmehr nur dann,

> wenn konkrete und in gewissem Umfang verdichtete Umstände als Tatsachenbasis vorhanden sind und aufgrund dessen eine erhöhte Wahrscheinlichkeit für die Begehung einer Katalogtat besteht.

**288** Besonderes Augenmerk ist auf die **Subsidiaritätsklauseln** zu richten. Angeordnet werden darf der „kleine Lauschangriff" nur, wenn „die Erforschung des Sachverhalts oder die Ermittlung des Aufenthaltsortes eines Beschuldigten **auf andere Weise aussichtslos oder wesentlich erschwert** wäre" (§ 100f I, II); der „große Lauschangriff" nur dann, wenn „die Erforschung des Sachverhalts oder die Ermittlung des Aufenthaltsortes eines Mitbeschuldigten **auf andere Weise unverhältnismäßig erschwert oder aussichtslos** wäre" (§ 100c I Nr. 4).

**289** **Fall 44:** Die Wohnung des gewerbsmäßigen Hehlers H wird rechtmäßig abgehört. Als der Gemeindepfarrer erscheint, weil Hs Mutter im Sterben liegt, bittet auch H um seelische Erleichterung. Während der Beichte berichtet er über seine Taten. StA S frohlockt. Zu Recht?

Besonders relevant sind **Verwertungsverbote**, die bei einer Verletzung der Voraussetzungen gegeben sein können. Beim „großen Lauschangriff" ergeben sie sich explizit aus § 100d II, in dem es um das Abhören von Gesprächen geht, die zum Kernbereich privater Lebensgestaltung zählen. 290

Ein Selbstgespräch in einem Krankenzimmer gehört ebenfalls zur absolut geschützten Intimsphäre, vgl. den kuriosen Fall BGHSt 50, 206: Weil B beschuldigt wurde, einen Landwirt erschlagen zu haben, hörten die Ermittler sein Krankenzimmer ab. Als seine Arbeitskollegin ihm telefonisch mitteilte, dass die Polizei zu erkunden versuche, ob er Rechts- oder Linkshänder sei, äußerte er im Selbstgespräch: „Sehr aggressiv, sehr aggressiv, sehr aggressiv! In Kopf hätt i eam schießen sollen, in Kopf hätt i eam schießen sollen, selber umgebracht ... in Kopf hätt i eam schießen sollen." Das Tatgericht verwertete das Selbstgespräch und interpretierte es so, dass B sich gewünscht hätte, mit einem Kopfschuss Rückschlüsse auf Rechts- oder Linkshändigkeit vermieden zu haben. – Folgerichtig: *BGH* NStZ 2012, 399: Selbstgespräch im Auto. 291

§ 100d I verbietet es, solche Informationen für Strafverfolgungszwecke zu erheben. Dieses absolute Beweiserhebungsverbot hat nach § 100d II 3 ein **absolutes Beweisverwertungsverbot** zur Folge, soweit es um eine Verwertung zum Nachteil des Beschuldigten im Strafverfahren geht; zur Entlastung des Beschuldigten dürfen die Informationen (mit Einverständnis) verwendet werden (*Ladiges*, StV 2012, 517 ff.). Ebenfalls unverwertbar sind Informationen, die eine nach § 53 zeugnisverweigerungsberechtigte Person in einer nichtöffentlich geführten Unterredung erfährt (§ 100d V 1). Lediglich ein **relatives Beweisverwertungsverbot** enthält § 100d V 2: Gewonnene Informationen dürfen nicht verwertet werden, soweit Angehörige nach § 52 oder Berufshelfer nach § 53a sich auf ein Zeugnisverweigerungsrecht berufen können und die Verwertung „unter Berücksichtigung der Bedeutung des zugrunde liegenden Vertrauensverhältnisses nicht außer Verhältnis zum Interesse an der Erforschung des Sachverhalts oder der Ermittlung des Aufenthaltsortes eines Beschuldigten steht." 292

Im Fall 44 gehört der Gemeindepfarrer gem. § 53 I Nr. 1 zu den zeugnisverweigerungsberechtigten Personen. Gem. § 100d V 2 ist die Verwertung der so erlangten Informationen unzulässig (Ausnahme: Beteiligung an der Tat oder an einer Begünstigung, Strafvereitelung oder Hehlerei, § 100d V 3 iVm § 160a IV). 293

Beim „kleinen" Lauschangriff" richtet sich die Frage, ob ein Verstoß zu einem Verwertungsverbot führt, auch nach der Schwere des Eingriffs (zur Abwägungslehre → Rn 419 ff.). Wird z.B. der Subsidiaritätsgrundsatz verletzt, führt dies zu einem Verwertungsverbot (*LG Stuttgart* StV 2005, 599; s. aber auch *BGH* NStZ 2003, 668). 294

295 Bei **Zufallserkenntnissen** ist beim „kleinen Lauschangriff" **§ 479 II 1 (i.V.m. § 161 III)** zu beachten; beim „großen Lauschangriff" der speziellere **§ 100e VI**. Beide Normen regeln die Verwendung personenbezogener Daten in anderen Strafverfahren.

296 Die Maßnahmen der §§ 100c, 100f dürfen sich auch gegen Dritte richten, soweit die in § 100c II 2 bzw. § 100f II 2 genannten Voraussetzungen vorliegen.

297 **Prüfschema für den „kleinen Lauschangriff" (§ 100f)**

I. Formelle Rechtmäßigkeit
Anordnungsbefugnis: Richter, bei Gefahr im Verzug Staatsanwaltschaft (§ 100f IV i.V.m. § 100e I)

II. Materielle Rechtsmäßigkeit
1. Abhören oder Aufzeichnen des nichtöffentlich gesprochenen Wortes **außerhalb einer Wohnung** (§ 100f I Hs. 1)
2. (Qualifizierter) Verdacht bzgl. der Beteiligung an Katalogstraftat nach § 100a II, die im Einzelfall schwerwiegend ist (§ 100f I)
Verdacht ist zu bejahen, wenn konkrete, in gewissem Umfang verdichtete Umstände als Tatsachenbasis vorhanden sind, aufgrund derer eine erhöhte Wahrscheinlichkeit für die Begehung einer Katalogtat besteht.
3. Subsidiaritätsklausel (§ 100f I)

298 **Prüfschema für den „großen Lauschangriff" (§ 100c)**

I. Formelle Rechtmäßigkeit
Anordnungsbefugnis: Staatsschutzkammer beim LG; bei Gefahr im Verzug deren Vorsitzender (§ 100e II)

II. Materielle Rechtsmäßigkeit
1. Abhören oder Aufzeichnen des nichtöffentlich gesprochenen Wortes **in einer Wohnung** (§ 100c I Hs. 1)
2. (Qualifizierter) Verdacht (s.o.) bzgl. der Beteiligung an einer besonders schweren Straftat nach § 100c II (§ 100c I Nr. 1), die im Einzelfall besonders schwerwiegt (§ 100c I Nr. 2)
3. Erwartung sachverhaltsrelevanter Äußerungen (§ 100c I Nr. 3)
4. Subsidiaritätsklausel (§ 100c I Nr. 4)
5. Unzulässigkeit der Maßnahme und Verwertungsverbot
   a) bei Äußerungen, die dem Kernbereich privater Lebensgestaltung zuzurechnen sind (§ 100d I, II 1)
   b) in den Fällen des § 53 (§ 100d V 1 i.V.m. II)
   c) in den Fällen der §§ 52, 53a bei Unverhältnismäßigkeit der Maßnahme (§ 100d V 2)

(4) § 100g regelt die Erhebung von Telekommunikations-Verkehrsdaten (vgl. § 113a I TKG), wozu nicht die Kommunikationsinhalte gehören. Wie lange auf Verkehrsdaten zugegriffen werden kann, hängt maßgeblich von der Verfügbarkeit der Daten ab. Die ursprüngliche Regelung (§ 113a I TKG), die eine „Vorratsdatenspeicherung„ für sechs Monate vorsah, hat das *BVerfG* im Jahr 2010 für nichtig erklärt (NJW 2010, 833). Aktuell speichern Telekommunikationsdienstleister Verkehrsdaten für eine Woche. Das ist für eine effektive Strafverfolgung eindeutig zu wenig! 299

Nach dem *BGH* handelt es sich bei der Ermittlung der IP-Adresse im Wege des sog. **IP-Tracking** um die Erhebung von Verkehrsdaten im Sinne des § 100g, die der richterlichen Anordnung bedarf (*BGH* BeckRS 2015, 17557; a.A. *Krause* NStZ 2016, 139).

(5) **§ 100h** I Nr. 1 erlaubt **Bildaufnahmen** und Nr. 2 die Verwendung sonstiger für **Observation**szwecke bestimmter technischer Mittel (z.B. Bewegungsmelder, Peilsender, Nachtsichtgeräte). 300

Mangels einer ausdrücklichen Regelung könnte man sagen, bei § 100h sind sowohl die StA als auch alle Beamten des Polizeidienstes (nicht nur die „Ermittlungspersonen") anordnungsbefugt. Manche räumen diese Befugnis hingegen nur der StA und ihren „Ermittlungspersonen" ein (*Eisenberg*, Beweisrecht der StPO, 9. Aufl. 2015, Rn 2517). Argumentiert werden könnte mit § 163f, worin ganz allgemein die längerfristige Beobachtung (Observation) des Beschuldigten geregelt und wo von einer speziellen Beobachtungsmethode keine Rede ist. Dort sind bei Gefahr im Verzug die StA und deren „Ermittlungspersonen" anordnungsbefugt (§ 163f III 1). Warum sollte dies bei der Beobachtung mithilfe eines technischen Mittels plötzlich anders sein? Diese (systematische) Argumentation überzeugt. 301

**Fall 45:** Die Polizei ist einer Bande von gewerbsmäßig agierenden Kunstdieben auf der Spur. Allerdings gelingt es ihnen weder deren Versteck ausfindig zu machen noch die Transportwege für die Gemälde zu ermitteln. Deshalb ordnet der Polizeibeamte P an, den 7-er BMW des tatverdächtigen T mit dem satellitengestützten Ortungssystem GPS (Global Positioning System) auszustatten. Durfte P sich am 7-er BMW vergreifen? 302

Der Einsatz des GPS-Senders im Fall 45 könnte nach § 100h I Nr. 2 zulässig sein. GPS ist ein technisches Mittel, das ermöglicht, Bewegungen und Standzeiten eines Fahrzeugs zu verfolgen. Es handelt sich um eine Weiterentwicklung von Peilsendern. T ist Beschuldigter (§ 100h II 1) und Bandendiebstahl eine Straftat von erheblicher Bedeutung (§ 100h I 2). Die Aufenthaltsermittlung wäre auf andere Weise wesentlich erschwert, sodass die Subsidiaritätsklausel einer Anordnung nicht entgegensteht (§ 100h I 1 Hs. 2). Dass die Maßnahme unverhältnismäßig sein könnte, ist nicht ersichtlich. Grds. ist der Einsatz des GPS also zulässig (vgl. *BVerfG* NJW 2005, 1338). Fraglich ist, ob P anordnungsbefugt war. Argumentiert man mit § 163f, war er es nicht. Deshalb sollte er rasch bei der StA anrufen.

303 Von § 100h soll nach h.M. auch der Ein- und Ausbau der technischen Mittel gedeckt sein. Denn dabei handele es sich um sachnotwendige Vorbereitungs- und Begleitmaßnahmen (Annexkompetenz). Zu beachten ist hierbei aber besonders der Verhältnismäßigkeitsgrundsatz. Deshalb ist es äußerst zweifelhaft, wenn der *BGH* die vorübergehende Verbringung eines Autos in eine Werkstatt zwecks Installation von technischen Mitteln zulässt.

*ee) Durchsuchung und Beschlagnahme*

**Literatur:** *Schroeder*, Die Durchsuchung, §§ 102–110 StPO, JuS 2004, 858.

304 Durchsuchung (**§§ 102 ff.**) und Sicherstellung (**§§ 94 ff., 111b**) ergänzen sich. Gibt jemand Beweismittel nicht freiwillig heraus, werden sie zuerst gesucht und anschließend sichergestellt, d.h. bei nicht freiwilliger Herausgabe beschlagnahmt (§ 94 II).

305 (1) Neben dem Suchen nach versteckten Gegenständen, die als Einziehungs- bzw. Verfallsobjekte oder Beweismittel in Betracht kommen (sog. *Ermittlungs*durchsuchung), dient die **Durchsuchung** dem Auffinden des Verdächtigen (sog. *Ergreifungs*durchsuchung). Durchsucht werden dürfen Wohnungen und andere Räume, Personen sowie Sachen – vorausgesetzt, es besteht die Wahrscheinlichkeit der Straftatbegehung (= Anfangsverdacht, § 152 II). Keine Rechtsgrundlage besteht für das Betreten einer Wohnung zum Zwecke der bloßen Identitätsfeststellung, denn die §§ 102, 103 gestatten nur das Durchsuchen einer Wohnung und sperren als (nicht einschlägige) spezielle Regelung den § 163b I (*Nestler*, Jura 2021, 1403 zu einem Beschl. des KG).

306 **Fall 46:** Juwelier J präsentiert der einzigen Kundin K Diamantringe. Plötzlich fehlt einer. J ruft sofort die Polizei. Polizist P, zugleich Ermittlungsperson der StA, belehrt K und ordnet eine Durchsuchung ihrer Person an. Weil sich in den Taschen nichts findet und K die ganze Zeit den Mund nicht aufmacht, zieht P sich Einweghandschuhe an, öffnet K mit sanfter Gewalt den Mund und findet den Ring. War P zu alledem befugt?

Weil K im Fall 46 einzige Kundin im Juwelierladen war, bestand gegen sie ein Anfangsverdacht des Diebstahls. Das Auffinden des Diebesgutes eignete sich auch zum Nachweis der Täterschaft von K. Wegen Gefahr im Verzug war P als Ermittlungsperson der StA nach § 105 I 1 befugt, eine Durchsuchung anzuordnen. Fraglich ist, ob es sich bei dem Blick und Griff in den Mund um eine von § 102 gedeckte Durchsuchung oder um eine körperliche Untersuchung gem. § 81a I 1 handelte. Weil die Maßnahme im Fall 46 das Auffinden des Ringes bezweckte, fällt sie nicht unter § 81a I, sondern unter § 102.

Strengere Voraussetzungen enthält **§ 103 I** für die **Durchsuchung bei unverdächtigen Personen**. Insofern müssen konkrete Tatsachen vorliegen, wonach die Durchsuchung entweder eine Ergreifung des Beschuldigten erwarten lässt oder das Vorhandensein von Spuren oder Beweisgegenständen. Allerdings nennt § 103 I nur die Durchsuchung von Wohnungen und anderen Räumen, nicht jedoch die der unverdächtigen Person selbst. Dürfen Unverdächtige durchsucht werden? Ja, denn § 81c gestattet sogar die körperliche Untersuchung eines Unverdächtigen; dann muss erst recht von § 103 eine einfache Leibesvisitation umfasst sein (so die h.M., vgl. *Meyer-Goßner*, § 103 Rn 3). 307

Das *BVerfG* hat die Strafverfolgungsbehörden immer wieder einmal gebremst: So hat es geurteilt, dass eine richterliche Durchsuchungsanordnung nur ein halbes Jahr lang verwendet werden dürfe und danach außer Kraft trete. Nach diesem „Verfallsdatum" sei nicht mehr gesichert, dass die richterliche Anordnung noch mit den rechtlichen Grundlagen übereinstimme. Außerdem könne die Anordnung dann nicht mehr den Rahmen, die Grenzen und den Zweck der Durchsuchung im Sinne eines effektiven Rechtsschutzes gewährleisten. 308

Grundlegend hat sich das *BVerfG* 2001 zum Merkmal „Gefahr im Verzug" geäußert (*BVerfG* NJW 2001, 1121). Das Vorliegen dieser Voraussetzung muss mit Tatsachen begründet werden, die auf den Einzelfall bezogen sind. Keinesfalls genügen Spekulationen, hypothetische Erwägungen oder lediglich auf kriminalistische Alltagserfahrung gestützte, fallunabhängige Vermutungen.

**Fall 47:** Bei einer nächtlichen Kontrolle (1 Uhr) findet Polizist P bei T einige Tüten mit Marihuana. Nach Rücksprache mit dem Eildezernenten der StA Bielefeld ordnet P wegen „Gefahr im Verzug" die Durchsuchung von Ts Wohnung an. Dort findet P ein halbes Kilogramm Haschisch. War die Durchsuchung rechtens und ist der Fund gegen T verwertbar? 309

Wegen eines Verstoßes gegen den Richtervorbehalt (**§ 105 I 1**) könnte die Durchsuchung von Ts Wohnung rechtswidrig gewesen sein. Aus der Regelzuständigkeit des Richters gem. Art. 13 II GG folgt die verfassungsrechtliche Verpflichtung der Gerichte, die Erreichbarkeit des Ermittlungsrichters, ggf. durch die Einrichtung eines Not- oder Eildienstes, zu sichern (vgl. *BVerfG* NJW 2004, 1442). Dies gilt grds. auch für die Nachtzeit im Sinne des § 104 III, wenn dies zur Wahrung der Regelzuständigkeit erforderlich ist. Das ist dann der Fall, wenn hierfür ein praktischer Bedarf besteht, der über den Ausnahmefall hinausgeht (*BVerfG* NJW 2001, 1121; was der jeweilige Gerichtspräsident nach pflichtgemäßem Ermessen zu entscheiden haben, *BVerfG* NJW 2019, 1428). Auf den Landgerichtsbezirk Bielefeld trifft dies zu, weshalb die Notwendigkeit bestand, einen richterlichen Eildienst auch nachts einzurichten (vgl. *OLG Hamm* NJW 2009, 3109; das *BVerfG* hat in der genannten Entscheidung die Nachtzeitbestimmung des § 104 III bezogen auf den Zeitraum April bis September für obsolet erklärt und die Nachtzeit einheitlich im Zeitraum von 21 bis 6 Uhr gesehen, vgl. bei *Jahn* JuS 2019, 822).

**310** Fraglich ist, ob im Fall 47 die Verletzung des Gesetzes zu einem Beweisverwertungsverbot führt. Nicht jeder Verstoß gegen eine Beweis*erhebungs*vorschrift führt zu einem *Verwertungs*verbot. Die Rspr. bejaht ein Verwertungsverbot bei willkürlicher Annahme von Gefahr im Verzug oder bei Vorliegen eines besonders schwerwiegenden Fehlers (*BGH* NJW 2007, 2269). Im vorliegenden Fall hat das *OLG Hamm* eine grobe Verletzung des Richtervorbehalts bejaht, weil die Justizverwaltung trotz der Vorgaben des *BVerfG* jahrelang untätig geblieben ist. Im Fall 47 war die Durchsuchung also rechtswidrig, und die erlangten Beweise unterliegen einem Verwertungsverbot. Die Entscheidung des *OLG Hamm* war eine schallende Ohrfeige für die Justizverwaltung.

**311** §§ 104 und 106 ff. regeln die Art und Weise der Durchsuchung. Durch die Neuregelung des § 104 III durch das Gesetz zur Fortentwicklung der StPO und zur Änderung weiterer Vorschriften vom 25.6.2021 wurde der Zeitraum der Nachtzeit nunmehr auch einheitlich festgelegt auf 21 bis 6 Uhr. § 108 I erlaubt die (vorläufige) Beschlagnahme von zufällig gefundenen Gegenständen, die auf die Begehung einer anderen Tat hindeuten. Das gilt aber nur dann, wenn danach nicht systematisch gesucht wird (sonst ließe sich auch schlecht von einem „Zufallsfund" sprechen). Will die StA den (vorläufig) beschlagnahmten Zufallsfund nicht freigeben, muss sie nach §§ 94, 98 die endgültige Beschlagnahme beantragen. § 108 II, III ist zu beachten.

Werden bei einer *rechtswidrigen* Durchsuchung zufällig verfahrensfremde Beweismittel gefunden, ist zur Klärung der Frage, ob die zufällig gefundenen Beweismittel einem Beweisverwertungsverbot unterliegen, das Strafverfolgungsinteresse mit dem betroffenen Individualinteresse abzuwägen (zur Abwägungslehre → Rn 419 ff.).

Seit dem 1. Justizmodernisierungsgesetz können auch Ermittlungspersonen der StA Papiere bei einer Durchsuchung durchsehen (§ 110). Wir halten dies rechtspolitisch für bedenklich. Vor 1974 war die Durchsicht privater Papiere lediglich dem Richter vorbehalten. Nur so ließ sich die Privatsphäre des Betroffenen effektiv schützen (BVerfGE 80, 367; *Neuhaus*, StV 2005, 47, 50).

**312** (2) Die **§§ 94 ff.** befassen sich mit der **Sicherstellung** von Beweismitteln und Führerscheinen. Hier ist zu unterscheiden: Freiwillig herausgegebene Gegenstände werden sichergestellt durch formlose Ingewahrsamnahme (§ 94 I); sonst wird förmlich beschlagnahmt (§ 94 II), d.h. der Gegenstand wird nach ausdrücklicher Anordnung weggenommen oder sonst sichergestellt (etwa durch Versiegelung oder Erlass eines Betretungsverbots). Darüber hinaus bietet § 95 die Möglichkeit, von Gewahrsamsinhabern (nicht aber vom Beschuldigten oder Zeugnisverweigerungsberechtigten) die Herausgabe durch Zwangsmittel gem. § 70 zu erzwingen (z.B. Ordnungsgeld oder Beugehaft). § 95a erlaubt unter bestimmten Voraussetzungen auch die sog. „heimliche Beschlagnahme".

**Prüfschema für eine Beschlagnahme (§ 94 II)** 313

I. Formelle Rechtmäßigkeit
Zuständigkeit: Richter; bei Gefahr im Verzug Staatsanwaltschaft oder Ermittlungspersonen (§ 98 I 1, beachte aber § 98 I 2)

II. Materielle Rechtmäßigkeit

1. Anfangsverdacht (§ 94 I)
Wenn nach kriminalistischer Erfahrung „zureichende tatsächliche Anhaltspunkte" für eine „verfolgbare Straftat" vorliegen (§ 152 II).
2. Beschlagnahmefähigkeit
a) Bedeutung als Beweismittel (§ 94 I)
b) Beschlagnahmeverbote (§§ 96, 97)
3. Verhältnismäßigkeit
BVerfG: Vollzug der richterlichen Anordnung ist sechs Monate nach Erlass unzulässig.

**Fall 48:** StA S ermittelt gegen den Prokuristen P wegen Untreue. Während einer Hausdurchsuchung findet die Polizei einen Schlüssel für ein Bankschließfach, das der Ehefrau von P gehört. Gefunden werden bei der Durchsuchung des Schließfaches Briefe von P an seine Ehefrau, worin er ihr seine Straftaten beichtet. Diesmal frohlockt S nicht. Warum? 314

Die StA darf nicht alles beschlagnahmen – es gibt Beschlagnahme- 315
verbote. Sie erfassen neben den in **§ 96** genannten Schriftstücken (Sperrerklärung) auch beschlagnahmefreie Gegenstände iSd **§ 97 I**.

Im Fall 48 könnte § 97 I Nr. 1 einschlägig sein. Ps Ehefrau fällt unter § 52 I 316
Nr. 2. Sie selber ist nicht tatverdächtig (vgl. § 97 II 3), und die Briefe befanden sich in ihrem Gewahrsam. Damit unterliegen sie nicht der Beschlagnahme. Deshalb kam bei S keine Freude auf.

(3) Eine besonders praxisrelevante Angelegenheit bildet die **Beschlag-** 317
**nahme von Führerscheinen**. Achten Sie auf die Unterscheidung: Der Führerschein ist das Dokument aus Papier oder Plastik; die Fahrerlaubnis die öffentlich-rechtliche Berechtigung zum Führen eines Kraftfahrzeugs. Das Dokument kann *ein*gezogen, die Berechtigung *ent*zogen werden. Zur Erklärung des Vorganges zäumen wir das Pferd von hinten auf:

Steht eine rechtswidrige Tat nach Maßgabe des § 69 StGB im Zusammen- 318
hang mit dem Führen eines Kraftfahrzeuges, würde die StA im Plädoyer beantragen, „dem Angeklagten die Fahrerlaubnis zu *ent*ziehen, seinen Führerschein

*ein*zuziehen und die Verwaltungsbehörde anzuweisen, ihm vor Ablauf von … **keine neue Fahrerlaubnis zu erteilen**.“ Die (endgültige) Entziehung der Fahrerlaubnis im Urteil (Antrag Nr. 1) führt zum Verlust der Berechtigung (beachte den Straftatbestand § 21 StVG für das Fahren ohne Fahrerlaubnis) und der Einzug des Führerscheins (Antrag Nr. 2) führt dazu, dass ihn der Angeklagte entweder nicht zurückerhält oder abgeben muss. Die Sperre nach § 69a StGB (Antrag Nr. 3) beträgt sechs Monate bis zu fünf Jahren (aber auch „lebenslänglich“) und wird deshalb von Auto- und Motorradfahrern am meisten gefürchtet.

319 Bestehen nach Tatbegehung „dringende Gründe für die Annahme ..., daß die Fahrerlaubnis“ nach § 69 StGB „entzogen werden wird“, kann der Richter dem Beschuldigten die Fahr*erlaubnis* iSd **§ 111a I 1** schon vorläufig entziehen. Soweit sich dies vorher absehen lässt (und damit sind wir beim Kopf des Pferdes), darf der Führer*schein* nach § 94 III beschlagnahmt werden, was bei Gefahr im Verzug auch die StA und ihre Ermittlungspersonen anordnen dürfen (vgl. § 98 I). Wie bei jeder Beschlagnahme bedarf es dann allerdings der richterlichen Bestätigung innerhalb von drei Tagen (wobei die vorläufige Entziehung der Fahrerlaubnis iSd § 111a zugleich die Bestätigung der Beschlagnahme des Führerscheins beinhaltet, vgl. § 111a III 1).

320 **Fall 49:** Beim Beschuldigten B entdeckt StA S Briefe von Bs Verteidiger, deren Inhalt Bs Täterschaft nahelegen. Darf S die Briefe beschlagnahmen?

Die Briefe können „für die Untersuchung von Bedeutung sein“ (§ 94 I); und das Beschlagnahmeverbot des § 97 I Nr. 1 iVm § 53 I Nr. 2 gilt gem. § 97 II 1 nicht, da sich die Briefe nicht im Besitz des Anwalts, sondern im Besitz des B befinden. Danach scheint eine Beschlagnahme zulässig. Doch geht § 148 I den §§ 94, 97 vor: „Schriftlicher … Verkehr mit dem Verteidiger (ist) gestattet“.

321 § 148 ist nur dann nicht spezieller, wenn der Verteidiger verdächtig ist, an der Tat beteiligt zu sein oder eine Begünstigung, Strafvereitelung oder Hehlerei begangen zu haben (§ 97 II 2). Dieser Verdacht darf sich aber nicht erst aus den beschlagnahmten Gegenständen ergeben; damit sollen die Strafverfolgungsbehörden diszipliniert werden.

Die Beschlagnahmefreiheit erstreckt sich in analoger Anwendung von § 97 I auch auf Unterlagen, die sich ein Beschuldigter zu seiner Verteidigung in einem gegen ihn geführten Strafverfahren angefertigt hat (*BGH* NStZ 2006, 300).

### *ff) Verfahrenssichernde Maßnahmen*

322 Wird dem Beschuldigten die Freiheit entzogen, dient dies entweder der Sicherung des Erkenntnis- oder des Vollstreckungsverfahrens. Rufen Sie sich ins Gedächtnis, dass ganz massiv in die Freiheitsrechte eines Menschen eingegriffen wird, der nach Art. 6 II MRK bis „zum gesetzlichen Nachweis seiner Schuld“ als unschuldig gilt.

Bei der U-Haft zeigt sich deutlich die Ausprägung des im gesamten Strafverfahren zu beachtenden **Beschleunigungsgrundsatzes**. Deshalb weist die RiStBV in Nr. 5 IV 1 darauf hin, dass die Ermittlungen in Haftsachen „besonders zu beschleunigen" sind. Weil man einer Akte aber nicht ansieht, ob „Haft drin steckt" (und sie deshalb wie jede gewöhnliche auf dem Aktenbock landen würde), erhält sie in Haftsachen den Vermerk „HAFT" (vgl. Nr. 52 RiStBV). 323

(1) Die Tatbestandsvoraussetzungen der U-Haft regelt § 112. 324

- Erstens muss **dringender Tatverdacht** vorliegen. Das ist der Fall, wenn 325

> nach dem aktuellen Stand der Ermittlungen
> eine **große Wahrscheinlichkeit** dafür besteht,
> dass der Beschuldigte eine Straftat begangen hat.

Dieser Verdacht hat einen höheren Grad als der hinreichende. Das bedeutet aber nicht, dass der hinreichende im dringenden Tatverdacht enthalten ist. Denn geprüft wird der hinreichende immer am Ende des Ermittlungsverfahrens, der dringende hingegen fußt auf dem gegenwärtigen Stand der Ermittlungen, der sich ändern kann.

- Zweitens bedarf es eines **Haftgrundes**. Dazu zählen: 326

327

1. **Flucht** (§ 112 II Nr. 1)

   ist gegeben, wenn der Beschuldigte flüchtig ist oder sich verborgen hält.

2. **Fluchtgefahr** (§ 112 II Nr. 2) 328

   liegt vor, wenn die Würdigung „bestimmter Tatsachen" des Falles es wahrscheinlicher macht, dass sich der Beschuldigte dem Strafverfahren entziehen als dass er sich ihm zur Verfügung halten wird. Ein fester Wohnsitz, ein Arbeitsplatz, Familie, eine niedrige Straferwartung oder die Tatsache, dass sich jemand den Strafverfolgungsbehörden stellt (sog. Selbststeller), sprechen idR gegen Fluchtgefahr. Beachte § 113 II!

3. **Verdunkelungsgefahr** (§ 112 II Nr. 3) 329

   besteht, wenn das Verhalten des Beschuldigten den **dringenden** Verdacht begründet, dass durch bestimmte Handlungen auf sachliche oder persönliche Beweismittel eingewirkt und dadurch die Ermittlung der Wahrheit erschwert werden könnte. (Aber: Eine bloße Verdunkelungsmöglichkeit begründet noch keine Verdunkelungsgefahr.) Beachte § 113 I!

4. **Tatschwere** (§ 112 III) 330

   ist anzunehmen, wenn der Beschuldigte dringend verdächtig ist, bestimmte Straftaten der Schwerkriminalität begangen zu haben.

331 5. **Wiederholungsgefahr** (§ 112a)

ist zu bejahen, wenn die Begehung weiterer erheblicher Straftaten gleicher Art oder eine Fortsetzung der verdachtsbegründenden Straftat droht.

Wenn Sie sich den Zweck der U-Haft (Verfahrenssicherung) nochmals in Erinnerung rufen, was fällt ihnen dann beim 4. und 5. Haftgrund auf? Sie passen nicht ins System der anderen Haftgründe, denn sie haben mit der Verfahrenssicherung nichts zu tun (allerdings nennt Art. 5 I 2 lit. c MRK den Haftgrund der Wiederholungsgefahr). Der Haftgrund der **Schwere der Tat** ist eine Schöpfung der Nationalsozialisten. Nachdem das Vereinheitlichungsgesetz ihn 1950 wieder eliminierte, kehrte der auf die Gefährlichkeit des Beschuldigten abzielende Haftgrund (diesmal beschränkt auf einige besonders schwerwiegende Verbrechen) durch das Strafverfahrensänderungsgesetz von 1964 in die StPO zurück. Weil § 112 III nicht der Verfahrenssicherung dient, stand er im Kreuzfeuer der Kritik. So entspricht es dem **Grundsatz der Verhältnismäßigkeit**, niemanden einzusperren, bei dem weder Flucht- noch Verdunkelungs- oder Wiederholungsgefahr gegeben ist. Andernfalls wäre die U-Haft eine reine „Verdachtsstrafe". Das *BVerfG* hat § 112 III deshalb verfassungskonform ausgelegt. Nunmehr muss zusätzlich zu der Tat iSd § 112 III Flucht- oder Verdunkelungsgefahr treten. Die Anforderungen sind aber bei weitem nicht so hoch wie in Absatz 2. Während dort konkrete Tatsachen benannt werden müssen, warum Haftgründe vorliegen, genügt hier die entfernte Möglichkeit. Ausreichend ist, dass ein Haftgrund nach den konkreten Umständen des Einzelfalles nicht ausgeschlossen werden kann.

332 ▪ Als dritte Voraussetzung ist die vorstehend bereits erwähnte **Verhältnismäßigkeit** zu beachten, worauf § 112 I 2 hinweist. In die Waagschalen zu werfen sind hier auf der einen Seite die Bedeutung der Sache und die Rechtsfolgenerwartung, auf der anderen Seite die Persönlichkeit und die privaten Verhältnisse des Beschuldigten, und vor allem der Umstand, wie schwer ihn der Eingriff belastet. Ausgeprägt ist das Verhältnismäßigkeitsprinzip in den §§ 113, 116.

**Beachte:** Bei Antragsdelikten kann gem. § 130 S. 1 ein Haftbefehl erlassen werden, bevor der Strafantrag gestellt ist. Gleiches gilt gem. § 127 III bei einer vorläufigen Festnahme (vgl. auch Nr. 7 RiStBV).

333 Formelle Anforderungen an einen Haftbefehl (§ 125):

1. **Antrag der StA** (Ausnahme: Erlass von Amts wegen, wenn ein StA nicht erreichbar und Gefahr im Verzug ist, § 125 I) und
2. (vor Erhebung der öffentlichen Klage) **Erlass vom Richter** desjenigen *AG*, in dessen Bezirk ein Gerichtsstand begründet ist, oder wo sich der Beschuldigte aufhält (nach Eröffnung von dem mit der Sache befassten Gericht, § 125 II).

334 **Prüfungsfrage:** Kann auch die StA einmal einen Haftbefehl erlassen? Ja, als Vollstreckungsbehörde (§ 451) gem. § 457 II zur Durchsetzung der Freiheits-

strafe (auch § 33 StVollstrO); Haft- und Vorführungsbefehle erlässt in diesen Fällen der Rechtspfleger (§ 31 II 1 RPflG).

Der Haftbefehl muss nach § 114 I schriftlich angeordnet werden. **335** Sein Inhalt richtet sich nach § 114 II und III. Es folgt die Aushändigung einer Abschrift (§ 114a S. 1). Das weitere Verfahren regeln die §§ 114b ff. und § 115: Der Verhaftete ist „unverzüglich" über seine Rechte zu belehren, § 114b.

Beachte vor allem § 114b II 3, der inhaltlich Art. 36 I lit. b WÜK entspricht. **336** Er verpflichtet bei einem Beschuldigten mit ausländischer Staatsangehörigkeit die Unterrichtung der konsularischen Vertretung. Eine Verletzung dieses Rechts kann zu einem Beweisverwertungsverbot führen (vgl. *BVerfG* NJW 2011, 207, 209 ff.; aber auch BGHSt 52, 48; näher Rn 449).

Dem Verhafteten ist zudem die Gelegenheit zu geben, „einen Angehörigen oder eine Person seines Vertrauens zu benachrichtigen" (§ 114c I) und er ist „unverzüglich dem zuständigen Gericht vorzuführen" (§ 115 I), „spätestens am Tage nach der Ergreifung" dem nächsten *AG* (§ 115a I).

Das Gericht hat **erstens** gem. § 115 II, III bzw. § 115a II die Beleh- **337** rung und Vernehmung des Beschuldigten vorzunehmen, **zweitens** nach § 115 IV bzw. § 115a II 3 zu entscheiden, ob der Haftbefehl aufrechterhalten werden kann oder nach § 120 I 1 aufgehoben werden muss (evtl. ist der Haftbefehl auch auszusetzen, soweit sich Maßnahmen nach § 116 anbieten) und – falls die Haft vollstreckt wird – **drittens** nach § 115 IV die Benachrichtigung eines Angehörigen oder einer Vertrauensperson anzuordnen (§ 114c II 1) sowie **viertens** einen Pflichtverteidiger zu bestellen (§ 141 III 4 iVm § 140 I Nr. 4).

Was kann man tun gegen einen Haftbefehl? Gem. § 115 IV ist der **338** Beschuldigte über das Recht der Beschwerde und die anderen Rechtsbehelfe zu belehren. Dazu zählen u.a. (abgesehen von Rechtsbehelfen gegen den Vollzug der U-Haft: §§ 119 V, 119a I)

- die (Haft-)**Beschwerde** gem. § 304 I und
- der Antrag auf **Haftprüfung** gem. § 117 I.

Bevor der Beschuldigte jedoch derartige Schritte erwägt, sollte er **339** sich an die StA wenden: Weil sie Herrin des Vorverfahrens ist, führt ein entsprechender Antrag von ihr zwingend zur Aufhebung des Haftbefehls (vgl. § 120 III – aufheben muss den Haftbefehl aber gem. § 126 I der Richter). Nützt dies allerdings (wie meist) nichts, dann muss sich der Beschuldigte zwischen den vorstehend genannten Rechtsbehelfen entscheiden, denn beide gleichzeitig kann er nicht einlegen (§ 117 II 1). Die **Subsidiarität der (Haft-)Beschwerde** soll nach h.M. sogar so weit reichen, dass eine bereits eingelegte Beschwerde unzulässig wird, wenn der Verhaftete vor ihrer Erledigung die Haftprüfung beantragt. – Ist ein auf Fluchtgefahr gestützter Haftbefehl außer

Vollzug gesetzt worden (§ 116 I), darf er nur aus den Gründen des § 116 IV wieder in Vollzug gesetzt werden; dies gilt über den Wortlaut des § 116 IV hinaus und erst recht nach einer Aufhebung des Haftbefehls (BVerfG bei *Nestler*, Jura 2021, 458).

**340** Der **Antrag auf Haftprüfung** hat keinen Devolutiveffekt (keine Abwälzwirkung), d.h. über den Haftprüfungsantrag entscheidet nicht eine höhere Instanz, sondern nach § 126 I der Haftrichter. Der Antrag kann „jederzeit" wiederholt werden, d.h. während der U-Haft beliebig oft. Dies gilt aber nicht für die erzwingbare mündliche Verhandlung beim Haftprüfungstermin (§ 118 I: „*wird* auf Antrag des Beschuldigten"). Ein Anspruch besteht erst dann wieder, wenn die U-Haft mindestens drei Monate gedauert hat und seit der letzten mündlichen Verhandlung mindestens zwei Monate vergangen sind (§ 118 III).

Findet die Haftprüfung also gleich zu Beginn der Haft statt, muss der Inhaftierte sich bis zur nächsten mündlichen Haftprüfung knapp drei Monate gedulden (s. zur Anberaumungsfrist § 118 V: „unverzüglich ..., ohne Zustimmung des Beschuldigten nicht über zwei Wochen nach dem Eingang des Antrags").

**341** Die **(Haft-)Beschwerde** (§§ 304 ff.) hat Devolutiveffekt, d.h. sie landet, soweit ihr der Haftrichter nicht abhilft (§ 306 II), bei der Strafkammer des *LG* als Beschwerdegericht (§ 73 GVG). Gegen diese Entscheidung gibt es die weitere Beschwerde an das *OLG* (§ 310). Auch hier gibt es (als Ausnahme zu § 309 I) eine mündliche Verhandlung, die jedoch vom Verhafteten nicht erzwungen werden kann (§ 118 II: „so *kann* … nach mündlicher Verhandlung"). Beschwerde darf gegen denselben Haftbefehl nur einmal eingelegt werden.

**342** Eine gesetzliche Höchstgrenze für die Dauer der U-Haft gibt es nicht (Ausnahme: Haftgrund der Wiederholungsgefahr nach § 112a; dann ist gem. § 122a nach einem Jahr Schluss). Die h.M. zieht generell eine Höchstgrenze bei 2/3 der zu erwartenden Strafe. Dies gebiete der Grundsatz „in dubio pro reo". Sonst sei sozusagen die Hauptsacheentscheidung vorweggenommen. Einem vermutlich Unschuldigen dürfe man kein größeres Sonderopfer auferlegen.

**343** Des Weiteren sind folgende von Amts wegen zu beachtende Termine bei der U-Haft wichtig:

**344** ▪ **§ 121** sieht nach **sechs Monaten** U-Haft wegen „derselben Tat" eine Haftprüfung durch das *OLG* (§§ 122 I, 121 IV 1) bzw. den *BGH* (§§ 121 IV 2, 122 VII) vor. Um ein Aufsparen von Vorwürfen und eine Umgehung der Sechsmonatsfrist zu vermeiden, wird das Merkmal „derselben Tat" weit verstanden, sie umfasst alle Vorwürfe, die als dringender Tatverdacht bekannt geworden sind und in den Haftbefehl hätten aufgenommen werden können (BGH bei *Nestler*, Jura 2021, 106; nach a.A. fallen gehören sogar unbekannte Tatvorwürfe dazu). Das ***OLG* prüft** das Vorliegen des dringenden Tatverdachts und des Haftgrundes sowie die Verhältnismäßigkeit; ferner gemäß § 121 I, ob die besondere Schwierigkeit, der besondere Umfang der Ermittlungen oder „ein anderer wichtiger Grund das Urteil noch nicht zulassen und die Fortdauer der Haft rechtfertigen". Die Frist ruht während der Hauptverhandlung (§ 121 III 2).

**Merke:** Die Überlastung des Gerichts ist selten ein wichtiger Grund iSd § 121 I, nämlich nur dann, wenn sie unvorhersehbar und unvermeidbar war. Die Schwere der Tat ist irrelevant, § 121 I blickt auf die Beschleunigung! Soweit vom *OLG* nach sechs Monaten weder der Vollzug des Haftbefehls nach § 116 ausgesetzt noch die Fortdauer der U-Haft angeordnet wird, „ist der Haftbefehl ... aufzuheben" (§ 121 II). Dies führte in der Vergangenheit teilweise dazu, dass wegen eines fehlenden „wichtigen Grundes" mutmaßliche Schwerverbrecher plötzlich entlassen werden mussten. **345**

**Umstritten** ist, ob die Fortdauer der U-Haft vom *OLG* auch dann angeordnet werden kann, wenn die Akten dort nicht rechtzeitig vor Ablauf der Sechs-Monats-Frist vorgelegt werden. Die h.M. sieht in § 121 II eine bloße Ordnungsvorschrift. Deshalb solle die verspätete Vorlage (es gibt Beispiele von einem Tag bis zu fünf Wochen) nicht automatisch zur Aufhebung des Haftbefehls führen. Stellungnahme: Ordnungsvorschrift hin oder her – sechs Monate sind sechs Monate. **346**

- Neben § 121 kennt die StPO noch zwei weitere Termine, zu denen über die Fortdauer der Haft entschieden werden muss: nach § 207 IV beim **Erlass des Eröffnungsbeschlusses** und gem. § 268b zum Zeitpunkt der **Urteilsfällung**. **347**

Die gem. § 117 V a.F. von Amts wegen vorgesehene Haftprüfung gibt es seit dem 1.1.2010 nicht mehr. Der Grund liegt darin, dass bei einer Freiheitsbeschränkung nach §§ 112, 112a, 126a oder 275a V gem. § 140 I Nr. 4 n.F. ein Fall notwendiger Verteidigung vorliegt. **348**

**Prüfschema U-Haft** 349

I. Formelle Rechtmäßigkeit
   1. Antrag StA (§ 125 I) oder von Amts wegen (§ 125 I Hs. 2)
   2. Anordnungskompetenz (§ 114 I iVm Art. 104 II 1 GG)

II. Materielle Rechtmäßigkeit
   1. Dringender Tatverdacht (§ 112 I 1 Alt. 1)
   2. Haftgrund (§ 112 I 1 Alt. 2)
      a) Flucht (§ 112 II Nr. 1)
      b) Fluchtgefahr (§ 112 II Nr. 2)
      c) Verdunkelungsgefahr (§ 112 II Nr. 3)
      d) Tatschwere (§ 112 III)
      e) Wiederholungsgefahr (§ 112a)
   3. Verhältnismäßigkeit (§ 112 I 2, beachte § 116)

350 (2) Wenn weder ein schriftlicher Haftbefehl noch ein Richter vorhanden ist, gibt es vier Möglichkeiten der **vorläufigen Festnahme.** Sie sind geregelt in § 127 I 1 („Jedermannsrecht"), § 127 I 2 iVm §§ 163a, 163b (Identifizierung sichernde amtliche Festnahme durch StA oder Polizei), § 127 II (Haft sichernde amtliche Festnahme durch StA und Polizei bei Gefahr im Verzug) und § 127b (Festnahme zur Sicherung des Beschleunigten Verfahrens).

351 **Fall 50:** Jogger J läuft gerade an einem Juweliergeschäft vorbei, als drei Räuber herausstürmen und davoneilen. Weil J weiterläuft, glaubt Passant A, dass J an dem Überfall beteiligt war. Deshalb bringt A den J zu Fall, wobei sich J am Arm verletzt. War As Verhalten gerechtfertigt?

Die Befugnis zur sog. Flagranzfestnahme iSd § 127 I 1 besteht, wenn erstens der Täter „**auf frischer Tat betroffen** oder **verfolgt**" wird und zweitens seine **Identität nicht sofort feststellbar** ist oder **Fluchtverdacht** besteht. Die Norm erlaubt auch leichte Körperverletzungen, die mit der Festnahmehandlung einhergehen. Die Armverletzung im Fall 50 ist von § 127 I 1 gerechtfertigt, wenn A den flüchtenden J „auf frischer Tat betroffen oder verfolgt" hat.

Viele verneinen das, weil J an keiner tatbestandlich rechtswidrigen Tat beteiligt war. Andere betonen die Notwendigkeit, schnell zu handeln, und lassen dringenden Tatverdacht genügen. Man dürfe einem Privatmann, der im öffentlichen Strafverfolgungsinteresse handelt, nicht das Risiko eines schuldlosen Irrtums aufbürden. Das überzeugt: Denn § 127 I gibt dem Bürger ja einen Verhaltensbefehl oder besser eine Verhaltenserlaubnis. Dann muss schon zu diesem Zeitpunkt feststehen, ob der Bürger festnehmen darf. Deswegen sollte das Handlungsunrecht der Freiheitsberaubung entfallen, wenn der Festnehmende die Straftatbegehung sorgfaltsgemäß angenommen hat. Die Gegenansicht führt § 127 II an, in dem der dringende Tatverdacht ausdrücklich genannt werde, und wendet ein, dass § 127 II überflüssig würde, wenn man auch bei § 127 I dringenden Tatverdacht genügen ließe. Dieses Argument überzeugt nicht: § 127 II wird mitnichten überflüssig, weil er über die Fluchtgefahr hinaus zur vorläufigen Festnahme ermächtigt, etwa bei Verdunkelungsgefahr.

Das bedeutet für Fall 50: A ist gerechtfertigt (zwar kein Eingriffsrecht, aber es liegt kein Handlungsunrecht vor, erlaubtes Risiko), und J darf sich nur im Rahmen des § 34 StGB gegen das Festnehmen wehren. Nach a.A. wäre die Körperverletzung nicht nach § 127 I 1 gerechtfertigt (in Betracht käme nur ein nach § 16 I 1 StGB [analog] zu behandelnder Erlaubnistatbestandsirrtum).

352 (3) **Vorführung** ist jede zwangsweise Zuführung einer Person an eine Behörde. Die **Polizei** darf einen Beschuldigten nur in den Fällen

der §§ 127 I, II und 163b, 163c vorführen, umgangssprachlich ausgedrückt: „mit zur Wache nehmen". Die **StA** darf den Beschuldigten gem. § 134 iVm § 163a III 2 zur Vernehmung vorführen lassen; Gleiches erlaubt § 134 dem **Richter**. Auch ein **Zeuge** kann der StA und dem Richter vorgeführt werden (§§ 51 I 3, 161a II 1).

Die Vorführung zur Vernehmung erfordert gem. § 133 I, II eine schriftliche Ladung, worin im Falle des Ausbleibens die Vorführung angedroht wird. Zudem müssen die Voraussetzungen zum Erlass eines Haftbefehls vorliegen (§ 134 I). **353**

Erscheint ein Angeklagter nicht zur Hauptverhandlung und ist sein Ausbleiben nicht genügend entschuldigt, kann er gem. § 230 II vorgeführt werden (subsidiär kann der Richter einen Haftbefehl erlassen).

*gg) Rechtsschutz gegen Zwangsmaßnahmen*

Zunächst merken Sie sich: Gegen die Einleitung des Ermittlungsverfahrens selbst hat der Beschuldigte nach h.M. keine Handhabe (auch Art. 19 IV GG verlangt insoweit keinen Schutz). Die unbegründete Annahme des Anfangsverdachts etwa kann der Beschuldigte nur indirekt überprüfen lassen, z.B. indem er einen Amtshaftungsanspruch geltend macht oder wenn er – wie im Folgenden behandelt – einzelne Ermittlungsmaßnahmen rügt (zur Dienstaufsichtsbeschwerde → Rn 531). **354**

Schon die **Anordnung der Zwangsmaßnahme** kann widerrechtlich sein, etwa weil es am Anfangsverdacht fehlt; aber auch die **Art und Weise ihres Vollzugs** kann das Recht des Betroffenen verletzen, etwa weil die Beamten dem Inhaber der Wohnung entgegen § 106 I 1 verweigern, der Durchsuchung beizuwohnen. Fraglich ist, ob und auf welchem Wege der Betroffene eine richterliche Überprüfung anstrengen kann. Was kommt überhaupt in Betracht? Lesen Sie zunächst die Vorschriften zur **Beschwerde** (§ 304), zum **Antrag auf richterliche Entscheidung** (§§ 98 II 2, 101 VII) und zur **Anfechtung von Justizverwaltungsakten** (§§ 23 ff. EGGVG)! Welche praktischen Unterschiede bestehen hinsichtlich der Zuständigkeit? **355**

**356**

| Rechtsbehelf | Zuständigkeit |
|---|---|
| §§ 23 ff. EGGVG | OLG |
| § 304 | nächsthöheres Gericht |
| § 98 II 2 | Anordnungs-/Prozessgericht |
| § 101 VII | Anordnungs-/Prozessgericht |

Früher war die **Zuständigkeit** nebulös. In Umsetzung eines Urteils des *BVerfG* hat der *BGH* die Dinge nun geklärt. Denkt man diese Rspr. konsequent zu Ende, wird alles ganz einfach und übersichtlich: **357**

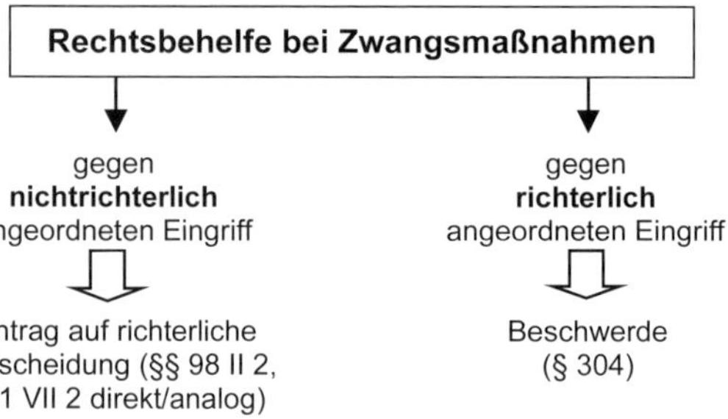


358 **(1) nichtrichterliche Anordnungen**

Fixpunkt ist die gesetzliche Regelung bei der Beschlagnahme:

> **Fall 51:** StA S vermutet, Josef K. habe die zwölfjährige Z sexuell missbraucht. Die Polizei hört im Auftrag der StA Gespräche des Josef K. ab, welche dieser in seiner Wohnung führt. Als er kurz darauf in der Nähe der Schule der Z spazieren geht, nehmen die Beamten ihn vorläufig fest und beschlagnahmen – ohne Anhaltspunkte für das Vorhandensein von belastendem Material zu haben – Schriftstücke, die er bei sich trägt. Josef K. möchte wissen, von wem er feststellen lassen kann, dass die Maßnahmen der StA rechtswidrig waren.

359 **Beschlagnahme: § 98 II 2** ordnet ausdrücklich an: „Der Betroffene kann jederzeit die richterliche Entscheidung beantragen." Josef K. darf also die Rechtmäßigkeit der Beschlagnahme vom Richter überprüfen lassen. Zuständig ist vor Erhebung der Anklage das Gericht, dass die Maßnahme angeordnet hat (Anordnungsgericht, §§ 98 II 3, 162 I); nach Anklageerhebung ist das Prozessgericht zuständig (§ 98 III).

360 Weil keine zureichenden tatsächlichen Anhaltspunkte dafür vorlagen, dass Josef K. Täter war oder Beweise bei sich führte (§§ 102, 103), wird der Richter die Rechtswidrigkeit der Beschlagnahme feststellen und anordnen, dass die Polizei die Schriftstücke an K. zurückgibt.

361 **Abhörmaßnahme: § 101 VII 2** ordnet ausdrücklich an, dass der Betroffene die Maßnahme überprüfen lassen darf. Wiederum ist vor Anklagerhebung das Anordnungsgericht (§§ 74a IV GVG, 101 VII 1, 100e I 1 u. II 1) zuständig, nach Anklageerhebung das Prozessgericht (§ 101 VII 1).

362 Zutreffend geht der *BGH* davon aus, dass es sich bei § 101 VII gegenüber § 98 II um einen spezielleren Rechtsbehelf handelt (NJW 2009, 454); er greift allein für bereits erledigte Maßnahmen (*Engländer*, Rn 171).

Halten wir mit Blick auf den praktischen Ablauf fest: Sowohl bei der Beschlagnahme als auch bei Maßnahmen nach § 101 I ist *nicht* der Rechtsweg zum *OLG* gem. § 23 I 1 EGGVG eröffnet. Zuständig ist (zunächst) das **sachnähere Gericht**. **363**

Ergibt sich etwas anderes bei der **Festnahme?** Aus § 128 I 1 ist vielleicht der Umkehrschluss zu ziehen und Rechtsschutz nach der StPO abzulehnen. Dann müsste dieser Vorschrift zu entnehmen sein, dass Rechtsschutz *nur* gegeben sein soll, „sofern er (der Festgenommene) nicht wieder in Freiheit gesetzt" wurde, also: sofern die Zwangsmaßnahme sich noch nicht erledigt hat. **364**

Früher sah die Rspr. das so und Josef K. hätte sich im Fall 51 ans *OLG* wenden müssen (§ 23 I 1 EGGVG). Nunmehr wendet sie zu Recht § 98 II 2 auf andere Zwangsmaßnahmen analog an. Die Gründe sind: erstens die größere Sachnähe des primär zuständigen Gerichts; zweitens die größere Effektivität des Rechtsschutzes und drittens die Vermeidung sachlich divergierender Urteile. Den letzten Grund verdeutlicht unser Fall. Nach der alten Rspr. hätte das *AG* über die Beschlagnahme zu entscheiden, das *OLG* über die Festnahme. Die Festnahme ist aber Teil der Beschlagnahme gewesen; und deshalb drohen – trotz des weitgehend gleichen Maßstabes – unterschiedliche Gerichtsentscheidungen zum selben Vorgang.

Diese Gründe überzeugen. § 98 II 2 analog anzuwenden, passt zur Regelung des § 101 VII 1, 2. In ihm hat der Gesetzgeber aktuell die zwei Prinzipien ausgedrückt, die sich auch in § 98 II finden: Für sachgerecht hält er es, dass entweder der **originär zuständige Richter** entscheidet (Anordnungsgericht) oder aber **das sachnähere Gericht** (Prozessgericht). Nichts spricht dafür, von dieser Zuständigkeitsregel bei anderen Zwangsrechten abzuweichen. **Die analoge Anwendung des § 98 II 2 ist nach allem richtig**, denn es liegt trotz der Regelung des § 23 I 1 EGGVG eine planwidrige Lücke vor: Die §§ 23 ff. EGGVG sollten nämlich nach dem Willen des damaligen Gesetzgebers nur vorübergehende Bedeutung haben und bald abgelöst werden (vgl. § 23 III EGGVG). Mit § 101 VII hat der heutige Gesetzgeber eine verallgemeinerungsfähige Aussage dahingehend getroffen, dass die dortige Regelung angemessener ist. Josef K. kann demnach auch die Festnahme vom Anordnungsgericht überprüfen lassen. **365**

Manche lesen „jederzeit" in § 98 II 2 als „nur vor Erledigung der Zwangsmaßnahme" – die StPO kenne keinen Rechtsschutz mit dem Ziel nachträglicher Feststellung der Rechtswidrigkeit (arg. e contrario: §§ 128 I 1, 311a I 1). Muss man § 98 II 2 aus diesem Grund doppelt analog anwenden? Muss man nicht: Denn seitdem es § 101 VII 2 gibt, der Rechtsschutz über die Erledigung hinaus gewährt, kann man „jederzeit" wörtlich nehmen. **366**

Nach Erledigung der Zwangsmaßnahme bedarf es aber eines **Feststellungsinteresses** (wie bei §§ 113 I 4 VwGO, 28 II 1 EGGVG – näher nach Fall 52). Das liegt im Fall 51 für die Festnahme vor, und zwar **367** wegen des Gewichts der Freiheitsbeschränkung (vgl. die Gewichtung des Freiheitsinteresses in § 35 StGB und in Art. 104 GG).

**368** Rügt der Betroffene nur die **Art und Weise des Vollzugs**, gilt ebenfalls § 98 II 2 (analog). Begründen lässt sich das mit § 101 VII 2: Rügen bzgl. der Art des Vollzugs behandelt der originär zuständige Richter. Dahinter steckt der Gedanke, dass die Anordnung zum Teil die Art des Vollzugs mitregelt (z.B. welche Räume durchsucht werden), der Richter also auch dafür originär zuständig ist.

**369** Eine richterliche Überprüfung von Zwangsmaßnahmen sehen ausdrücklich die §§ 161a III 1, 163a III 2 vor.

**(2) richterliche Anordnungen**

**370** **Fall 52:** Die Polizei nimmt an, Josef K. sei Täter eines Sprengstoffanschlags. Wegen der Bedeutung der Sache ordnet der Richter an, dass der Keller des Josef K. durchsucht wird. Die Polizei findet aber nichts.

Im Fall 52 handelt die Polizei repressiv, zum Zwecke der Strafverfolgung. In der StPO gibt es keine Vorschrift, die den §§ 113 I 4 VwGO, 28 I 1 EGGVG entspricht. Die Rspr. meinte früher, auch das **Gebot des effektiven Rechtsschutzes** aus Art. 19 IV GG gebe dem Betroffenen keinen Anspruch auf Rechtsschutz nach Erledigung, denn es habe ja schon ein Richter bei Anordnung der Durchsuchung entschieden. Stichwort: Art. 19 IV GG gebe Rechtsschutz nur **durch** und nicht **vor** dem Richter, gebiete also keinen Instanzenzug.

**371** Jetzt sieht das *BVerfG* es so, dass der Betroffene die Maßnahme grds. überprüfen lassen kann. Diese Sicht lässt sich wie folgt begründen: Der Eilrechtsschutz ist gerade nicht effektiv, der Richter hat kaum Zeit, und der Betroffene wird wegen der Heimlichkeit der Maßnahme nicht angehört (s. § 33 IV, Art. 103 I GG). – Erforderlich ist **nach Erledigung** aber ein **Feststellungsinteresse** des Betroffenen. Die Dinge liegen ähnlich wie bei einer Fortsetzungsfeststellungsklage im Verwaltungsprozessrecht. Folgende Fallgruppen sind wichtig: **Wiederholungsgefahr**, **fortwirkende Beeinträchtigung** (im Durchsuchungsbefehl beleidigt der Richter den Betroffenen) und **tiefgreifende Grundrechtseingriffe**.

**372** *BVerfG*: „Tiefgreifende Grundrechtseingriffe kommen ... bei Anordnungen in Betracht, die das Grundgesetz – wie in den Fällen der Art. 13 II und Art. 104 II und III – vorbeugend dem Richter vorbehalten hat" (BVerfGE 96, 27, 40). Die Formulierung ist so zu verstehen, dass es nur auf das Gewicht des Grundrechts ankommt. Nicht etwa gibt es einerseits leichte und andererseits tiefgreifende Eingriffe in Art. 13 GG. Liegt ein Eingriff in ein wichtiges Rechtsgut vor, ist er schon damit „tiefgreifend". Die Fallgruppe ist problematisch: Erstens differenziert Art. 19 IV GG nicht nach der Schwere des Eingriffs. Zweitens greift die Verfassungsnorm nur bei der Verletzung von „Rechten". Das *BVerfG* hingegen sieht auch das ideelle Interesse geschützt, festgestellt zu bekommen: „Das war falsch von Euch!"

Josef K. ist im Fall 52 implizit vorgeworfen worden, er sei verdächtig, eine Straftat begangen zu haben. Diese fortdauernde Rufschädigung wird aber, wenn sie zu Unrecht in der Welt ist, ausreichend im Fortgang des Verfahrens beseitigt. Ein Feststellungsinteresse besteht aber dennoch, weil im Sinne der dritten Fallgruppe die Durchsuchung tief in das Recht der Unverletzlichkeit der Wohnung eingegriffen hat (arg.: Richtervorbehalt in Art. 13 II GG). **373**

Bei richterlich angeordneten Maßnahmen ist die Beschwerde auch dann der richtige Rechtsbehelf, wenn der Betroffene nur die Art und Weise des Vollzugs rügt. Das ergibt sich wiederum daraus, dass der Richter teilweise die Art des Vollzugs mitregelt und sich beides oft nicht sauber trennen lässt (z.B. bei Wohnungsdurchsuchungen). **374**

### 4. Funktion des Verteidigers

**Literatur:** *Barton*, Einführung in die Strafverteidigung, 5. Aufl. 2007, §§ 1, 2; *Lehmann*, Die notwendige Verteidigung, § 140 StPO, JuS 2004, 492; *Jaeger*, Rechtsanwälte als Organ der Rechtspflege – Notwendig oder überflüssig? Bürde oder Schutz?, NJW 2004, 1.

Jeder Beschuldigte hat ein Recht auf Verteidigung (vgl. **Art. 6 III lit. c MRK, § 137 I**). Wenn aber die StA gem. § 160 II von Amts wegen „auch die zur Entlastung dienenden Umstände zu ermitteln" hat und der Richter erst recht im Dienst der Wahrheitsermittlung steht – wozu braucht man dann noch einen Verteidiger? Boshafte Richter meinen: „zu nichts", weil sie den Verteidiger bloß für einen „Strafvereiteler" halten. Die StPO bringt aber zum Ausdruck, warum es seiner bedarf, denn an einigen Stellen bezeichnet sie die Parteien (Angeklagter und StA) ausdrücklich als „Gegner" (so in §§ 246 II, 347 I 1). Dem liegt eine realistische Psychologie zugrunde, wonach auch die StA „gewinnen" will. Und zusätzlich gilt: Selbst wenn Gericht und StA den Sachverhalt umfassend erforschen, können Entlastungsmomente übersehen und fehlinterpretiert werden. Entlastende Umstände werden nun einmal am ehesten von dem wahrgenommen, der das stärkste Interesse an ihrer Entdeckung hat. Deshalb soll der Verteidiger die staatlichen Prozessbeteiligten (StA und Gericht) immer wieder an ihre Pflicht zur gewissenhaften und justizförmigen Sachverhaltserforschung erinnern. **375**

#### a) Arten der Verteidigung

(1) Einen Beschuldigten (Angeschuldigten oder Angeklagten) verteidigen dürfen nach § 138 I nur zugelassene Rechtsanwälte und Rechtslehrer an deutschen Hochschulen. Ausnahmen enthalten § 138 II (andere Personen … mit Genehmigung des Gerichts") und § 139 („ge- **376**

reifte" Rechtsreferendare). Mehr als drei gleichzeitig tätige Wahlverteidiger lässt § 137 I 2 nicht zu.

377 (2) Nach **§ 137 I** darf der Beschuldigte „in jeder Lage des Verfahrens" einen Verteidiger heranziehen. Geschieht dies, spricht man vom **Wahlverteidiger**. Die StPO geht aber noch einen Schritt weiter: In den Fällen des § 140 I und II ist die Verteidigung sogar notwendig (**notwendige Verteidigung**). Selbst wenn der Beschuldigte den Beistand eines Verteidigers strikt ablehnt, bestellt das Gericht ihm einen (**§ 141 I**). Dann ist die Rede vom **Pflichtverteidiger**. Soweit in den Fällen der notwendigen Verteidigung ein Wahlverteidiger vorhanden ist, braucht kein Pflichtverteidiger bestellt zu werden. Notwendige und Pflichtverteidigung fallen deshalb nicht automatisch zusammen (vgl. § 143). **Merke:** Jeder Pflichtverteidiger ist notwendiger Verteidiger, aber ein notwendiger Verteidiger nicht automatisch Pflichtverteidiger.

378 Wird ein Pflichtverteidiger bestellt, ist es idR der Wahlverteidiger, der den Beschuldigten bereits zuvor betreut hatte (s. § 142 I). Es kommt sogar vor, dass das Gericht einen weiteren Pflichtverteidiger oder sogar einen Pflichtverteidiger neben einem Wahlverteidiger bestellt (**Sicherungsverteidiger**). Das geschieht etwa in besonders schwierigen und umfangreichen Sachen oder wenn es zur Sicherung des weiteren Verfahrens erforderlich ist (ein Wahlverteidiger könnte durch plötzliche Mandatsniederlegung bewirken, dass die Hauptverhandlung in ihren wesentlichen Teilen wiederholt werden muss).

379 **Fall 53:** StA S will bei einem besonders umfangreichen Verfahren mit zahlreichen Zeugen Anklage wegen Bandendiebstahls vor dem erweiterten Schöffengericht erheben. Deshalb stellt er beim Vorsitzenden des Schöffengerichts den Antrag auf Bestellung eines Pflichtverteidigers. Was könnte ihn dazu bewogen haben?

380 **§ 140 I** enthält einen Katalog mit Fällen notwendiger Verteidigung (z.B. Anklage eines Verbrechens, Hauptverhandlung im ersten Rechtszug vor dem *LG* oder *OLG*); eine wichtige Neuerung trifft § 140 I **Nr. 4**: bei andauernder **U-Haft** ist ein Verteidiger zu bestellen. **§ 140 II** tritt ergänzend hinzu. Dort wird generalklauselartig abgestellt auf die „Schwere der Tat", die „Schwierigkeit der Sach- oder Rechtslage" oder die Unfähigkeit des Beschuldigten, sich selbst zu verteidigen.

381 Im Fall 53 könnte **§ 140 II** einschlägig sein. Das Merkmal **„Schwere der Tat"** orientiert sich im Wesentlichen an der Härte der zu erwartenden Strafe oder Maßregel. Wo die Grenze liegt, ist umstritten. Unserem Erachten nach ist sie – in systematischer Auslegung – jedenfalls überschritten bei einer Straferwartung von einem Jahr Freiheitsstrafe. Denn § 140 I Nr. 2 ordnet die Bestellung eines Verteidigers bei dieser Straferwartung an („Verbrechen", s. § 12 I StGB). Im Fall 53 gibt es hinsichtlich der zu erwartenden Strafe keine Anhaltspunkte. Allerdings

könnte die „**Schwierigkeit der Sach- oder Rechtslage**" zu bejahen sein. Indizien sind bei diesem Merkmal etwa Probleme bei der Schuldfähigkeit, widersprüchliches Zeugenmaterial in den Akten, unterschiedliche Rechtsstandpunkte verschiedener Gerichtsinstanzen oder die Einschaltung eines Sachverständigen. Daneben spielt der Umfang der Sache eine entscheidende Rolle, etwa wenn eine Vielzahl von Zeugen zu vernehmen ist. Deshalb wird bei einer Anklageerhebung vor dem erweiterten Schöffengericht (§ 29 II 1 GVG) – wie im Fall 53 – idR von einer schwierigen Sachlage auszugehen sein.

Die „Rechtslage" gilt etwa als schwierig iSd von § 140 II, wenn unklar ist, ob ein Beweis einem Verwertungsverbot unterliegt (*Meyer-Goßner*, § 140 Rn 27a; *Putzke*, ZJS 2017, 506). Einen weiteren Anwendungsfall hat das Verständigungsgesetz (§ 257c) geschaffen. Ob der Angeklagte sich auf eine Verständigung (→ Rn 639) einlässt, kann er ohne Verteidiger idR nicht selbstbestimmt entscheiden. Deshalb muss das Gericht einen Verteidiger bestellen, wenn es vorhat, mit dem Angeklagten eine Verständigung zu erörtern. Dem steht nicht entgegen, dass das Verständigungsgesetz keine Mitwirkung eines Verteidigers vorschreibt; denn der Gesetzgeber darf die – in solchen Fällen tatsächlich bestehende – Schwierigkeit der Rechtslage nicht hinwegbestimmen, das wäre im Verhältnis zu den anerkannten Fällen des § 140 II willkürlich (zu divergierenden OLG-Entscheidungen *Satzger*, Jura 2016, 327). **382**

Nach der Rspr. gilt eine Tat als „schwer" iSd § 140 II, „wenn die zu erwartende Rechtsfolge einschneidend ist". Diese Schwere wird „nicht nur durch die im Verfahren selbst zu erwartende Rechtsfolge, sondern auch durch schwerwiegende mittelbare Nachteile bestimmt, die aus der zu erwartenden Verurteilung folgen können, etwa durch den drohenden Widerruf der Strafaussetzung zur Bewährung in anderer Sache" (*OLG Brandenburg* NStZ 2005, 342). **383**

### b) Anfang und Ende der Verteidigung

(1) Bei der Frage, ob einem unverteidigten Beschuldigten ein Pflichtverteidiger bestellt werden kann oder gar muss, sind drei Verfahrensabschnitte von Bedeutung: **384**

Im **Vorverfahren** (bis zum Abschluss der Ermittlungen, § 169a) „kann" nach § 141 III 1 ein Verteidiger bestellt werden, nach dem Wortlaut also auch ohne Antrag der StA. Andere verlangen stets einen Antrag der StA, geben ihr also ein „Antragsmonopol". Denn sie habe gem. § 141 III 2 zu beurteilen, ob „in dem gerichtlichen Verfahren die Mitwirkung eines Verteidigers ... notwendig sein wird". Wird allerdings U-Haft vollstreckt, ist ein Verteidiger „unverzüglich nach Beginn der Vollstreckung" zu bestellen (§§ 141 III 4, 140 I Nr. 4). **385**

Zuständig für die Bestellung ist der Vorsitzende des für die Hauptsache zuständigen Gerichts (§ 141 IV). Vor dem Abschluss der Ermittlungen (§ 169a) muss er einem Antrag der StA nicht entsprechen (§ 141 III 1: „kann ... bestellt werden").

**386** Zum Zeitpunkt der Pflichtverteidigerbestellung s. § 141: idR mit Aufforderung zur Erklärung über die Anklageschrift (Abs. 1), auf Antrag der StA nach Abschluss der Ermittlungen (Abs. 3 S. 1) oder unverzüglich nach Antritt der U-Haft (Abs. 3 S. 4). – Droht dem Angeklagten ein Nachteil, der im weiteren Verfahren nicht geheilt werden kann, *muss* die StA den Pflichtverteidiger auch schon vorher bestellen; das ist etwa der Fall, wenn ein Zeuge gemäß § 168c III (unter Ausschluss des Angeklagten) richterlich vernommen werden soll (BGHSt 46, 93, 101 → Rn 447).

**387** Auch nach Abschluss der Ermittlungen (§ 169a) hat die StA einen Beurteilungsspielraum mit Blick auf die Prognose, ob die Mitwirkung eines Verteidigers notwendig sein wird. Fällt diese Prognose positiv aus, hat die StA die Bestellung zu beantragen (kein Ermessen). Dann ist der Vorsitzende nach § 141 III 3 verpflichtet, die Bestellung vorzunehmen.

Sobald dem Angeschuldigten gem. § 201 die Anklageschrift mitgeteilt wurde, gibt es hinsichtlich einer Bestellung keinerlei Beurteilungsspielraum mehr, denn § 141 I ordnet dann an, dass dem unverteidigten Angeschuldigten ein Verteidiger bestellt „wird". Soweit später ein Fall notwendiger Verteidigung auftritt, ist nach § 141 II ein Pflichtverteidiger „sofort" zu bestellen.

**388** (2) Das Verteidigungsverhältnis eines Wahlverteidigers endet mit der Erfüllung des Auftrags oder dessen Entziehung durch den Mandanten. Die Pflichtverteidigung endet ebenfalls nach Erfüllung oder mit Rücknahme der Bestellung (vgl. § 143).

Eine Rücknahme der Bestellung ist etwa angezeigt, wenn das Vertrauensverhältnis zwischen Verteidiger und Mandanten zerstört ist, z.B. wegen Streits über die Verteidigungsstrategie. Mit Blick auf § 142 I 2 wird eine Abberufung von der h.M. nur für möglich gehalten, wenn ein „wichtiger Grund" vorliegt; das sei der Fall unter den Voraussetzungen des § 138a (nach a.A. sei § 143 analog anzuwenden). – Daneben gibt es den Ausschluss eines Verteidigers nach §§ 138a, 138b. Darüber entscheidet das *OLG* oder der *BGH* (§ 138c I 1, 2).

#### c) Stellung

**389** Im Verhältnis zu StA und Gericht ist der Verteidiger **unabhängig**, d.h. er unterliegt nicht deren Aufsicht oder Weisungen. Im Verhältnis zum Beschuldigten gilt das Gleiche. Das lässt sich im Umkehrschluss § 297 entnehmen – vom Willen des Beschuldigten hängt die Verteidigung nur ab bei der Einlegung eines Rechtsmittels. Die Pflichten zur ordnungsgemäßen Verteidigung sowie Fürsorge und Treue sind aber zu beachten. Deshalb spielt das objektive Beschuldigteninteresse natürlich die maßgebliche Rolle.

Wegen kollidierender Beschuldigteninteressen ist eine Mehrfachverteidigung unzulässig (§ 146). Die sog. Sockelverteidigung, d.h. eine Zusammenarbeit mehrerer Verteidiger von verschiedenen Angeklagten in ein- und demselben Verfahren, ist aber erlaubt. **390**

Der Handlungsspielraum eines Verteidigers ist zwischen Parteiverrat und Strafvereitelung angesiedelt. Warum? Weil er an zwei Fronten zu kämpfen hat: Nach h.M. ist er einerseits **unabhängig**, also Interessenvertreter („Interessentheorie"), andererseits aber zugleich **Organ der Rechtspflege** („Organtheorie"). **391**

Die Vertreter der Organtheorie stützten sich vor allem auf § 1 BRAO: „Der Rechtsanwalt ist ein unabhängiges Organ der Rechtspflege" und legen die Betonung auf „Organ der Rechtspflege". Die Interessenvertreter betonen hingegen mehr das Merkmal „unabhängig".

Die Interessen des Beschuldigten sind meist allein auf einen Freispruch fixiert und darauf, dies mit allen Mitteln (notfalls auch der Lüge) zu erreichen. Als Organ der Rechtspflege hat der Verteidiger hingegen eine öffentliche Funktion; er ist den Belangen einer funktionstüchtigen Strafrechtspflege verpflichtet.

Zu unterschiedlichen Ergebnissen kommen die Theorien etwa bei der sog. Konfliktverteidigung. Manchmal kann es im Interesse des Angeklagten liegen, einen Prozess durch Verzögerungstaktik zu torpedieren, etwa mit einer Vielzahl von Befangenheits- oder Beweisanträgen. Als reinem Interessenvertreter dürfte man dem Verteidiger keinen Vorwurf machen: Er nimmt nur die Interessen des Mandanten wahr. Als Organ der Rechtspflege aber müsste der Verteidiger auf eine funktionstüchtige Strafrechtspflege bedacht sein. Dies verböte es, einen Strafprozess mit unsinnigen Befangenheitsanträgen oder massenhaften Beweisanträgen in die Länge zu ziehen. **392**

Die Organtheorie lässt sich nicht mit § 1 BRAO begründen. Denn es handelt sich lediglich um eine standesrechtliche Vorschrift. Sie gilt also nicht für die meisten Hochschullehrer, die als Strafverteidiger (§ 138 I Hs. 2) idR keine Zulassung als Rechtsanwalt haben. Die Begründung über § 1 BRAO führte also zu dem Widerspruch, dass manche Verteidiger „Organe der Rechtspflege" sind, andere aber nicht. **393**

Aber auch das, was sonst für die Organtheorie ins Feld geführt wird, überzeugt nicht: So wird argumentiert, zahlreiche Vorschriften in der StPO ließen den Verteidiger gerade nicht als Interessenvertreter erscheinen. Genannt wird etwa § 230 I. In dieser Vorschrift kommt zwar zum Ausdruck, dass der Verteidiger den „ausgebliebenen", also abwesenden Beschuldigten in der Hauptverhandlung nicht vollständig „ersetzen", ihn also nicht iSd § 164 BGB

„vertreten" kann. Aber daraus folgt nicht, dass er, wo er dem Beschuldigten beisteht, nicht ausschließlich dessen Interessen zu wahren hat.

Angeführt wird auch, dass der Beschuldigte neben dem Verteidiger ein Frage- und Erklärungsrecht habe (§§ 240, 257). Aber dies hat rein praktische Gründe: Der Beschuldigte mag eher tatsächliche Einwände machen, wohingegen der Verteidiger auch rechtliche Schlussfolgerungen darlegen kann. Es ist unerfindlich, warum aus dieser Notwendigkeit folgen soll, dass dem Verteidiger diese Rechte nicht gerade im Interesse des Beschuldigten eingeräumt worden sind.

Auch mit § 140 (notwendige Verteidigung) wird argumentiert: „Wenn es ... in den gravierenden Fällen gar nicht darauf ankommt, ob der Beschuldigte an einem Verteidiger interessiert ist oder nicht, kann dieser nicht ausschließlich im subjektiven Interesse des Beschuldigten da sein" (*Roxin/Schünemann*, § 19 Rn 7). Dieser Einwand verkennt, dass es nicht auf das subjektive Interesse des Beschuldigten ankommt, sondern auf das objektive; das subjektive Interesse wird paternalistisch übergangen. Vergleiche: Wenn ein Geisteskranker sich gegen die Bestellung des Betreuers sträubt, erfolgt dessen Einsetzung ausschließlich im wohlverstandenen Interesse des Betreuten; der Betreuer hat allein dessen Interessen wahrzunehmen.

**394** Nach alledem ist die Organtheorie verfehlt und kann nichts zur Lösung der Konfliktverteidigungsproblematik beitragen. Vielmehr ist die Lösung im Gesetz zu suchen. So sieht etwa **§ 26a** die Verwerfung eines Ablehnungsgesuchs für den Fall vor, dass damit „offensichtlich das Verfahren nur verschleppt oder nur verfahrensfremde Zwecke verfolgt werden sollen". Auch **§ 244 III 2** geißelt die Prozessverschleppung: Ein sie bezweckender Beweisantrag darf abgelehnt werden.

### d) Pflichten und Rechte

**395** Aus der Stellung des Verteidigers folgen seine **Pflichten** und **Rechte**. In erster Linie hat der Verteidiger gegenüber dem Beschuldigten **Pflichten**. Hierzu gehören: die Pflichten zur **ordnungsgemäßen Verteidigung** (vgl. § 675 BGB), zur **Fürsorge und Treue** sowie zur Verschwiegenheit (vgl. § 203 I Nr. 3 StGB).

**396** Der Verteidiger hat aber noch weitere Pflichten, die sich nach h.M. aus seiner „Organstellung" ergeben. Zu nennen sind: die Wahrheitspflicht (Lügeverbot), die Pflicht, Beweismittel nicht zu beeinflussen bzw. zu manipulieren, die Pflicht, das Strafverfahren nicht zu sabotieren.

**397** **Fall 54:** Der Justizvollzugsbeamte Hartmut Gitter ist wegen Gefangenenbefreiung angeklagt (§ 120 II StGB). Kurz vor dem Schlussplädoyer bestätigt er gegenüber seinem Verteidiger V den Tatvorwurf. Wie hat sich V zu verhalten? Darf er im Plädoyer Freispruch fordern?

Im Fall 54 kollidieren Verschwiegenheits- und Wahrheitspflicht. Selbstverständlich darf der Verteidiger das Gericht nicht über das Geständnis seines Mandanten in Kenntnis setzen. Denn dies wäre strafbar (§ 203 I Nr. 3 StGB). Doch wie ist der Konflikt zu lösen? So: Allemal darf der Verteidiger trotz seines Sonderwissens auf Freispruch plädieren und dieses Verlangen darauf stützen, dass die vorhandenen Beweise eine Verurteilung nicht tragen. Denn wer mit prozessordnungsgemäßen Mitteln nicht überführt werden kann, ist freizusprechen.

Fraglich ist allein, ob der Verteidiger darüber hinaus wider besseres Wissen behaupten darf, er sei von der Unschuld seines Mandanten überzeugt, weil er etwa zahlreiche Gespräche mit ihm geführt hat. Maßstab für die Beurteilung dieser Frage ist allein § 258 StGB (denn die Organtheorie haben wir verworfen). Es kommt darauf an, ob eine solche Lüge strafrechtlich missbilligt ist mit Blick auf einen Strafvereitelungserfolg. Zu bejahen ist das, wenn sich das Verteidigerhandeln auf die Entscheidung des Gerichts auswirken kann. Das ist der Fall, weil das Gericht seine Überzeugung aus dem Inbegriff der Verhandlung schöpft (§ 261). Dazu gehören die Erklärungen des Verteidigers, also auch das Plädoyer. Deshalb darf V im Plädoyer nicht lügen.

Dem Verteidiger das Lügen zu gestatten, hätte auf lange Sicht nachteilige Folgen für die Angeklagten. Denn Äußerungen desjenigen, der folgenlos die Unwahrheit sagen darf, haben im (gerichtlichen) Diskurs kein großes Gewicht, ihm würde nicht geglaubt. **398**

Zu den wichtigen **Rechten** des Verteidigers zählen: Das **Kontaktrecht**. Das Recht zum unüberwachten schriftlichen und mündlichen Verkehr mit dem Beschuldigten (**§ 148 I**) bedarf eines effektiven Schutzes. Hierfür gibt es das Zeugnisverweigerungsrecht des Verteidigers (§ 53 I 1 Nr. 2) und das Beschlagnahmeverbot von Verteidigerunterlagen (**§ 97 I**). – Eingeschränkt werden kann es durch die sog. Kontaktsperre (§§ 31 ff. EGGVG). Deren Einführung im Jahre 1977 stand unter dem Eindruck der RAF-Straftaten. **399**

Weiter das **Anwesenheitsrecht** bei richterlichen (**§ 168c I**) oder staatsanwaltschaftlichen (§ 163a III 2 iVm § 168c I) Beschuldigtenvernehmungen und der richterlichen Vernehmung von Zeugen oder Sachverständigen (§ 168c II); die Termine sind dem Verteidiger mitzuteilen (§ 168c V 1). Die Möglichkeit der Strafverfolgungsbehörden, nach § 168c V 2 (a.F.) wegen Gefährdung des Untersuchungszwecks von der Benachrichtigung des Verteidigers abzusehen, ist durch Gesetz zur Fortentwicklung der StPO und zur Änderung weiterer Vorschriften vom 25.6.2021 mit Blick auf richterliche Beschuldigtenvernehmungen weggefallen. **400**

Und das **Akteneinsichtsrecht** (**§ 147**). Im Ermittlungsverfahren ist es eingeschränkt, soweit der Untersuchungszweck gefährdet zu werden droht (§ 147 II); ist aber der Beschuldigte in **U-Haft** oder **vorläufig festgenommen und ist U-Haft beantragt**, „sind dem Verteidiger die **401** für die Beurteilung der Rechtmäßigkeit der Freiheitsentziehung wesentlichen Informationen in geeigneter Weise zugänglich zu machen; idR ist insoweit Akteneinsicht zu gewähren" (**§ 147 II 2**).

**402** Verwehrt werden kann die Akteneinsicht, wenn gegen den Verteidiger ein Ausschlussverfahren anhängig ist (vgl. § 138c III 1) oder die Kontaktsperre nach §§ 31 ff. EGGVG verhängt wurde (vgl. § 34 III Nr. 2 S. 3 EGGVG).

### 5. Beweisverwertungsverbote

**Literatur:** *Jahn*, Strafprozessrecht als geronnenes Verfassungsrecht – Hauptprobleme und Streitfragen des § 136a StPO, JuS 2005, 1057; *Meyer-Mews*, Beweisverwertungsverbote, JuS 2004, 39, 126 u. 208; *Hüls*, Der Richtervorbehalt …, ZIS 2009, 160.

**403** **Fall 55:** Bürgermeister B steht unter Verdacht, eine Untreue zu Lasten der Gemeinde und zugunsten seines Parteifreundes P begangen zu haben. StA S will ihm das nachweisen, indem er (a) den verbeamteten Kämmerer K als Zeugen benennt, (b) Bs Ehefrau als Zeugin benennt, obwohl diese angekündigt hat, nicht auszusagen, (c) B zu einem Geständnis bringt durch die Vorspiegelung, P habe alles zugegeben.

**404** Blickt man nur auf **§ 160 II**, scheint es zur Aufklärungspflicht der Ermittler zu gehören, *jeden* Beweis zu erheben. Dem ziehen aber StPO und Grundrechte Grenzen. Die Erhebung mancher Beweise ist verboten. Man unterscheidet innerhalb der **Beweiserhebungsverbote** phänomenologisch zwischen **Themenverboten** (z.B. §§ 51 BZRG, 61 f. BBG, 37 BeamtStG; Fall 55a), **Mittelverboten** (z.B. §§ 52–55, 81c III, Fall 55b) und **Methodenverboten** (z.B. § 136a oder Umkehrschluss aus § 81a I 2: Nichtarzt entnimmt Blut, Fall 55c).

**405** Im Fall 55a muss der Dienstvorgesetzte des K die Aussage genehmigen (§ 37 BeamtStG). – Im Fall 55b steht der Vernehmung der Ehefrau des Bürgermeisters deren Zeugnisverweigerungsrecht entgegen (§ 52 I Nr. 2). – Im Fall 55c liegt eine verbotene „Täuschung" darin, B vorzuspiegeln, er sei schon so gut wie überführt (§ 136a I 1).

**406** Eine Beweis**erhebung** ist auch dann unzulässig, wenn ihr Ergebnis einem Beweisverwertungsverbot unterfiele (Vorwirkung, arg. §§ 160a I 1, 479 II, III); denn eine solche Maßnahme ist von vornherein ungeeignet, Beweis zu erbringen, und damit unverhältnismäßig.

**407** Zur Terminologie: Beweiserhebungsverbote nennen manche Beweisgewinnungsverbote oder schlicht Beweisverbote (*Ernst Beling*, 1903). Wenn die Beweiserhebung nur von bestimmten Personen angeordnet oder durchgeführt werden darf, spricht man von relativen Beweis(erhebungs)verboten (z.B. § 81a I, II).

**Beweisverwertungsverbote** unterteilt man herkömmlich in **unselbständige:** sie folgen aus einem Verstoß gegen ein Beweis**erhebungs**verbot (z.B. resultiert § 136a III 2 aus dem Verbot bestimmter Vernehmungsmethoden in § 136a I); **selbständige:** sie sind unabhängig von einem Verstoß gegen ein Beweiserhebungsverbot; sie folgen unmittelbar aus einem Grundrecht – vor allem aus der Menschenwürde und dem allgemeinen Persönlichkeitsrecht (z.B. Verwendung von Tagebuchaufzeichnungen des vermeintlichen Täters zum Nachweis eines Diebstahls) – oder aus einfachgesetzlichen Regelungen (z.B. §§ 51 BZRG, 81c III 5, 252). 408

**Merke:** Beweisverwertungsverbote sind in jedem Verfahrensstadium zu beachten, auch im Ermittlungs- und Zwischenverfahren. Immer wenn eine Maßnahme angeordnet wird, muss der Tatverdacht auf Ermittlungsergebnissen fußen, die prozessual verwertet werden dürfen. 409

### a) Unselbständige Beweisverwertungsverbote

Wichtig ist die folgende Frage: Wann folgt aus einem Verstoß gegen ein **Beweiserhebungsverbot**, dass der so gewonnene Beweis im weiteren Verfahren nicht verwertet werden darf, d.h. dass er nicht Grundlage einer Maßnahme oder Sanktionierung sein darf? Wann führt der Verstoß also zu einem **Beweisverwertungsverbot**? Man könnte meinen: „immer“, weil in einem Rechtsstaat die Strafverfolgungsbehörden nicht von rechtswidrigem Verhalten profitieren sollten. Aber dem ist nach allgemeiner Ansicht nicht so. Es gibt keinen Automatismus. Dass diese Sicht zutrifft, belegt die Existenz von gesetzlich ausdrücklich angeordneten Beweisverwertungsverboten; sie wären nämlich überflüssig, wenn es eine allgemeine Verwertungsregel gäbe. Wann aber nun führt der Verstoß gegen ein Beweiserhebungsverbot zu einem Verwertungsverbot? 410

#### *aa) Ausdrückliches gesetzliches Verbot*

Klar sind die Fälle, in denen das Gesetz die Verwertung ausdrücklich verbietet, zu finden etwa in: Art. 13 V 2 GG, § 136a III 2. Zur Vertiefung des besonders prüfungsrelevanten **§ 136a:** 411

**Fall 56:** Die 9-jährige Laura ist verschwunden. B ist verdächtig, Laura vergewaltigt und getötet zu haben. Im Laufe einer Vernehmung erweckt der verhörende Polizist P bei B ungewollt den Irrtum, die Polizei habe Lauras Leiche gefunden. Als P im weiteren Gespräch den Irrtum des B erahnt, fragt er ihn: „Man wird Laura bald untersuchen, wollen Sie nicht vorher reinen Tisch machen?“ Weil B glaubt, er werde anhand der Spermaspuren ohnehin überführt werden, gibt er die Tat zu. Ist das Geständnis verwertbar? 412

413 **§ 136a III 2:** Schützt das Verbot zu täuschen den Vernommenen auch vor unabsichtlich hervorgerufenen Irrtümern? Gegen einen solchen Schutz spricht der Wortsinn: „**Täuschung**" erfasst nur Handlungen, „die darauf **abzielen**, bei einem anderen einen Irrtum zu erregen" (vgl. die Definition beim Betrug). Dazu passt, dass § 136a I 1 sich an den Vernehmenden richtet: „darf nicht beeinträchtigt werden". Ihm untersagt die Norm ein bestimmtes Verhalten. Die Vorschrift stellt also nicht auf den Zustand des Beschuldigten ab, irrtumsfrei zu sein, sondern auf das Verhalten des Vernehmenden. Deshalb greift § 136a I 1 bei unabsichtlich hervorgerufenen Irrtümern grds. nicht.

414 Der Vernehmende darf daher nach der Rspr. einen beim Beschuldigten schon bestehenden Irrtum ausnutzen. Aus dem Fair-trial-Grundsatz folgt nicht die Pflicht, den Beschuldigten aufzuklären. Hingegen darf der Vernehmende einen Irrtum nicht aufrechterhalten oder verstärken. Denn darin liegt ein „konkludentes Täuschen", das ja auch bei § 263 StGB als Täuschen durch aktives Tun anerkannt ist.

Im Fall 56 hat P den Irrtum des B absichtlich verstärkt, indem er den Eindruck erweckte, die Untersuchung der Leiche stehe unmittelbar bevor. Das Geständnis des B darf somit nicht verwertet werden.

415 Manche bejahen eine Aufklärungspflicht, wenn der Vernehmende den Irrtum beim Beschuldigten fahrlässig hervorgerufen hat („Ingerenz"). Zum Beispiel in einer Abwandlung zu Fall 56: V sagt, nachdem er den Irrtum des B erkennt, nichts weiter und B gesteht dennoch nach einer Weile. Diese Sicht passt in systematischer Hinsicht besser zum Merkmal der „Ermüdung", wie die Rspr. es deutet: Die Ermüdung soll nämlich schon vorliegen, wenn eine Beeinträchtigung der Willensfreiheit etwa wegen Schlafmangels zu besorgen war, d.h. § 136a greift auch bei fahrlässiger Unkenntnis des Ermittlers. Stimmiger ist es daher, das fahrlässige Hervorrufen eines Irrtums gleich zu behandeln.

416 Der Vernehmende muss also nicht alles sagen, was er weiß. Aber muss denn alles, was er sagt, wahr sein? Früher hat man das klar bejaht und sah Lügen als für eine Amtsperson unwürdig an. Heute ist nach ganz h.M. die Täuschung abzugrenzen von der **kriminalistischen List** (→ Rn 175). Der *BGH* sagt: § 136a I 1 „schließt nicht jede List bei der Vernehmung aus, sondern verbietet nur Irreführungen, die bewusst darauf abzielen, die ... Aussagefreiheit zu beeinträchtigen."

**Beispiel:** Bloße erlaubte **List** liegt vor bei Fangfragen („Wie konnten Sie sich nur an einer Minderjährigen vergreifen!?", obwohl das Opfer volljährig war und wegen Vergewaltigung ermittelt wird); auch bei doppeldeutigen Aussagen. **Täuschung** liegt vor, wenn der Beschuldigte wegen einer Vermisstensache vernommen wird, obwohl die Leiche bereits gefunden wurde.

417 Bei dem Merkmal „Ermüdung" soll von vornherein anderes gelten: Ein Verwertungsverbot entsteht nach dem *BGH* unabhängig davon, ob

der Verhörende die Ermüdung kennt, sie erkennen konnte oder der Beschuldigte die Müdigkeit überhaupt offenbart.

**Beispiel:** Die StA nimmt Dr. Kimbel fest, weil sie ihn verdächtigt, seine Frau getötet zu haben. Kimbel befand sich die letzten dreißig Stunden auf der Flucht und hatte nicht geschlafen. Weil der Vernehmungsbeamte V das nicht weiß, verhört er ihn drei Stunden lang. Am Ende gesteht Kimbel, zur Tatzeit am Tatort gewesen zu sein. – Die Aussage ist unverwertbar.

§ 136a gilt auch bei Zeugen und Sachverständigen (**§§ 72, 69 III**)! **418**

*bb) Der Verwertung steht ein überwiegendes Interesse entgegen*

Meistens ist aber nicht gesetzlich bestimmt, welche Folge ein Verstoß gegen ein Beweiserhebungsverbot hat. Unter welchen Voraussetzungen ein Verwertungsverbot dann entsteht, ist hoch umstritten. Hier tummeln sich viele „Theorien". Die jeweils angebotenen Kriterien erfordern aber in ihrer Anwendung oft dieselben Wertentscheidungen. Sie sollten daher in Klausuren keine Gegensätze aufbauen, sondern die unterschiedlichen Ansätze zusammenführen. Das gelingt, wenn Sie für Ihre Lösung von der sog. **Abwägungslehre** ausgehen, wonach das Strafverfolgungsinteresse gegen die entgegenstehenden Interessen abzuwägen ist; diese Lehre kann wegen ihrer Offenheit alle Theorien in sich vereinen. Aus dem Erhebungsverbot folgt danach nur ein **419**

Verwertungsverbot
bei Überwiegen eines entgegenstehenden Interesses.

Nach dem *BGH* ist ein Beweisverwertungsverbot die Ausnahme. Es sei nur anzuerkennen bei ausdrücklicher gesetzlicher Anordnung oder aus übergeordneten wichtigen Gründen im Einzelfall. Letzteres ist erst bedeutsam für die Frage, welches Gewicht die Interessen haben müssen. Der Ansatz ist derselbe. **420**

Innerhalb der Abwägung sind manche der von den Theorien angebotenen Kriterien **Fixpunkte** in dem Sinne, dass sie die Abwägung – meist – zwingend vorzeichnen. Welche das sind, lässt sich aus den ausdrücklichen Verboten ableiten; mit diesen hat der Gesetzgeber ja ausgedrückt, welche Umstände ein Beweisverwertungsverbot begründen. Bevor Sie also frei abwägen, sollten Sie prüfen, ob einer der folgenden Gesichtspunkte in Ihrem Fall greift. Dann ist das Ergebnis der Abwägung klar: **421**

**(1) Fixpunkte *für* ein Beweisverwertungsverbot** (Liegen sie vor, überwiegen die entgegenstehenden Interessen so gut wie *immer*!): **422**

- Die Beweiserhebung greift in den Rechtskreis des Beschuldigten (**Rechtskreistheorie**). **423**

BGHSt 11, 213: Es „muss bei jeder Vorschrift geprüft werden, ob ihre Verletzung den Rechtskreis des Beschwerdeführers wesentlich berührt oder ob sie für ihn nur von untergeordneter oder von keiner Bedeutung ist. Bei dieser Untersuchung sind vor allem der Rechtfertigungsgrund der Bestimmung und die Frage, in wessen Interesse sie geschaffen worden ist, zu berücksichtigen. Einen wichtigen Anhaltspunkt bietet auch die Protokollfähigkeit des Vorgangs, auf den die Rüge gestützt wird" (vgl. §§ 168a I, 273 I 1: „wesentliche Förmlichkeiten„ sind zu protokollieren).

Gesetzliches Vorbild: § 136a III 2

**Beispiel:** Der Vernehmende klärt den Beschuldigten nicht über sein Schweigerecht auf, verweigert ihm die Verteidigerkonsultation (§ 136) oder wendet gegenüber einem Zeugnisverweigerungsberechtigten (§ 52) verbotene Vernehmungsmethoden an. – Nach der Rspr. aber nicht, wenn der Mitbeschuldigte als Zeuge vernommen wird und nicht über sein Auskunftsverweigerungsrecht belehrt wurde. § 55 schütze nicht den Beschuldigten vor falschen Belastungen, sondern nur den aussagenden Mitbeschuldigten (→ Fall 62).

424 ▪ **Generalpräventive Gründe** erfordern das Verwertungsverbot **(Disziplinierungsfunktion)**.

Gesetzliches Vorbild: § 136a III 2

**Beispiel:** Misshandlung des Beschuldigten; andere vorsätzliche Verletzungen eines Beweiserhebungsverbotes; Missachtung des Richtervorbehalts, auch wenn die Voraussetzungen für eine Anordnung an sich vorlagen (*AG* Bremen NStZ 2012, 287).

425 ▪ Die Verwertung des rechtswidrig erlangten Beweises würde den Zweck des Beweiserhebungsverbotes aushebeln (**Schutzzwecklehre**). Gesetzliches Vorbild: § 252 und die dort anerkannte Erweiterung vom Verlesungsverbot zum umfassenden Verwertungsverbot.

**Beispiel:** Der Psychologe bekundet, dass der Beschuldigte sich den Mord in einer Sitzung von der Seele reden wollte (§ 203 I Nr. 2 StGB). Die §§ 203 StGB, 53 schützen das Vertrauensverhältnis zwischen Psychologen und Patienten. Es kann aber nur entstehen, wenn der Patient weiß, dass der Staat einem „redseligen" Psychologen kein Gehör schenkt (str.).

426 ▪ Die Beweiserhebung führt zu einer **Verletzung von Informationsbeherrschungsrechten** (= der Beschuldigte hat einen Folgenbeseitigungsanspruch).

Gesetzliches Vorbild: §§ 108 II, 160a I 2; Art. 13 V 2 GG; § 203 StGB, § 97 I 3 InsO

**Beispiel:** Durchsuchung der Arztpraxis fördert Beweise für einen Schwangerschaftsabbruch zutage; Abhören des Geistlichen des Beschuldigten; Verwertung der strafbaren Preisgabe von Privatgeheimnissen.

**(2) Fixpunkte *gegen* ein Beweisverwertungsverbot** (Liegen sie vor, überwiegen die entgegenstehenden Interessen so gut wie *nie*!): 427

- Verletzung einer bloßen **Ordnungsvorschrift** (so der *BGH*) 428

**Beispiel:** §§ 64, 257 II, 257c V (zu ihm *Jahn*, StV 2011, 501 f.)

Es handelt sich um die Kehrseite der Schutzzwecklehre: Ob die verletzte Vorschrift eine bloße Ordnungsvorschrift ist, hängt davon ab, was sie (nicht) schützt. Das ist aber erst durch Auslegung zu ermitteln! Wie beliebig die Argumentation ist, zeigt der Umstand, dass die Rspr. früher sogar § 136 als bloße Ordnungsvorschrift ansah (→ Rn 823).

- Beweis wäre höchstwahrscheinlich auch bei **rechtmäßigem Alternativverhalten** ermittelt worden (arg. § 161 II 1). 429

**Beispiel:** Als schon eine Hundertschaft ein Waldstück nach einer Vermissten durchkämmt, verrät der Beschuldigte, ohne belehrt worden zu sein, wo genau die Leiche in dem Waldstück liegt. An der Leiche finden sich Blutspuren des Beschuldigten.

Das gilt aber nur, wenn generalpräventive Gründe die Verwertung nicht verbieten: s.o. § 136a III 2, vorsätzliche Gesetzesverletzungen, Richtervorbehalt!

Dieser Punkt ist auch mit der Schutzzwecklehre verbunden: Es ist nicht der Sinn der Beweisverwertungsverbote, die Verwertung von rechtswidrig gewonnenen Beweisen zu verbieten, die ohnehin ermittelt worden wären. Denn das Erhebungsverbot ist nicht geeignet, die Verwertung dieser Beweise zu verhindern!

**(3) Relative Abwägungsgesichtspunkte *gegen* ein Beweisverwertungsverbot:** 430

- Schwere der Tat
- Aufklärung ist aussichtslos oder wesentlich erschwert (vgl. §§ 100c I Nr. 4, 110a I 3)

**(4) Beispiel für eine Falllösung:**

**Fall 57:** Jurastudent J hat ein StPO-Seminar mit der Bewertung „sehr gut" gemeistert. Als er der Vergewaltigung verdächtigt und festgenommen wird, belehren die Polizisten ihn nicht über sein Schweigerecht. J gesteht die Tat. Richter R meint, J habe sein Schweigerecht gekannt und ordnet wegen des Geständnisses U-Haft an. Beim Haftprüfungstermin behauptet J, er habe wegen seiner Nervosität an seine Rechte nicht gedacht; sein Verteidiger widerspricht der Verwertung des Geständnisses. Darf es verwertet werden? 431

Das Geständnis darf nicht verwertet werden, wenn die Polizisten gegen §§ 136 I 2, 163a IV 2 verstoßen haben und daraus ein Beweisverwertungsverbot folgt. Die Polizisten haben die Belehrung unterlassen. Das ist aber vielleicht irrelevant, weil J sein Schweigerecht als „kundiger" Jurastudent kannte. In diesen Fällen könnte eine Belehrung unnötig sein. Man ist sich aber einig, dass ausnahmslos jeder belehrt werden muss. Denn schließlich benötigt auch derjenige, der mit der Rechtslage vertraut ist, einen Hinweis, damit er „klare Gedanken" fassen kann. Außerdem verfolgt § 136 I 2 den Zweck, dem Beschuldigten klar zu machen, dass gerade die Verhörsperson es in der Verhörsituation akzeptiert, wenn er schweigt (*Salditt*, GA 1992, 51 ff.). Gibt es keine Ausnahme von der Belehrungspflicht, haben die Polizisten sie verletzt.

Ausdrücklich bestimmt das Gesetz für Verletzungen des § 136 I 2 kein Verwertungsverbot. Daher ist die Verwertung nur verboten, wenn ihr ein überwiegendes Interesse entgegensteht [Obersatz zur Abwägungslehre]. Ein solch überwiegendes Interesse ist stets zu bejahen, wenn der Schutzzweck des verletzten Beweiserhebungsverbots auch gebietet, die Verwertung des rechtswidrig gewonnenen Beweises zu untersagen [Fixpunkt: Schutzzwecklehre]. Denn dann liegt eine Wertung des Gesetzes vor, die der Rechtsanwender nicht mit einer Abwägung überspielen darf [Begründung des Fixpunktes]. Hiernach kommt es darauf an, wovor § 136 I 2 schützen will. Wie gesagt soll der Beschuldigte sich seiner Rechte in der Vernehmungssituation bewusst sein, damit er sich klaren Kopfes entscheidet, sich selbst zu belasten. Ob J einen klaren Kopf hatte, ist nicht eindeutig. Auch bei Jurastudenten kann der Vorwurf, eine schändliche Tat begangen zu haben, in der Stresssituation der Vernehmung verhindern, dass sie sich ihres Schweigerechts bewusst sind. Aus eben diesem Grund besteht die Belehrungspflicht uneingeschränkt. Deshalb ist mit der Aussage des J vielleicht genau das erfolgt, wovor § 136 I 2 schützen will: Eine unfreie Selbstbelastung! Der Verwertung des Geständnisses steht daher mit dem Schutzzweck des § 136 I 2 ein überwiegendes Interesse entgegen.

### *cc) Einzelne unselbständige Beweisverwertungsverbote*

432 **(1) Fehler bei der Beschuldigtenvernehmung (§ 136)**

**Fall 58** (nach *LG Dortmund* NStZ 1997, 356 mit Anm. *Neuhaus*, NStZ 1997, 312): Der Beschuldigte (B) war verdächtig, in der Silvesternacht und in stark alkoholisiertem Zustand seinen Vater erschossen zu haben. Die Kriminalkommissare K-P und K-H verhafteten B zwei Tage nach der Tat. Ein Arzt stellte bei B dreierlei fest: einen „Alkoholentzugsdelir" (= alkoholbedingte Bewusstseinstrübung), eine Blutalkoholkonzentration von 1,56 Promille sowie einen Blutdruck von 200/120 (Schlaganfallgefahr). Nach mehreren Weigerungen, sich mit den Beamten zu unterhalten, gestand B auf Drängen der Beamten die Tat. Direkt im Anschluss wurde er in ein Justizvollzugskrankenhaus eingeliefert. Dort lag er auf einer Art Intensivstation und war an verschiedene Apparate angeschlossen – auch noch am nächsten Tag, als ihn die Haftrichterin vernahm. Von ihr nach § 136 I 2 belehrt, bestätigte B das Geständnis. Drei Tage später vernahm ihn die Kriminalpolizei abermals, nach vorheriger Belehrung gemäß § 136 I 2. In besserem Zustand bestätigte B wiederum das Geständnis. Sind die Geständnisse verwertbar?

Das **erste Geständnis:** Im Polizeigewahrsam fehlte B die Vernehmungsfähigkeit (= Verhandlungsfähigkeit), denn er war wegen seines Gesundheitszustandes nicht in der Lage, seine Interessen (in und) außerhalb der Verhandlung vernünftig wahrzunehmen, die Verteidigung in verständiger Weise zu führen sowie Prozesserklärungen abzugeben und entgegenzunehmen (Konkretisierung vom *BVerfG*). Ein Erst-recht-Schluss führt zu einem Verwertungsverbot: Wenn schon die bloße Beeinträchtigung der Willensentschließungsfreiheit nach § 136a zu einem Verwertungsverbot führt, muss dies bei Vernehmungsunfähigkeit, also beim annähernden Ausschluss dieser Freiheit, ebenso sein. Ist § 136a I analog anzuwenden? Nein, man kann ihn direkt anwenden, weil der Katalog der verbotenen Vernehmungsmethoden in § 136a I nach h.M. nicht abschließend ist. Das erste Geständnis darf also in keiner Weise verwertet werden – auch K-P und K-H dürfen zu den von B gemachten Angaben nicht vernommen werden. **433**

Das **zweite Geständnis:** Hier spricht ebenfalls viel dafür, dass B nicht vernehmungsfähig war. Das *LG* hat dann auch Vernehmungsunfähigkeit angenommen. – Das zweite Geständnis ist aber jedenfalls dann nicht verwertbar, wenn deswegen ein Verstoß gegen § 136a I vorliegt, weil der Fehler des ersten Geständnisses bei der zweiten Vernehmung fortwirkt (§ 136a geht § 254 I vor). Das ist hier anzunehmen, weil es an einer qualifizierten Belehrung fehlt: Für B stellte sich die Sache so dar, als sei er schon überführt worden. Er hat sich damit nicht frei für die Selbstbelastung entschieden. Die Haftrichterin hätte ihn darüber belehren müssen, dass die erste Aussage für die Justiz sozusagen nicht existent und nicht verwertbar ist. Sie hat ihn aber nur „einfach" belehrt, d.h. nur über das Schweigerecht an sich (§ 136 I 2). Das zweite Geständnis ist daher ebenfalls nicht verwertbar. **434**

Das **dritte Geständnis:** Hier liegen die Dinge genauso wie beim zweiten. Die Polizei hat B nicht qualifiziert belehrt. Das Geständnis ist nicht verwertbar. **435**

Das *LG* hat den Angeklagten in der Hauptverhandlung freigesprochen, weil keine anderen Beweise für seine Schuld vorlagen, und zwar auf die übereinstimmenden (!) Anträge von StA und Verteidigung.

Merken Sie sich zur Fortwirkung: „Gelingt es, die Unverwertbarkeit einer Vernehmung zu beweisen, dann wirkt sich das auf alle nachfolgenden Vernehmungen ohne vorausgegangene qualifizierte Belehrung grds. dahin aus, daß die Folgevernehmungen, ‚wie eine Reihe von Dominosteinen' umfallen" (*Neuhaus*, NStZ 1997, 312, 315; vgl. auch *BGH* NJW 2009, 1427; *OLG Hamm* StV 2010, 5). **436**

**(2) Umgehung der Beschuldigtenbelehrung**

437 Rufen Sie sich Fall 3 und Fall 4 in Erinnerung: Die Ermittlungsbehörden müssen zur Sicherung der Aussagefreiheit des Verdächtigen diesen belehren, wenn sie Verdacht hegen oder die äußeren Umstände Verdacht begründen (**Umgehungssperre**).

438 **Fall 59** (nach BGHSt 34, 362): A saß wegen des Verdachts, einen schweren Raub begangen zu haben, in U-Haft. Auf Veranlassung des ermittelnden Kriminalbeamten D brachte ein anderer Untersuchungshäftling (Y) den A im privaten Gespräch zum Eingeständnis seiner Täterschaft. Y hatte sich zum Aushorchen bereit erklärt, „weil er sich Vorteile für sein eigenes Strafverfahren versprach und er es im Übrigen nicht gut findet, wenn man des Geldes wegen Menschen umbringt".

439 Nach richtiger Ansicht umgehen die Ermittler die Belehrungspflicht immer dann in rechtswidriger Weise, wenn sie Privatpersonen zu einem Verhalten veranlassen, bei dem die Beamten selber den Beschuldigten hätten belehren müssen (→ Rn 180 f.).

Eine Ausnahme bietet allenfalls der „Verdeckte Ermittler" (§ 110a, → Rn 263 ff.), wenn man die ihm „erlaubten Täuschungen" nicht auf solche über die Identität beschränkt (zu den Grenzen siehe aber *BGH* NStZ 2009, 343 und *BGH* NStZ 2010, 527; dazu lesenswert *Jahn*, JuS 2010, 832). Wer dem Verdeckten Ermittler mehr erlaubt, muss aus § 110a den Umkehrschluss ziehen: Andere dürfen nicht „als oder durch Private" auf das Aussageverhalten des Beschuldigten einwirken. Denn sonst droht von § 110a her eine völlige Aushöhlung der Belehrungspflicht. Jede Unterlassung der Belehrungspflicht könnte mit einem Verweis auf die in § 110a vorgesehene Heimlichkeit gerechtfertigt werden. Das würde die besonderen Voraussetzungen, die diese Norm aufstellt (Katalogtat etc.), unerlaubt umgehen.

440 Der *BGH* hat im Fall 59 die Verwertung von Ys Aussage für unzulässig erklärt, indem er die §§ 136, 136a analog anwendete. (Keine direkte Anwendung, weil die Normen eine förmliche Vernehmungssituation voraussetzen! → Rn 179) Abgestellt hat der *BGH* auch darauf, dass die U-Haft eine Zwangswirkung schaffe. Der entscheidende Gesichtspunkt ist aber, dass D den A sozusagen in „mittelbarer Täterschaft" getäuscht hat über den wahren Sinn der „Privat"-Gespräche. Dies ist ebenso eine unzulässige Umgehung und ein Verstoß gegen den Nemo-tenetur-Grundsatz, wie es für Fall 3 und Fall 4 anerkannt ist.

441 Genauso zu lösen sind die „**Romeo-Fälle**": Um an Informationen zu kommen, veranlasst die Polizei eine Privatperson, eine Liebesbeziehung mit dem Beschuldigten einzugehen (§§ 136, 136a analog). – Ebenso die **Stimmenfalle** (→ Fall 60, Rn 442). – Auch bei **Provokationslügen:** Der Telefonanschluss des B wird rechtmäßig überwacht. Um Schwung in die Ermittlungen zu bringen, kündigt die Polizei der Ehefrau des B gegenüber an, den B bald zu verhaften. Daraufhin

führt die Ehefrau ein Gespräch mit B, worin er sich belastet. – Anders aber, wenn die Verhaftung tatsächlich bevorstand. Dann lag nämlich keine „Täuschung" vor. (Der Verwertung entgegen steht aber der rechtswidrige Eingriff in die Intimsphäre, vgl. *LG Ulm* StV 2006, 8, 9).

Diese strenge Sicht hat der *BGH* aber im **Hörfallen-Beschluss** nicht durchgehalten: 442

> **Fall 60** (BGHSt [GrS] 42, 139 ff.): Die Polizei veranlasste ein Telefongespräch zwischen E und dem Beschuldigten, der wegen schweren Raubes verdächtig war. Der Dolmetscher F verfolgte dieses Gespräch an einem Zweithörer. Darf eine Aussage des F verwendet werden, wenn der Beschuldigte sich in dem Telefongespräch belastet hat?

Zunächst stellt der *BGH* im Fall 60 fest, dass § 136 I 2 nicht eingreift: Die Belehrung solle nur verhindern, dass der Beschuldigte **wegen des amtlichen Charakters** irrig glaubt, zur Aussage verpflichtet zu sein. Darüber hinaus sei der Nemo-tenetur-Grundsatz (→ Rn 144) nicht verletzt, weil er nur „Freiheit von Zwang zur Aussage" ausschließen wolle, nicht aber „Freiheit von Irrtum".

Die analoge Anwendung der §§ 136, 136a lehnt der *BGH* ab: „Die Heimlichkeit eines polizeilichen Vorgehens ist kein Umstand, der nach der Strafprozeßordnung für sich allein schon die Unzulässigkeit begründet." (Stimmt, vgl. §§ 100a, 100c.) Gleiches gelte für „die unauffällige Beobachtung des Beschuldigten" und auch „das von ihm unbemerkte Mithören und Belauschen". (Stimmt auch.) Der *BGH* verkennt aber das Entscheidende: „Denn nicht in der ‚Heimlichkeit' von Ermittlungen liegt eine Umgehung des § 136 StPO und ein Verstoß gegen den Nemo-tenetur-Grundsatz, sondern in der staatlich arrangierten irrtumsbedingten Selbstbelastung, zu der solche Hörfallen dienen" (*Roxin,* NStZ 1997, 18, 19 – unbedingt lesen!).

Ablehnung verdient daher auch die Entscheidung zur **hilfreichen Ehefrau** 443
(*BGH* NStZ 2011, 596): Die Frau eines schon verurteilten Mittäters diente sich den Behörden als Informationsbeschafferin an, um ihrem Mann einen Strafrabatt zu sichern (§ 31 BtMG); die Polizei händigte ihr daraufhin technische Geräte zum Aufzeichnen des Gesprächs aus, und sie beschaffte tatsächlich eine selbstbelastende Äußerung des Angeklagten, indem sie ihm privates Interesse vorspiegelte und Vertraulichkeit zusicherte. Der *BGH* meint, die Polizei habe die Frau weder „instruiert noch angeleitet". Das Gegenteil ist richtig: Die Polizei hat Hilfe zum Aufnehmen des Gesprächs geleistet (durch das Übergeben der technischen Geräte) und zur Tat angestiftet (durch das zumindest konkludente Signalisieren, der Strafrabatt für ihren Ehemann könne so gesichert werden; näher *Roxin*, StV 2012, 131). – Im **Zwangsräumungsfall** gelangt der *BGH* dagegen zu einem Beweisverwertungsverbot (NJW 2018, 1986): Nach den Feststellungen des Tatgerichts stand der B am Tattag bevor, dass der Gerichtsvollzieher die von ihr angemietete Doppelhaushälfte zwangsräumt. Sie nahm zehn Tabletten eines

Antidepressivums und legte einen Brand, woraufhin es zu einer explosionsartigen Verpuffung mit starker Rauchentwicklung kam. B wurde über den Balkon von der Feuerwehr gerettet. Noch am Tatort verweigerte B nach ordnungsgemäßer Belehrung ihre Aussage, sie gab an, erst mit einem Verteidiger sprechen zu wollen. B wurde dann in Polizeigewahrsam genommen und in eine Klinik gebracht. In Anwesenheit einer Polizeibeamten machte sie dem Arzt gegenüber belastende Angaben auch zum Tathergang. Die Schilderung des Tathergangs hielt sie für nötig, um den gesundheitlichen Risiken zu begegnen. Die Polizistin hatte zuvor gefragt, ob sie das Behandlungszimmer verlassen solle, worauf weder B noch der Arzt reagierte. Der BGH begründet die Verletzung der Selbstbelastungsfreiheit über eine Gesamtabwägung der Umstände und insbesondere damit, dass B gesundheitlich angeschlagen war, die Angaben gegenüber dem Arzt nötig waren und B über den gesamten Zeitraum einer (staatlichen) Befragungssituation ausgesetzt war (zum Fall lesenswert *Wagner* ZJS 2018, 485; *Vogler* NStZ 2019, 36). – Eine komplexe Problematik bieten die **Fälle präventiven Eingreifens** von Behörden, bei deren Gelegenheit Erkenntnisse für ein laufendes (oder aufzunehmendes) Strafverfahren gewonnen werden (sog. legendierte Kontrollen). Beispiel: Verdachtsmomente aus einem strafrechtlichen Ermittlungsverfahren wegen Drogenhandels werden an die Zollbehörde weitergereicht, die dann zur Sicherung von mitgeführtem Kokain – gemäß ihrer üblichen Kompetenzen und also auch ohne richterliche Anordnung – eine Fahrzeugkontrolle durchführt und das Kokain tatsächlich auffindet. Der BGH erklärt die Sicherungsmaßnahme für rechtmäßig und die gewonnenen Erkenntnisse im Strafverfahren für verwertbar, vor allem mit dem Gedanken des rechtmäßigen Alternativverhaltens (*BGH* NStZ 2018, 296; lesenswert dazu *Böse* ZJS 2019, 323; *Mitsch* NJW 2017, 3124).

444 **(3) Die Zeugenbelehrung (§§ 52, 55)**

**Fall 61** (nach *BGH* StV 2002, 3): B ist verdächtig, seine Ehefrau vergewaltigt zu haben. Der Sohn der Ehefrau aus erster Ehe, der Zeuge Z, wird vom Ermittlungsrichter vernommen. Z sagt, er sei mit B „nicht verwandt und nicht verschwägert" und wird nach § 55 belehrt. Obwohl er sich anfangs weigert auszusagen, belastet er B später schwer. Darf die Aussage im weiteren Verfahren verwertet werden, wenn Z das letztlich doch nicht will?

Z ist im Fall 61 sehr wohl mit B in gerader Linie verschwägert (§ 1590 I BGB). Folglich war er nach § 52 I Nr. 3 zur Zeugnisverweigerung berechtigt und hätte nach § 52 III 1 über dieses Recht belehrt werden müssen. Dass Z sich selber als nicht verschwägert bezeichnete, ist rechtlich irrelevant. Eine Aussage, die aufgrund eines Verstoßes gegen § 52 III 1 gewonnen wurde, darf grds. nicht verwertet werden. Denn § 52 I schützt das Angehörigenverhältnis, und das ist getrübt, wenn B aufgrund der Aussage des Z weiterverfolgt wird.

Im realen Fall unterblieb die Belehrung erst in der Hauptverhandlung. Der *BGH* sagt, die Aussage dürfe nur verwertet werden, wenn davon auszugehen sei, dass der Zeuge auch bei Belehrung ausgesagt haben würde. Das kann man bejahen, wenn der Zeuge „darauf brannte", den Täter zu belasten. – Ferner soll die Verwertung im Urteil zulässig sein, wenn der Beschuldigte wusste, dass er schweigen darf.

**Fall 62:** Bundeswehrsoldat S ist wegen Mordes an seiner Frau angeklagt. Er behauptet, zur nächtlichen Tatzeit das Tor zu seiner Kaserne passiert zu haben. Der wachhabende Soldat W wird als Zeuge vernommen, aber nicht nach § 55 II belehrt. W will nicht preisgeben, dass er den Wachposten zur fraglichen Zeit verlassen hatte, um mit seiner Freundin zu schmusen. Deshalb belastet er den S und sagt aus, nicht gesehen zu haben, dass S in die Kaserne ging. **445**

Hier hat der Richter gegen § 55 II verstoßen, weil er W nicht über sein Aussageverweigerungsrecht belehrt hat. Der *BGH* meint, aus solchen Verstößen folgen keine Verwertungsverbote. Denn § 55 II schütze allein den Zeugen und nicht auch den Angeklagten (Rechtskreistheorie, Schutzzwecklehre). Zu diesem Ergebnis gelangt der *BGH*, weil in den Materialien nur dieser Zweck herausgestellt ist (historische Auslegung). Das ist ein Argument, aber kein schlechthin ausschlaggebendes.

Es fragt sich, ob § 55 II nicht den weiteren Zweck hat, den Beschuldigten zu **446**
schützen. Fall 62 zeigt, dass der „Rechtskreis" des Angeklagten sehr wohl betroffen sein kann, wenn der Zeuge glaubt, er müsse aussagen. Denn W hat sich durch das Verlassen des Wachpostens strafbar gemacht nach § 44 I Nr. 2 Alt. 2 WStG; und in Kenntnis des Aussageverweigerungsrechts hätte er seinen Konflikt zwischen Selbstbelastung und wahrheitsgemäßer Aussage wohl anders aufgelöst, nämlich geschwiegen und also ohne den Rechtskreis des S zu beeinträchtigen. Solche Beeinträchtigungen sollten vermieden werden, und dazu ist die Statuierung eines entsprechenden Beweisverwertungsverbots auch geeignet. Deswegen befürworten manche in diesen Fällen ein Beweisverwertungsverbot.

### (4) Verletzung von Anwesenheitsrechten (§ 168c, Art. 6 MRK) **447**

**Fall 63** (nach BGHSt 46, 93; lehrreiche Anm. *Neuhaus*, JuS 2002, 18): Der Angeklagte A war verdächtig, seine Tochter T vergewaltigt zu haben. Zu einem Zeitpunkt, zu dem er als Kapitän zur See fuhr, vernahm Ermittlungsrichter R die T. Sie belastete A. Von dieser Vernehmung war der damals unverteidigte A rechtmäßig ausgeschlossen und daher nicht benachrichtigt worden (§ 168c III u. V 2). In der Hauptverhandlung berief T sich auf ihr Schweigerecht (§ 52 I Nr. 3). Durfte R in der Hauptverhandlung als Zeuge vernommen werden, wenn dem A die Tat sonst nicht nachzuweisen war?

Dass T ihr Zeugnisverweigerungsrecht in der Hauptverhandlung ausübt, führt eigentlich dazu, dass die frühere Aussage im Ganzen unverwertbar ist (§ 252). Nach der Rspr. gilt das aber nicht für vorherige richterliche Vernehmungen; über sie dürfe der vernehmende Richter gehört werden. – Im Fall 63 ist also die Vernehmung des R nach der Rspr. nur dann ausgeschlossen, wenn die frühere Vernehmung der T gegen ein Beweiserhebungsverbot verstieß und dieser Verstoß zu einem umfassenden Beweisverwertungsverbot führt.

Es liegt ein Verstoß gegen das Recht auf Verteidigung (§ 137 I 1) vor, denn dem A hätte vor der richterlichen Vernehmung ein Pflichtverteidiger bestellt werden müssen (§ 141 III 1, 2 a.F. und § 141; § 140 I Nr. 2 iVm § 177 StGB): Die (ermittlungs-)richterliche Vernehmung kann **die Hauptverhandlung ein Stück weit vorwegnehmen** (der Zeugenbeweis wird festgezurrt, um § 252 zu entgehen). Zur Sicherung einer effektiven Verteidigung ist daher zu gewährleisten, dass der Zeuge auch von der Verteidigung befragt wird; sie ist ja viel stärker als der Richter motiviert, dem Belastungszeugen Widersprüche vorzuhalten, und der Beschuldigte hat (falls der vorgeworfene Sachverhalt zutrifft) oft Kenntnisse vom Tatgeschehen, die dem Richter fehlen. Eine solche beidseitige Befragung führt am ehesten zur materiellen Wahrheit.

Darüber hinaus ist das Fragerecht aus Art. 6 III lit. d MRK verletzt. Danach hat der Angeklagte das Recht, „Fragen an die Belastungszeugen zu stellen oder stellen zu lassen". „Belastungszeuge" ist hier nicht der R, der nur die belastende Aussage der T wiedergibt. Vielmehr sind Ts Bekundungen auf Wahrheit zu überprüfen. Diese Überprüfung will Art. 6 III lit. d MRK sichern. Im Fall 63 wurde dem A dieses Recht komplett verwehrt.

Weil mit diesen beiden Gesetzesverletzungen Kernrechte des Angeklagten missachtet wurden, die für eine Verteidigung unabdingbar sind, sollte man hier nach der Abwägungslehre auch zu einem Beweisverwertungsverbot kommen.

Der *BGH* hat hingegen die Verwertung zugelassen und nur den Beweiswert von Rs Aussage deutlich gemindert (sie habe nur noch den Wert einer nichtrichterlichen Vernehmung, → Rn 711): Die Tatsachen müssten durch andere Beweise gestützt werden (**Beweiswürdigungslösung**). Dieser Sicht ist zu widersprechen: Das Recht auf Verteidigung hat faktisch wie normativ (§ 136) das gleiche Gewicht wie der „Nemo-tenetur-Grundsatz". Wenn Verstöße gegen letzteren ein Verwertungsverbot begründen, muss folgerichtig für Verstöße gegen das Verteidigungsrecht dasselbe gelten. – Der *EGMR* prüft in diesen Fällen für jeden Einzelfall, ob ohne die Konfrontationsmöglichkeit und aufs Ganze gesehen noch ein faires Verfahren vorliegt (lesenswert zur dreistufigen Prüfung des *EGMR Satzger* Jura 2016, 1083 – zu *EGMR-Große Kammer* HRRS 2016 Nr. 1).

**448** Leidet eine richterliche Vernehmung an einem Fehler (etwa weil § 168c V 1 verletzt wurde), wirkt sich dies auf das Protokoll aus: Es handelt sich dann nicht mehr um eine „Niederschrift" über eine „richterliche Vernehmung". Eine Verlesung nach § 251 II scheidet damit aus. Zu behandeln ist das Vernehmungsprotokoll vielmehr als nichtrichterliche Niederschrift, was die Verlesung nach § 251 I erlaubt (BGHSt 22, 118, 120; kritisch *Velten,* StV 2007, 97), wofür aber ein

Hinweis entsprechend § 265 nötig ist (BGH NStZ-RR 2019, 222). Verbunden ist damit ein minderer Beweiswert, was im Urteil zum Ausdruck kommen muss (*BGH* StV 2005, 255).

Im Zusammenhang mit der Verletzung der in § 168c V 1 normierten Benachrichtigungspflicht verneint der *BGH* eine Drittwirkung von Beweisverwertungsverboten. In dem zugrunde liegenden Sachverhalt hatte sich ein Angeklagter auf die unterbliebene Benachrichtigung des Verteidigers seines Mitangeklagten berufen. Der *BGH* argumentiert damit, dass § 168c V allein dem Schutz des vernommenen Beschuldigten diene (NJW 2009, 1619). **449**

Das gleiche soll gelten bei einem Verstoß gegen § 114b II 2 (auch Art. 36 I lit.b S. 3 WÜK): Ein Ausländer sitzt als Beschuldigter in U-Haft und wird nicht belehrt über sein Recht auf konsularische Betreuung (wohl aber nach § 136 I); in Unkenntnis dieses Betreuungsrechts belastet er sich und einen Mittäter. – Den Mittäter sieht die Rspr. schon nach der Rechtskreistheorie nicht von diesen Normen geschützt (BGHSt 52, 48, 52). Bei dem Beschuldigten selbst soll der Schutzzweck der Normen nicht betroffen sein, weil das Betreuungsrecht des Inhaftierten nicht gerade wegen der Selbstbelastungsfreiheit gewährt werde; denn nicht bei Beginn der Vernehmung müsse er belehrt werden, sondern erst bei Inhaftierung (BGHSt 52, 48, 54 f. – der *BGH* wollte daher den Belehrungsverstoß nur im Wege der Vollstreckungslösung anrechnen, sechs Monate sollten als verbüßt gelten). *IGH* und *BVerfG* betonen, dass nicht auf derlei abstrakter Ebene über ein Beweisverwertungsverbot entschieden werden dürfe; vielmehr müsse im Einzelfall geprüft werden, ob dem Beschuldigten aus dem Verfahrensverstoß ein Nachteil entstanden sei (*BVerfG* NJW 2011, 207, 209 re.Sp.; informativ *Gless/Peters*, StV 2011, 369).

### (5) Widersprechen Sie der „Widerspruchslösung"! **450**

**Literatur:** *Lindemann*, Präklusion von Verfahrensrügen wegen fehlenden Rechtsschutzbedürfnisses?, StV 2010, 379.

> **Fall 64:** B wird im Ermittlungsverfahren von zwei Polizisten vernommen und gesteht – unbelehrt – einen Raub. Im Haftprüfungstermin spricht Richter R diesen Umstand an. Muss RA Liebling, der Verteidiger des B, etwas tun?

Ein dringender Tatverdacht iSd § 112 I besteht im Fall 64 nur, wenn das Geständnis verwertbar ist, weil sonstige Beweise nicht vorliegen. Die Vernehmung des B verstieß gegen § 136 I 2. Das weiß auch der Haftrichter, sodass Liebling eigentlich schweigen könnte. Doch führt nach der Rspr. der Verstoß gegen das Beweiserhebungsverbot des § 136 I 2 **bei verteidigten oder über das Widerspruchserfordernis belehrten Beschuldigten** nur dann zu einem Beweisverwertungsverbot, wenn Verteidiger oder Beschuldigter der Verwertung des Beweises widersprechen (**Widerspruchslösung**). Schweigen sie, soll der Richter den Verstoß gegen das Beweiserhebungsverbot ignorieren dürfen, die **Revisionsrüge ist verwirkt** (s. BGHSt 38, 214, 225 f.).

Die Widerspruchslösung soll auch für weitere unselbständige Beweiserhebungsverbote gelten, etwa im Zusammenhang mit der Überwachung der Telekommunikation oder dem Einsatz Verdeckter Ermittler. Hingegen soll die Unverwertbarkeit einer Aussage bei Verstößen gegen § 136a nicht von einem Widerspruch abhängen (arg. § 136a III 2). Bei Verstößen im Zusammenhang mit einer Wohnungsdurchsuchung ist nach dem zweiten Strafsenat des BGH kein Widerspruch nötig (NJW 2017, 1332), wohingegen der fünfte Strafsenat ihn nunmehr ausdrücklich fordert (NJW 2018, 2279).

**451** Für die Widerspruchslösung wird angeführt, sie achte die Befugnis des Angeklagten, über die Verwertung des Beweises zu disponieren; zudem treffe den Verteidiger wegen seiner Stellung als Organ der Rechtspflege eine Art Mitverantwortung für eine funktionstüchtige Strafrechtspflege. Und weil die StPO dem Beschuldigten auch an anderer Stelle die Fehler seines Verteidigers zurechne (etwa bei der Zuständigkeitsrüge iSd § 16 oder im Falle des § 344 II 2 bei unzureichender Revisionsbegründung), dürfe der Verteidiger sich den Einwand nicht für die Revision aufheben. – **Kritik:** Die genannten Vorschriften drängen (als Ausnahmen) eher zum Umkehrschluss. Auch die Dispositionsbefugnis des Angeklagten und die Stellung des Verteidigers sprechen nicht für die Widerspruchslösung (eher für eine Erlaubnis- oder Zustimmungslösung, wenn es um die Verwertung kontaminierter Beweise geht). Selbst wenn der Verteidiger verpflichtet ist mitzuwirken, gilt doch für den Richter weiterhin der **Untersuchungsgrundsatz**. Erkennt der Haftrichter, dass ein Beweis rechtswidrig erhoben wurde, hat er diesen Verfahrensfehler zu heilen. Dazu muss er den Verteidiger fragen, ob dieser mit der Verwertung einverstanden ist. Versäumt der Richter dies (wissentlich), verstößt er gegen den Untersuchungsgrundsatz. Dass diese Sicht zutrifft, ergibt sich aus Folgendem: Im Normalfall ist der Verteidiger dem Beschuldigten gegenüber verpflichtet, der Verwertung zu widersprechen. Wenn nun das Rechtspflegeorgan „Verteidiger" seine Pflicht verletzt, dann sollte doch das andere Rechtspflegeorgan „Richter", das ebenfalls auf die Prozessordnung achten muss, diesen Fehler beheben. Die Rspr. gibt dem Verteidiger indes nicht nur eine Mitverantwortlichkeit, sondern bürdet ihm die Alleinverantwortlichkeit auf. – Ein weiterer Mangel der Widerspruchslösung ist die Ungleichheit, die sie bewirkt: Der verteidigte Beschuldigte steht schlechter als der unverteidigte! Denn dem verteidigten Beschuldigten wird letztlich allein deshalb ein Revisionsgrund abgeschnitten, weil sein Verteidiger anwesend war, wohingegen der unverteidigte vom Richter auf den Verfahrensfehler hingewiesen werden muss. – Keinen Beifall verdient es ferner, wenn der fünfte Strafsenat nunmehr der Verteidigung „im Interesse der Schonung von Justizressourcen – orientiert am Subsidiaritätsgedanken – die frühestmögliche zumutbare Geltendmachung einer Rechtsverletzung abverlangt". Denn auch dieser Ansatz blickt allein auf den Verteidiger und vermag nicht zu begründen, warum nicht das Tatgericht selbst auf die Einhaltung des Verfahrensrechts zu achten hat. Und für die Situation des Ermittlungsverfahrens (Fall 64) gibt der Ansatz schon gar keine Begründung, weil er nur auf das Versäumen des Widerspruchs in der Hauptverhandlung zugeschnitten ist, hingegen soll im Ermittlungsverfahren der Verfahrensfehler von

Amts wegen zu beachten sein. Diese Differenzierung findet im Begründungsansatz des fünften Senats keine Stütze. Obendrein greift der Gedanke der (allein vom Verteidiger zu beachtenden) Ressourcenschonung in den vielen Fällen nicht, in denen das Gericht um den Verfahrensfehler weiß; es könnte dann leicht selbst eine Ressourcenvergeudung vermeiden und die Zustimmung des verteidigten Angeklagten einholen. Den Vorzug verdient nach allem die Zustimmungslösung (zur Widerspruchslösung lesenswert *Tolksdorf*, Festgabe für Graßhof, 1998, 254).

Im Fall 64 muss V nicht widersprechen, da der Richter den Verfahrensfehler im Ermittlungsverfahren von Amts wegen beachten muss. **Nur in der Hauptverhandlung** müsste V nach dem BGH widersprechen. –Darüber hinaus verlangt der *BGH*, dass der Verteidiger die „Angriffsrichtung“ des Widerspruchs angibt, d.h., der Verteidiger muss sagen, warum er der Verwertung widerspricht (BGHSt 52, 38, 42; lesenswert *Meyer-Mews*, StraFo 2009, 141 ff.). Verwertbar soll der an sich unzulässige Beweis auch sein, wenn der unverteidigte Beschuldigte vom Gericht auf die Möglichkeit des Widerspruchs hingewiesen wird und er diesen nicht erhebt. 452

Merken Sie sich zum Widerspruch (als Verteidiger): In der Hauptverhandlung so früh wie möglich widersprechen und ggf. den Widerspruch wiederholen; **spätester Zeitpunkt** ist direkt im Anschluss an die jeweilige Beweiserhebung (s. **§ 257 I, II**). Der Verwertung jedes einzelnen Beweismittels widersprechen (**Singularität:** Geständnis selbst, Aussage der Verhörspersonen, Verlesung von Protokollen). Die **Angriffsrichtung**, also den Grund für den Widerspruch angeben (BGHSt 52, 38). Die Erhebung des Widerspruchs kann nur mit dem **Protokoll** bewiesen werden (**§ 274**), also muss er unbedingt aufgenommen werden. 453

### (6) [Rechtswidrige] Beweiserlangung von Privatleuten 454

**Fall 65:** Bruder B der vermissten Julia prügelt so lange auf den T ein, bis dieser ihm sagt, wo er die Leiche versteckt hat. B tat das (a) auf Veranlassung des ermittelnden Kommissars Schimanski; (b) aus eigenem Antrieb.

Beweise, die von Privaten rechtswidrig erlangt werden, unterliegen nicht dem Verwertungsverbot des § 136a III 2 (dazu schon → Fall 24, Rn 179). Denn die Norm richtet sich nach ihrer systematischen Stellung (förmliche Vernehmung) nur an staatliche Ermittler – wie alle anderen Beweiserhebungsverbote auch. Ein Beweisverwertungsverbot besteht in diesen Fällen (nahezu) unumstritten dann, wenn die Strafverfolgungsbehörde sich das Verhalten des Privaten zurechnen lassen muss, weil der **Private als Werkzeug** erscheint. In der Terminologie des materiellen Rechts liegt **normative Tatherrschaft** vor. Diese Sicht ist zutreffend und aus generalpräventiven Gründen erforderlich (Disziplinierungsfunktion).

**455** Im Fall 65a darf das Quasigeständnis des T nicht verwertet werden, weil Schimanski den B als qualifikationsloses Werkzeug (B ist kein Ermittler!) dazwischengeschaltet hat, um das Verwertungsverbot zu umgehen. Er muss sich dessen Verhalten daher zurechnen lassen.

Scheidet eine solche Zurechnung aus, soll ein Verwertungsverbot nach h.M. nur greifen bei schweren Verstößen gegen Menschenrechte; sonst schütze das materielle Strafrecht die Beschuldigten ausreichend vor den Privaten. Richtig ist hingegen die Ansicht, die auch danach fragt, ob generalpräventive Gründe ein Verwertungsverbot erfordern. Wenn etwa die §§ 223 ff. StGB im Einzelfall nicht abschrecken, muss die Aktion des Privaten von vornherein aussichtslos gemacht werden. Methodisch geht dies mit einer analogen Anwendung des § 136a III 2, der ja solche generalpräventiven Ziele verfolgt, wie das Verwertungsverbot trotz Einwilligung des Beschuldigten zeigt.

**456** Im Fall 65b verletzt das Verhalten des B die Menschenwürde des V. Das Verwertungsverbot ist aber auch aus generalpräventiven Gründen nötig; denn B mag es zum Zwecke der Überführung des V in Kauf genommen haben, dass er für das Prügeln bestraft wird. Nach beiden Ansichten scheidet die Verwertung des Quasigeständnisses daher aus.

**457** Einen bizarren Sachverhalt bietet BGHSt 44, 129 ff.: Frau A sitzt wegen Mordverdachts in U-Haft. Die Mitgefangene S, die sich als Wahrsagerin betätigt, spiegelt der A vor, sie könne das Urteil der Richter beeinflussen. Dazu müsse A ihr aber den Tatablauf schildern. Erst unter Drogeneinfluss und als S ihr mit der „Rache Allahs" droht, räumt A ihre Täterschaft ein. Diese Information gibt S an die StA weiter, um sich (wie in früheren Fällen) Erleichterungen im Strafvollzug zu verschaffen. – Das Verhalten der S dürfte den Ermittlungsbehörden wegen einer Art „Duldungsvollmacht" zurechenbar sein. – Wer es anders sieht, muss § 136a III 2 analog anwenden: Die Mittel (Drohung, Täuschung, Drogenverabreichung) sind grob rechtsstaatswidrig.

**458** Vgl. BGHSt 36, 167, 173 ff.: Verwertung einer privaten Videoaufzeichnung, welche die Vereinbarung festhält, das Gebäude einer konkurrierenden Videothek anzuzünden. Der Plan wird später umgesetzt. – Das Aufzeichnen des Gesprächs verwirklicht den § 201 StGB. Folgt daraus ein Beweisverwertungsverbot? Der *BGH* meinte: nein! Ausgehend von dem Grundsatz, dass kein Verwertungsverbot in Fällen rechtswidrigen Handelns Privater entstehe, ergab seine Abwägung, dass insbesondere wegen der Schwere der Tat (§§ 306, 26 StGB a.F.: bis zu 15 Jahren) eine Verwertung zulässig sei. – Hierzu passen auch die prüfungsrelevanten Entscheidungen zur Verwertung von Aufzeichnungen erstens eines verdeckten Gesprächs zwischen einem Informanten und dem Beschuldigten (*BGH* NStZ 2011, 596) und zweitens eines Unfallgeschehens per Dashcam (*AG Nienburg* DAR 2015, 280 – dazu *Satzger* Jura 2017, 1394).

**459** Immer einmal wieder aktuell wird die Frage nach der Verwertung gestohlener Daten. Als Prototyp dieser Fälle kann die **Liechtensteiner**

**Steueraffäre** dienen: K gelang es, als Mitarbeiter einer Liechtensteiner Treuhandgesellschaft (LTG) Dokumente zu digitalisieren und auf einer CD an sich zu bringen. Die Daten enthielten Anhaltspunkte für zahlreiche Steuerdelikte deutscher LTG-Kunden. Der Bundesnachrichtendienst kaufte die CD für 4,2 Millionen Euro und reichte die Daten an die Steuerfahnder weiter. Dürfen sich Zwangsmaßnahmen und Verurteilungen darauf stützen?

Zur materiell-rechtlichen Seite: Konnte man früher annehmen, die BND-Mitarbeiter haben sich mit dem Ankauf der CD strafbar gemacht wegen Begünstigung (§ 257 I StGB) und Beihilfe zum Verrat von Geschäfts- und Betriebsgeheimnissen (§§ 17 UWG, 27 StGB, vgl. *Trüg/Habetha*, NJW 2008, 887, 888 ff.), so folgt nunmehr wohl aus § 202d III Nr. 1 StGB, dass solche Handlungen „rechtmäßig" sind.

Rechtspolitisch ist ein Beweisverwertungsverbot vorzugswürdig: **460**
Der Rechtsstaat karikiert sich selber, wenn er Beweismittel verwertet, zu deren Erlangung ein Staatsbedienstete einen Straftäter bezahlt und ihm also unmittelbar dazu verhilft, die Beute der Straftat zu Geld zu machen (**Selbstwiderspruch des Staates**). Ein Verwertungsverbot passt auch besser zu den anerkannten Verwertungsverboten bei vorsätzlicher Missachtung des Richtervorbehalts und gezieltem Einsatz eines privaten Straftäters (Fall 65a). Hier wie dort gebietet die **Disziplinierungsfunktion** die Nichtverwertung. Die Rspr. lässt allerdings für die Verwertbarkeit entscheidend ins Gewicht fallen, dass eine Vielzahl von schweren Steuerdelikten aufgeklärt werden kann und dass andere Aufklärungsmöglichkeiten fehlen (vgl. *LG Bochum* NStZ 2010, 351; *BVerfG* StV 2011, 65 – *arg.* nunmehr § 202d III Nr. 1 StGB).

Hinter diesen Aspekten zurücktreten müssen die Abwägungsposten der Schwere und Vielzahl der Steuerdelikte und das Fehlen anderweitiger Aufklärungsmöglichkeiten (a.A. *LG Bochum* NStZ 2010, 351; *BVerfG* StV 2011, 65).

### (7) Fernwirkung oder Früchte vom verbotenen Baum?

**Fall 66:** Im Fall 65a findet man die Leiche und unter den Fingernägeln des Opfers Hautreste von T. Darf dieser Beweis verwertet werden, wenn die Leiche vermutlich nie gefunden worden wäre und Schimanski Anhaltspunkte dafür hatte, dass sich Spuren des Täters am Opfer befinden? **461**

Rechtswidrig erlangte Beweise, wie das Geständnis des T im Fall **462**
65a, führen manchmal zu weiteren Beweisen. Zu der Frage, ob dann wenigstens diese verwertet werden dürfen, gibt es drei Positionen: nie – immer – einzelfallabhängig.

Die Rspr. lässt die Verwertung immer zu. Ihr Hauptargument ist, **463**
dass sonst ein kleiner Fehler am Anfang des Verfahrens zu dessen völliger Lahmlegung führen kann. – Wer die Verwertung hingegen immer

ausschließt, liegt auf der Linie der amerikanischen „**fruit of the poisonous tree doctrine**“. Grund für diese Sicht ist, dass die Strafverfolgungsbehörden nicht ermutigt werden sollen, Verfahrensverstöße zu begehen, die trotz des Verstoßes zu verwertbaren Beweisen führen (Disziplinierungsfunktion). – Die Abwägungslehre will nur die schlimmsten Auswirkungen vermeiden: Bei schweren Straftaten etwa oder beim Fehlen anderer Beweise will sie die Verwertung zulassen.

Stellungnahme: Der einzige klar geregelte Fall der Fernwirkung ist § 393 II 1 AO („dürfen ... nicht ... verwendet werden“). Daraus kann man schließen, dass es sonst grds. keine Fernwirkung gibt. Hiervon ausgehend ist dann zu fragen, ob ausnahmsweise zwingende Gründe der Verwertung entgegenstehen: Generalprävention, Informationsbeherrschungsrechte, Schutzzwecklehre (die Verwertung intensiviert die Rechtsverletzung). Hingegen fällt auch ins Gewicht, ob die weiteren Beweise ohnehin erlangt worden wären.

**464** Im Fall 66 hat Schimanski den B bewusst eingeschaltet, um an die Hautspuren unter den Nägeln des Opfers zu gelangen. Aus generalpräventiven Gründen ist daher auch dieser Beweis unverwertbar.

**465** Die Rspr. bejaht nur vereinzelt eine Fernwirkung: für § 6 II 3 iVm § 7 VI G10 (*BGH*); für § 105 I 1 (*OLG Düsseldorf* BeckRS 2016, 13617); für § 136 I 2 (*OLG Oldenburg*); für § 97 I 3 InsO (*LG Stuttgart*).

**Beispiel:** Nach einem willkürlichen Verstoß gegen den Richtervorbehalt aus § 105 I 1 machte der Beschuldigte Angaben zur Sache (*OLG Düsseldorf* BeckRS 2016, 13617). Die vorgefundenen Beweismittel dürfen nicht verwertet werden (s. Rn 310). Ausnahmsweise folgt daraus nach dem *OLG Düsseldorf* eine Fernwirkung des Beweisverwertungsverbots, da für den Beschuldigten ein Zustand bestand, in dem Leugnen oder Schweigen sinnlos war angesichts der Tatsache, dass die Polizeibeamten sich in seiner Wohnung befanden und die unerlaubt angebauten Marihuanapflanzen bereits entdeckt hatten.

### 466 (8) Anforderungen an den Nachweis und Begründungslast

Ob gegen ein Beweiserhebungsverbot verstoßen wurde, ist oft unklar. Nach h.M. obliegt dem Beschuldigten der volle Nachweis im Wege des Freibeweises – „in dubio pro reo“ soll nicht greifen.

**Beispiel:** Die Angeklagte rügte, dass sie von der Polizei nicht über das Recht belehrt worden sei, einen Verteidiger hinzuzuziehen (§ 163a IV 2 iVm § 136 I 2). Das Tonbandprotokoll gab wieder: „Eingangs meiner Vernehmung wurde mir erklärt, weshalb ich hier bei der Polizei als Besch. geführt werde. Mir wurde des Weiteren erklärt, daß ich bei der Polizei keine Aussagen machen brauche. Ich wurde entsprechend belehrt. Ich will jedoch hier Aussagen machen.“ (*BGH* StV 1999, 354). Obwohl in Nr. 45 I RiStBV angeordnet ist, dass die Belehrung über das Recht auf Verteidigerkonsultation zu protokollieren ist (die Protokollierung bei erfolgter Belehrung also die Regel sein dürfte), hat der *BGH* das Fehlen nicht als erwiesen angesehen.

Dem ist für solche Fälle zu widersprechen, in denen der **Beschuldigte beweisrechtlich „kaltgestellt"** wird. So hatte die Angeklagte im obigen Beispiel während der Vernehmungssituation keine Möglichkeit, den Verfahrensverstoß zu dokumentieren – sie wusste ja nichts von ihrem Recht! In solchen Konstellationen ist, in genauer Umkehrung der *BGH*-Rspr., der Verhörsperson im Hinblick auf die spätere Verwertung eine Protokollierungspflicht aufzuerlegen. Verstößt der Beamte gegen diese Pflicht, besteht der Anschein eines Verfahrensverstoßes. 467

Sehr treffend sind hier die Ausführungen des *EGMR* im Verfahren Artico gegen Italien zu Art. 6 III lit. c MRK (Recht auf Verteidigung): „Der Gerichtshof ruft in Erinnerung, daß die Konvention nicht bestimmt ist, theoretische oder illusorische Rechte zu garantieren, sondern Rechte, die konkret sind und Wirksamkeit entfalten. Dies gilt insbesondere für Rechte der Verteidigung im Hinblick auf die herausragende Stellung, die das Recht auf ein faires Gerichtsverfahren in einer demokratischen Gesellschaft einnimmt, dem jene Rechte entstammen" (zitiert bei *Wohlers* StV 2002, 585, 587 – lesenswert!).

Unserem Erachten nach muss immer, wenn ein Verfahrensverstoß gut möglich ist, von seinem Vorliegen ausgegangen werden. Das folgt zum einen aus dem **Grundsatz des fairen Verfahrens:** „Denn wenn gute Gründe für die Unverwertbarkeit sprechen, ist es nicht fair, die Verurteilung auf ein so zweifelhaftes Beweismittel zu stützen" (*Roxin*). Zum andern ist das aber schon Teil des Rechtes selber; denn welchen Wert hat das Recht, wenn seine Verletzung kaum nachzuweisen ist! 468

### b) Selbständige Beweisverwertungsverbote

#### (1) Einfachgesetzliche Verbote 469

**§ 252** verbietet, die frühere Aussage eines vor der Hauptverhandlung vernommenen Zeugen zu verlesen, wenn dieser später das Zeugnis verweigert. Die Norm knüpft damit nicht an einen Verstoß gegen ein Beweiserhebungsverbot, denn den Zeugen zu vernehmen, war ja erlaubt. Verboten ist damit die Verlesung von Verhörsprotokollen.

Man ist sich heute allerdings einig, dass der Passus „darf nicht verlesen werden" zu deuten ist als „darf nicht verwertet werden". Andernfalls wäre § 252 zum einen überflüssig, weil schon § 250 S. 2 die Verlesung von schriftlichen Erklärungen untersagt, die von einem Zeugen stammen, der von seinem Zeugnisverweigerungsrecht Gebrauch macht. Zum andern wäre das Verbot auch wertlos, wenn etwa der Richter denjenigen, der damals vernommen hat (Polizist, Staatsanwalt), darüber befragen dürfte, was der jetzt Schweigende damals gesagt hat. **§ 252** statuiert deshalb ein **umfassendes Verwertungsverbot**. Es sichert den

Schutzbereich der §§ 52–53a: „Das Zeugnisverweigerungsrecht soll … gewährleisten, dass der zur Zeugnisverweigerung Berechtigte bis zur Hauptverhandlung frei entscheiden kann, ob seine frühere, vielleicht voreilige oder unbedachte, Aussage verwertet werden darf" (*BGH* NJW 2003, 2619). Verboten ist nicht nur die Vernehmung der Verhörsperson zur Aussage selber, sondern auch eine Befragung zu (allgemeinen) Eindrücken von dem Zeugen.

**470** § 252 greift auch, wenn das Angehörigenverhältnis erst nach der Vernehmung entsteht: Hat etwa die spätere Verlobte zur Verurteilung beigetragen, wird das die Beziehung nicht gerade stärken. Die Interessenlage ist also dieselbe wie im Normalfall des § 252.

**471** Zu der oben genannten Sinnerklärung passt allerdings nicht die Ausnahme, die der *BGH* bei **richterlichen Vernehmungen** macht: Erfolgte die frühere Vernehmung durch einen Richter (das kann nicht nur ein Ermittlungsrichter sein, sondern auch ein Richter, der eine Vernehmung z.B. in einem Familienverfahren durchgeführt hat) und hat eine ordnungsgemäße Belehrung über das bestehende Zeugnisverweigerungsrecht stattgefunden, dürfe die frühere Zeugenaussage vor dem Richter durch Vernehmung dieses Richters als Zeugen in die Urteilsfindung einbezogen werden.

**Beispiel:** Die Ehefrau des Angeklagten belastet ihn vor dem Ermittlungsrichter. In der Hauptverhandlung beruft sie sich auf ihr Zeugnisverweigerungsrecht (§ 52 I Nr. 2). – Die Rspr. erlaubt die Vernehmung des Richters zu dem Beweisthema „Aussage der Ehefrau".

*BGH(GS)*St 61, 221 führt an, dass richterliche Vernehmungen größeres Vertrauen genössen als nichtrichterliche (arg. §§ 251 I, 254 I). Aber darum geht es dem § 252 nicht. Das Verwertungsverbot besteht ja nicht deshalb, weil der Wert der Vernehmung zweifelhaft ist, sondern zum Schutz des Angehörigenverhältnisses (im Beispiel Art. 6 GG).

**472** Der *2. Strafsenat* des *BGH* hatte eine qualifizierte Belehrung verlangt. Der vernehmende Richter müsse den angehörigen Zeugen darauf hinweisen, dass seine Bekundungen ungeachtet seines späteren Aussageverhaltens in Durchbrechung eines möglichen Verwertungsverbots nach § 252 gegen den Angeklagten verwertet werden dürfen. Der *Große Senat* hat das in der genannten Entscheidung abgelehnt: Wenn der Beschuldigte sich im Ermittlungsverfahren mit einer Einlassung belaste, dürfe diese Einlassung später verwertet werden, und zwar ohne frühere qualifizierte Belehrung – dies gelte dann erst recht für den bloßen Zeugen; auch stehe dem Zeugen die gesteigerte Bedeutung seines Aussagens schon deshalb vor Augen, weil er vor einem Richter aussage (lesen Sie: BGHSt 61, 221!).

Unterbleibt eine ordnungsgemäße richterliche Belehrung nur deshalb, weil ein Zeuge auf Nachfrage z.B. das Bestehen seiner Ehe verneint, und beruft er sich später auf § 252, darf der Richter trotz unterbliebener Belehrung befragt werden, weil andernfalls jeder Zeuge durch falsche Angaben ein Verfahren bewusst manipulieren könnte.

§ 252 greift nicht bei Spontanäußerungen (*OLG Hamm* NStZ 2012, 53 m. Anm. *Putzke*, ZJS 2012, 838), bei Zeugnisverweigerung nach § 55 (→ Rn 203), Aussagen gegenüber einem V-Mann oder „aus freien Stücken" gegenüber Dritten außerhalb einer Vernehmung. Dagegen greift § 252 bei informatorischen Befragungen und bei Aussagen, die ein Zeuge gegenüber einem Sachverständigen gemacht hat, z.B. im Rahmen einer aussagepsychologischen Begutachtung (Befundtatsachen [→ Rn 218] dürfen allerdings verwertet werden). Selbst wenn ein Zeuge Angaben im Rahmen einer außergerichtlichen Befragung durch den Verteidiger macht, bejaht die Rspr. § 252 (*BGH* NJW 2000, 1277). – So wie bei § 136a III 2 macht eine Zustimmung des Angeklagten die frühere Aussage **nicht** verwertbar; denn § 252 schützt auch den Zeugen. **473**

Anwenden sollte man § 252 aber auf den Fall *BGH* NStZ 2012, 281: Die Beschuldigte (B) war verdächtig, ihrem Ehemann (Z) zwei Stichverletzungen im Oberkörper beigebracht zu haben. Während des Ermittlungsverfahrens hatte Z die ihn behandelnden Ärzte von der Schweigepflicht entbunden, woraufhin sie die B gegenüber der Polizei belasteten. In der Hauptverhandlung schwiegen Z und auch seine Ärzte, denn Z hatte mittlerweile die Befreiung von der Schweigepflicht widerrufen (§§ 52 I Nr. 2, 53 I 1 Nr. 3). Das *LG* vernahm die Polizisten, die im Ermittlungsverfahren Zs Ärzte vernommen hatten, und verwertete die Aussagen der Vernehmungsbeamten. Der *BGH* billigt das, weil die Ärzte – wegen der anfangs gültigen Befreiung von der Schweigepflicht – nicht in dem für §§ 53 I, 252 typischen Konflikt gewesen seien. Das stimmt zwar. Doch schützt § 53 I Nr. 3 nicht nur den Arzt, sondern jedenfalls auch das Vertrauensverhältnis zwischen Arzt und Patient (näher *Geppert*, NStZ 2012, 282).

Selbständige, einfachgesetzliche Beweisverwertungsverbote finden sich noch in: §§ 81c III 5; 100d II 1, 108 II; § 51 I BZRG; § 7 III Artikel 10-Gesetz; § 97 I 3 InsO; § 393 II 1 AO; §§ 4 f. StUG. **474**

**Fall 67** (nach BGHSt 49, 72): A und B wurden beschuldigt, eine Körperverletzung mit Todesfolge zulasten ihrer Tochter C begangen zu haben. Weil das zweite Kind, der fünfjährige Sohn M, als Tatzeuge in Betracht kam und vernommen werden sollte, wurde das Jugendamt zum Ergänzungspfleger des M bestellt. Das Jugendamt erklärte, M verzichte auf sein Zeugnisverweigerungsrecht. Der Ermittlungsrichter E bestimmte einen Vernehmungstermin, unterrichtete die Verteidiger von A und B und schloss diese selbst rechtmäßig von der Vernehmung des M aus (§ 168c III). Im Termin gab M an, A und B hätten C und ihn am Tatabend misshandelt. Die Vernehmung wurde auf Video aufgezeichnet. In der Hauptverhandlung erklärte das Jugendamt, M mache von seinem Recht aus § 52 Gebrauch und schweige. Daraufhin wurde E als richterliche Verhörsperson vernommen und das Abspielen der Videoaufzeichnung vom Gericht beschlossen und durchgeführt. A und B werden verurteilt (§ 227), den Nachweis der Täterschaft stützen die Richter hauptsächlich auf die Videoaufzeichnung. Wäre eine Revision begründet? **475**

Eine Revision ist nach **§ 337 I** begründet, wenn das Urteil auf der Verletzung des Gesetzes beruht. Die Vorschrift des **§ 255a** ist falsch angewendet und verletzt, wenn § 255a I, II das Abspielen der Videoaufzeichnung nicht gestattet. **§ 255a I** verweist auf § 252. Diese Vorschrift, die allgemein im Sinne eines umfassenden Verwertungsverbots gedeutet wird, greift im Fall des M. Denn der Junge hat erst in der Hauptverhandlung von seinem Zeugnisverweigerungsrecht Gebrauch gemacht; insoweit steht die Verweigerung des gesetzlichen Vertreters einer Verweigerung des M gleich. Folglich erlaubt § 255a I das Abspielen der Videoaufzeichnung nicht.

**476** Auf Basis der Rspr. zu § 252 ist das Ergebnis seltsam: Ermittlungsrichter E darf vernommen werden (→ Rn 716 ff.), nicht hingegen darf die Videoaufzeichnung verwendet werden, obwohl sie das beweisthemanähere Beweismittel und obendrein von E angefertigt wurde. Das wäre ein Widerspruch in der gesetzlichen Systematik. Insbesondere wenn man annimmt, dass die Videoaufzeichnung dem Ermittlungsrichter vorgehalten werden darf; denn das dürften die §§ 255a I, 252 nicht verbieten, da der Vorhalt nicht die Vernehmung ersetzt, sondern sie nur ergänzt. – Man ist versucht, § 255a I einschränkend auszulegen und ihn so zu deuten, dass der dortige Verweis auf § 252 keine richterlichen Vernehmungen erfasst, das Video in solchen Fällen also abgespielt werden darf. Doch steht einer solchen Sicht der Wortlaut des § 255a I klar entgegen, der uneingeschränkt auf § 252 verweist.

**477** **§ 255a II** erlaubt das Abspielen nur, wenn eine Katalogtat betroffen ist. Genannt ist die fahrlässige Tötung (§ 222 StGB). Es muss genügen, dass die Eltern wegen der Körperverletzung mit Todesfolge gemäß § 227 StGB verurteilt worden sind. Denn es wäre widersprüchlich, das Abspielen des Bandes beim schwereren Delikt zu verbieten – zumal Spezialität vorliegt: § 227 StGB umfasst die fahrlässige Tötung (vgl. § 18 StGB). § 255a II ist so zu verstehen, dass ein Abspielen stets erlaubt ist, wenn die angeklagte prozessuale Tat eine Katalogtat umfasst (hier § 222 StGB), selbst wenn diese verdrängt wird. – Z ist auch unter sechzehn Jahren, sodass diese Voraussetzung ebenfalls erfüllt ist.

Der Absatz 2 setzt weiter voraus, dass Verteidiger „**und**" Angeklagter Gelegenheit hatten, an der Vernehmung mitzuwirken. Daran fehlt es. Denn diese Gelegenheit hatten nur die Verteidiger, nicht aber die Angeklagten. Folglich erlaubt auch § 255a II das Abspielen nicht.

**478** Dass die Eltern nach § 168c III zulässigerweise von der Vernehmung ausgeschlossen waren, spricht nicht gegen diese Sicht. Denn gerade der § 168c zeigt, dass der Gesetzgeber sehr wohl differenziert zwischen einer Mitwirkung der Verteidiger einerseits und der von Beschuldigten andererseits. Wenn sich in § 255a II keine solche Differenzierung findet, dann muss man den Gesetzgeber beim Wort nehmen und das „und" entscheidend sein lassen. Das hat auch seinen guten Sinn: Denn eine Vernehmung nach § 255a nimmt die Hauptverhandlung ein Stück weit vorweg, weil ein Beweismittel festgezurrt wird. Wegen dieser Vorwegnahme der Hauptverhandlung ist es für eine effektive Verteidigung besonders wichtig, dass der Beschuldigte mitwirken kann: Der Verteidiger hat zu diesem Zeitpunkt meist noch kein umfassendes Akteneinsichtsrecht (§ 147 II); schon wegen dieses Informationsdefizits, aber auch generell kann der Beschuldigte viel besser Widersprüche in der Aussage des Zeugen erkennen und entsprechende Vorhalte machen, denn es geht ja um ein Geschehen, an dem er beteiligt war oder gewesen sein soll. Vor diesem Hintergrund ist die Entscheidung des Gesetzgebers, das Mitwirken von Verteidiger „und" Beschuldigtem zu verlangen, durchaus nachvollziehbar. – Der BGH sieht in § 255a II einen von Abs. 1 abweichenden Normzweck (Vermeidung belastender Zeugenaussagen des jungen Zeugen) und verlangt deshalb nicht, dass in der Hauptverhandlung geklärt wird, ob der Zeuge sein Zeugnisverweigerungsrecht ausüben will (BeckRS 2019, 32169).

### (2) Verfassungsrechtliche Verbote

**Fall 68** (nach BGHSt 34, 397): A war verdächtig, eine schlafende, sonnenbadende Frau aus Mordlust mit einem Beil erschlagen zu haben. Die Polizei beschlagnahmt bei einer rechtmäßigen Hausdurchsuchung As Tagebuch, dem A unmittelbar vor der Tat seine Mordgelüste gegenüber Frauen anvertraut hatte. 1. Dürfen diese Aufzeichnungen verwertet werden? 2. War die Beschlagnahme rechtmäßig? **479**

Die Verwertung von Tagebuchaufzeichnungen berührt das **allgemeine Persönlichkeitsrecht** des Beschuldigten (Art. 2 I iVm 1 I GG). Ob die Verwertung gerechtfertigt ist, bestimmt das einfache Gesetz nicht. Der Rechtsanwender ist hier (gem. § 31 BVerfGG) an die **Sphärentheorie** des *BVerfG* gebunden (s. BVerfGE 34, 238; *BVerfG* StraFo 2008, 421). Danach wird die Privatsphäre gestaffelt geschützt:

1. Sphäre: Sozialbereich (z.B. Geschäftsgespräche)
2. Sphäre: Schlichte Privatsphäre (z.B. Restaurantgespräche)
3. Sphäre: Intimsphäre (z.B. eheliches Intimleben, Briefe)

Kenntnisse, die der **Sozialsphäre** entstammen, dürfen immer verwertet werden, weil das in der Gesellschaft gesprochene oder geschriebene Wort seinen privaten Charakter einbüßt. Erkenntnisse aus der **schlichten Privatsphäre** dürfen nur verwertet werden, wenn das Strafverfolgungsinteresse im Einzelfall überwiegt. Die **Intimsphäre** jedoch bildet einen **unantastbaren Kernbereich** privater Lebensgestaltung.

Die erste Frage zu Fall 68 ist bei Anwendung dieser Vorgaben u.E. **480**
klar zu verneinen. Denn was soll zum Intimbereich einer Person gehören, wenn nicht ihre Tagebuchaufzeichnungen! „Intimer" (= inniger, persönlicher) als diese sind nur noch die ungeäußerten Gedanken im Kopf eines Menschen. Die Differenzierung des *BVerfG* hat also keinen

Sinn, wenn man Tagebuchaufzeichnungen nicht zur Intimsphäre zählt. Schon das eheliche Intimleben, das sicher zur Intimsphäre gehört (→ Rn 282), liegt näher am Rand dieser Sphäre als das Tagebuch: Sich mit einer anderen Person zu unterhalten, kann ja nicht intimer sein, als die „monopersonale" Verarbeitung eines Geschehens.

Der *BGH* hat in der Entscheidung, der Fall 68 nachgebildet ist, gleichwohl die Verwertung für zulässig erachtet, indem er die Sphärentheorie des *BVerfG* missachtet hat: Das Strafverfolgungsinteresse wiege höher als das Persönlichkeitsrecht des Angeklagten. Allerdings ist es gerade der Clou der Intimsphäre, dass bei Eingriffen in sie keine Abwägung mehr stattfindet. Zwar wird die Intimsphäre selber auch durch Abwägung ermittelt, aber wenn Tagebuchaufzeichnungen nicht darein fallen, bleibt von ihr nichts übrig. – Das *BVerfG* selber hat die *BGH*-Entscheidung bestehen lassen (4:4-Abstimmung).

Der *BGH* grenzt aus den Tagebuchaufzeichnungen von vornherein diejenigen aus, „die Straftäter über ihre Taten und Opfer fertigen"; diese Notizen unterfielen „nicht den aus Art. 1 und 2 GG herzuleitenden Beweis- und Verwertungsverboten": „Die Entfaltung, nicht der Verfall der Persönlichkeit wird durch die Grundrechte geschützt." Das ist schlechter Sophismus in einem sensiblen Bereich. Es geht ja darum, ob dem Bürger ein Refugium verbleibt, innerhalb dessen er keine Eingriffe vom Staat zu befürchten hat. Vor diesem Hintergrund ist es nicht zu rechtfertigen, einerseits die Gespräche des Täters zu schützen, die er mit seiner Frau über die Taten führt, andererseits die „interne" Auseinandersetzung mit sich selber von diesem Schutz auszunehmen.

**481** Die zweite Frage zu Fall 68, nach der Erlaubtheit der Beschlagnahme, ist nach unserer Lösung (Verwertungsverbot) ebenfalls zu verneinen. Denn § 94 I erlaubt nur solche Gegenstände in Verwahrung zu nehmen, „die als Beweismittel für die Untersuchung von Bedeutung sein können". „Beweismittel" konnte das Tagebuch aber aus Rechtsgründen nicht sein, weil es nach dem oben Gesagten nicht verwertet werden darf (Fall der **Vorwirkung** → Rn 406).

## III. Abschlussentscheidung der Staatsanwaltschaft

**Literatur:** *Artkämper/Hermann/Jakobs/Kruse*, Aufgabenfelder der Staatsanwaltschaft, 2008, C. IV.; *Heghmanns*, Anklageerhebung, in: Hb. zum Strafverfahren, hrsg. v. Heghmanns/Scheffler, 2008, V Rn 1 ff.

**482** Mit der Abschlussentscheidung der StA endet das Vorverfahren. Aus Sicht des Beschuldigten führt die Beendigung dazu, dass er im günstigsten Fall nicht mehr verfolgt wird, im etwas schlechteren der Verletzte Privatklage erheben kann oder schlimmstenfalls die StA das Verfahren weiter betreibt. Die ersten beiden Varianten (keine Verfolgung bzw. Privatklage) bedeuten für die StA, dass sie mit der Sache nichts mehr zu tun hat. Insoweit erfolgt eine **Einstellung** des Verfahrens. Dazu kommt es immer dann, wenn hinreichender Tatverdacht fehlt (§ 170 II), zeitweise ein Verfahrenshindernis besteht (§ 205 S. 1 analog), Opportunitätsgründe vorliegen (§§ 153 ff.) oder es sich um ein Privatklagedelikt handelt und die StA gleichzeitig das öffentliche Interesse an der Strafverfolgung verneint (§§ 374 ff.).

Statistisch gesehen ist die Staatsanwaltschaft keine Anklage-, sondern eine Einstellungsbehörde, weil (teilweise mit erheblichen Unterschieden zwischen den einzelnen Bundesländern) im Durchschnitt weit mehr als fünfzig Prozent der Verfahren eingestellt werden. **483**

Greift keine dieser Varianten, stehen drei Optionen zur Verfügung: **Strafbefehlsantrag** (§§ 407 ff.), Antrag auf ein **Beschleunigtes Verfahren** (§§ 417 ff.) oder Erhebung der **Anklage** (**§ 170 I**). **484**

Bevor die StA einen dieser Wege beschreitet, vermerkt sie gem. § 169a den Abschluss der Ermittlungen, d.h. sie schreibt in die Abschlussverfügung: „Die Ermittlungen sind abgeschlossen" (Abschlussvermerk). Warum ist das so wichtig? Ab diesem formellen Akt hat zum einen der Verteidiger uneingeschränktes Akteneinsichtsrecht (§ 147 II 1, VI), zum andern muss die StA, wenn die Voraussetzungen des § 141 vorliegen, die Bestellung eines Pflichtverteidigers beantragen (§ 141 III 3). **485**

### 1. Einstellung des Verfahrens

**Literatur:** *Püschel/Tsambikakis*, Verfahrenseinstellung nach § 153a StPO: Chancen und Risiken, PStR 2007, 232.

(1) Bieten die Ermittlungen keinen genügenden Anlass zur Erhebung der öffentlichen Klage (= hinreichender Tatverdacht fehlt), führt dies zur Verfahrenseinstellung nach **§ 170 II**. Für das Fehlen des hinreichenden Tatverdachts kann es prozessuale Gründe geben (z.B. wenn eine Verfahrensvoraussetzung fehlt oder ein Verfahrenshindernis besteht), materiellrechtliche (z.B. keine Strafbarkeit der versuchten Untreue) oder tatsächliche (z.B. kein Tatnachweis). **486**

Bei einer Einstellung muss die StA den Beschuldigten gem. § 170 II 2 darüber „in Kenntnis" setzen (das geschieht mit einer **Einstellungsnachricht**), und zwar in vier Fällen: Es hat eine **Vernehmung** des Beschuldigten stattgefunden, gegen ihn ist ein **Haftbefehl** erlassen worden, er hat einen **Antrag** auf Bescheidung gestellt oder es besteht ein **besonderes Interesse** an der Bekanntgabe. Zu begründen ist der Bescheid nur dann, wenn der Beschuldigte es ausdrücklich verlangt (Nr. 88 RiStBV). Damit nicht genug: Nach § 171 S. 1 ist auch derjenige zu benachrichtigen, der die Strafverfolgung durch eine Anzeige veranlasst hat, d.h. der **Antragsteller**. Voraussetzung für die Benachrichtigung ist aber, dass die Anzeige das ausdrückliche Begehren nach Strafverfolgung enthält. Wer an der Strafverfolgung erkennbar kein persönliches Interesse hat, ist kein Antragsteller, sondern nur ein Anzeigeerstatter. Im Gegensatz zur Benachrichtigung des Be- **487** schuldigten ist diesmal die Verfügung ohne Antrag zu begründen (§ 171 S. 1 Hs. 2; Nr. 89 II RiStBV). Nicht jeder Antragsteller wird die Einstellung begrüßen. Aber nur dem **Verletzten** stellt die StPO einen förmlichen Rechtsbehelf zur Verfügung: das Klageerzwingungsverfahren (→ Rn 532 ff.). Darüber ist der Verletzte nach § 171 S. 2 zu belehren.

**488** Die Einstellung nach § 170 II verbraucht nicht die Strafklage. Trotz Einstellungsbescheides kann die StA also jederzeit die Ermittlungen wieder aufnehmen und später Anklage erheben.

**489** (2) Das Verfahren wird ebenfalls nach **§ 170 II** eingestellt, wenn ein Privatklagedelikt iSd § 374 I gegeben ist und die StA gem. § 376 das **öffentliche Interesse** an der Strafverfolgung verneint. Dieses liegt aber idR vor (Nr. 86 II RiStBV), wenn

der Rechtsfrieden über den Lebenskreis des Verletzten hinaus gestört oder die Strafverfolgung auch ein Anliegen der Allgemeinheit ist.

**490** Das „öffentliche Interesse" in § 376 ist zu unterscheiden vom „besonderen öffentlichen Interesse" bei relativen Antragsdelikten (z.B. § 230 I 1 StGB). Fehlt ein Strafantrag und verneint die StA das **„besondere öffentliche Interesse"**, liegt ein Verfahrenshindernis vor. Hingegen beinhaltet die Annahme des „besonderen öffentlichen Interesses" zugleich die Bejahung des „öffentlichen Interesses". Einer Verweisung auf den Privatklageweg stünde in diesem Fall § 376 entgegen.

**491** Im Einstellungsbescheid wird der **Verletzte** auf den **Privatklageweg** verwiesen und darf die Strafverfolgung selbst in die Hände nehmen. Folgende Voraussetzungen müssen vorliegen: **Erstens** eine Katalogstraftat nach § 374 I; **zweitens** kein öffentliches Interesse (Kriterien aus der RiStBV: allgemein in Nr. 86 II, für Beleidigungen Nr. 229 und für Körperverletzungen Nr. 233); **drittens** Antragsteller ist Verletzter (§ 374 I) oder zum Strafantrag berechtigt (§ 374 II).

**492** Hält der Antragsteller den Einstellungsbescheid samt Verweisung auf den Privatklageweg in den Händen, muss er sich entscheiden, ob ihm die Angelegenheit den ganzen Aufwand wert ist. Entschließt er sich, Privatklage zu erheben, ist am Anfang die Frage des Sühneversuchs zu klären. Das richtet sich nach § 380.

Ist der Sühneversuch nicht erforderlich oder scheitert er, kann die Privatklage erhoben werden. Sie wird dem Beschuldigten sodann gem. § 382 zur Stellungnahme mitgeteilt. Wenn der Richter den hinreichenden Tatverdacht bejaht, eröffnet er gem. § 383 I 1 das Hauptverfahren. § 383 II gibt ihm aber sogleich die Möglichkeit, das Verfahren einzustellen, „wenn die Schuld des Täters gering" ist (Spezialvorschrift zu § 153). Geschieht dies nicht, wird terminiert und es findet gem. §§ 384 ff. eine Art „modifizierte" Hauptverhandlung statt.

(3) Die **§§ 153, 153a** durchbrechen das Legalitätsprinzip. Mit ihnen stehen der StA und (nach Eröffnung des Hauptverfahrens) dem Gericht Mittel zur Verfügung, um Delikte der Kleinkriminalität rasch „vom Tisch" zu bekommen. Ein Vorgehen nach **§ 153 I 1** setzt voraus: **493**

- eine gewisse Wahrscheinlichkeit für einen Schuldnachweis hinsichtlich eines Vergehens (kein hinreichender Tatverdacht erforderlich),
- Schuld, die als geringfügig anzusehen wäre, und
- das Fehlen eines öffentlichen Strafverfolgungsinteresses.

Wie der Wortlaut des § 153 I 1 zeigt („Schuld ... als gering anzusehen wäre"), ist kein Schuldnachweis erforderlich. Ob die Schuld gering wäre, hängt von einem Vergleich mit Vergehen gleicher Art ab. Die Strafe muss im untersten Bereich des in Betracht kommenden Strafrahmens anzusiedeln sein. Bei der Beurteilung sind die Kriterien des § 46 II StGB zu berücksichtigen. Das Verfolgungsinteresse kann trotz geringer Schuld aus spezial- oder generalpräventiven Gründen gegeben sein. **494**

Will die StA das Verfahren **vor** Klageerhebung nach § 153 I 1 einstellen, muss das Gericht zustimmen. Eine Ausnahme enthält § 153 I 2: Kann das Mindestmaß einer Strafe verhängt werden, bedarf es keiner gerichtlichen Zustimmung. Das Mindestmaß bei einer Freiheitsstrafe beträgt gem. § 38 II Hs. 2 StGB einen Monat. Beläuft sich die Strafandrohung eines Vergehens auf mehr als einen Monat (z.B. § 244 I StGB), handelt es sich um eine „im Mindestmaß erhöhte Strafe", sodass § 153 I 2 nicht anwendbar ist. (Auf die Geldstrafe kommt es im Übrigen nicht an, weil bei ihr immer das Mindestmaß verhängt werden kann.) **Nach** Erhebung der Klage ist für eine Einstellung gem. § 153 II 1 sowohl die Zustimmung des Gerichts und der StA als auch des Angeschuldigten erforderlich. **495**

**Fall 69:** A wird beim Schwarzfahren erwischt. Seit vielen Jahren hatte er nachweislich Monatsfahrscheine erworben; der letzte lief jedoch einen Tag zuvor ab. Weil die Verkehrsbetriebe keinen Spaß verstehen, stellen sie gem. § 265a III StGB iVm § 248a StGB Strafantrag. StA S hat keine Lust auf solchen „Kram" und stellt das Verfahren ein. Darf er das? **496**

Beim Erschleichen von Leistungen – wie im Fall 69 – handelt es sich um ein Vergehen (§§ 265a, 12 II StGB). Hinreichender Tatverdacht besteht. Für die geringe Schuld spricht, dass es sich nur um ein einmaliges Vorkommnis handeln dürfte. Daher war es auch vertretbar, das öffentliche Strafverfolgungsinteresse zu verneinen (obwohl generalpräventive Aspekte stark für die Verfolgung sprechen). Zur Einstellung war S befugt, ohne die Zustimmung des Gerichts einzuholen, denn die Strafandrohung in § 265a I StGB lautet „bis zu einem Jahr", ist also im Mindestmaß nicht erhöht.

**497** Stellt das Gericht das Verfahren gem. § 153 II ein, so bejaht der *BGH* einen **beschränkten Strafklageverbrauch** – als Vergehen dürfe die Tat nicht mehr verfolgt werden. Zur Begründung führen die Richter das Rechtsstaatsprinzip an: Der Bürger müsse darauf vertrauen dürfen, dass gerichtliche Entscheidungen Bestand haben. Aber diese Begründung trägt nicht. Denn das Regelungssystem der §§ 153, 153a würde ein etwaiges Vertrauen des Bürgers zerstören. Da § 153a I 5 den beschränkten Strafklageverbrauch gerade anordnet, kann aus dem Fehlen einer solchen Regelung bei § 153 nur der Umkehrschluss gezogen werden: Bei Einstellungen nach § 153 II bleibt die Tat verfolgbar. – Aus demselben Grund scheitert auch eine analoge Anwendung des § 153a I 5: Von einer planwidrigen Regelungslücke kann keine Rede sein, nicht zuletzt weil der Gesetzgeber erst 2002 den § 153f eingefügt, den § 153 aber unverändert gelassen hat. Aus denselben Gründen scheitert auch eine Analogie zu §§ 174 II, 211 StPO, §§ 45 III 4, 47 III JGG (vgl. *Beulke*, Rn 336).

**498** **§ 153a** ist der „Vater" (oder die „Mutter") der Verständigung im Strafverfahren. Die Norm erfasst nur **Vergehen** und hat folgende Voraussetzungen:

- hinreichender Tatverdacht (Verurteilungswahrscheinlichkeit)
- Schwere der Schuld steht einer Einstellung nicht entgegen
- Auflage befriedigt das öffentliche Strafverfolgungsinteresse

**499** Das öffentliche Strafverfolgungsinteresse kann durch eine Leistung iSd § 153a I 2 Nr. 1–4 kompensiert werden. Besonders häufig kommt es nach Nr. 2 zu Zahlungen eines Geldbetrages an eine gemeinnützige Einrichtung oder die Staatskasse. Will die StA das Verfahren einstellen, ist – im Gegensatz zu § 153 I – die Zustimmung des Beschuldigten notwendig, diejenige des Gerichts nur, wenn § 153 I 2 iVm § 153a I 7 nicht greift. Nach Klageerhebung müssen StA und Angeschuldigter zustimmen (§ 153a II 1). Aufmerksamkeit erregt bis hin zur Empörung hat die Anwendung des § 153a im Fall Ackermann, wo es um den Vorwurf millionenschwerer Untreue ging (dazu *Scheinfeld*, FS Herzberg, S. 843 ff.).

**500** Zu beachten ist, dass nach § 153a das Verfahren nur vorläufig eingestellt wird. Erst wenn der Beschuldigte die Auflagen oder Weisungen fristgerecht und vollständig erbracht hat (§ 153a I 3), führt dies zu einem Befassungsverbot (wegen Fehlens einer Verfahrensvoraussetzung): Gemäß § 153a I 5 kann die Tat dann nicht mehr **als Vergehen** verfolgt werden (**beschränkter Strafklageverbrauch**), sondern nur als Verbrechen, wenn sich also Beweise für das Erfülltsein eines Verbrechenstatbestandes iSd § 12 I StGB ergeben.

**501** (4) Die **§§ 154, 154a** dienen der Konzentration des Prozessstoffs und sollen das Verfahren beschleunigen. In beiden Fällen kann die StA (nach Klageerhebung auf Antrag der StA auch das Gericht, §§ 154 II, 154a II) (prozessuale) Taten (§ 154) oder Tatteile (einer einheitlichen prozessualen Tat, § 154a) von der Verfolgung ausnehmen. Dieser Verzicht darf neben dem verbleibenden Rest allerdings „nicht beträchtlich ins Gewicht“ fallen. (vgl. §§ 154 I Nr. 1, 154a I 1). Wann dies der Fall ist, richtet sich – wie so oft – nach dem Einzelfall. Konkreter: das Maß und Gewicht der zu erwartenden Verurteilung muss abgeschätzt und ins Verhältnis gesetzt werden zur Strafprognose der nicht verfolgten Teile.

(5) Praktische Bedeutung hat auch **§ 31a BtMG**. Unter den gleichen Voraussetzungen wie bei § 153 I 1 kann die StA ein Verfahren einstellen, wenn der Beschuldigte die Betäubungsmittel nur zum Eigenverbrauch angebaut, hergestellt, eingeführt (…) hat. **502**

(6) Weitere Einstellungsmöglichkeiten eröffnen etwa die **§§ 153b** (Absehen von Strafe, z.B. in Verbindung mit dem Täter-Opfer-Ausgleich gem. § 46a StGB oder der „Kronzeugenregelung“ nach § 46b StGB), **153c** (Auslandsbezug), **153d** (Gefährdung der Staatssicherheit), **153e** (tätige Reue bei Staatsschutzdelikten: der „plaudernde Agent“), **154b** (Auslieferung), **154c** (Förderung der Anzeigebereitschaft: „Opferwechsel“), **154d** (Klärung einer zivil- oder verwaltungsrechtlichen Vorfrage) und **37 BtMG** (Therapie). **503**

### 2. Besondere Verfahrensarten

**Literatur:** *Ranft*, Das Strafbefehlsverfahren, §§ 407 ff. StPO, JuS 2000, 633; *Ranft*, Das beschleunigte Verfahren (§§ 417–420 StPO), Jura 2003, 382.

Gäbe es nur das Normalverfahren, müssten die Strafverfolgungsbehörden mit ihrer derzeitigen Personaldecke rasch das Handtuch werfen. Deshalb hält die StPO besondere Verfahren parat, um abgestuft und angemessen auf die verschiedenen Erscheinungsformen der Kriminalität zu reagieren. **504**

#### a) Strafbefehlsverfahren (§§ 407 ff.)

Wesentlicher Unterschied zum Normalverfahren: Es findet **keine Hauptverhandlung** statt (falls der Angeklagte gegen den Strafbefehl keinen Einspruch erhebt). **505**

(1) Befugt, einen Strafbefehl zu erlassen, ist nur der Richter; der StA kann ihn nur beantragen. Liegen die Voraussetzungen der §§ 407 ff. vor, ist die StA verpflichtet, dies zu tun (§ 407 I 2: „Staatsanwaltschaft *stellt* diesen Antrag, wenn ...“). Gleiches gilt für den Richter: Er „*hat* dem Antrag der Staatsanwaltschaft zu entsprechen“, wenn gegen den Erlass des Strafbefehls keine Bedenken bestehen (§ 408 III 1). **506**

Will die StA einen Strafbefehl beantragen, muss hinreichender Tatverdacht (§ 408 II 1) hinsichtlich eines Vergehens bestehen, das in die Zuständigkeit des *AG* fällt (§ 407 I 1), und es darf keine Hauptverhandlung erforderlich sein (§ 407 I 2). Außerdem ist – soweit der Antrag **507** nicht während der Hauptverhandlung gestellt wird (§ 408a I 2 Hs. 1) – ein schriftlicher Antrag des StA nötig (§ 407 I 1), der auf eine bestimmte (in § 407 II abschließend erwähnte) Rechtsfolge gerichtet ist (§ 407 I 3).

**507a** Wenn ein Richter nach Anklageerhebung die Voraussetzungen der §§ 407 ff. für gegeben hält, sollte er (de lege ferenda) die Möglichkeit haben, auch ohne Antrag der Staatsanwaltschaft einen Strafbefehl zu erlassen, wobei die Staatsanwaltschaft Einspruch einlegen kann (ausführlich dazu *Putzke/Putzke*, JR 2019, 319 ff.)

**508** § 407 II enthält eine wesentliche Beschränkung des Strafbefehlsverfahrens: Maximal ein Jahr Freiheitsstrafe kann verhängt werden, soweit sie zur Bewährung ausgesetzt wird. Dies ist aber nur möglich, wenn der Angeschuldigte einen Verteidiger hat. Gegebenenfalls wird ihm einer vom Gericht bestellt (§ 408b S. 1).

**509** Zur Frage, ob eine Hauptverhandlung erforderlich ist, liefert Nr. 175 III 1 RiStBV Anhaltspunkte: So können Gründe der Spezial- oder Generalprävention für die Durchführung einer Hauptverhandlung sprechen. Gleiches gilt, wenn nicht alle für die Rechtsfolgenbestimmung wesentlichen Umstände klar auf der Hand liegen.

**510** Der Strafbefehlsantrag entspricht der Klageerhebung (§ 407 I 4). Liegt er beim Richter auf dem Tisch, gibt es drei Möglichkeiten:

- Er hält sich für **unzuständig**. Dann gibt er die Sache an das zuständige Gericht ab (§ 408 I).
- Er hat **Bedenken** gegen den Erlass des Strafbefehls. Fußen sie auf Zweifeln am hinreichenden Tatverdacht, kann er den Antrag gem. § 408 II 1 ablehnen (Rechtsmittel der StA gem. § 408 II 2 iVm § 210 II: sofortige Beschwerde). Zweifelt er an der Entbehrlichkeit der Hauptverhandlung, kann er diese gem. § 408 III 2 anberaumen.
- Er hat keine **Bedenken** gegen den Erlass des Strafbefehls. Dann ist er gem. § 408 III 1 verpflichtet, dem Antrag der StA zu entsprechen.

**511** Entgegen der Regelung des § 33 III (Grundsatz des rechtlichen Gehörs) bedarf es vor dem Erlass eines Strafbefehls keiner Anhörung des Angeschuldigten (§ 407 III). – § 409 I enthält die wesentlichen Bestandteile des Strafbefehls.

**512** (2) Der weitere Verfahrensgang richtet sich nach den §§ 410, 411: Gegen einen erlassenen Strafbefehl kann der Angeklagte innerhalb von zwei Wochen nach Zustellung **Einspruch** einlegen (§ 410 I). Adressat ist das Gericht, das den Strafbefehl erlassen hat (**iudex a quo**). Der Einspruch ist schriftlich oder zu Protokoll der Geschäftsstelle einzureichen. § 410 II erlaubt eine Beschränkung, z.B. auf den Rechtsfolgenausspruch.

**513** Achtung: Gem. § 411 IV gilt im Strafbefehlsverfahren nicht das Verschlechterungsverbot (reformatio in peius). Aus 30 Tagessätzen könnten also rasch 50 werden. Ausnahme: Der Einspruch beschränkt sich auf die Höhe der Tagessätze, denn im Falle eines beschränkten Einspruchs steht die Anzahl der Tagessätze bereits rechtskräftig fest In diesem Fall darf aber auch nicht von der Höhe des einzelnen Tagessatzes zum Nachteil des Angeklagten abgewichen werden (§ 411 I 3 Hs. 2).

Zurückgenommen werden können Einspruch und Klage bis zur Verkündung des Urteils im ersten Rechtszug (§ 411 III 1) – nach Beginn der Hauptverhandlung aber nur mit Zustimmung des Gegners (§ 411 III 2 iVm § 303 S. 1). Das gilt nicht, wenn bei beschränktem Einspruch Teilrechtskraft eingetreten ist. **514**

Ist der Einspruch zulässig, wird gem. § 411 I 2 Hauptverhandlung anberaumt. Erklärt das Gericht den Einspruch für unzulässig, kann dagegen gem. § 411 I 1 Hs. 2 sofortige Beschwerde eingelegt werden. **515**

Wird kein Einspruch gegen den Strafbefehl eingelegt, steht er einem rechtskräftigen Urteil gleich und verbraucht die Strafklage (**§ 410 III**). **516**

Oft haben Empfänger eines Strafbefehls nur eine Frage: Wenn ich die Strafe akzeptiere, bin ich dann vorbestraft? Wörtlich verstanden ist man im Falle der Verurteilung zu einer Geld- oder Freiheitsstrafe, egal wie hoch oder lang sie ist, natürlich „vorbestraft". Dies bedeutet aber nicht, dass man sich in jedem Fall auch „vorbestraft" nennen oder dies gar offenbaren muss. Denn das BZRG erklärt in § 53 I nur dann jemanden für *vorbestraft*, wenn die Verurteilung in das „einfache" **Führungszeugnis** eingetragen wird. Was nicht ins „einfache" Führungszeugnis aufgenommen wird, regelt § 32 II BZRG. Darunter fallen z.B. nach Nr. 5a Geldstrafen von nicht mehr als 90 Tagessätzen und nach Nr. 5b Freiheitsstrafen von nicht mehr als drei Monaten, ferner Bewährungsstrafen, sofern die Taten aufgrund einer Betäubungsmittelabhängigkeit begangen wurden (Nr. 6). Voraussetzung ist aber immer, dass sich in dem Register noch keine Voreintragungen befinden. Vom einfachen Führungszeugnis zu unterscheiden ist das für Behörden. Dort sind auch Verurteilungen sichtbar, die im „einfachen" Führungszeugnis nicht auftauchen (§ 32 III, IV BZRG). **517**

Das Beweisantragsrecht ist in der einem Einspruch folgenden Hauptverhandlung nahezu wertlos (s. Rn 522). Denn über § 411 II 2 gilt § 420 (immerhin beschränkt auf Verfahren vor dem Strafrichter). Die dadurch eröffnete Möglichkeit, Beweisanträge floskelhaft abzulehnen, wird inflationär und oft missbräuchlich genutzt. **518**

### b) Beschleunigtes Verfahren (§§ 417 ff.)

Zulässig ist das Beschleunigte Verfahren, wenn **519**

- die StA es **beantragt** (§ 417 Hs. 1),
- hinreichender Tatverdacht besteht,
- die Sache sich iSd § 417 Hs. 2 zur **sofortigen Verhandlung eignet**, weil sie **einfach** oder die **Beweislage** klar ist

Einfach ist der Sachverhalt in tatsächlicher Hinsicht, wenn er für alle Beteiligten leicht überschaubar ist. Die Beweislage ist klar, wenn der Beschuldigte geständig ist oder sichere Beweismittel zur Verfügung stehen.

- und nicht mehr als ein Jahr Freiheitsstrafe verhängt werden soll (§ 419 I 2).

**520** Die StA kann den Antrag schriftlich oder mündlich stellen (§ 417). Der Einreichung einer Anklageschrift bedarf es nicht (§ 418 III 1), wobei dann „die Anklage bei Beginn der Hauptverhandlung mündlich erhoben" wird (§ 418 III 2). Wenn sich die Sache zur sofortigen Verhandlung eignet (§ 419 I 1), darf der Strafrichter bzw. das Schöffengericht die Hauptverhandlung „sofort oder in kurzer Frist" (§ 418 I) anberaumen. Eignet sich die Sache trotz hinreichenden Tatverdachts nicht für das Beschleunigte Verfahren, eröffnet das Gericht das (normale) Hauptverfahren (§ 419 III Hs. 1). Fehlt sogar der hinreichende Tatverdacht, ergeht ein Ablehnungsbeschluss und nichts wird eröffnet (§ 419 III Hs. 2).

**521** Eine die Regelungen der §§ 417 ff. ergänzende Vorschrift ist § 127b. Sie zielt ab auf die Sicherung der Hauptverhandlung im Beschleunigten Verfahren. Ist zu befürchten, „daß der Festgenommene der Hauptverhandlung fernbleiben wird" (§ 127b I Nr. 2), was vor allem bei „reisenden Tätern" nahe liegt, und ist zudem „eine unverzügliche Entscheidung im beschleunigten Verfahren wahrscheinlich" (§ 127b I Nr. 1), darf der Betroffene festgenommen und gegen ihn Hauptverhandlungshaft angeordnet werden.

**522** Das Kernstück des Beschleunigten Verfahrens ist die **Erleichterung der Beweisaufnahme** nach **§ 420**. Danach dürfen zwar Beweisanträge weiterhin uneingeschränkt gestellt werden. Doch kann der Strafrichter diese allein nach Maßgabe seiner Aufklärungspflicht (§ 244 II) ablehnend bescheiden (§ 420 IV), ohne Berücksichtigung der insofern strengeren §§ 244 III–V, 245.

Abgelehnt werden dürften Beweisanträge danach allein mit der Begründung, dass das Gericht die Erhebung des angebotenen Beweises zur Erforschung der Wahrheit nicht für erforderlich hält.

Überdies kann die persönliche Vernehmung einer Beweisperson – abweichend von § 251 I, II – durch Urkundenbeweis ersetzt werden (§ 420 I). Des Weiteren sind auch Behördenerklärungen – in Erweiterung der in § 256 normierten Ausnahmen – verlesbar (§ 420 II). Zu beachten ist, dass die den Unmittelbarkeitsgrundsatz betreffenden Regelungen der Absätze I und II nur mit Zustimmung des Angeklagten, des Verteidigers und der StA (soweit in der Hauptverhandlung anwesend) angewendet werden dürfen (§ 420 III).

#### c) Sicherungsverfahren (§§ 413 ff.)

**523** Stellt sich heraus, dass der Beschuldigte schuld- oder verhandlungsunfähig ist, kann die StA gem. § 413 beantragen, dass selbständig Maßregeln der Besserung und Sicherung gegen den Beschuldigten angeordnet werden (die §§ 413 ff. ergänzen verfahrensrechtlich § 71

StGB). Dieses Verfahren heißt „Sicherungsverfahren„, wird synonym auch „objektives Verfahren„ genannt.

### 3. Anklageerhebung

§ 151 macht die gerichtliche Untersuchung von der Klageerhebung abhängig. Kurz: „Wo kein Kläger, da kein Richter". § 155 I ergänzt § 151: Die gerichtliche Untersuchung darf sich nur „auf die in der Klage bezeichnete Tat" erstrecken. Zum Ausdruck kommt hierin der **524**

**Anklagegrundsatz (Akkusationsprinzip).**

Selbst wenn das Gericht als Notstaatsanwalt tätig wird (§ 165), gebührt der StA die weitere Verfügung (§ 167). Nur im Klageerzwingungsverfahren (→ Rn 532 ff.) wird der Anklagegrundsatz durchbrochen. Berufen zur Klageerhebung ist grds. allein die StA (§ 152 I). Hier zeigt sich das

**Offizialprinzip,**

geläufig auch als „Amtlichkeitsprinzip": Die Klageerhebung steht prinzipiell nur dem staatlichen Amt zu. Die Strafverfolgung obliegt nur im Privatklageverfahren dem Bürger. Eine weitere Einschränkung erfährt das Offizialprinzip bei den Antrags- und Ermächtigungsdelikten (z.B. § 123 II StGB bzw. § 90 IV StGB).

Voraussetzung für die Erhebung der öffentlichen Klage ist ein hinreichender Tatverdacht (**§ 170 I iVm § 203**). Liegt er vor, kann die Anklageschrift angefertigt werden. **525**

Sie hat folgende **Bestandteile** (vgl. § 200 und Nr. 110–112 RiStBV): Personalien des Angeschuldigten; die Tat, die ihm zur Last gelegt wird (= Tathandlung mit allen objektiven und subjektiven Merkmalen); Zeit und Ort ihrer Begehung; gesetzliche Merkmale der Straftat; anzuwendende Strafvorschriften; die Beweismittel; das für die Hauptverhandlung zuständige Gericht; der Name des Verteidigers; das wesentliche Ergebnis der Ermittlungen (nicht bei Erhebung der Anklage beim Strafrichter, § 200 II 2) sowie gem. § 199 II der Antrag, „das Hauptverfahren zu eröffnen". **526**

Beginnend bei den Personalien des Angeschuldigten bis hin zu den anzuwendenden Strafvorschriften ist die Rede vom **Anklagesatz** (vgl. die Legaldefinition in § 200 I 1). Er wird zu Beginn der Hauptverhandlung vorgetragen (§ 243 III 1). Seine Bedeutung liegt in der **Umgrenzungsfunktion:** Der Prozessgegenstand wird eingegrenzt. Dadurch wird der Anklagegrundsatz gestützt: Das Gericht darf die Untersuchung nicht willkürlich auf andere, nicht angeklagte Taten ausdehnen. Außerdem dient die Anklageschrift der Unterrichtung des Angeschul- **527** digten (**Informationsfunktion**), was auch **Art. 6 III lit. a MRK** gerecht wird. Es gäbe kein faires Verfahren, wäre der Angeschuldigte über den Tatvorwurf nicht hinreichend informiert.

**528** Die Anklageerhebung hat wichtige Folgen (die grds. auch für Anträge nach §§ 407, 413 und 417 gelten):

- **Verfahrensherrschaft** geht auf das Gericht über, weshalb bei ihm die Verantwortung für den Verfahrensfortgang liegt (Immutabilität und Rechtshängigkeit [str.] treten aber erst ab Eröffnung des Hauptverfahrens ein),

  Beim Strafbefehl erlaubt § 411 III 1 die Rücknahme der Klage allerdings bis zur Verkündung des Urteils im ersten Rechtszug – soweit er nicht im Verfahren nach § 408a erlassen wurde (§ 411 III 3).

- Festlegung des Prozessgegenstandes (**Umgrenzungsfunktion**), vgl. §§ 155 I, 264 I,
- Beschuldigter heißt jetzt **Angeschuldigter** (vgl. § 157 Hs. 1),
- Gerichtsstand des Wohnsitzes wird ggf. festgelegt, § 8.

**529** Eine wirksame Anklage ist Verfahrensvoraussetzung. Fehlt sie gänzlich (was praktisch kaum vorkommen wird), kann sie in demselben Verfahren nicht nachgeholt werden. In einer solchen Konstellation ist entweder die Eröffnung des Hauptverfahrens abzulehnen (§ 204) oder das Verfahren einzustellen (im Zwischenverfahren nach § 206a und in der Hauptverhandlung nach § 260 III); mangels Strafklageverbrauchs ist aber eine neue Anklage möglich. Fehlt nach Beginn der Hauptverhandlung eine Anklage nur mit Blick auf eine einzelne Tat (etwa weil der Tatvorwurf von der angeklagten Tat nicht erfasst wird; Stichwort: „prozessuale Tat“), ist eine Nachtragsanklage nach § 266 möglich (mindestens eine Tat muss dann aber ordnungsgemäß anhängig sein, andernfalls fehlt eine Anklage gänzlich); einer Verfahrens(teil)einstellung ist mit Blick auf solche nicht angeklagte Taten aber unnötig. Ist die Anklage vorhanden, aber unwirksam, etwa wegen mangelnder hinreichender Konkretisierung des Tatvorwurfes, ist eine Nachbesserung ausgeschlossen, wenn von dem Mangel die Umgrenzungsfunktion betroffen, nicht aber wenn nur die Informationsfunktion beeinträchtigt ist.

### 4. Rechtsschutz gegen die Abschlussentscheidung

**Literatur:** *Jahn*, Rechtsschutz gegen das Ermittlungsverfahren als solches, in: Hb. zum Strafverfahren, hrsg. v. Heghmanns/Scheffler, 2008, I Rn 152 ff.

**530** Irgendein Beteiligter wird zumeist mit der Abschlussentscheidung der StA unzufrieden sein: Im Falle der Anklage (oder eines Antrages nach §§ 407, 417) ist es der Beschuldigte; im Falle der Verfahrenseinstellung der (Straf-)Antragsteller.

**531** (1) Dem Beschuldigten steht kein förmlicher Rechtsbehelf zur Verfügung. Er kann – genauso wie der Antragsteller – gegen eine Einstellung **Dienstaufsichtsbeschwerde** (oder Gegenvorstellung) erheben.

Das Recht zur (fristunabhängigen) Gegenvorstellung wird hergeleitet aus Art. 17 GG. Beschieden werden muss sie nur bei schriftlicher Erhebung.

Die Dienstaufsichtsbeschwerde erfasst das dienstliche Verhalten des Beamten und die Sachbehandlung („Fachaufsichtsbeschwerde").

Geregelt ist die Dienstaufsicht in § 147 GVG. Es zeigt sich, dass die StA eine hierarchisch organisierte Behörde mit klaren Machtstrukturen ist: An ihrer Spitze steht der Justizminister, darunter der Generalstaatsanwalt. Folge dieses Aufbaus ist ein Weisungsrecht von oben nach unten. Wird der Beschwerde also nicht von jenem StA abgeholfen, der die angegriffene Entscheidung getroffen hat, gelangt die Beschwerde zum Generalstaatsanwalt beim *OLG*. Die Grenzen des Weisungsrechts ergeben sich aus dem Legalitätsprinzip, wobei der untergebene StA allenfalls nach dem Beamtenrecht remonstrieren (= einen Einwand erheben) kann, wenn er als Folge der Weisung entweder Strafvereitelung oder die Verfolgung Unschuldiger fürchtet.

Zu den Anforderungen (und Erfolgsaussichten) einer Dienstaufsichtsbeschwerde merken Sie sich: formlos, fristlos, fruchtlos! Aber mögen die Erfolgsaussichten auch gering sein, die Dienstaufsichtsbeschwerde ist (innerbehördlich) durchaus ein wirksames Kontrollinstrument und führt zu unbeliebter Mehrarbeit.

(2) Nicht ganz so zahnlos ist das **Klageerzwingungsverfahren** 532
(**§§ 172 ff.**). Trotz verfügter Einstellung kann mit ihm die StA zur Erhebung der öffentlichen Klage gezwungen werden (Durchbrechung des Anklagegrundsatzes).

Das Klageerzwingungsverfahren kann nur der **Verletzte** betreiben. 533
Verletzter (§ 373b I) ist, wer durch die behauptete Tat – ihre Begehung vorausgesetzt – unmittelbar in einem Rechtsgut verletzt ist (→ Rn 224).

Gem. § 172 II 3 ist das Verfahren ausgeschlossen, wenn der Verletzte 534
die Privatklage erheben kann oder die StA das Verfahren aus Opportunitätsgründen (§§ 153 ff.) eingestellt hat.

In eine chronologische Reihenfolge gebracht, sieht das Ganze so aus: 535

- **Einstellungsbeschwerde:** Erhält der Verletzte einen ablehnenden Bescheid mitsamt Rechtsmittelbelehrung iSd § 171, kann er dagegen gem. § 172 I 1 Beschwerde einlegen (sog. Vorschaltbeschwerde); allerdings nur „binnen zwei Wochen nach Bekanntgabe". Dann gibt es zwei Möglichkeiten: Entweder der StA gesteht sich eine Fehlentscheidung ein und hebt seinen Bescheid auf (Nr. 105 II 1 RiStBV) oder er legt die Sache dem vorgesetzten StA vor (Nr. 105 II 2 RiStBV), also dem Generalstaatsanwalt. Hält dieser die Beschwerde für begründet, wird er den StA anweisen, die öffentliche Klage zu erheben. Andernfalls erlässt er einen ablehnenden Bescheid.
- **Antrag auf gerichtliche Entscheidung:** Gegen diesen Bescheid kann der Verletzte gem. § 172 II 1 die gerichtliche Entscheidung beantragen. Dies muss binnen eines Monats beim *OLG* geschehen

(§ 172 I 1, IV). Einerseits kann der Antrag nach § 174 I verworfen werden. Wenn das Gericht andererseits aber den Antrag des Verletzten für begründet hält, beschließt es die Erhebung der öffentlichen Klage (§ 175 S. 1). Weil aber (zumindest formell) der Anklagegrundsatz gilt, obliegt nach § 175 S. 2 die „Durchführung dieses Beschlusses" der StA.

Die formellen Voraussetzungen des Antrags auf gerichtliche Entscheidung sind streng. Gemäß § 172 III 2 Hs. 1 muss er von einem **Rechtsanwalt** (Ausnahmen: § 138 III, dazu *Sobota*, StV 2022, 139) sachlich überprüft und unterzeichnet sein. Es ist erforderlich, dass sich der gesamte Sachvortrag und die Zulässigkeitsvoraussetzungen aus dem Antrag selbst ergeben, ohne dass auf die Akten zurückgegriffen wird. An diesen inhaltlichen Anforderungen scheitern viele Anträge.

536 **Prüfschema zum Klageerzwingungsverfahren**

**I. Zulässigkeit**
1. Statthaftigkeit (§ 172 II 3)
2. Antragsberechtigung (§ 172 I 1)
   a) Verletzter
   b) Antragsteller (§§ 158 I, II; 171)
3. Vorschaltbeschwerde (§ 172 I 1)
4. Zuständigkeit: *OLG* (§ 172 IV)
5. Form (§ 172 III) und Frist (§ 172 II 1, 2)

**II. Begründetheit (§§ 174, 175)**
Hinreichender Tatverdacht (§§ 170 I, 203)
*„Das Gericht beschließt die öffentliche Klage, wenn …"*

## IV. Adressat der Anklageschrift

537 Bejaht der StA den hinreichenden Tatverdacht, muss er überlegen, bei welchem Gericht er anklagt. Das Ergebnis muss stimmen, denn die Zuständigkeitsregelungen setzen ein Verfassungsprinzip um: das

**Prinzip des gesetzlichen Richters**

aus **Art. 101 I 2 GG, § 16 S. 2 GVG**. Das Gesetz und der Geschäftsverteilungsplan des Präsidiums (§ 21e I 1 und 2 GVG) müssen zusammen den zuständigen Richter bestimmen, und zwar im Vorhinein und so genau wie möglich. Damit soll verhindert werden, dass eine gezielte Auswahl von Richtern für ein bestimmtes Verfahren das Ergebnis der Entscheidung beeinflusst.

Eine fehlerhafte richterliche Auslegung der Zuständigkeitsvorschriften kann dieses Verfassungsprinzip verletzen. Das ist aber nur bei

Willkür der Fall, also wenn die Entscheidung „auf sachfremden Erwägungen beruht und offensichtlich unhaltbar ist"; hierfür genügt nicht, dass „ein Gericht infolge eines Irrtums Zuständigkeitsvorschriften falsch anwendet" (*BVerfG*).

Beispiel für Willkür: Das zunächst von der StA angerufene Schöffengericht erklärt sich wegen des Umfangs der Sache für unzuständig (trotz § 29 II GVG) und leitet die Anklageschrift über die StA zum Landgericht. Die Kammer eröffnet, beschließt aber die Reduzierung auf zwei Berufsrichter (§ 76 II 1 GVG). Mit zwei Berufsrichtern und zwei Schöffen hätte auch das Schöffengericht verhandeln können.

Übersicht zur **gerichtlichen Zuständigkeit** (Erwachsenensachen): **538**

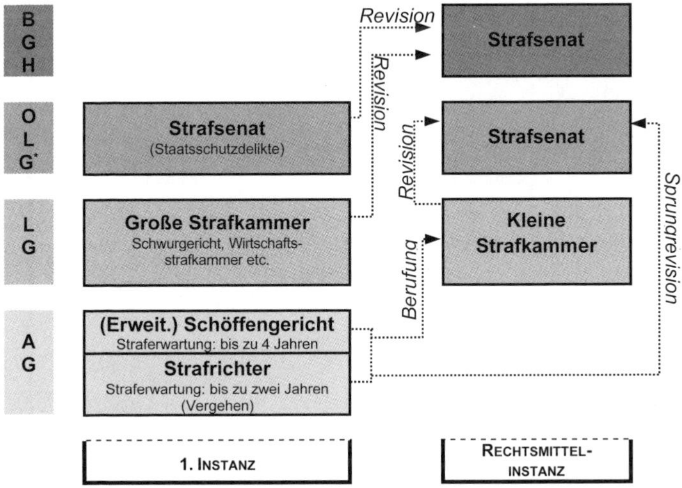


* Bayern hat von der Ermächtigung des § 9 EGGVG Gebrauch gemacht und das Bayerische Oberste Landesgericht (BayObLG) eingerichtet. Es ist nach Art. 12 Nr. 1 BayAGGVG zuständig für die nach Bundesrecht den Oberlandesgerichten obliegenden Entscheidung über die Revisionen in Strafsachen.

**Merke:** *LG* und *OLG* können sowohl erste Instanz als auch Rechtsmittelinstanz sein. Der *BGH* ist nur Rechtsmittelinstanz. Das *AG* unterliegt einer Sanktionsmittelbeschränkung: Es darf nur auf Freiheitsstrafe bis zu vier Jahren erkennen und keine Unterbringung in einem psychiatrischen Krankenhaus oder Sicherungsverwahrung anordnen (§ 24 II GVG).

## 539 Exkurs: Besetzung der Spruchkörper

Der verurteilte Mörder, der gegen das Urteil des Schwurgerichts Revision einlegt und dessen Sache der *BGH* an eine andere Kammer zurückverweist, hat mit seinem Fall insgesamt elf Berufs- und vier Laienrichter beschäftigt, also insgesamt **15** Richter. Das ist viel und führt uns zu der Frage, wie die Gerichte besetzt sind. Das Prinzip ist einfach: Je geringfügiger oder unkomplizierter eine Sache ist, desto weniger Leute setzen sich damit auseinander.

**540** In eine Übersicht gebracht sieht alles wie folgt aus:

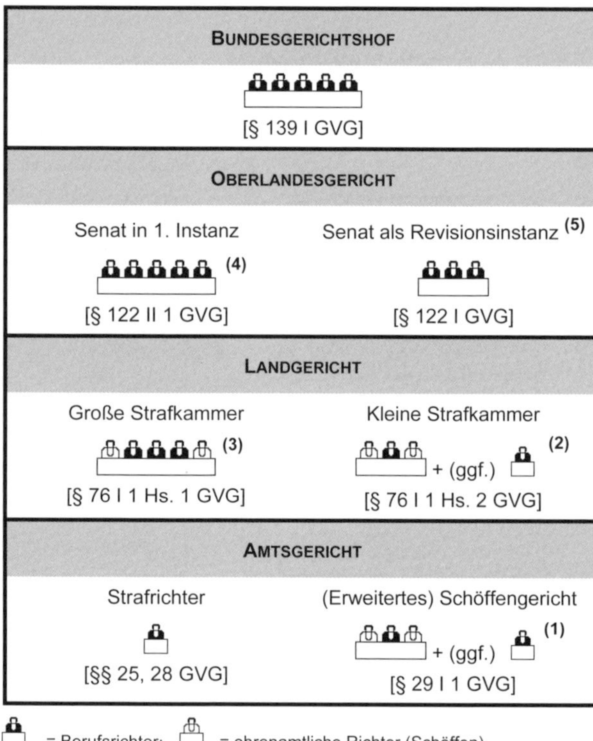


**Anmerkungen: (1)** Bei umfangreichen Sachen (etwa bei vielen Zeugen, vgl. Nr. 113 IV RiStBV) kann auf Antrag der StA beim Schöffengericht ein zweiter Berufsrichter hinzugezogen werden, § 29 II 1 GVG. **(2)** Entscheidet die kleine Strafkammer über Berufungen des erweiterten Schöffengerichts (§ 29 II GVG), „ist" gem. § 76 VI 1 GVG „ein zweiter Richter hinzuzuziehen". **(3)** Die große

Strafkammer kann bei Eröffnung des Hauptverfahrens beschließen, in der Hauptverhandlung nur mit zwei Richtern und zwei Schöffen zu verhandeln (§ 76 II 4 GVG). Ausgeschlossen ist dies z.B., wenn das Schwurgericht zuständig ist oder wenn die Mitwirkung eines dritten Richters wegen des Umfangs oder der Schwierigkeit der Sache notwendig erscheint. **(4)** Erstinstanzlich kann das *OLG* bei der Eröffnung des Hauptverfahrens gem. § 122 II 2 GVG beschließen, ob fünf oder nur drei Richter an der Hauptverhandlung teilnehmen. **(5)** Das BayObLG ist als Revisionsinstanz mit drei Berufsrichtern besetzt, weil Art. 7 BayAGGVG auf das GVG verweist und demzufolge § 122 GVG gilt.

Zu beachten ist, dass die ehrenamtlichen Richter (= Schöffen) bei Entscheidungen außerhalb der Hauptverhandlung nicht mitwirken (vgl. § 30 II und § 76 I 2 GVG). Einzelheiten zum Schöffenamt (Wahl etc.) regeln die §§ 30 ff. GVG und 44 ff. DRiG. **541**

### 1. Örtliche Zuständigkeit

Die örtliche Zuständigkeit des Gerichts nennt die StPO, wie die ZPO, „Gerichtsstand". Die **besonderen Gerichtsstände** ergeben sich aus **Sonderzuweisungen:** bei den Staatsschutzdelikten aus § 120 I GVG für das *OLG* und aus § 74a GVG für das *LG*, bei den Pressedelikten aus § 7 II. Die **allgemeinen Gerichtsstände** ergeben sich aus §§ 7 ff. Die wichtigsten sind die sog. primären Gerichtsstände: **Tatort** (§ 7), **Wohnsitz** (§ 8) und **Ergreifungsort** (§ 9). **542**

Für den häufigen Fall, dass mehrere Gerichtsstände eröffnet sind, bestimmt das Gesetz keinen Vorrang. Die h.M. gibt der StA ein Wahlrecht. Dafür bietet § 12 ein Argument: Wenn eine Tat bei mehreren Gerichten anhängig ist, gebührt dem ersteröffnenden der Vorzug. Darin kommt zum Ausdruck, dass die Gerichtsstände gleichrangig sind, denn es gibt ja keinen Sachzusammenhang (Tatort, Wohnort etc.), der einen Vorrang erzwingt. – Obwohl die herrschende Sicht dem StA Ermessen darüber einräumt, bei welchem Gericht er anklagt, verstößt sie nicht gegen das Prinzip des gesetzlichen Richters. Das ergibt der Vergleich mit dem Ermessen, welches Richtern eingeräumt ist, und das Rspr. und Literatur für zulässig halten: **543**

**Beispiel:** Eine Gruppe Rostocker Skinheads verübt unter den Augen zahlreicher Schaulustiger einen Brandanschlag auf ein Asylantenheim. Dabei sterben zehn Menschen, weitere 30 werden verletzt. Eine Woche später verübt die gleiche Gruppe heimlich einen ähnlichen Anschlag in Bremen. Dabei entsteht nur enormer Sachschaden.

Begehen dieselben Täter mehrere Taten, so besteht ein Zusammenhang iSd § 3 und die Verfahren können verbunden werden (§ 13 II). Ob sie verbunden werden, liegt im Ermessen der Gerichte. Im Beispiel spricht die Prozesswirtschaftlichkeit dafür, in Rostock zu verhandeln: Die vielen Zeugen der dort begangenen Tat müssten sonst nach Bre- **544** men reisen. – Wer hier die Einräumung von Ermessen akzeptiert, sollte das bei der StA ebenfalls tun: Erstens muss der Gesetzgeber den gesetzlichen Richter nur so deutlich im Vorhinein bestimmen, wie ihm das möglich ist. Zweitens lässt sich abstrakt nicht festlegen, welcher Gerichtsstand den Vorrang verdient. Was zweckmäßig ist, das hängt vom Einzelfall ab. Die Vorrangregel müsste also stets generalklauselartige Ausnahmetatbestände enthalten. Damit wäre nicht viel gewonnen. Halten wir also fest: Die StA hat bei mehreren Gerichtsständen die (ermessensfehlerfreie) Wahl.

**545** Die örtliche Zuständigkeit ist **bis zur Eröffnung des Hauptverfahrens von Amts wegen** zu prüfen (§ 16 S. 1), danach nur auf **Einwand des Angeklagten**. Im Falle der Unzuständigkeit erklärt das Gericht sich durch Beschluss für unzuständig. Weder ergeht nach h.M. eine Entscheidung gem. § 204 noch ist es zulässig, die Sache an ein unter Umständen zuständiges anderes Gericht abzugeben. Nach dem Eröffnungsbeschluss gelten die §§ 206 a, 260 III. Zu beachten ist allerdings § 16 S. 2 und 3 (Präklusion nach Beginn der Vernehmung zur Sache).

### 2. Sachliche Zuständigkeit

**546** Wie § 1 ZPO verweist § 1 StPO für die sachliche Zuständigkeit auf das Gerichtsverfassungsgesetz (GVG). Gegliedert ist das GVG nach Gerichten. Deshalb verteilen sich die Zuständigkeitsregelungen auf die §§ 22–29 GVG (*AG*), 74 ff. GVG (*LG*), 120 f. GVG (*OLG*) und 135 GVG (*BGH*).

**547** **Fall 70:** A soll bei einer Kneipenschlägerei dem Wirt einen Bierkrug auf den Kopf geschlagen haben. Der Wirt hat keine bleibenden Schäden erlitten; A ist bislang nicht straffällig geworden. StA S erwartet, dass 14 Zeugen vernommen werden. Bei welchem Gericht muss S den A wegen gefährlicher Körperverletzung anklagen?

**548** Prüfen Sie die Zuständigkeit vom Speziellen zum Allgemeinen:

Sonderzuweisung ⇨ Bedeutung der Sache ⇨ Straferwartung

§ 74 I 1 GVG erklärt das *LG* für zuständig, „wenn nicht" das *OLG* zuständig ist; § 24 GVG erklärt die *AGe* für zuständig, „wenn nicht" die Zuständigkeit des *OLG* oder des *LG* begründet ist (Nr. 1). Das *AG* hat also eine Auffangzuständigkeit:

OLG? ⇨ LG? ⇨ AG.

**549** (1) Das **OLG:** Wichtigste Regelung ist die Zuweisung für die **Staatsschutzdelikte** (§ 120 I GVG!). Das *OLG* hat **absoluten Vor-**

**rang**, auch gegenüber Jugendgerichten. Manchmal klagt der Generalbundesanwalt wegen der Bedeutung der Sache beim *OLG* an (§ 120 II 1 Nr. 2 GVG). – Im Fall 70 ist A gem. § 224 I Nr. 2 StGB verdächtig. Dafür ist das *OLG* nicht zuständig.

(2) Das **LG** ist in der ersten Instanz zum einen zuständig bei Erwartung hoher Strafe (mehr als 4 Jahre) oder schwerer Maßregel (§§ 74 I GVG, 24 I Nr. 2 GVG). **550**

Da A im Fall 70 nicht vorbestraft, ferner der Wirt genesen ist, das Erfolgsunrecht also nicht so schwer wiegt, wird A entweder mit Geldstrafe oder mit Freiheitsstrafe weit unter vier Jahren bestraft. Demnach ist das *LG* nicht aus seiner Strafkompetenz heraus zuständig.

Zum andern gestattet § 24 I Nr. 3 Var. 3 GVG der StA aber, beim *LG* anzuklagen, wenn die „besondere Bedeutung des Falles" dies erfordert. Danach hängt es von einer Beurteilung der StA ab, wer das Urteil über den Angeschuldigten spricht.

Ist diese sog. **bewegliche Zuständigkeit** vereinbar mit dem Verfassungsgrundsatz des gesetzlichen Richters? Das *BVerfG* sagt: Ja. Denn die StA hat kein Wahlrecht; liegen die Voraussetzungen für die „besondere Bedeutung des Falles" vor, so **muss** sie beim *LG* anklagen (das überprüft der Richter im Zwischenverfahren!). Somit ist der Richter auch im Vorhinein ausreichend gesetzlich bestimmt. – Das Ergebnis des *BVerfG* lässt sich systematisch wie folgt stützen: Auch bei der Strafkompetenz des *AG* muss die StA in wertender Beurteilung prognostizieren, ob das Strafmaß von 4 Jahren überschritten wird (§ 24 I Nr. 2 GVG); dabei kann es insbesondere auf die Wertung ankommen, ob ein „besonders schwerer Fall" (etwa eines Diebstahls) vorliegt (§ 243 StGB). Die „Wahl" aufgrund dieser Wertung ist nach allgemeiner Meinung mit Art. 101 I GG vereinbar. Wenn aber § 24 I Nr. 2 GVG verfassungsgemäß ist, der bisweilen unbestimmte Wertungen der StA abfordert, dann ist es auch die Nr. 3. **551**

**Kriterien** für die „besondere Bedeutung" sind vor allem: der Erfolgsunwert, sonstige Auswirkungen der Tat und die soziale Stellung des Beschuldigten. Ferner kann die Bedeutung bejaht werden, um für eine Vielzahl gleich gelagerter Fälle und zur Vereinheitlichung der Rechtsprechung eine Entscheidung des *BGH* zu ermöglichen (vom *AG* kann der Fall ja nicht zum *BGH* kommen; → Rn 538). **552**

Im Fall 70 liegt keiner dieser Umstände vor. Die Aufwändigkeit der Beweisaufnahme (14 Zeugen) spricht auch noch nicht für einen „besonderen Umfang" des Falles nach § 24 I Nr. 3 Var. 2 GVG (wegen der Existenz des § 29 II 1 GVG müsste es sich um einen erheblichen Umfang handeln). S muss beim *AG* anklagen.

BGHSt 47, 16, 19: Das *LG* bejaht im Zwischenverfahren die besondere Bedeutung mit der Überlegung, dem kindlichen Opfer einer Sexualtat die drohende Vernehmung in zweiter Instanz zu ersparen. Zum Zeitpunkt der Entscheidung war das „gut gemeint, mit der gesetzlichen Regelung aber nicht in Einklang zu bringen“ (*Meyer-Goßner*). Seit dem Opferrechtsreformgesetz aus dem Jahr 2004 ist die Schutzbedürftigkeit von Verletzten in § 24 I Nr. 3 GVG explizit erwähnt.

**553** (3) Das **AG:** Die Strafkompetenz des *AG* bestimmt § 24 GVG: bis zu vier Jahren Freiheitsstrafe. – Innerhalb des *AG* ist entweder der Strafrichter oder das Schöffengericht zuständig. Das richtet sich nach § 25 GVG: Der Strafrichter entscheidet bei Vergehen (!), wenn entweder Privatklage erhoben wurde oder eine höhere Strafe als Freiheitsstrafe von zwei Jahren nicht zu erwarten ist.

**554** Im Fall 70 soll A wegen gefährlicher Körperverletzung angeklagt werden. A hat für das Vergehen des § 224 I Nr. 2 StGB weniger als zwei Jahre **zu erwarten**. Zuständig ist damit der Strafrichter. Diese Zuständigkeit bleibt bestehen, wenn sich in der Hauptverhandlung zeigt, dass mehr als zwei Jahre zu verhängen sind! Erst wenn der Strafrichter mehr als vier Jahre für schuldangemessen hält, verweist er an das örtlich zuständige *LG* (§ 270 I 1).

**555** In der Anklageschrift gibt die StA an, welches Gericht und welchen Spruchkörper sie für zuständig hält (Nr. 110 III RiStBV). Meist integriert sie das in den Antrag auf Eröffnung des Hauptverfahrens. **Beispielhaft:** „Es wird beantragt, das Hauptverfahren vor dem Amtsgericht – Strafrichter – zu eröffnen.“

**556** Gem. § 6 ist die sachliche Zuständigkeit in jedem Verfahrensstadium **von Amts wegen** zu prüfen. Bei Unzuständigkeit gelten die §§ 209, 225a oder 270. Bei **funktioneller Unzuständigkeit** ist § 6a zu beachten (Präklusion).

## B. Zwischenverfahren

**Literatur:** *Markus Mavany*, „Hidden champion“ des Strafverfahrens – das Zwischenverfahren, JA 2015, 488.

**557** Ab Erhebung der Anklage heißt der Beschuldigte „Angeschuldigter“ (§ 157 Alt. 1); erhoben ist die Anklage mit Einreichung der Anklageschrift nebst Akten (§§ 170 I, 199 II).

### I. Zweck und Grundlagen

**558** Das Zwischenverfahren dient in erster Linie dem Schutz des Angeschuldigten, dem es eine ungerechtfertigte und ihn diskriminierende (öffentliche) Hauptverhandlung ersparen soll. Deshalb prüft das Gericht in nichtöffentlicher Sitzung, ob er „der Straftat hinreichend verdächtig ist“, **§ 203** (= **hinreichender Tatverdacht**). Wie oben gesagt, stimmt das in der Sache überein mit dem Prüfungsmaßstab der StA: „genügender Anlass zur Erhebung der öffentlichen Klage“ (→ Rn 33 f.). § 203 ist aber unvollständig gefasst: Neben dem Tatverdacht prüft das Gericht das Vorliegen der Prozessvoraussetzungen. Der Richter klärt also, ob nach der Aktenlage eine Verurteilung wahrscheinlicher ist als ein Freispruch.

Dem Hauptzweck des Zwischenverfahrens gemäß hat der Angeschuldigte stark ausgestaltete Anhörungsrechte (**§ 201**): Er kann Einwendungen vorbringen und Beweisanträge stellen – und damit die Hauptverhandlung entlasten und das Verfahren insgesamt beschleunigen. Die per Gerichtsbeschluss erfolgte Ablehnung eines Beweisantrags ist aber nicht durch die Beschwerde anfechtbar (§ 201 II 2). Die Entscheidung über die Eröffnung des Hauptverfahrens ist nichtöffentlich, und weil sie außerhalb der Hauptverhandlung ergeht, wirken die Schöffen nicht mit (§§ 30 II, 76 I 2 GVG). **559**

Der gesetzlichen Filterfunktion wird das Zwischenverfahren in der Praxis allerdings kaum gerecht: In nur knapp drei Prozent der Fälle wird die Eröffnung des Hauptverfahrens abgelehnt. **560**

## II. Verlauf

Eingeleitet wird das Zwischenverfahren mit der Anklageerhebung (**§§ 170 I, 199 II**). Im Anschluss muss der Vorsitzende nach **§ 201** dem Angeschuldigten die **Anklageschrift mitteilen**, ihn auffordern, **Beweisanträge oder Einwendungen** innerhalb einer Frist vorzutragen und ihm (wenn nötig) einen **Pflichtverteidiger** bestellen (§ 141 I). **561**

**Beachte:** Das Gericht muss, auch wenn es den Tatverdacht verneinen will, die Frist für Beweisanträge und Einwendungen abwarten; denn der Angeschuldigte könnte den Vorwurf ja einräumen!

Das Gericht kann von Amts wegen Ermittlungen anstellen (**§ 202**) und nach h.M. dafür die StA einsetzen (aber nur bis zum Eröffnungsbeschluss). Für Beweiserhebungen gilt das Freibeweisverfahren (→ Rn 116). **562**

Manchmal streiten sich Gerichte über die örtliche Zuständigkeit. Dabei kann es zum einen so liegen, dass jedes Gericht sich selber für zuständig erachtet (positiver Kompetenzkonflikt), zum andern können beide Gerichte das jeweils andere für zuständig halten (negativer Kompetenzkonflikt). Wenn die Gerichte sich nicht einigen, entscheidet das gemeinschaftliche obere Gericht (§§ 14, 19). – **Beachte:** Die §§ 14, 19 gelten wegen ihrer systematischen Stellung („Gerichtsstand") unmittelbar nur bei Streit über die örtliche Zuständigkeit. Die Rspr. wendet sie aber analog an bei Streit über die sachliche Zuständigkeit. **563**

Zuständig für das Zwischenverfahren ist das Gericht, das auch für das Hauptverfahren zuständig ist (§ 199). Hält sich das Gericht, bei dem die Klage erhoben wurde, für unzuständig, geht es nach **§ 209** vor: Entweder eröffnet es das Verfahren vor einem Gericht niedrigerer Ordnung (I) oder aber es lässt einem Gericht höherer Ordnung die Akten **564** über die StA zukommen, damit dieses die Zuständigkeitsfrage bindend beantwortet (II).

Die Ordnung (= Rangfolge) von an sich gleichrangigen Gerichten ergibt sich aus §§ 74e GVG, 103 II 2 JGG; § 209a regelt die Umsetzung dieser Rangfolge insbesondere für das Zwischenverfahren. Die Norm ist so zu lesen, dass die in den Nrn. 1 und 2 genannten Gerichte gegenüber den „allgemeinen" als Gerichte höherer Ordnung gelten. – **Beispiel:** Die StA klagt beim Jugendgericht an, weil sie meint, es handele sich um eine Jugendschutzsache iSd § 26 GVG. Sieht das Jugendgericht das anders, hat es das Verfahren vor dem allgemeinen Gericht zu eröffnen (§§ 209 I, 209a Nr. 2).

**565** (1) Der **Nichteröffnungsbeschluss (§ 204)**: Fehlt die nötige Verurteilungswahrscheinlichkeit, lehnt das Gericht die Eröffnung des Hauptverfahrens ab. Dagegen kann die StA sofortige Beschwerde einlegen (§ 210 II). Wegen dieses Rechts muss „aus dem Beschluß hervorgehen, ob er auf tatsächlichen oder auf Rechtsgründen beruht" (§ 204), das heißt, der Richter sagt der StA, dass sie entweder unsauber ermittelt oder falsch subsumiert hat.

**566** Für Verfahrenshindernisse gilt im Zwischenverfahren nicht § 206a (sondern § 204) – trotz seiner systematischen Stellung. Denn in § 206a heißt es unmissverständlich: „**nach Eröffnung** des Hauptverfahrens". Die Norm ist falsch eingeordnet.

**567** (2) Der **Eröffnungsbeschluss (§ 203)** hat zum Inhalt (§ 207): die Zulassung der Anklage und die Bezeichnung des Gerichts der Hauptverhandlung; ferner welche Abweichungen von der Anklage das Gericht vornimmt (wegen welcher der angeklagten Taten eröffnet wird – mit welcher abweichenden rechtlichen Einstufung – unter Begrenzung auf welche abtrennbaren Tatteile); Entscheidungen über die U-Haft.

## III. Wirkungen des (Nicht-)Eröffnungsbeschlusses

**568** Mit dem Eröffnungsbeschluss ist der Angeschuldigte als „Angeklagter" zu bezeichnen (§ 157 Alt. 2) und die Sache wird rechtshängig (str.). Die Anklage kann jetzt nicht mehr zurückgenommen werden, § 156:

**Immutabilitätsprinzip**

(Immutabilität = Unveränderlichkeit = sog. **Bindungswirkung des Eröffnungsbeschlusses**). Der Angeklagte hat ein Recht darauf, sich in der Hauptverhandlung zu rehabilitieren.

**569** Auch innerhalb der Beschwerdefrist kann die StA die Anklage nicht zurückziehen (arg. e contrario aus § 411 III). – Nach Ablauf der Beschwerdefrist entfaltet der Nichteröffnungsbeschluss (§ 204) **eingeschränkte Rechtskraft (§ 211)**: Die Klage kann nur „auf Grund neuer Tatsachen oder Beweismittel wieder aufgenommen werden." Dabei müssen sich die neuen Tatsachen oder Beweismittel auf den Umstand beziehen, auf dem die Nichteröffnung beruhte.

Ein wirksamer Eröffnungsbeschluss ist eine Verfahrensvoraussetzung. Bei fehlerhaftem oder fehlendem Eröffnungsbeschluss muss das Verfahren grds. eingestellt werden – außerhalb der Hauptverhandlung durch Beschluss (§ 206a), innerhalb durch Urteil (§ 260 III). Da kein Strafklageverbrauch eintritt, steht einer erneuten Anklage nichts im Wege. Allerdings ist vor Beginn der Hauptverhandlung eine Nachholung bzw. Nachbesserung möglich. **570**

Da es sich beim Eröffnungsbeschluss um eine wichtige rechtsstaatliche Sicherung handelt, ist die Ansicht der Rspr. abzulehnen, dass eine Nachholung oder Nachbesserung sogar nach Beginn der Hauptverhandlung zulässig sei (BGHSt 50, 267, 269). Dafür solle sie unterbrochen werden, um – vor dem Schöffen- oder Landgericht – die Mitwirkung der Schöffen entbehrlich zu machen (vgl. §§ 30 II, 76 I 2 GVG).

### IV. Rechtsbehelfe

Dem Angeschuldigten oder Angeklagten stehen keine Rechtsbehelfe zu, weder gegen den Eröffnungsbeschluss (**§ 210 I**) noch gegen die Andereröffnung. – Die StA kann hingegen sowohl gegen die Nichteröffnung als auch gegen Verweisung an ein Gericht niedrigerer Ordnung sofortige Beschwerde einlegen (**§ 210 II**). **571**

## C. Hauptverfahren

Egal, vor welchem Gericht (*AG*, *LG*, *OLG*) die StA Anklage erhebt, überall läuft das Hauptverfahren nach dem gleichen Muster ab: die Vorbereitung der Hauptverhandlung (§§ 213–225a) und die eigentliche Hauptverhandlung (§§ 226–275). **572**

### I. Vorbereitung der Hauptverhandlung

**Literatur:** *Heghmanns*, Die Vorbereitung der Hauptverhandlung, in: Hb. zum Strafverfahren, hrsg. v. Heghmanns/Scheffler, 2008, VI Rn 368 ff.

(1) Hat das Gericht den Eröffnungsbeschluss erlassen, muss der Vorsitzende als nächstes den **Termin** der mündlichen Hauptverhandlung bestimmen (§ 213), also Tag, Uhrzeit und Ort festlegen. Der Beschleunigungsgrundsatz gebietet eine zeitnahe Terminbestimmung, vor **573**

allem in Haftsachen. Dabei ist allerdings sowohl beim Angeklagten als auch bei seinem Verteidiger zu beachten, dass zwischen der Zustellung der Ladung und dem Hauptverhandlungstermin mindestens eine Woche liegt (Angeklagter: § 217 I, Verteidiger: § 218 S. 2 iVm § 217 I); sonst kann von ihnen die Aussetzung der Verhandlung verlangt werden, aber nur, bevor der Angeklagte zur Sache vernommen wird (§ 217 II bzw. § 218 S. 2 iVm § 217 II).

**574** (2) Nach der Bestimmung des Termins ordnet der Vorsitzende die **Ladungen** der Verfahrensbeteiligten an (§ 214 I 1). Geladen werden von Amts wegen der Angeklagte (§ 216) und – soweit bestellt – sein Pflichtverteidiger (§ 218 S. 1 Hs. 1). Ein Wahlverteidiger wird nur geladen, wenn seine Wahl dem Gericht angezeigt worden ist (§ 218 S. 1 Hs. 2), wobei schlüssiges Verhalten genügt (die Vorlage einer Vollmacht ist also nicht erforderlich).

**575** Aber: Dem Beschuldigten geltende Zustellungen werden nur dann an den gewählten Verteidiger bewirkt, wenn sich eine Vollmacht bei den Akten befindet (§ 145a I). Soll eine Ladung des Beschuldigten dem (bestellten oder gewählten) Verteidiger zugestellt werden, muss die Vollmacht ausdrücklich zur Empfangnahme ermächtigen (§ 145a II 1).

**576** Ladungen erhalten idR auch Zeugen (§ 48), Sachverständige (§ 72 iVm § 48) sowie der Privat- (§ 385 I 1, II) und Nebenkläger (§ 397 I 2). Der StA wird der Termin mitgeteilt (Nr. 117 II 2 RiStBV). Neben dem Vorsitzenden können die StA (§ 214 III) und sogar der Angeklagte (§ 220 I 1) weitere Personen unmittelbar laden.

**577** Eine bestimmte **Form**, wie die Ladungen zu bewirken sind, ist nicht vorgeschrieben. Die förmliche Zustellung iSd §§ 36 ff. wird aber oftmals angebracht sein, um einen entsprechenden Zugangsnachweis zu erhalten (vgl. Nr. 117 I RiStBV). Dies ist etwa wichtig, wenn es um Säumnisfolgen geht (→ Rn 80). Soweit nicht schon geschehen, ist dem Angeklagten spätestens mit der Ladung auch der Eröffnungsbeschluss – förmlich (§ 35 II 1) – zuzustellen (§ 215 S. 1).

**578** Findet die erstinstanzliche Verhandlung vor dem *LG* oder *OLG* statt, ist § 222a zu beachten. Danach muss spätestens zu Beginn der Hauptverhandlung den Prozessbeteiligten die **Besetzung des Gerichts** mitgeteilt werden. Meist geschieht diese Mitteilung nach § 222a I 2 bereits mit der Ladungsanordnung (liegt nämlich zwischen Mitteilung und Beginn der Hauptverhandlung keine Woche, kann gem. § 222a II die Unterbrechung der Hauptverhandlung verlangt werden). Das frühe Mitteilen der Gerichtsbesetzung hat den Sinn, dass die unrichtige Gerichtsbesetzung nicht erst mit der Revision gerügt werden soll (Vermeidung der Urteilsaufhebung wegen eines behebbaren Verfahrensmangels). Vielmehr ist die Besetzungsrüge gem. § 222b bis zur Vernehmung des Angeklagten zur Sache zu erheben. Andernfalls wird die Revisionsrüge der unrichtigen Gerichtsbesetzung (§ 338 Nr. 1) verwirkt.

(3) Zur Vorbereitung gehört auch die Herbeischaffung der als **Beweismittel** dienenden Gegenstände (§§ 214 IV 2, 219 I, 221). Daneben erlaubt § 223 schon in diesem Verfahrensabschnitt **Beweiserhebungen** in Form der „kommissarischen Beweisaufnahme". Stehen dem Erscheinen eines Zeugen oder Sachverständigen in der Hauptverhandlung nicht zu beseitigende Hindernisse entgegen (z.B. längere Krankheit), kann er von einem beauftragten oder ersuchten Richter vernommen werden. **Beauftragt** ist ein Richter, wenn er dem erkennenden Gericht angehört; **ersucht**, wenn es sich um den Richter eines anderen Amtsgerichtsbezirks handelt und die Vernehmung im Rahmen der Rechtshilfe (§ 157 I GVG) stattfindet. 579

(4) Während die Vorbereitungen laufen, sind **von Amts wegen** permanent die **Verfahrensvoraussetzungen** zu prüfen. Tritt ein dauerhaftes Verfahrenshindernis auf, ist das Verfahren gem. **§ 206a** einzustellen. Bei einem vorübergehenden greift **§ 205 S. 1** analog. Ändert sich die Beurteilung der Zuständigkeit, ist zu differenzieren: Die örtliche Zuständigkeit wird nach Eröffnung des Hauptverfahrens nur auf Einwand des Angeklagten festgestellt (§ 16). Ist das Gericht örtlich unzuständig, stellt es das Verfahren nach § 206a ein (eine Verweisung würde in das Auswahlrecht der StA eingreifen). Anders liegt es, wenn sich die sachliche Zuständigkeit (§§ 6, 6a) ändert: Dann ist die Sache gem. § 225a an das sachlich zuständige Gericht abzugeben (während der Hauptverhandlung greift § 270). 580

## II. Hauptverhandlung

**Literatur:** *Scheffler*, Hauptverhandlung, in: Hb. zum Strafverfahren, hrsg. v. Heghmanns/Scheffler, 2008, VII Rn 1 ff.

Am Ende der Hauptverhandlung (also nach einem oder mehreren Verhandlungstagen) steht das Urteil. Dessen Gegenstand ist die in der Anklage bezeichnete Tat, „wie sie sich nach dem **Ergebnis der Verhandlung** darstellt" (§ 264 I). Das Gericht würdigt dabei die Beweise nach seiner „aus dem **Inbegriff der Verhandlung** geschöpften Überzeugung" (§ 261). – Schlicht: Was in der Hauptverhandlung nicht auf den Tisch kommt, wird im Urteil unter den Teppich gekehrt! 581

In den genannten Vorschriften tritt der 582

**Mündlichkeitsgrundsatz**

zutage. Es gilt das gesprochene Wort (Ausnahme: **Selbstleseverfahren**, § 249 II). Was nicht mündlich vorgetragen worden ist, darf im

Urteil nicht verwertet werden. Noch deutlicher zum Ausdruck kommt dieses Prinzip in **§ 249 I** – Urkunden und sonstige Beweismittel werden verlesen. Der Gegensatz bestand im Inquisitionsverfahren, in dem im schriftlichen Verfahren nach Aktenlage entschieden wurde.

583 Eng verknüpft mit dem Mündlichkeitsgrundsatz ist der

**Öffentlichkeitsgrundsatz.**

Er wäre ohne mündliche Erörterung des Prozessstoffes nicht viel wert. Denn wie sollte die Öffentlichkeit die Strafjustiz kontrollieren, wenn die Beteiligten im Gerichtssaal nur stumm Schriftstücke miteinander austauschten. Und ohne Öffentlichkeit wäre, um mit den Worten des Reichsgerichts zu sprechen, die „Tätigkeit des Gerichts hinter verschlossenen Türen in ein Dunkel gehüllt und dadurch Mißdeutungen und Argwohn ausgesetzt" (RGSt 70, 109, 112). Eine solche „Geheimjustiz" verhindert **§ 169 S. 1 GVG**, indem er die Hauptverhandlung für „öffentlich" erklärt. Nach S. 2 sind aber Ton-, Fernseh- und Rundfunkaufnahmen sowie Ton- und Filmaufnahmen unzulässig.

584 **Fall 71:** In einem Mordprozess will das Schwurgericht den Tatort in Augenschein nehmen. Allerdings handelt es sich dabei um das Herrenzimmer im Schloss des Freiherrn zu Guttenberg. Über die zahlreichen Zuhörer und Medienvertreter ist der Adelige „not amused" und verweigert ihnen den Zutritt. Allein den Verfahrensbeteiligten gestattet er, sein Refugium zu betreten. Greift der Öffentlichkeitsgrundsatz?

585 Das Informationsinteresse der Allgemeinheit gilt nicht absolut; es gibt Gegeninteressen. Hierzu zählen die Persönlichkeitsrechte der Verfahrensbeteiligten (Stichworte: Resozialisierung des Angeklagten und Opferschutz), die Unbefangenheit des Gerichts, das faire Verfahren und Rechte Dritter (Hausrecht). Deshalb kann die Öffentlichkeit nach den §§ 171a, b, 172 GVG von der Verhandlung oder Teilen davon ausgeschlossen werden. Im Strafverfahren gegen Jugendliche sind Verhandlungen gem. § 48 I JGG generell nicht öffentlich.

586 Im Fall 71 kann der Freiherr aufatmen. Er ist Inhaber des Hausrechts. Dahinter tritt der Öffentlichkeitsgrundsatz zurück (vgl. die entsprechende Regelung in der ZPO: § 144 I 3 Hs. 2). Will der Vorsitzende die Öffentlichkeit mitbringen, muss er vorher die erforderliche Erlaubnis vom Berechtigten einholen.

587 Moderne Kommunikationsmittel haben nicht nur die Öffentlichkeit erweitert, sondern auch den ohnehin gewaltigen Einfluss der Medien vergrößert. Vor allem mittels Twitter, Facebook etc. lässt sich das Geschehen nahezu zeitgleich aus dem Gerichtssaal heraus in die Öffentlichkeit tragen. Zudem konkurriert die traditionelle Presse inzwischen

mit anderen journalistischen Formaten, etwa Blogs (zu Kapazitätsproblemen bei der Sitzverteilung s. BVerfG NJW 2013, 1293; wegen der Bedeutung des Öffentlichkeitsgrundsatzes ist der Besuch einer strafrechtlichen Hauptverhandlung ein wichtiger Grund zum Verlassen des Hauses im Corona-Lockdown, s. BGH bei *Jahn*, JuS 2021, 274).

### 1. Bestandteile (Ablauf)

Den Ablauf der Hauptverhandlung regeln §§ 243, 244, 258, 260, 268: **588**

Aufruf der Sache (§ 243 I 1); Zeugen verlassen den Sitzungssaal (§ 243 II 1); Vernehmung des Angeklagten zur Person (§ 243 II 2, § 111 OWiG). Achtung: Fragen zu den persönlichen Verhältnissen (Beruf, Einkommen etc.) gehören zur Vernehmung zur Sache. Der StA verliest den Anklagesatz (§ 243 III 1), nicht die Anklageschrift (zum Unterschied vgl. die Legaldefinition in § 200 I 1); Mitteilung über Verständigungen (§§ 243 IV, 257c); ggf. „Opening Statement" des Verteidigers (§ 243 V 3); Belehrung des Angeklagten über seine Aussagefreiheit (§ 243 V 1) und Vernehmung zur Sache (§ 243 V 2); Beweisaufnahme (§ 244 I); Schlussvorträge (Plädoyers), § 258 I; letztes Wort (§ 258 II Hs. 2); Urteilsfindung (§§ 261, 263, 264); Urteilsverkündung (§§ 260 I, 268).

**§ 271** verpflichtet zur **Protokollierung der Hauptverhandlung**. **589** Den Protokollinhalt regeln die §§ 272, 273. Ob die wesentlichen Förmlichkeiten eingehalten wurden, kann gem. **§ 274 S. 1** nur durch das Hauptverhandlungsprotokoll (Sitzungsprotokoll) bewiesen werden. Das ist besonders wichtig für Verfahrensrügen. Denn was im Protokoll beurkundet ist, gilt als geschehen; was fehlt, gilt als nicht geschehen (**absolute Beweiskraft des Protokolls**).

Gegen den Inhalt des Protokolls ist nur der Nachweis der Fälschung zulässig **590** (§ 274 S. 2). Allerdings entfällt die Beweiskraft, wenn das Protokoll erkennbare Fehler enthält, etwa offensichtliche Lücken, Unklarheiten oder Widersprüche (*BGH* NStZ 2006, 117).

Protokollierungsbedürftig sind nur die **wesentlichen Förmlichkeiten**. **591** Das sind alle Vorgänge, die für die Gesetzmäßigkeit des Verfahrens von Bedeutung sind. Dazu zählen etwa die Angaben über die Öffentlichkeit der Verhandlung, die Anwesenheit der in § 226 genannten Personen, die Verlesung des Anklagesatzes, Belehrung über die Aussagefreiheit, die Vernehmung des Angeklagten zur Person und Sache, die Rechtsmittelbelehrung oder die Vernehmung und Vereidigung von Zeugen und Sachverständigen.

## 2. Beteiligte

### a) Richter und Schöffen

592 (1) Die zur Urteilsfindung berufenen Personen müssen gem. § 226 während der gesamten Hauptverhandlung ununterbrochen anwesend sein. Wäre es anders, könnten kaum aus dem **Inbegriff der Verhandlung** heraus Entscheidungen getroffen werden (vgl. §§ 261, 264 I).

Erkrankt ein Mitglied des Gerichts, muss die gesamte Hauptverhandlung wiederholt werden. Um das bei umfangreichen und langen Verfahren zu verhindern, können Ergänzungsrichter oder Ergänzungsschöffen bestellt werden (§ 192 II, III GVG). Sie nehmen auch an der Verhandlung teil und springen im Falle der Verhinderung eines Gerichtsmitglieds ein.

593 (2) Richter, Schöffen und Urkundsbeamte sind Vertrauenspersonen. Deshalb müssen sie unvoreingenommen an eine Sache herangehen. Dies ist immer dann nicht der Fall, wenn gesetzliche **Ausschlussgründe** iSd **§§ 22, 23** vorliegen oder die Genannten nach **§ 24 II befangen** sind. Für Schöffen und Urkundsbeamte ergibt sich dies aus § 31 I. Während der Ausschluss unmittelbar kraft Gesetzes eingreift, ist für die Befangenheitsablehnung ein Antrag erforderlich.

594 Abgelehnt werden kann nach § 24 I Alt. 1 auch ein kraft Gesetzes ausgeschlossener Richter. Ein solcher Antrag zwingt das Gericht, eine Entscheidung über die von Amts wegen zu beachtende Frage zu treffen.

595 **Fall 72:** In einem Indizienprozess findet Richter R in den Akten auch ein Geständnis des in der Hauptverhandlung schweigenden Angeklagten. Dieser hatte aber im Vorverfahren nur gestanden, weil ihm die Polizei Prügel androhte. Deshalb ist seine Aussage nach § 136a unverwertbar. Ist R befangen, weil er Informationen kennt, die er nicht verwerten darf?

596 Nach § 24 II ist ein Richter befangen, wenn ein Grund vorliegt, der Misstrauen gegen seine Unparteilichkeit rechtfertigt. Zu beurteilen hat dies ein objektiver Beobachter in der Rolle des Angeklagten, also ein vernünftiger Angeklagter.

Befangenheitsgründe können etwa sein die persönlichen Verhältnisse des Richters, wenn zwischen ihm und der Strafsache ein besonderer Zusammenhang besteht oder persönliche Beziehungen zum Beschuldigten, Verletzten oder Zeugen gegeben sind. Auch Äußerungen oder ein Verhalten können genügen. Beispiele: (1) Im „Sauerland-Prozess" gegen islamistische Terroristen empfiehlt der Vorsitzende den Angeklagten, mit ihrer Einlassung „nah am Tatgeschehen" zu bleiben und „keine Märchen aus tausend und einer Nacht zu erzählen". (2) Noch vor Abschluss der Beweisaufnahme sieht der Verteidiger, wie der Schöffe ein Galgenmännchen zeichnet. (3) Vor Beginn des Verhandlungstages am Nikolaustag des 6.12.2012 stellte ein Schöffe zwei Schoko-Nikoläuse auf den Tisch der

Staatsanwaltschaft, die Verteidigung ging leer aus. (4) Eine Richterin hatte in der Hauptverhandlung während einer Zeugenvernehmung über 10 Minuten ihr Handy privat genutzt (BGH NJW 2015, 2986). – Kein Ablehnungsgrund soll hingegen vorliegen, wenn der Richter an Vorentscheidungen (etwa in einem früheren Zivil- oder Strafverfahren) mitgewirkt hat (str.). Man müsse davon ausgehen, dass sich dadurch ein Richter für künftige Entscheidungen nicht festlege, auch nicht innerlich (BGHSt 21, 334, 341). – Ähnlich bedenklich ist es, wenn der *BGH* die Befangenheit eines Strafkammervorsitzenden verneint, der (ohne die StA zu hören) eine Strafobergrenze vorgeschlagen hat und die Befragung des Angeklagten zur Sache mit den Worten einleitete, dass „die Kammer grundsätzlich dazu steht, was sie gesagt hat" (NStZ 2011, 590 f.).

Ähnlich könnte es im Fall 72 liegen. Genau so, wie der Richter sich durch Vorentscheidungen nicht festlegt, kann man auch an seine Verdrängungsfähigkeit glauben. Fast alle tun dies. Aber versuchen Sie mal, ein Bier zu trinken, ohne dabei an einen Frosch zu denken, wenn Sie genau dazu kurz vorher aufgefordert wurden! Nach h.M. wäre R im Fall 72 jedenfalls nicht befangen. **597**

Tendenziell dürfte die h.M. richtigliegen. Dem Richter wird ja täglich zugetraut, Sachverhalte zu beurteilen, von denen er gewisse Aspekte nach dem Gesetz ausblenden muss. Etwa wenn er die Verwertung von belastenden Privatbriefen des Angeklagten ablehnt, hat er diese ja zuvor gelesen, um herauszufinden, wie intim das Ganze ist (wirklich Intimsphäre?) und wie wichtig für den Fall; ihm steht also im weiteren Prozess der belastende Inhalt vor Augen. – Eine solche Voreingenommenheit wird sich in der Praxis mangels Umsetzbarkeit des Gegenteils nicht vermeiden lassen.

Ein **Ablehnungsgesuch** ist gem. § 26 I bei dem Gericht einzureichen, welchem der Richter angehört. Die Gründe sind glaubhaft zu machen (§ 26 II 1). Besonderes Augenmerk ist auf den **Zeitpunkt** zu richten: Treten Ablehnungsgründe vor der Vernehmung des Angeklagten zur Person auf, ohne dass sie bis zu diesem Zeitpunkt gerügt werden, tritt gem. § 25 I 1 Verwirkung ein. Danach greifen gem. § 25 II 1 nur noch Ablehnungsgründe, die später bekannt und unverzüglich geltend gemacht werden. Endgültig vorbei ist es mit Ablehnungsgesuchen, wenn der Angeklagte das letzte Wort gesprochen hat (§ 25 II 2). § 27 regelt, wer über die Begründetheit eines Ablehnungsgesuches entscheidet. Der abgelehnte Richter darf selbstverständlich an der Entscheidung nicht mitwirken und wird ersetzt. **598**

Keinen Ablehnungsgrund bietet das richterliche Verhalten, wenn es vom Angeklagten provoziert worden ist. Auch falsche Entscheidungen des Gerichts sind idR kein Ablehnungsgrund, sondern nur bei Willkür, insbesondere bei Beeinträchtigung wesentlicher Verfahrensrechte des Beschuldigten (etwa Übergehen eines Akteneinsichtsgesuchs, BGH bei *Nestler*, Jura 2021, 982). – Nach dem neuen § 26 I 2 kann das Gericht dem Antragsteller aufgeben, das Ablehnungsgesuch schriftlich zu begründen. Trotz § 257a S. 3, so wird man es sehen müssen, **599** bleibt das Recht zum mündlichen Stellen des Antrags erhalten – es geht nicht an, dass das Gericht (gravierende) Befangenheitsgründe der mündlichen Verhandlung entzieht (Mündlichkeitsprinzip)!

### b) Angeklagter

**600** (1) Wie die **§§ 230 I, 231 I 1** zeigen, ist die Anwesenheit des Angeklagten grds. während der gesamten Hauptverhandlung erforderlich. Dadurch soll ihm die Möglichkeit zur uneingeschränkten Verteidigung gegeben werden. Daneben dienen die Vorschriften dazu, dass sich das Gericht während der gesamten Verhandlung ein Bild vom Angeklagten und seinem Verhalten machen kann. Treffend hat dies *Meurer* (NStZ 1993, 599) formuliert: „Anwesenheit in der Hauptverhandlung ist erste Angeklagtenpflicht, aber auch vornehmstes Recht."

**601** Nicht jeder Angeklagte erscheint freiwillig. Dann kann gegen ihn gem. § 230 II die Vorführung angeordnet oder ein Haftbefehl erlassen werden. Weil die Vorführung erst vollstreckt werden darf, wenn die rechtzeitige Teilnahme des Angeklagten an der Hauptverhandlung es erfordert, ist der Haftbefehl nachrangig (Verhältnismäßigkeit). Für den Erlass eines Haftbefehls genügt die Feststellung, dass der Angeklagte nicht erschienen und sein Ausbleiben nicht genügend entschuldigt ist. Hinreichender Tatverdacht oder gar ein Haftgrund iSd §§ 112, 112a sind nicht erforderlich.

**602** Vorführung und Verhaftung sind idR Sache der Polizei, die wiederum von der StA darum ersucht wird (vgl. §§ 36 II 1, 161 I 2). Bei der Vorführung tauchen in der Praxis dann kurz vor der Hauptverhandlung zwei Beamte beim Angeklagten auf und bitten ihn höflich mitzukommen.

**603** Bleibt der Angeklagte zur Hauptverhandlung aus oder kann sie aus sonstigen wichtigen Gründen nicht durchgeführt werden, kann in geeigneten Fällen auf das Strafbefehlsverfahren zurückgegriffen werden (§ 408a).

**604** Erscheint der Angeklagte und will sich dann wieder entfernen, kommt § 231 I zur Anwendung. Der Vorsitzende kann mit geeigneten Maßnahmen das Sichentfernen verhindern. Für den Fall stehen meist ein paar Justizbedienstete mit finsterem Blick vor der Tür oder im Saal.

**605** (2) Nicht immer ist die Anwesenheit des Angeklagten erforderlich. Zu unterscheiden sind Fälle, in denen die Hauptverhandlung gänzlich ohne ihn durchgeführt oder fortgesetzt, er von seiner Anwesenheitspflicht entbunden oder nur kurzfristig ausgeschlossen wird.

**606** **Fall 73** (nach *BGH* NStZ 2012, 105): Nach drei Verhandlungstagen, an denen der Angeklagte A auch zur Sache ausgesagt und Fragen des Vorsitzenden beantwortet hatte, begeht dieser – laut eines Sachverständigen „mittelgradig depressive Angeklagte" – am Sonntagabend einen Suizidversuch. Das

Gericht verhandelt an fünf weiteren Terminen ohne ihn, weil es seine weitere Anwesenheit für nicht erforderlich hält. War dies zulässig?

Ausnahmen von der Anwesenheitspflicht können in folgenden Fällen gemacht werden: Angeklagter entfernt sich nach seiner Vernehmung aus der Hauptverhandlung (**§ 231 II**), der Angeklagte macht sich („wenn er noch nicht über die Anklage vernommen war“, also vor seiner Vernehmung zur Sache) vorsätzlich und schuldhaft verhandlungsunfähig (**§ 231a I**), der Angeklagte benimmt sich ordnungswidrig (**§ 231b I**). **607**

Gänzlich ohne den Angeklagten kann die Hauptverhandlung bei geringer Rechtsfolgenerwartung durchgeführt werden, wenn der Angeklagte in der Ladung auf die Möglichkeit der Verhandlung ohne ihn hingewiesen wurde (**§ 232 I 1**). Bei mehreren Angeklagten kann einem Angeklagten gem. **§ 231c S. 1** gestattet werden, sich bei Verfahrensteilen zu entfernen, die ihn nicht betreffen. Schließlich kann ein Angeklagter gem. **§ 247 S. 1** entfernt werden, wenn angenommen werden muss, dass ein Mitangeklagter oder Zeuge in der Gegenwart des Angeklagten nicht die Wahrheit sagen wird. Auch im Sicherungsverfahren nach den §§ 413 ff. besteht unter bestimmten Voraussetzungen die Möglichkeit, die Hauptverhandlung ohne den Beschuldigten durchzuführen (§ 415). **608**

Eine Entfernung des Angeklagten wird sogar für zulässig erachtet, wenn für den Fall seiner Anwesenheit ein Zeuge ankündigt, dann von dem ihm zustehenden Auskunftsverweigerungsrecht nach § 55 Gebrauch zu machen (*BGH* NStZ-RR 2004, 116). Argumentieren ließe sich im Sinne des BGH, dass derjenige, der nichts sagt, auch nicht die Wahrheit sagt.

Gleiches gilt, wenn für das Wohl eines Zeugen unter 18 Jahren erhebliche Nachteile zu befürchten sind oder bei anderen Zeugen die Gefahr eines schwerwiegenden Gesundheitsnachteils besteht (**§ 247 S. 2**). Aber auch Nachteile für die Gesundheit des Angeklagten können zu dessen Entfernung führen (**§ 247 S. 3**). Auch im Berufungs- (**§ 329**), Revisions- (**§ 350**), Strafbefehls- (**§ 412**) und Privatklageverfahren (**§ 387**) ist die Anwesenheit des Angeklagten nicht zwingend erforderlich. **609**

Im Fall 73 greift nicht § 231a I, da A bereits zur Sache ausgesagt hat. Doch ist § 231 II anwendbar, wenn A erstens „eigenmächtig“ der Hauptverhandlung ferngeblieben ist, er zweitens Gelegenheit hatte, sich zum Anklagevorwurf zu äußern, und drittens das Gericht seine weitere Anwesenheit für die Sachaufklärung nicht für erforderlich hält. Dieses Merkmal, das die **h.M.** als ungeschriebenes Tatbestandsmerkmal in § 231 II hineinliest, wird allgemein so interpretiert, dass der Angeklagte wissentlich, rechtswidrig und schuldhaft ausbleiben muss. Beim Kriterium „schuldhaft“ stellt das **Schrifttum** überwiegend ab auf einen strafprozessualen Verschuldensmaßstab, der sich an den §§ 51, 230 und 464c **610** orientiert. Bei einem ernsthaften Suizidversuch (im Gegensatz zu einem sog. Appellsuizidversuch) sei das damit bedingte Fernbleiben nicht schuldhaft. Anders die **Rspr.** (*BGH* NStZ 2012, 105), die auf die Merkmale der §§ 20, 21 StGB abstellt. Wer ihr folgt, dürfte in Fall 73 das Weiterverhandeln ohne A für zulässig halten. – Überzeugender wäre es freilich danach zu fragen, ob die Abwesenheit auf einer autonomen Entscheidung beruht, also eigenverantwortlich, d.h. freiwillig ist. Freiwilligkeit läge dann vor, wenn der Angeklagte sich der Tragweite seines Verzichts bewusst ist und an der Ausübung der Anwesenheit nicht gehindert war (näher *Putzke*, ZJS 2012, 383, 388).

### c) Staatsanwalt

**611** (1) Auch die StA wird durch **§ 226** zur ununterbrochenen Gegenwart verpflichtet. Anders als das Gericht muss ein StA jedoch am Schluss nicht „aus dem Inbegriff der Verhandlung" seine Überzeugung bilden (§ 261). Es genügt, dass überhaupt irgendein Vertreter der Anklagebehörde anwesend ist. Mehrere StAe können sich demnach im Lauf der Verhandlung ablösen oder – wie § 227 ausdrücklich erlaubt – gleichzeitig in der Hauptverhandlung tätig sein.

**612** (2) Auch ein StA kann mal einen schlechten Tag erwischen. Doch was macht ein Angeklagter, wenn er ihn gerade dann als Sitzungsvertreter vor sich hat?

**613** **Fall 74:** StA S diktiert beim Verfassen der Anklageschrift den Satz: „Dem angeschuldigten Arschloch ist ein Pflichtverteidiger zu bestellen." In der Hauptverhandlung fällt dies dem Angeklagten A auf. S ist Sitzungsvertreter und erklärt, dass ihm wohl ein Freud'scher Fehler passiert sei. Was kann A tun? (Näher zu dem authentischen Fall: *Putzke*, ZAP 2008, 1227 f.)

Es ist umstritten, ob die §§ 22 ff. auf einen StA anwendbar sind. Manche lehnen sowohl die direkte als auch analoge Heranziehung ab. Danach hat kein Prozessbeteiligter ein Ablehnungsrecht iSd § 24. Andere befürworten wenigstens eine Analogie zu § 22 Nrn. 1–3 und Nr. 4 (letzter Fall) sowie § 24. Argumentiert wird mit der im Vergleich zum Richter ähnlich objektiven Stellung eines StA.

**614** Doch selbst wer eine analoge Anwendung der §§ 22 ff. ablehnt, sieht es so, dass ein befangener StA in einem rechtsstaatlichen Verfahren nichts verloren hat. In diese Richtung weisen bereits einige Urteile, etwa BGHSt 21, 85: Danach ist ein Sitzungsstaatsanwalt an der weiteren Ausübung dieser Funktion gehindert, wenn er im selben Verfahren als Zeuge vernommen worden ist (allerdings muss seine Aussage für die Beweisführung relevant sein). In einem solchen Fall muss der Vorgesetzte des StA von Amts wegen einen anderen Sitzungsvertreter beauftragen, wozu er nach § 145 I GVG berechtigt ist. Andernfalls läge ein Revisionsgrund iSd § 337 vor. Abgesehen von diesem besonderen Fall kann die Befangenheit eines StA nicht alleiniger Gegenstand einer Revisionsrüge sein. Die Revision wäre nur dann begründet, wenn nicht auszuschließen ist, dass das Urteil auf der Mitwirkung des befangenen

StA beruht. Zur Konsequenz hat diese Sicht, dass den Prozessbeteiligten kein Ablösungsrecht hinsichtlich eines StA zusteht, bei dem Ausschluss- oder Befangenheitsgründe vorliegen. Sie können allenfalls auf eine Ablösung beim Vorgesetzten hinwirken. Seine Aufgabe ist es, einen befangenen StA von entsprechenden Amtshandlungen zu befreien (vgl. etwa für familienrechtliche Beziehungen § 65 I BBG). Versäumt der Vorgesetzte dies, kann in krassen Fällen mit der Revision eine Verletzung des Fairnessgrundsatzes iVm § 160 gerügt werden.

Wenn ein Richter im Fall 74 sich wie S verhalten hätte, wäre er **615** nach § 24 II befangen gewesen und A stünde das Ablehnungsrecht gem. § 24 I zu. Anders bei der StA, wenn man der Rspr. folgt: Die §§ 22 ff. gelten weder direkt noch analog. A kann lediglich beim Vorgesetzen auf die Ablösung des Sitzungsvertreters drängen.

**d) Sonstige**

Gem. § 226 I muss ein **Urkundsbeamter der Geschäftsstelle** (§ 153 **616** GVG) grds. ununterbrochen in der Hauptverhandlung anwesend sein. Grund hierfür ist der Protokollierungszwang und die Beweiskraft des Protokolls (§§ 271 I 1, 274 S. 1). Allerdings können sich verschiedene Protokollführer abwechseln. Gem. § 226 II 1 darf der Strafrichter sogar auf die Hinzuziehung verzichten (dann muss er aber selber das Protokoll anfertigen).

Der **Verteidiger** hat zwar während der gesamten Hauptverhandlung **617** ein Anwesenheitsrecht, jedoch nur in den Fällen notwendiger Verteidigung eine Anwesenheitspflicht (**§ 145 I 1**). Auch hier gilt, dass es nicht ein und derselbe Verteidiger zu sein braucht, sondern mehrere Verteidiger sich ablösen können. Kommt der Wahlverteidiger nicht zur Verhandlung, hat der Angeklagte Pech (oder Glück ...). Dies zeigt § 228 II, wonach das Gericht keine Rücksicht auf einen ausbleibenden Verteidiger nehmen muss. Allerdings gebietet es der Grundsatz eines fairen Verfahrens, bei einer Verspätung des Wahlverteidigers eine angemessene Zeit zu warten (idR 15 bis 20 Minuten).

Für andere Verfahrensbeteiligte (z.B. Zeugen, Sachverständige oder Nebenkläger) ist die Anwesenheit in der Hauptverhandlung nicht vorgeschrieben.

## 3. Leitung

Gebunden ist der Richter lediglich an die angeklagte prozessuale **618** Tat, d.h. den geschichtlichen Vorgang. Innerhalb dieser Grenzen kann er selbständig den Umfang der Untersuchung bestimmen – ihm gebührt die **Verfahrensherrschaft**. Der Nachteil dieser umfassenden Position: Es urteilt jemand, der zugleich untersucht. Hier handelt es sich zwar nicht mehr um einen reinen Inquisitionsprozess, wo der Richter nicht nur untersuchte und urteilte, sondern darüber hinaus auch noch anklagte. Dennoch bleiben Zweifel, ob der Richter in der Lage ist, das von ihm untersuchte Belastungsmaterial im Urteil unbefangen zu würdigen.

**a) Sachleitung**

**619** (1) Die Verhandlung leitet der Vorsitzende (§ 238 I). Zu seinen Aufgaben gehören die Vernehmung des Angeklagten sowie die Durchführung der Beweisaufnahme.

**620** Ergeben sich dabei Gesichtspunkte, welche die sachliche Zuständigkeit eines Gerichtes höherer Ordnung begründen, ist die Sache gem. § 270 I an das zuständige Gericht zu verweisen. Beim Auftreten eines Verfahrenshindernisses ist das Verfahren einzustellen, entweder nach § 205 (vorübergehendes Verfahrenshindernis) oder nach § 260 III (dauerhaftes Verfahrenshindernis).

**621** Auf Verlangen hat der Vorsitzende den beisitzenden Berufsrichtern (§ 240 I) sowie gem. § 240 II 1 der StA, dem Angeklagten, dem Verteidiger und den Schöffen zu gestatten, Fragen an Zeugen oder Sachverständige zu stellen. Auch der Angeklagte darf befragt werden. Doch nicht alle Fragen sind erlaubt. Ungeeignete oder nicht zur Sache gehörende kann der Vorsitzende gem. § 241 II zurückweisen. Fragen eines Berufsrichters können allein vom Vorsitzenden nicht zurückgewiesen werden (arg. § 241 II, wo § 240 I nicht erwähnt wird); es bedarf hier eines Gerichtsbeschlusses gem. § 242.

**622** **Beispiele:** Ungeeignet sind etwa Suggestivfragen, bereits beantwortete Fragen oder solche, die nichts zur Wahrheitsfindung beitragen. Nicht zur Sache gehören Fragen, wenn sie nicht einmal mittelbar mit der Tat oder ihren Rechtsfolgen in Zusammenhang stehen.

**623** Neben dem Recht, Fragen zu stellen, hat der Angeklagte gem. **§ 257 I** außerdem das Recht, sowohl nach jeder Vernehmung eines Mitangeklagten als auch nach jeder Beweiserhebung eine Erklärung abzugeben. Gleiches gilt gem. **§ 257 II** für StA und Verteidiger.

**624** Von solchen Erklärungen wird in der Praxis merkwürdigerweise selten Gebrauch gemacht. Dabei kann es psychologisch äußerst wirkungsvoll sein und vor allem bei Schöffen den richtigen Eindruck hinterlassen, wenn man etwa bei der Aussage eines Belastungszeugen sofort auf Widersprüche hinweist. Wird das Erklärungsrecht allerdings verletzt, hat dies keine Folgen. Die Revision kann hierauf nicht gestützt werden, weil § 257 nach h.M. eine Ordnungsvorschrift sein solle (→ Rn 823). Das rechtliche Gehör muss insgesamt aber gewährt werden.

**625** (2) Große Bedeutung hat **§ 238 II**. Es handelt sich um einen sog. Zwischenrechtsbehelf, gerichtet gegen sachleitende Anordnungen des Vorsitzenden. Wer davon keinen Gebrauch macht, verwirkt nach der Rspr. die Revisionsrüge, d.h. es tritt die sog. **Präklusion** (präkludieren = versperren, verschließen) ein. Das gilt aber nicht für einen unverteidigten Angeklagten, der die Beanstandungsmöglichkeit nicht kennt, ferner nicht, wenn der Verfahrensfehler bei der Urteilsfindung wiederholt wird oder wenn der Vorsitzende gegen zwingendes Recht verstößt (z.B. bei Nichtgewährung des Schlusswortes).

Was aber ist eine „auf die Sachleitung bezügliche Anordnung"? Es kommt darauf an, dass der betroffene Prozessbeteiligte schlüssig darlegt, durch eine Maßnahme in Bezug auf das zu erwartende Urteil beschwert zu sein. Danach dürfte nahezu jede Maßnahme oder Verfügung mit der Beanstandung angreifbar sein (s. *Meyer-Goßner*, § 238 Rn 11 ff.). **626**

Wird eine Anordnung von einem beschwerten Prozessbeteiligten beanstandet, entscheidet das Gericht. Der Beschluss ist gem. § 273 I ins Hauptverhandlungsprotokoll aufzunehmen und spätestens vor der Urteilsverkündung bekannt zu machen. **627**

### b) Veränderung des rechtlichen Gesichtspunktes und Nachtragsanklage

(1) Eine angemessene Verteidigung ist nur möglich, wenn der Angeklagte weiß, gegen welche Vorwürfe er sich zur Wehr setzen muss. **628**

**Fall 75:** StA S hat A wegen Diebstahls eines iPhones angeklagt. Während der Hauptverhandlung stellt sich heraus, dass A dem Zeugen das iPhone gewaltsam entrissen hat. Was muss das Gericht nunmehr beachten? **629**

Verändert sich der rechtliche Gesichtspunkt der angeklagten Tat im prozessualen Sinne (§ 264 I), ist der Angeklagte darauf besonders hinzuweisen (**§ 265**). Gleiches gilt seit dem 24.8.2017 nach § 265 II Nr. 3 auch dann, wenn sich die Tatsachengrundlage ändert. Erforderlich ist ein solcher Hinweis aber nur im Falle einer Verurteilung, nicht hingegen, wenn das Gericht den Angeklagten freispricht oder das Verfahren einstellt. Der Hinweis muss bezogen auf Änderung eine sachgerechte Verteidigung ermöglichen, also insbesondere präzise die Tatsachen benennen, die den neuen Vorwurf begründen.

**Beispiele:** Um ein **anderes Strafgesetz** (§ 265 I) handelt es sich etwa bei § 212 zu § 211 StGB (also auch bei einem milderen Strafgesetz), ferner wenn sich die Beurteilung der Handlungsform (Tun statt Unterlassen), die Verwirklichungsstufe (Versuch statt Vollendung) oder die Beteiligungsform (Täterschaft statt Teilnahme) ändert. Auch der Wechsel von Vorsatz zur Fahrlässigkeit fällt hierunter (*OLG Düsseldorf* NStZ 1994, 347). **Straferhöhende Umstände** iSd § 265 II liegen vor bei Qualifikationstatbeständen (z.B. §§ 221 II, III; 224, 250 StGB). Ein Hinweis nach § 265 II ist auch bei **Sicherungsmaßregeln** erforderlich, also wenn die Entziehung der Fahrerlaubnis nach § 69 StGB plötzlich in Betracht kommt. Eine Änderung der **Tatsachengrundlage** ist zu bejahen, wenn z.B. das Opfer oder bei angeklagter Mittäterschaft der Mittäter wechselt, auch bei einem Umschwenken auf ein anderes Tatverhalten vom Totschlag durch Unterlassen zu aktiv fahrlässiger Tötung (BGH bei *Jäger*, JuS 2022, 79). **630**

631 Der Hinweis ist eine wesentliche Förmlichkeit und als solche gem. **§ 273 I** ins Hauptverhandlungsprotokoll aufzunehmen. Kommt ein schwereres Strafgesetz in Betracht, hat der Angeklagte gem. § 265 III einen Anspruch auf Aussetzung des Verfahrens. In den anderen Fällen setzt das Gericht gem. § 265 IV das Verfahren aus, wenn dies zur besseren Vorbereitung der Anklage oder Verteidigung angezeigt erscheint.

632 Im Fall 75 ergab die Beweisaufnahme die Anwendung von Gewalt. Damit wird aus dem Diebstahl ein Raub, sodass ein anderes Strafgesetz greift. Mithin ist ein rechtlicher Hinweis iSd § 265 I erforderlich (der löst das Recht des Angeklagten aus, die Aussetzung der Hauptverhandlung zu beantragen).

633 (2) Wie die **§§ 155 I** und **264 I** deutlich zeigen, hat sich die gerichtliche Untersuchung zu beschränken auf den in der Anklageschrift bezeichneten historischen Vorgang, d.h. die angeklagte prozessuale Tat. Will die StA die gerichtliche Untersuchung auf eine weitere Tat erstrecken, muss sie **Nachtragsanklage (§ 266)** erheben. Verweigert der Angeklagte die Zustimmung, können die Taten nicht in das laufende Verfahren einbezogen werden. Dann muss die StA die „neue" Tat getrennt anklagen.

#### c) Aussetzung und Unterbrechung der Hauptverhandlung

634 Die Hauptverhandlung soll grds. „an einem Stück" durchgeführt werden, damit das Bild vom Angeklagten und der Beweisaufnahme nicht verblasst und dem Gericht bei der Urteilsfindung möglichst frisch vor Augen steht. Aus diesem Grund darf auch in der Hauptverhandlung nicht getrödelt werden (vgl. Nr. 127 III RiStBV). Als besondere Ausprägung des Beschleunigungsgrundsatzes gilt hier die

**Konzentrationsmaxime.**

Allerdings lässt sich ein (befristeter oder endgültiger) Abbruch der Hauptverhandlung nicht immer vermeiden. Geschieht dies, kann es sich um eine bloße **Unterbrechung** iSd §§ 228 I 1 Alt. 2, 229 I, II oder um eine **Aussetzung** iSd §§ 228 I 1 Alt. 1, 229 IV 1 handeln. Die Unterscheidung ist wichtig: Bei einer Unterbrechung kann die Hauptverhandlung später an der Stelle fortgesetzt werden, wo sie unterbrochen wurde. Bei einer Aussetzung muss die Hauptverhandlung von Anfang an wiederholt werden.

635 **Merke:** Innerhalb der Grenzen des § 229 I, II spricht man von **Unterbrechung**. Alles was über die gesetzlich vorgeschriebene Höchstdauer einer Unterbrechung hinausgeht, führt zur **Aussetzung** des Verfahrens (§ 229 IV 1).

636 Gemäß § 229 I kann jede Hauptverhandlung bis zu drei Wochen unterbrochen werden. Ob sie vorher einen Tag oder fünf Tage gedauert

hat, ist dabei völlig egal. Denkbar ist es demnach, nach jedem Verhandlungstag für drei Wochen zu unterbrechen. § 229 II geht noch weiter: Hat eine Verhandlung mindestens zehn Tage gedauert, kann sie für einen Monat unterbrochen werden.

In manchen Fällen schreibt das Gesetz eine Aussetzung oder Unterbrechung vor, z.B. beim Verteidigerausschlussverfahren (§ 138c IV), bei der Bestellung eines neuen Verteidigers im Falle notwendiger Verteidigung (§ 145 III), wenn die Ladungsfrist des § 217 I nicht eingehalten wurde und der Angeklagte die Aussetzung verlangt (§ 217 II) oder im Falle der Veränderung des rechtlichen Gesichtspunktes (§ 265 III, IV). Verhandelt das Gericht trotz verlangter Aussetzung oder Unterbrechung weiter, eröffnet dies idR die Revision nach § 337. **637**

Unterbrechungen verzögern stets den Abschluss des Verfahrens. Schnell kann es bei mehrfacher Ausschöpfung der Unterbrechungsfristen zu einem Verstoß gegen das Beschleunigungsprinzip aus Art. 6 I 1 MRK kommen. Für die Beurteilung einer unangemessenen Verfahrensdauer spielen folgende Aspekte eine wichtige Rolle: Bedeutung der Sache für den Angeklagten, Komplexität des Falles, Verhalten des Beschuldigten, Verhalten der Strafverfolgungsbehörden (vgl. *Neuhaus*, StV 2005, 47, 51). **638**

Nach § 10 I EGStPO sind die Unterbrechungsfristen zudem bis zu zwei Monate gehemmt, wenn die Hauptverhandlung aufgrund von Schutzmaßnahmen zur Verhinderung der Verbreitung von Infektionen mit dem SARS-CoV-2-Virus (COVID-19-Pandemie) nicht durchgeführt werden kann. Weitere Hemmungstatbestände sieht zudem § 229 III vor.

## 4. Verständigung

**Literatur:** *Fischer*, Absprache-Regelung: Problemlösung oder Problem?, StraFo 2009, 177; *Hettinger*, Die Absprache im Strafverfahren als rechtsstaatliches Problem, JZ 2011, 292; *Jahn*, Entwicklungen und Tendenzen zwei Jahre nach Inkrafttreten des Verständigungsgesetzes, StV 2011, 497; *Schünemann*, Ein deutsches Requiem auf den Strafprozess des liberalen Rechtsstaats, ZRP 2009, 104; *Stuckenberg*, ZIS 2013, 212 (Besprechung BVerfG NJW 2013, 1058).

Früher wurde heftig gestritten über die Zulässigkeit von Verständigungen im Strafprozess. Während viele Praktiker sie als unumgängliche Notwendigkeit verstanden, sahen andere die Rechtsstaatlichkeit des Verfahrens bedroht und tragende Prozessmaximen ausgehebelt. Seit dem 4.8.2009 gilt das **Gesetz zur Regelung der Verständigung im Strafverfahren** und mit ihm die neuen Vorschriften in der StPO. Manche sehen darin einen neuen Verfahrensgrundsatz statuiert, das **639**

**Konsensprinzip.**

**Fall 76:** Die Anklage wirft A mehrere Wohnungseinbruchdiebstähle iSd § 244 I Nr. 3 StGB vor, bei denen er „gewerbsmäßig" Wertgegenstände ge- **640**

stohlen haben soll. Die Beweislage ist verstrickt. A bestreitet jede Beteiligung. Richter R regt zu Beginn der Hauptverhandlung an, sich doch zu einigen. As Verteidiger V fragt nach, wie sich das Gericht den Ausgang des Verfahrens bei einem Geständnis des A vorstelle. Nach kurzer Beratung mit den Schöffen meint R, dass ein bis zwei Jahre Freiheitsstrafe auf Bewährung verhängt werden würden – für einfachen Diebstahl. Damit ist der StA einverstanden und so wird, nachdem A und sein Verteidiger zugestimmt haben, diese Übereinkunft in das Protokoll aufgenommen. Anschließend gesteht A kurz und bündig, die Beute per „Trickdiebstahl" gestohlen zu haben; mit dem Gewinn wollte er nur seiner Tochter das Studium finanzieren. Das Gericht glaubt ihm. Darum verzichtet es sowohl auf das Gutachten des Sachverständigen, der die Wohnraumeinbrüche plausibel machen sollte, als auch auf den Hehler, der die Gewerbsmäßigkeit von As Handeln bekunden sollte. A wird verurteilt wegen einfachen Diebstahls zu zwei Jahren auf Bewährung. Ist die StPO eingehalten worden?

641 Als **zentrale Verständigungsvorschrift** gestattet **§ 257c** gewisse Absprachen zwischen den Prozessbeteiligten. Wenn Sie die Norm lesen, müssten Ihnen im Fall 76 zumindest zwei Gesetzesverletzungen auffallen:

642 (1) § 257c I 2 bestimmt, dass **§ 244 II „unberührt" bleibt**, dass also trotz der Verständigung die **Aufklärungspflicht** gilt. Das *BVerfG* zwingt mit seiner jüngsten Entscheidung, diese Gesetzespassage wörtlich zu nehmen: „die Norm schließt jede Disposition über Gegenstand und Umfang der dem Gericht von Amts wegen obliegenden Pflicht zur Aufklärung des mit der Anklage vorgeworfenen Geschehens aus" (NJW 2013, 1058, Rz 68). Zur Gewährleistung von Transparenz und Kontrolle müsse eine Verständigung nicht nur in der Hauptverhandlung vollzogen werden (Rz 71, 86), sondern auch überprüft werden, denn Berufsrichter und Schöffen müssen ihre Überzeugung vom Tatgeschehen aus dem Inbegriff der Hauptverhandlung schöpfen (Rz 71). Die Aufklärungspflicht habe bei einem verständigungsbasierten Geständnis deshalb die gleiche Reichweite wie bei einem sonstigen Geständnis (Rz 71). Diese Lesart widerstreite dem Wunsch nach Abkürzung des Verfahrens und enge den Raum für Verständigungen spürbar ein (Rz 72).

643 Im Fall 76 hatte das Ermittlungsverfahren deutliche Hinweise auf Einbruchsspuren und auf eine Gewerbsmäßigkeit ergeben. Diesen Hinweisen hätte das Gericht durch die Heranziehung des Sachverständigen und des Zeugen (des Hehlers) nachgehen müssen. Folglich ist § 244 II verletzt und das Vorgehen des Gerichts rechtswidrig.

644 (2) **§ 257c II 3** verbietet Verständigungen über den „**Schuldspruch**"! Dagegen verstößt die Übereinkunft, A nur wegen „einfachen Diebstahls" zu verurteilen. Im Falle eines „Wohnungseinbruchdiebstahls"

hätte der Schuldspruch nämlich auf § 244 I Nr. 3 StGB lauten müssen (vgl. *Meyer-Goßner*, § 260 Rn 21 ff.).

Nicht unter § 257c II 3 fällt der vereinbarte Ausschluss des § 243 I 2 Nr. 3 StGB (Gewerbsmäßigkeit); weil es sich bei dieser Norm nur um ein benanntes Regelbeispiel handelt, wäre sie nicht in den Schuldspruch aufzunehmen. Allerdings leuchtet diese Differenzierung innerhalb des § 257c II 3 nicht ein. Ein Regelbeispiel kann im Unrechts- und Schuldgehalt höheres Gewicht haben als eine Qualifikation. Warum soll dann jenes verzichtbar sein, dieses aber nicht!

(3) Das *BVerfG* hat diese Erwägung – methodisch angreifbar – in **§ 257c II 1** wirksam werden lassen und den Begriff der **„Rechtsfolgen“** dahin eingeschränkt, dass er „minder schwere“ und „besonders schwere Fälle“ nicht erfasst; ihre Anwendung bzw. Nichtanwendung ist folglich kein zulässiger Gegenstand von Verständigungen (NJW 2013, 1058, Rz 74). Folgt man dem, liegt hierin in Fall 76 ein dritter Gesetzesverstoß. **645**

Die Verständigung wird weiterhin attraktiv sein für Klausuren und mündliche Prüfung. **Drei Fragen** sollten Sie beantworten können: **646**

### (a) Was galt vor Inkrafttreten des Verständigungsgesetzes?

Der *BGH* hatte in einigen Entscheidungen gewisse **Grundsätze für eine bindende Verständigung** aufgestellt (vor allem BGHSt 43, 195; BGHSt [GrS] 50, 40). Danach galt Folgendes: **647**

Die Verständigung musste in Anwesenheit aller Verfahrensbeteiligten in der öffentlichen Hauptverhandlung erfolgen oder zumindest wiederholt werden (**Öffentlichkeitsgrundsatz,** jetzt § 257c, insb. III 1); den Prozessbeteiligten war Gelegenheit zur Äußerung zu geben (**rechtliches Gehör**, Art. 103 I GG, jetzt § 257c III 3); die getroffene Vereinbarung musste ins Protokoll aufgenommen werden (**Protokollierungspflicht**, jetzt § 273 Ia); das Gericht durfte dem Geständnis des Angeklagten nicht einfach glauben, sondern muss „sich aufdrängende Beweiserhebungen“ vornehmen (**Aufklärungspflicht**, jetzt strenger § 257c I 2).

Das Gericht durfte keine Fixstrafe, sondern nur eine **Strafobergrenze** zusagen (jetzt: **Angabe von Ober- und Untergrenze zulässig**, § 257c III 2 – keine Punktstrafenvereinbarung: *BGH* StV 2011, 338 f.); die Strafe musste tat- und schuldangemessen sein, kein „Handel mit der Gerechtigkeit“ (Art. 3 I GG, **Schuldgrundsatz**), deswegen war das Gericht nicht an die Zusage der Strafobergrenze gebunden, wenn nachträglich erschwerende Umstände bekannt wurden oder diese übersehen worden waren (§ 261; jetzt: § 257c IV 1); der Angeklagte war dann auf die Änderung der Sachlage hinzuweisen (§ 265 II, jetzt: § 257c IV 4, V) und das Geständnis durfte nicht verwertet werden (**fair trial**, jetzt: § 257c IV 3); unzulässig waren auch seinerzeit schon Absprachen über zwingende gesetzliche Bestimmungen, etwa über die Anwendung von Erwachsenen- oder Jugendstrafrecht (**Gesetzesbindung**, Art. 97 I GG). Heimliche und damit unprotokollierte Deals nahmen nicht an der Bindungswirkung (vgl. § 257c IV 1) teil und schufen (in der Regel) auch keinen Vertrauenstatbestand (*BGH* StV 2011, 74 f.; energisch jetzt *BVerfG* NJW 2013, 1058, Rz 75 ff. – lesen Sie diese Entscheidung!).

Es durfte kein Nötigungsdruck auf den Angeklagten ausgeübt werden durch Aufzeigen einer **Sanktionenschere**, etwa „mit Geständnis zwei Jahre auf Bewährung, sonst vier" (gilt weiterhin: § 136a I). – Erbrachte die StA nicht ihren Teil des Deals wegen eines **Dissenses** (Gericht und Angeklagter glaubten, die StA werde alle Zusammenhangstaten nach §§ 153 ff. einstellen, die StA meinte aber nur eine bestimmte Gesetzesverletzung), dann war hinsichtlich der abgeurteilten Tat eine **wesentliche Strafmilderung** einzuräumen (nach a.A. soll ein Beweisverwertungsverbot hinsichtlich des Geständnisses bestehen).

Die **Vereinbarung eines Rechtsmittelverzichts** war ausgeschlossen, obwohl der Verzicht für StA und Gericht meist (stillschweigend) „Geschäftsgrundlage" der Vereinbarung war (**Rechtsstaatsprinzip**; jetzt: § 302 I 2). Auch der unabgesprochene Rechtsmittelverzicht des Verurteilten war unwirksam, wenn dieser nicht **qualifiziert belehrt** worden war, nämlich darüber, dass es ihm trotz der Verständigung frei stehe, ein Rechtsmittel einzulegen (**fair trial**; jetzt: sogar gänzlich ausgeschlossen nach § 302 I 2, und der Angeklagte muss darüber qualifiziert belehrt werden gemäß § 35a S. 3) – wirksam war demnach allein der nicht vereinbarte Rechtsmittelverzicht nach qualifizierter Belehrung; hatte der Verurteilte unbelehrt den Rechtsmittelverzicht erklärt, durfte er noch Rechtsmittel einlegen, aber – wenn kein Wiedereinsetzungsantrag iSd §§ 44 f. erfolgt – nur bis zum Ablauf der Rechtsmittelfrist (eine Woche ab Verkündung des Urteils)!

**648 (b) In welchen Punkten weicht die neue Regel davon ab?**

War zuvor lediglich eine Zusage des Gerichts zur Strafobergrenze zulässig, darf das Gericht jetzt mit den Verfahrensbeteiligten eine Vereinbarung treffen. „Das ist eine grundlegende Änderung der StPO" (*Meyer-Goßner*, § 257c Rn 3). – **§ 257c II** sieht nun ausdrücklich vor, dass Gegenstand der bindenden Vereinbarung nicht nur das Strafmaß sein kann, sondern auch „verfahrensbezogene Maßnahmen im zugrundeliegenden Erkenntnisverfahren" (etwa Beweiserhebungen; Einstellungen nach § 154a, nicht aber § 154!) und das Prozessverhalten der Verfahrensbeteiligten (etwa Rücknahme von Beweis- oder Befangenheitsanträgen); bei von der Verständigung abweichendem Prozessverhalten des Angeklagten (er nimmt etwa den Befangenheitsantrag nicht zurück), ist das Gericht nicht mehr an die Verständigung gebunden (**§ 257c IV 2**). Umstritten ist, ob bei Aufhebung des „abgesprochenen" Urteils und anschließender Neuverhandlung das Geständnis verwertbar bleibt (dafür *BGH* StV 2010, 470 f.; dagegen *OLG Düsseldorf* StV 2011, 80 ff. und die h.L.). – Das *BVerfG* sieht die **Autonomie des Angeklagten** nur dann gewährleistet, wenn das Gericht seine **Informationspflicht** aus **§ 257c V** erfüllt hat (den Angeklagten also belehrt hat über Voraussetzungen und Folgen einer Abweichung von der Verständigung); ein Verstoß gegen diese Belehrungspflicht ergäbe in der Regel sogar dann einen relativen Revisionsgrund iSd § 337, wenn das Gericht die zugesagte Strafobergrenze im Urteil nicht überschreite (NJW 2013, 1058, Rz 125 f.). – Ähnliches gilt nach dem BVerfG bei einem richterlichen Verstoß gegen die Informationspflicht aus § 243 IV (Az. 2 BvR 2055/14, Rz 12 ff.): Führen StA, Verteidiger und Vorsitzender außerhalb der Hauptverhandlung Gespräche zur Klärung einer Verständigung, muss der Vorsitzende in der Hauptverhandlung auch über die von StA und Verteidiger geäußerten Strafvorstellungen informieren („wesentlicher Inhalt" iSd § 243 IV); versäumt er dies, verletzt er damit den Grundsatz des fairen Verfahrens, weil dem Angeklagten die ihn schützende Kontrolle der Öffentlichkeit genommen werde.

Hinsichtlich der Maßregeln hatte der *BGH* bislang nur eine Verein- **649**
barung über die Nichtverhängung der Sicherungsverwahrung untersagt. **§ 257c II 3** nimmt nun alle Maßregeln der Besserung und Sicherung von der Verständigung aus. Im Umkehrschluss wird man wohl auch die Strafaussetzung zur Bewährung nunmehr als verhandelbar ansehen müssen (*Meyer-Goßner*, § 257c Rn 12), nicht dagegen die Halbstrafen-Aussetzung nach § 57 II StGB (*BGH* StV 2011, 74 f.). – Früher war selbstverständlich, dass der Angeklagte ein Geständnis ablegen muss; **§ 257c II 2** bestimmt lediglich, dass der Angeklagte gestehen **„soll"**. – Die StA muss der Verständigung zustimmen (**§ 257c III 4**); diese Zustimmung ist als Prozesserklärung unanfechtbar und unwiderruflich (*BGH* NStZ 2013, 51). – Das Erfordernis der **qualifizierten Belehrung** gilt nur für öffentliche Verständigungen, nicht hingegen für rechtswidrig-heimliche (**§ 35a S. 3** verweist auf § 257c; für eine analoge Anwendung des § 35a S/S/W-*Mosbacher* § 35a Rn 8: der Angeklagte sei bei nicht formgerechten Verständigungen „besonders schutzwürdig").

Ungeminderte Geltung behält § 265: So muss auch bei einer Verständigung ein Wechsel der Beteiligungsform (Beihilfe in der Anklage, Mittäterschaft im Urteil) mitgeteilt werden (*BGH* NStZ 2012, 47).

### (c) Welche Kritik wird an der Regelung geübt? **650**

An der Regelung wird sowohl verfassungsrechtliche wie strafprozessual-dogmatische Kritik geübt:

**Gleichbehandlungs- und Schuldprinzip** können verletzt sein, **651**
wenn das Gericht dem Angeklagten so weit entgegenkommt, dass die Strafe unangemessen milde ist. Dies dürfte der Fall sein, wenn das Gericht mehr als 15 % der ohne Geständnis nötigen Strafe erlässt. Dieser Gesichtspunkt kann die Verständigung im Einzelfall unzulässig machen, spricht aber nicht schon gegen die Regelung.

652 Manche verlangen ein „qualifiziertes Geständnis", ein schlankes Geständnis soll nicht genügen – entgegen der bloßen Sollvorschrift des § 257c II 2 scheide die Verständigung ohne Geständnis aus (*Meyer-Goßner*, § 257c Rn 17). Großzügiger legt das *LG Freiburg* die Norm aus: Das Soll-Geständnis sei in der Berufungsinstanz entbehrlich, wenn der Angeklagte seine Berufung nachträglich auf den Rechtsfolgenausspruch begrenze (StV 2010, 236 f.).

653 Die Regelung des § 257c könnte gegen die **Unschuldsvermutung** (Art. 20 III, 28 I GG) oder den Grundsatz **„in dubio pro reo"** (Art. 20 III, 28 I GG) verstoßen. So wird vorgebracht: Einer Absprache liege die Vermutung aller Beteiligten zugrunde, der Angeklagte sei schuldig. Damit ist aber nichts Zwingendes vorgetragen. Die Vermutung bei einverständlichem Deal reicht nicht weiter als beim Strafbefehl oder bei einer Einstellung nach § 153a; außerdem muss das Gericht das Geständnis des Angeklagten ggf. überprüfen (§ 244 II).

Die Aufklärungspflicht gilt uneingeschränkt (§§ 257c II 1, 244 II, s. Rn 642).

654 Den **Grundsatz des fairen Verfahrens** (Art. 20 III, 28 I GG) oder den **Nemo-tenetur-Grundsatz** (Art. 2 I iVm 1 I GG, § 136 I 2) sehen manche verletzt wegen einer gewissen „Nötigungswirkung": Der Angeklagte werde mit dem Versprechen einer milden Bestrafung zum Geständnis und in die Verurteilung gedrängt. Die Gefahr ist nicht ganz von der Hand zu weisen. Doch besteht immer ein gewisser Druck, ein Geständnis abzulegen, weil der Angeklagte weiß, dass er dann „besser wegkommt". Dieser Druck wird schon mit der Durchführung des Strafverfahrens aufgebaut. Dass die Möglichkeit der Strafmilderung artikuliert und der Grad der Milderung teilweise beziffert wird, soll nach den Absprachebefürwortern den Druck nicht unerlaubt machen. Erst das unzulässige Aufzeigen einer Sanktionenschere schafft einen unerlaubten Nötigungsdruck (s. Rn 647).

Bedenklich ist, dass das Gericht die Absprache trifft *und* das Urteil fällt: „Der Angeklagte muss seine Situation als ausweglos empfinden, während der Richter als Verhandlungspartner seine neutrale Stellung verliert und deshalb nach einer gescheiterten Absprache strukturell voreingenommen ist" (*Schünemann*, ZRP 2009, 104, 107). Zumal das Gericht bei der Strafuntergrenze der StA entgegenkommen muss – sonst macht die von ihrem Vetorecht Gebrauch (§ 257c III 4).

655 **§ 261** und das **Prinzip des gesetzlichen Richters** (Art. 101 I 2 GG) können verletzt sein, wenn der Spruchkörper die Überprüfung des Geständnisses nicht in der Hauptverhandlung, sondern nur per eigener oder fremder Aktenkenntnis vornimmt. Das *BVerfG* dürfte dem jetzt mit dem Hinweis auf die ungeminderte Aufklärungspflicht wirksam begegnet sein (NJW 2013, 1058, Rz 68 ff.).

656 Der **Fair-trial-Grundsatz** und das **Prinzip der materiellen Wahrheit** können verletzt sein, weil das Gericht das Geständnis meist an-

hand der Ermittlungsakten überprüft und der Angeklagte daher dem Ergebnis des Ermittlungsverfahrens unterworfen wird. Das wäre mit den genannten Prinzipien nur vereinbar, wenn die Verteidigung die Möglichkeit hätte, „**vor** der Absprache die Verlässlichkeit des polizeilichen Ermittlungsergebnisses zu überprüfen", und das „notorisch missbrauchte Druckmittel der Untersuchungshaft" zu bändigen (*Schünemann*, ZRP 2009, 104, 106 f.).

Die **Aufklärungspflicht** (§ 244 II) ist verletzt, wenn das Gericht sich – mit geringerer Sorgfalt als sonst – zu eigen macht, was der Angeklagte gesteht. Werden indes die strengen Vorgaben des *BVerfG* beachtet (→ Rn 644), fällt diese Rüge weg. **657**

Der Bundesrat hatte zu Recht gefordert, aus § 257c II 1 den Passus „**Prozessverhalten der Verfahrensbeteiligten**" zu streichen. Die Verknüpfung von Rechteverzicht und Strafrahmenzusage stimmt bedenklich, zumal das weitere Prozessverhalten des Angeklagten, wenn das Gericht es als absprachewidrig einstuft, die Bindung an die Vereinbarung löst (**§ 257c IV 2**). Das Gericht gewinnt so unmittelbaren Einfluss auf das Prozessieren des Angeklagten, weil es nach erfolgtem Geständnis mit der Loslösung von der Verständigung drohen kann (*Meyer-Goßner*, § 257c Rn 27). Daher ist eine solche Verknüpfung unzulässig. **658**

So auch die Gesetzesbegründung, wonach eine verbotene und „unsachgemäße Verknüpfung" darin liege, eine Strafrahmenzusage zu gewähren für den Verzicht auf zukünftige (bestimmte) Beweisanträge (BT-Drucks. 16/11376, S. 16). Aber dann hätte man den Passus streichen sollen! – Schließlich geht die allgemeine Kritik noch dahin, dass die Unsicherheit, ob die Absprache hält, den Angeklagten zum heimlichen Deal drängen könne (mit Vereinbarung eines fürs Gericht attraktiven Rechtsmittelverzichts) und dass die Interessen der Nebenkläger nicht hinreichend beachtet würden.

Die Gefahr heimlicher Deals besteht nach wie vor. Das *BVerfG* hat in seiner Entscheidung zum Verständigungsgesetz unter Bezugnahme auf eine empirische Studie herausgestellt, dass die Praxis die Vorgaben des Verständigungsgesetzes in erheblichem Umfang missachtet (NJW 2013, 1058, Rz 48 f.). Zugleich hat es betont, dass die Richter damit wichtige Grundrechte und Verfassungsprinzipien verletzen. Deshalb dürfen solche Gesetzesverstöße nunmehr als bewusster und elementarer Rechtsbruch, mithin als Rechtsbeugung iSd § 339 StGB gelten dürfen, dazu *Scheinfeld*, ZJS 2013, 296, 301!

## 5. Beweisaufnahme

**Literatur:** *Beulke*, Der Beweisantrag, JuS 2006, 597; *Geipel*, Handbuch der Beweiswürdigung, 2008; *Herdegen*, Strafrichterliche Aufklärungspflicht und Beweiswürdigung, NJW 2003, 3513; *Strate*, Freie Beweiswürdigung und gebundene Beweiserhebung, HRRS 2003, 47; *T. Walter*, Die Beweislast im Strafprozess, JZ 2006, 340.

659 Das Auffinden der Wahrheit erfordert gründliches Forschen. Die Vernehmung des Angeklagten zur Sache ist dabei der erste Schritt. Das Herzstück der Hauptverhandlung aber ist die Beweisaufnahme.

### a) Formelles Beweisrecht

660 *Welche* Beweise können *wie* zum Thema der Beweisaufnahme gemacht werden? *Wer* entscheidet, *was* ermittelt werden muss? *Wodurch* kann eine Beweisaufnahme bewirkt werden? Und *warum* muss nicht jedem Beweisantrag eine Beweisaufnahme folgen?

#### *aa) Beweismittel und Beweisverfahren*

661 Welche Beweismittel und -verfahren die StPO bereithält, haben wir oben besprochen (→ Rn 113 ff.). Hier noch einmal die wichtigsten Stichwörter mit einigen Ergänzungen:

662 (1) Die StPO kennt folgende Beweismittel (numerus clausus!): den **Zeugenbeweis** (§§ 48–71), den **Sachverständigenbeweis** (§§ 72–85), den **Augenscheinsbeweis** (§§ 86–93) und den **Urkundenbeweis** (§§ 249–256).

663 (2) Die Einlassung des Angeklagten (die nicht zur eigentlichen Beweisaufnahme gehört, vgl. Wortlaut § 244 I) sowie der **Zeugen- und Sachverständigenbeweis** werden grds. mit den Aussagen der betreffenden Prozessbeteiligten in den Prozess eingeführt. Beim **Augenscheinsbeweis** geht es um jede Wahrnehmung mit einem der fünf Sinne (Sehen, Hören, Riechen, Schmecken und Fühlen). Das Gericht verschafft sich einen Eindruck von der Existenz oder Beschaffenheit eines Menschen oder einer Sache, es stellt die Lage von Örtlichkeiten oder Gegenständen fest oder es beobachtet einen wiederholbaren Vorgang.

664 Weil man dem Gericht z.B. nicht zumuten kann, eine in der Ostsee gesunkene Fähre in Augenschein zu nehmen, kann die Augenscheinseinnahme auch nichtrichterlichen Personen als **Augenscheinsgehilfen** übertragen werden. Sie werden später als Zeugen vernommen.

665 Eine **Urkunde** ist in der Hauptverhandlung gem. **§ 249 I** grundsätzlich zu verlesen. Urkunden sind nach § 249 I 2 auch elektronische Dokumente, soweit sie verlesbar sind. Das Selbstleseverfahren nach § 249 II stellt dazu eine Ausnahme dar, gehört aber im Alltag der Strafjustiz – vor allem in Wirtschaftsstrafsachen – inzwischen zu einem wichtigen Instrument der Verfahrensvereinfachung.

666 Trennen Sie den strafrechtlichen Urkundenbegriff des § 267 StGB von der Urkunde im strafprozessualen Sinne! Die Urkunde nach § 267 StGB hat eine Perpetuierungs-, Beweis- und Garantiefunktion. Die StPO-Urkunde muss weder echt sein noch eine Beweisbestimmung in sich tragen. Es genügt vielmehr, wenn es sich um ein **Schriftstück** handelt, es **verlesbar** ist und der **Inhalt geeignet**

**ist, Beweis zu erbringen**. So ist ein Beweiszeichen (Bierdeckel) keine Urkunde iSd § 249 I, hingegen ein anonymes Schriftstück schon. Kommt es nicht auf den Inhalt, sondern auf die Beschaffenheit einer Urkunde an, wird sie zum Augenscheinsobjekt (Feststellung von Verfälschungsmerkmalen, richterliche Schriftvergleichung etc.).

(3) Tatsachen, die für den Tathergang, die Schuld oder die Rechts- **667**
folgen bedeutsam sind, müssen als sog. **Strengbeweis** erhoben werden. Der Umgang mit den Beweismitteln ist dann gesetzlich festgelegt; dem Gericht stehen ab der Eröffnung des Hauptverfahrens ausschließlich die Beweisvorschriften und -mittel der StPO zur Verfügung (Einlassung, Zeugen, Sachverständige, Augenschein, Urkunden).

Vor der Eröffnung des Hauptverfahrens oder wenn es sich lediglich **668**
um prozessrelevante Tatsachen handelt (Verhandlungsfähigkeit, Alter eines Zeugen, Vorliegen der Verfahrensvoraussetzungen [str.]), ist der sog. **Freibeweis** erlaubt. „Frei" ist das Gericht dann aber nur bei der Wahl der Erkenntnismittel sowie der Art und Weise ihrer Verwendung (erlaubt ist alles, was nicht verboten ist); gebunden bleibt es an Vorschriften, die dem Schutz der Verfahrensbeteiligten dienen (z.B. §§ 52–55) oder die den Umfang der Aufklärungspflicht regeln (§ 244 II).

**Fall 77:** Während der Hauptverhandlung widerruft Zeuge Z seine vor der **669**
Polizei abgegebene, den Angeklagten A schwer belastende Aussage. Die Beamten hätten ihn so lange mit heißem Kaffee übergossen, bis er bereit gewesen sei, A wahrheitswidrig zu belasten. Daraufhin ruft Richter R den Vernehmungsbeamten an, der ihm „dienstlich" versichert, bei der Polizei gebe es nur kalten Kaffee. A wird daraufhin verurteilt.

Manche Tatsachen sind sowohl für die Prozessentscheidung relevant **670**
als auch für die Schuld- oder Rechtsfolgenfrage, sind also doppelt relevant. Deshalb ist die Rede von **„doppelrelevanten Tatsachen"**. Sie müssen im Strengbeweisverfahren festgestellt werden (a.A. BGHSt 46, 349; wie hier: *Eisenberg*, Beweisrecht der StPO, 9. Aufl. 2015, Rn 707; vgl. auch *Beulke*, Rn 180).

Im Fall 77 geht es darum, ob die Freiheit der Willensentschließung und Wil- **671**
lensbetätigung des Zeugen beeinträchtigt wurde (§ 136a). Auf der einen Seite handelt es sich um die Voraussetzungen eines Verwertungsverbotes, also um eine prozesserhebliche Tatsache, die für sich betrachtet nichts mit der Schuld- oder Rechtsfolgenfrage gemein hat. Insofern kann im Freibeweisverfahren vorgegangen, also auch ein Telefonat geführt werden. Auf der anderen Seite ist es für die Beurteilung des materiellen Beweiswertes der belastenden Aussage relevant, wie die Aussage zustande gekommen ist. Denn dadurch lassen sich Rückschlüsse auf die Glaubwürdigkeit eines Zeugen im Hinblick auf seine Aussagetüchtigkeit oder Aussagemotivation ziehen. Dann jedoch ist die Schuldfrage betroffen; das Strengbeweisverfahren wird erforderlich. R hätte es demnach

nicht bei dem Telefonat belassen dürfen, sondern den Beamten als Zeugen laden müssen (eingehend dazu *OLG Hamm* StV 1999, 360, 361).

*bb) Der Amtsermittlungsgrundsatz (§ 244 II)*

672 Im Hauptverfahren ist das Gericht für die Erforschung des Sachverhalts verantwortlich. Auch hier gilt der Untersuchungsgrundsatz. Speziell für die Hauptverhandlung findet er sich ausgeprägt als sog. **Amtsermittlungsgrundsatz** in **§ 244 II:** Die Beweisaufnahme muss sich auf alle für das Urteil bedeutsamen Tatsachen und Beweismittel erstrecken, heißt es dort sinngemäß. Das geht so weit, dass selbst gegen den Willen des Angeklagten entlastende oder belastende Beweismöglichkeiten auszuschöpfen sind (sog. Prinzip der materiellen Wahrheit).

**Beispiel:** Frau F gesteht eine Fahrerflucht. Richter R hält für möglich, dass sie nur ihren Ehemann schützen will, weil der als Fernfahrer den Familienunterhalt verdient. R muss trotz Geständnisses ggf. weitere Beweise erheben, um den wahren Sachverhalt aufzudecken.

673 **Fall 78:** Polizist P wurde unter einer Legende als Verdeckter Ermittler in die Drogenszene eingeschleust. Er soll in einem Prozess gegen einen Dealer vernommen werden. Sollte Ps Identität bekannt werden, fürchtet die oberste Dienstbehörde um sein Leben. Deshalb gibt sie eine Sperrerklärung ab. Richter R will dennoch nicht auf die Aussage des Verdeckten Ermittlers verzichten. Kann er dessen Kontaktperson bei der Polizei als „Zeuge vom Hörensagen“ vernehmen?

674 § 244 II gebietet idR, den bestmöglichen Beweis zu erheben. In der Hauptverhandlung wäre ein Zitat aus zweiter Hand kein bestmöglicher Beweis. Geht es um Wahrnehmungen, ist daher zur Vermeidung des „Stille-Post-Effekts“ grds. der unmittelbare Zeuge zu vernehmen und nicht Personen, denen er das Geschehene erzählt hat.

675 Im Fall 78 hat R seine Aufklärungspflicht verletzt, wenn statt des mittelbaren Zeugen der unmittelbare erreichbar war. Aufgrund der Sperrerklärung gem. § 110b III 3 iVm § 96 kann P aber nicht vernommen werden; er ist iSd § 244 III 2 Var. 4 „unerreichbar“. Die Vernehmung eines „Zeugen vom Hörensagen“ ist in solchen Fällen zulässig. Eine solche Aussage hat aber einen geringeren Beweiswert als die eines unmittelbaren Zeugen.

676 Der Amtsermittlungsgrundsatz ist abzustimmen auf andere Verfahrensprinzipien, insbesondere den Beschleunigungsgrundsatz: „Der Umfang der Aufklärungspflicht kann im Einzelfall wegen des Gebots, das Verfahren beschleunigt und mit prozesswirtschaftlich vertretbarem Aufwand zu erledigen, unterschiedlich weit sein. Gewicht der Strafsache sowie Bedeutung und Beweiswert des weiteren Beweismittels sind gegenüber den Nachteilen der Verfahrensverzögerungen abzuwägen, weshalb bei Anschuldigungen von Gewicht einer für den Schuldspruch rele-

vanten weiteren Sachaufklärung eher Vorrang zukommt“ (*BGH* NJW 2001, 695, 696). – Dem ist zuzustimmen, weil der Gesetzgeber selber in § 251 eine solche Feinabstimmung vorgenommen hat. Es ist kein Sachgrund ersichtlich, warum man dies bei § 244 II anders sehen müsste.

*cc) Der Beweisantrag*

(1) Der Amtsermittlungsgrundsatz des § 244 II bietet nicht immer die Gewähr für umfassende Sachverhaltserforschung. Der eine Richter ist von Natur aus zweifelnd, ein anderer lässt sich leichter überzeugen. Um diese Schwächen auszugleichen, stellt die StPO den Prozessbeteiligten ein Beweisantragsrecht zur Verfügung. Es folgt unmittelbar aus dem Anspruch auf rechtliches Gehör. Beweisanträge können eine Beweisaufnahme erzwingen. **677**

Definieren lässt sich ein **Beweisantrag** als **678**

- ernsthaftes Verlangen eines Prozessbeteiligten, Beweis zu erheben
- über eine Behauptung, welche die Schuld- oder Rechtsfolgenfrage betrifft (= bestimmtes Beweisthema),
- durch bestimmte, nach der StPO zulässige Beweismittel (= bestimmtes Beweismittel).

**Fall 79:** Um ein Alibi zu beweisen, stellt A in der Hauptverhandlung folgenden Antrag: „Zum Beweis, dass ich am 25.8.2003 gegen 19 Uhr einkaufen war, benenne ich die Verkäuferin, die zu diesem Zeitpunkt im Supermarkt an der zweiten Kasse saß, und mit der ich eine halbe Stunde über das Wechselgeld gestritten habe“. Handelt es sich um einen Beweisantrag? **679**

Fehlt ein Definitionsmerkmal, liegt kein Beweisantrag vor. Bedeutsam ist dies für die Frage, ob die (restriktiv gestalteten) Ablehnungsgründe bei einem Beweisantrag greifen (dazu sogleich) oder ob das Gericht das Vorbringen nach § 244 II behandeln kann (also recht frei bei seiner Entscheidung ist, wie es mit dem Vorbringen umgeht). **680**

Fehlt das ernsthafte Verlangen, liegt eine **Beweisanregung** vor. Ob es zu einer Beweiserhebung in der nahe gelegten Richtung kommt, wird ins Ermessen des Gerichts gestellt. Der Grund liegt vielfach darin, dass ein Beweisantrag aus rechtlichen oder tatsächlichen Gründen nicht gestellt werden kann. Werden Beweismittel, Beweisthema oder deren Zusammenhang nicht konkret bezeichnet, handelt es sich meist um einen **Beweisermittlungsantrag**. Zum Beispiel ist dies der Fall, wenn Zeugen nur unbestimmt bezeichnet werden können. **681**

Im Fall 79 fehlt es an der Angabe eines bestimmten Beweismittels, weil die Person der Zeugin nicht hinreichend konkret (unverwechselbar) bezeichnet ist. Es handelt sich um einen bloßen Beweisermittlungsantrag, den das Gericht nach **682**

§ 244 II behandeln kann. Doch dürfte der Amtsermittlungsgrundsatz im vorliegenden Fall gebieten, entsprechende Nachforschungen anzustellen.

**683** Lehnt der Richter einen Beweisantrag ab, ohne dass ein gesetzlicher Ablehnungsgrund dies stützt, begründet das die Revision nach § 337. Wenn hingegen lediglich eine Beweisanregung oder ein Beweisermittlungsantrag vorliegt, kann mit der Revision allenfalls ein Verstoß gegen die allgemeine Aufklärungspflicht des Gerichts gem. § 244 II gerügt werden (sog. Aufklärungsrüge).

**684** (2) Das Beweisantragsrecht haben: der Angeklagte, sein Verteidiger, der StA sowie der Neben- und Privatkläger. Die Anträge sind mündlich zu stellen. Der Vorsitzende kann den Antragsteller lediglich ersuchen, den Beweisantrag schriftlich niederzulegen; eine Pflicht dazu besteht nicht. § 273 I sieht die Protokollierung des Antrags vor. Gestellt werden kann er bis zum Beginn der Urteilsverkündung. Ihn als verspätet zurückzuweisen, verbietet § 246 I. Jeder Beweisantrag muss entgegengenommen und prozessordnungsgemäß beschieden werden.

*dd) Ablehnung von Beweisanträgen*

**685** Der Vorsitzende hat im Rahmen der ihm nach § 238 I zustehenden Verhandlungsleitung zwei Möglichkeiten, wie er mit einem Beweisantrag verfährt: Zum einen kann er die beantragte Beweisaufnahme anordnen; zum andern den Antrag ablehnen (§ 244 VI).

**686** **Fall 80:** Richter R verliest gerade das Vorstrafenregister des Angeklagten A. Es beinhaltet eine rechtskräftige Verurteilung, die auch Auswirkungen auf die Strafzumessung im anhängigen Verfahren haben wird. Anschließend beantragt A zum Beweis dafür, dass er – was die schon abgeurteilte Tat angeht – unschuldig war, die Vernehmung seines Nachbarn N, der ein Alibi bestätigen könne. N wurde vom Angeklagten geladen und sitzt im Zuschauerraum. R hält davon wenig und lehnt den Antrag ab. Korrekt?

**687** Beabsichtigt das Gericht, einen Beweisantrag abzulehnen, muss es gute Gründe, nämlich jene der StPO auf seiner Seite haben. Zu differenzieren ist zwischen präsenten und nicht präsenten Beweismitteln.

**688** (1) Um **präsente Beweismittel** handelt es sich

- zum einen bei den Zeugen und Sachverständigen, die vom Gericht vorgeladen und erschienen sind sowie um die sonstigen nach § 214 IV vom Gericht oder der StA herbeigeschafften Beweismittel.

  Eine Beweisaufnahme findet in diesen Fällen automatisch, d.h. ohne speziellen Beweisantrag statt, es sei denn, die Beweiserhebung ist unzulässig (§ 245 I 1 Hs. 2) oder die StA, der Verteidiger und der Angeklagte verzichten auf die Beweiserhebung (§ 245 I 2).

- zum andern bei Zeugen und Sachverständigen, die vom Angeklagten gem. § 220 I oder der StA nach § 214 III unmittelbar geladen wurden (dies geschieht gem. § 38 durch Zustellung der Ladung durch den Gerichtsvollzieher) sowie bei sonstigen herbeigeschafften sachlichen Beweismitteln.

Hier ist gem. § 245 II 1 ein Beweisantrag der Prozessbeteiligten erforderlich. Abgelehnt werden kann er nur, wenn die Beweiserhebung unzulässig ist (§ 245 II 2), Tatsachen offenkundig oder bereits bewiesen sind (§ 245 II 3 Var. 1), der Sachzusammenhang zwischen Beweistatsache und Urteilsgegenstand fehlt (§ 245 II 3 Var. 2), das Beweismittel völlig ungeeignet ist (§ 245 II 3 Var. 3) oder der Antrag die Verschleppung des Verfahrens bezweckt (§ 245 II 3 Var. 4).

Im letzteren Fall und idR ab dem zehnten Verhandlungstag sowie bei der Gefahr einer extremen Verzögerung des Verfahrens soll es dem Gericht laut *BGH* sogar erlaubt sein, für weitere Beweisanträge eine Frist zu setzen und später gestellte nicht durch einen Gerichtsbeschluss, sondern erst in den Urteilsgründen zu bescheiden (BGHSt 51, 333; bestätigt von *BVerfG* StV 2010, 113). – Diese Sicht ist scharf zu kritisieren, weil sie § 246 verletzt und in ein „praxisloses Museumsexponat" verwandelt (*Gaede*, NJW 2009, 608).

**Merke:** Ein Beweisantrag kann abgelehnt werden, wenn er unzulässig oder überflüssig oder zwecklos ist oder mit Verschleppungsabsicht gestellt wird.

Im Fall 80 könnte die Beweiserhebung unzulässig sein. Einschlägig ist § 245 II 2, weil der Angeklagte den Zeugen (über den Gerichtsvollzieher, § 38) unmittelbar geladen hat, er also eine sog. präsente Beweisperson ist. Unzulässig ist die Beweiserhebung etwa mit Beweismitteln, welche die StPO nicht zulässt, oder über Themen, die nicht Gegenstand einer Beweisaufnahme sein können. **689**

Beispielsweise kann nicht Beweis erhoben werden über den Bestand und die Auslegung inländischen Rechts und seine Anwendung auf den Einzelfall, über die schuldangemessene Höhe der Strafe oder wenn ein Beweisverwertungsverbot besteht (z.B. nach § 136a).

Gäbe R im Fall 80 dem Antrag des Angeklagten statt, käme dies einer Wiederaufnahme des rechtskräftig abgeschlossenen Verfahrens gleich. Hierfür stellt die StPO aber ein eigenes Verfahren zur Verfügung (§§ 359 ff.). Deshalb kann im laufenden Verfahren die Feststellung der Unschuld hinsichtlich eines rechtskräftigen Urteils nicht erfolgen. Der Beweisantrag ist unzulässig.

Der ablehnende Gerichtsbeschluss (§ 244 VI) ist gem. § 34 zu begründen und nach § 35 bekannt zu geben (was bis zum Abschluss der **690**

Beweisaufnahme zurückgestellt werden kann). Der Beweisantrag ist nach seinem wirklichen Inhalt und Sinn und ohne Umdeutung oder Verkürzung in seiner vollen Tragweite zu erledigen.

691 **Fall 81:** A soll nötigend das Überholen der Zeugin Z verhindert haben, indem er mit seinem Auto plötzlich auf die linke Fahrspur fuhr. A behauptet, es sei glatt gewesen, was seine Beifahrerin bestätigt, und sein Auto sei nach links ausgebrochen. Zum Beweis der Glätte beantragt er, eine Auskunft des Wetteramtes einzuholen. Zwei andere Zeugen geben hingegen an, es sei nicht glatt gewesen. Deshalb lehnt Richter R den Beweisantrag mit der Begründung ab, das Gegenteil der behaupteten Tatsache sei bereits erwiesen, der Beweisantrag also bedeutungslos. Verhielt sich R korrekt?

692 (2) Um **nicht präsente Beweismittel** handelt es sich, wenn diese erst herbeigeholt werden müssen. Hierunter fallen Zeugen oder Sachverständige, die von den Verfahrensbeteiligten ohne unmittelbare Ladung mitgebracht worden sind. Betrifft ein Beweisantrag nicht präsente Beweismittel, kann er in weiterem Umfang abgelehnt werden als präsente Beweismittel:

693 Nach **§ 244 III 1** „ist“ (kein Ermessen!) ein Beweisantrag, der nicht präsente Beweismittel betrifft, abzulehnen, wenn die Beweiserhebung unzulässig ist (§ 244 III 1). Nach **§ 244 III 2** „darf“ (Ermessen) ein Beweisantrag, der nicht präsente Beweismittel betrifft, abgelehnt werden, wenn die zu beweisende Tatsache offenkundig (§ 244 III 2 Var. 1), bedeutungslos (§ 244 III 2 Var. 2) oder schon bewiesen (§ 244 III 2 Var. 3) ist, das Beweismittel völlig ungeeignet (§ 244 III 2 Var. 4) oder unerreichbar (§ 244 III 2 Var. 5) ist, der Antrag die Verschleppung des Prozesses bezweckt (§ 244 III 2 Var. 6) oder eine behauptete (und den Angeklagten entlastende) Tatsache als wahr unterstellt werden kann (§ 244 III 2 Var. 7). – Nach **§ 244 IV** „können“ (Ermessen!) Beweisanträge, welche die Vernehmung eines Sachverständigen betreffen, abgelehnt werden, wenn das Gericht die erforderliche Sachkunde besitzt (§ 244 IV 1) oder die behauptete Tatsache durch ein früheres Gutachten als bereits erwiesen angesehen werden kann (§ 244 IV 2 Hs. 1). Nach **§ 244 V** „können“ (Ermessen!) Beweisanträge, welche die Einnahme eines Augenscheins oder die Vernehmung eines Auslandszeugen betreffen, abgelehnt werden, wenn die Augenscheinseinnahme (§ 244 V 1) oder die Vernehmung des Zeugen (§ 244 V 2 iVm S. 1) zur Erforschung der Wahrheit nicht erforderlich ist. Nach Abschluss der von Amts wegen vorgesehenen Beweisaufnahme gestattet **§ 244 VI 2** dem Vorsitzenden das Setzen einer Frist, nach deren verstreichen nur noch solche Beweisanträge gestellt werden dürfen, die zu stellen vor Fristablauf nicht möglich war.

694 Im Fall 81 hat R den Beweisantrag nur dann zu Recht abgelehnt, wenn die behauptete Tatsache „schon erwiesen“ war (§ 244 II 2 Var. 2). Für die Frage, ob die Aussage der Zeugen glaubhaft ist, durfte er nicht allein auf deren Aussagen selbst abstellen. Vielmehr kam es darauf an, was das Gutachten des Wetteramtes ergeben hätte. Bei hohen Minustemperaturen wären die Aussagen weniger glaubhaft. R hat daher den Beweiswert der Zeugenaussagen in unzulässiger

Weise vorweggenommen (**verbotene Beweisantizipation**). Er hätte den Beweisantrag nicht ablehnen dürfen.

### b) Verhältnis von Personal- und Urkundenbeweis

Nicht nur der Mündlichkeits-, sondern auch der 695

**Unmittelbarkeitsgrundsatz**

bestimmt die Hauptverhandlung. Zu trennen ist zwischen der formellen und materiellen Unmittelbarkeit. Formelle Unmittelbarkeit bedeutet, dass der Beweis vor dem erkennenden Gericht, nicht aber vor Dritten zu erheben ist; es ist unzulässig, einen Richter zu beauftragen oder zu ersuchen (Ausnahme: kommissarische Beweisaufnahme, §§ 223 ff.).

#### *aa) Grundsatz der materiellen Unmittelbarkeit*

Die materielle Unmittelbarkeit betrifft das Verhältnis zwischen Personal- und Urkundenbeweis: Die Urkunde ist ein stummer „Zeuge". Sie kann man weder befragen noch errötet sie, wenn ihr Inhalt nicht die Wahrheit „spricht", geschweige denn lässt sie sich von der Strafbarkeit einer Falschaussage beeindrucken. Zeugenaussagen sind nicht unbedingt zuverlässiger, dennoch stellt die persönliche Vernehmung von Zeugen oder Sachverständigen in der Hauptverhandlung einen besseren Weg der Wahrheitserforschung dar, als ihre Aussagen nur zu verlesen. Ganz in diesem Sinne gebietet § 250 S. 1, Wahrnehmungen einer Person durch deren Vernehmung in die Hauptverhandlung einzuführen. § 250 S. 2 verbietet sogar, eine solche Vernehmung durch die Verlesung einer aufgeschriebenen Aussage zu ersetzen. Hier zeigt sich der Grundsatz der materiellen Unmittelbarkeit. Kurz: Der Personalbeweis genießt Vorrang gegenüber dem Urkundenbeweis – oder anders: Beweismittel dürfen nicht durch Beweissurrogate ersetzt werden. 696

Besondere Auswirkungen hat dieser Grundsatz auf die Akteneinsicht von Schöffen. Manche aus Rspr. und Literatur verwehren ihnen diese (Nr. 126 III RiStBV). Allein aus der Hauptverhandlung sollen die Schöffen ihre Überzeugung gewinnen. Inzwischen weicht diese Sicht der Auffassung, dass auch Laienrichter zwischen dem Akteninhalt und dem Geschehen in der mündlichen Verhandlung unterscheiden können. Wir sehen letztere Auffassung im Recht. Nach § 30 I GVG „üben die Schöffen während der Hauptverhandlung das Richteramt in vollem Umfang ... wie die Richter beim Amtsgericht aus" – außer, das Gesetz sieht eine Beschränkung vor. Für das Akteneinsichtsrecht fehlt sie. 697

#### *bb) Ausnahmen vom Grundsatz der materiellen Unmittelbarkeit*

Der Unmittelbarkeitsgrundsatz wird oft durchbrochen. Ausnahmen regeln vor allem die §§ 251 ff. Warum ist dies wohl so? Immer dann stellt sich die Frage, ob etwas verlesen werden kann, wenn dem Gericht 698 von einer Auskunftsperson (z.B. von einem Zeugen) etwas Verlesbares vorliegt, sie jedoch in der Hauptverhandlung nichts mehr sagen kann oder will. Bestünden hier keine Ausnahmen, wäre eine Tatsachenfeststellung oft nur schwer oder gar nicht möglich.

**699** **Fall 82:** Nach ordnungsgemäßer Belehrung über seine Rechte gesteht A bei der Polizei die Tötung seines Saufkumpanen. Der vernehmende Polizeibeamte protokolliert das Geständnis. Seitdem schweigt A. Kann Richter R das Geständnis in die Hauptverhandlung einführen? Wenn ja, wie?

**700** (1) Gibt ein Angeklagter **während** der Hauptverhandlung schriftliche Erklärungen ab, dürfen diese bei späterem Schweigen verlesen werden. Denn in der StPO findet sich keine entgegenstehende Vorschrift. Und der Urkundenbeweis ist überall dort zulässig, wo ihn das Gesetz nicht verbietet. Legt ein Beschuldigter hingegen **vor** der Hauptverhandlung ein Geständnis ab, kann in der Hauptverhandlung § 254 I anwendbar sein, der die Verlesung richterlicher Protokolle erlaubt.

**701** Im Fall 82 kann A in der Hauptverhandlung vernommen werden (§§ 243 V 2, 136 II). Das brächte allerdings nicht viel, weil er als Angeklagter von seinem Schweigerecht Gebrauch macht (vgl. § 243 V 1). Die Verlesung des polizeilichen Vernehmungsprotokolls scheitert an § 250 S. 2. Die Ausnahmeregelungen der §§ 251 ff. greifen nicht: Denn § 251 bezieht sich auf Zeugen, Sachverständige und Mitbeschuldigte, nicht auf Beschuldigte bzw. Angeklagte; § 254 I verlangt ein richterliches Vernehmungsprotokoll – kein polizeiliches oder staatsanwaltschaftliches.

**702** In solchen Fällen nimmt jedoch der Vernehmungsbeamte die Aussage des Beschuldigten wahr, ist mithin Zeuge. Weil er aber seine Wahrnehmungen von der Tat nicht unmittelbar, sondern über ein Zwischenglied macht, ist die Verhörsperson ein „Zeuge vom Hörensagen". Ihrer Vernehmung steht § 254 nicht entgegen. Freilich kommt solchen Angaben weniger Beweiswert zu.

**703** Im Fall 82 kann R also den Polizisten als „Zeugen vom Hörensagen" vernehmen. Das Geständnis von A kann auf diesem Wege in die Hauptverhandlung eingeführt werden. Dabei darf nach h.M. das Protokoll sogar als **Vorhalt** verwendet werden, d.h. dem Zeugen vom Hörensagen zur Gedächtnisstütze vorgelesen (= vorgehalten) werden. Nach dem *BGH* ist dann aber zu beachten, dass „nicht der Inhalt der vorgehaltenen Urkunde, sondern allein die durch den Vorhalt herbeigeführte Erklärung des Befragten" zur Urteilsgrundlage werde (vgl. ferner Anm. *Jäger*, JA 2021, 1045 ff. zu BGH BeckRS 2021, 27691).

Hieran wird zu Recht kritisiert, dass eine solche Differenzierung vor allem für Laienrichter kaum durchführbar sein dürfte und der formlose Vorhalt die §§ 253, 254 umgehe. Zudem drängt den Zeugen ein psychologisches Moment zur Bestätigung des Protokollinhalts: Er will als zuverlässig erscheinen. Deshalb ist es vorzugswürdig, eine wörtliche Protokollverlesung nur im Rahmen der

§§ 251 ff. zuzulassen und anderweitige Vorhaltungen lediglich in Form einer formlosen Mitteilung zu erlauben.

**Fall 83:** Wie Fall 82. Mit der Ausnahme, dass der vernehmende Polizeibeamte vergisst, A zu belehren. Wie ist die Sache jetzt zu beurteilen? **704**

Betrachten wir zunächst die Parallele zum Urkundenbeweis: **§ 254 I** **705**
erlaubt nur die Verlesung eines richterlichen Protokolls, das ordnungsgemäß zustande gekommen ist. Dies ist etwa dann nicht der Fall, wenn eine erforderliche Belehrung unterblieb, Beschuldigter oder Verteidiger nicht benachrichtigt (§ 168c V mit I) oder Formerfordernisse iSd §§ 168, 168a missachtet wurden. Gleiches gilt beim Vorliegen eines Verwertungsverbots. – Diese Einschränkungen sind auf Fälle zu übertragen, in denen anstelle der Verlesung eines richterlichen Protokolls ein Zeuge vom Hörensagen seine Wahrnehmungen bekunden soll. Auch dann muss der Beschuldigte ordnungsgemäß vernommen, etwa über sein Schweigerecht belehrt worden sein. Dürfte bei gleichem Fehler ein richterliches Protokoll nicht verlesen werden, darf auch die Aussage des Zeugen vom Hörensagen nicht in die Hauptverhandlung eingeführt werden.

Der Vernehmungsbeamte hat A im Fall 83 nicht belehrt. Ob er dies vorsätz- **706**
lich unterlassen oder fahrlässig vergessen hat, spielt dabei keine Rolle. Mit Blick auf § 136 I 2 iVm § 163a IV 2 liegt mithin ein Verwertungsverbot vor, weshalb die Aussage des Polizeibeamten nicht verwertet werden darf.

Zwischenfrage: Was muss ein Verteidiger beachten, wenn der Vorsitzende **707**
den Vernehmungsbeamten trotz eines Vernehmungsverbots als Zeuge vom Hörensagen vernehmen will? Der Verteidiger sollte der Anordnung widersprechen und ggf. sogar eine Entscheidung nach § 238 II herbeiführen, um nicht die Revisionsrüge zu verwirken (zur Widerspruchslösung → Rn 450).

Nach § 254 II kann ein richterliches Protokoll über ein Geständnis **708**
auch verlesen werden, um Widersprüche mit der früheren Aussage des Angeklagten festzustellen oder zu beheben.

(2) Wurde die Vernehmung eines Zeugen, Sachverständigen oder **709**
Mitbeschuldigten vor der Verhandlung protokolliert, können diese Niederschriften unter den Voraussetzungen des § 251 verlesen werden. Der Inhalt des verlesenen Protokolls tritt an die Stelle der Zeugenaussage.

**Fall 84:** Wie **Fall 78**, in dem Polizist P als Verdeckter Ermittler mit einer **710**
Sperrerklärung belegt wurde. Bei der Vernehmung fertigte sein Vorgesetzter das Protokoll an. Darf es in der Hauptverhandlung verlesen werden?

§ 251 differenziert zwischen nichtrichterlichen und richterlichen Ver- **711**
nehmungsprotokollen. Den Grundfall (nichtrichterliche Vernehmungen)

regelt § 251 I, den Spezialfall (richterliche Vernehmungen) § 251 II (gesetzessystematisch gelten die in Absatz 1 aufgezählten Ausnahmen auch für richterliche Vernehmungen). Lesen Sie § 251 I, II!

712 Im Fall 84 handelt es sich um ein **nicht**richterliches Protokoll. § 251 I erlaubt die Verlesung solcher Schriftstücke u.a. dann, wenn die Auskunftsperson (Zeuge, Sachverständiger oder Mitbeschuldigter) in absehbarer Zeit gerichtlich nicht vernommen werden kann (I Nr. 3). Das ist hier zu bejahen, denn wegen der Sperrerklärung ist P als Zeuge unerreichbar.

Achten Sie auf den Unterschied zwischen § 251 I Nr. 1 und § 251 II Nr. 3: Beide lassen die Verlesung zu, wenn Verteidiger, Angeklagter und StA damit einverstanden sind. § 251 II Nr. 3 erfordert jedoch nur dann die Zustimmung des Verteidigers, wenn dem Angeklagten tatsächlich ein solcher zur Seite steht. Hingegen ist die Verlesung nach § 251 I Nr. 1 nur zulässig, wenn der Angeklagte einen Wahl- oder Pflichtverteidiger hat *und* alle Beteiligten ihr Einverständnis erklären.

713 **Richterliche Protokolle** iSd **§ 251 II** müssen ordnungsgemäß zustande gekommen sein, soll ihr Inhalt verwertbar sein. Dies ist z.B. nicht der Fall beim Vorliegen von Beweisverwertungsverboten, bei Mängeln des Protokolls iSd §§ 168, 168a oder bei Mängeln der richterlichen Vernehmung (Teilnahme eines gesetzlich ausgeschlossenen Richters).

714 Den **nichtrichterlichen Protokollen** iSd **§ 251 I** unterfallen neben polizeilichen oder staatsanwaltschaftlichen Vernehmungsprotokollen auch formell fehlerhafte richterliche Protokolle. Bei all diesen gilt ebenfalls: Ein Verwertungsverbot macht die Verlesung unzulässig.

715 (3) Zur Wiederholung: Eine besondere Problematik regelt § 252. Wenn zeugnisverweigerungsberechtigte Personen aus der ersten Emotion herausreden, aber später „kalte Füße" bekommen und schweigen, darf deren protokollierte Aussage nicht verlesen werden.

716 **Fall 85:** Erinnern Sie sich an Fall **15**! Wieder einmal stellt D Strafantrag, weil sie von ihrem Ehemann verprügelt wurde. StA S bittet Ermittlungsrichter E, D zu vernehmen. D wird nach § 52 III 1 ordnungsgemäß belehrt und verzichtet auf ihr Recht, das Zeugnis zu verweigern. In der Hauptverhandlung sind D und ihr Ehemann wieder ein Herz und eine Seele. Deshalb beruft sich D, die die einzige Zeugin ist, auf ihr Zeugnisverweigerungsrecht und schweigt. Was kann Strafrichter R tun?

717 Fraglich ist, ob die Aussage von Zeugen, die das Zeugnis verweigern, auf andere Weise als durch das Verlesen eines Vernehmungsprotokolls in die Hauptverhandlung eingeführt werden kann. Das ist umstritten. Im Fall 85 wurde D von E, einem Richter vernommen. **§ 252** steht zwar einer Verlesung des Vernehmungsprotokolls entgegen, R darf nach h.M. jedoch den Ermittlungsrichter E als Zeugen vom Hörensagen vernehmen. Die Voraussetzungen hierfür liegen vor: D war

zum Zeitpunkt der Vernehmung Zeugin, sie wurde ordnungsgemäß belehrt und hat wirksam auf ihr Zeugnisverweigerungsrecht verzichtet.

Verweigert der Zeuge gem. § 55 „die Auskunft", greift § 252 nicht (vom Wortlaut her stellt § 252 auf das Verweigern des „Zeugnisses" ab). Darüber hinaus sieht die h.M. von § 55 nur den Aussagenden geschützt (→ Fall 62), und verneint dann insoweit folgerichtig die Betroffenheit der „Familienbande". Abgesehen davon wurde der Schutzzweck des § 55 bereits durch die Existenz des Protokolls vereitelt: § 55 will verhindern, dass eine Selbstbelastung zur Strafverfolgung führt. Diese Strafverfolgung darf aber bereits wegen des vorhandenen Protokolls eingeleitet werden. Denn der Zeuge wurde über sein Aussageverweigerungsrecht belehrt und hat gleichwohl eine Aussage gemacht. Wurde hierüber ein richterliches Protokoll angefertigt, darf es in einem Strafverfahren gegen den ehemaligen Zeugen gem. § 254 I verlesen werden. Der Inhalt von nichtrichterlichen, insbesondere polizeilichen Vernehmungsprotokollen kann nur durch die Vernehmung der Verhörsperson eingeführt werden. Die h.M. gestattet dann aber den formfreien Vorhalt des (Geständnis-)Protokolls. **718**

(4) Strafverfahren können lange dauern. Vieles gerät dabei in Vergessenheit, was kurz nach der Tat noch klar und deutlich vor Augen stand. Der Vorrang des Personalbeweises vor dem Urkundenbeweis birgt deshalb eine Gefahr in sich: Wenn es Monate nach der Tatbegehung zur Hauptverhandlung kommt, ist das Erinnerungsvermögen der Zeugen meist erheblich beeinträchtigt. Wurde ihre Aussage jedoch kurz nach der Tat protokolliert, enthalten die Protokolle frische Eindrücke. Wie aber bringt man die frischen Eindrücke zum vergesslichen Zeugen? Die Protokolle zu verlesen, scheitert ja an § 250 S. 2. **719**

**Fall 86:** Wie Fall 85. Allerdings kann sich E nur noch bruchstückhaft an die Vernehmung von D erinnern. Kann dem Mann geholfen werden? **720**

Eine Protokollverlesung gestattet **§ 253**, um das Gedächtnis des Zeugen zu unterstützen (§ 253 I) oder um Widersprüche zwischen protokollierter und aktueller Aussage festzustellen oder zu beheben (§ 253 II). Auch in diesen Fällen wird der Unmittelbarkeitsgrundsatz durchbrochen. Aber Vorsicht: Die Verlesung ersetzt nicht die Vernehmung des Zeugen oder Sachverständigen. Diese Personen müssen bei der Verlesung in der Hauptverhandlung zugegen gewesen und vernommen worden sein, ehe nach § 253 verfahren werden kann. So tritt die Verlesung ergänzend neben die Vernehmung und schließt Lücken. Insofern wird der Inhalt des Protokolls verwertbares Beweisergebnis. Letztlich erspart das die Vernehmung der Verhörsperson. Beachten Sie: § 253 greift nicht bei der Vernehmung von Verhörspersonen (Zeugen vom Hörensagen). Denn die Vorschrift ist nur anwendbar, wenn es sich bei dem erinnerungsschwachen Zeugen oder Sachverständigen um dieselbe Person handelt, deren Aussage in dem zu verlesenen Protokoll **721** festgehalten wurde („über **seine** frühere Vernehmung"). Der Zeuge vom Hörensagen protokollierte aber nicht seine eigene, sondern die Aussage eines anderen Zeugen.

**722** E ist im Fall 86 kein unmittelbarer Zeuge, sondern nur Zeuge vom Hörensagen. Er unterfällt somit nicht der Regelung des § 253 I. Allerdings kommt nach h.M. ein formfreier Vorhalt in Betracht. R kann E also gewisse Hinweise geben, um sein Erinnerungsvermögen anzukurbeln.

**723** Beim formfreien **Vorhalt** handelt es sich (anders als bei der Protokollverlesung nach § 253) nicht um einen Urkundenbeweis, sondern lediglich um einen Vernehmungsbehelf. Der Inhalt des vorgehaltenen Schriftstücks wird deshalb nicht zur Grundlage der Beweiswürdigung. Verwertbar ist vielmehr nur das, was der Zeuge auf den Vorhalt antwortet. Erinnert sich der Zeuge beim besten Willen an nichts mehr, darf der Inhalt der Urkunde nicht verwertet werden. Das gilt selbst dann, wenn der Zeuge sinngemäß beteuert, was er einmal protokolliert habe, entspreche stets der Wahrheit.

**724** (5) Schließlich erlaubt **§ 256** die Verlesung von Erklärungen öffentlicher Behörden und gerichtsärztlichen Gutachten. Besonders häufig verlesen werden Gutachten über die Blutalkoholkonzentration (vor allem in Verfahren wegen Trunkenheit am Steuer).

Bedenklich weit gehen die Regelungen in § 256 I Nr. 1b und Nr. 5. Gerade die unmittelbare Konfrontation eines Sachverständigen oder Polizisten mit einem Verteidiger hat schon manche geschönte Ermittlungsniederschrift oder schon manches scheinbar zweifelsfreie Sachverständigengutachten ins Wanken gebracht (*Neuhaus*, StV 2005, 47, 51).

### 6. Beweiswürdigung

**725** Es gibt in der StPO keine Vorschrift darüber, wann der Richter etwas für bewiesen oder nicht bewiesen zu halten hat. An die Stelle der früher herrschenden Beweisregeln („Aus zweier Zeugen Mund wird die Wahrheit kund"; vgl. Die Bibel, Mose 5, Kap. 17, Vers 6) trat der

**Grundsatz der freien Beweiswürdigung**.

**726** Um einen Angeklagten zu verurteilen, muss der Richter von dessen Schuld überzeugt sein (**§ 261**). Freie Beweiswürdigung bedeutet freilich nicht willkürliche.

**727** Wichtige **Eckpunkte** bei der Beweiswürdigung sind:

- Das Gericht muss bei seiner Entscheidung gem. § 261 aus dem „Inbegriff der Verhandlung" schöpfen.

„Die Hauptverhandlung ist … *nicht* etwa eine *bloße Wiederholung* dessen, was die Staatsanwaltschaft als ihre Sicht der Sache schon veraktet und angeklagt hat und worauf das Gericht seinen Eröffnungsbeschluss gestützt hat. Vielmehr wird in dieser Hauptverhandlung das im Urteil verwertbare *Wissen* des Gerichts *erst hergestellt*; und nur auf dieses Wissen darf das Gericht seine Überzeugung und sein Urteil stützen“ (*Hettinger*, JZ 2011, 292, 294 f.)

- Bewiesen ist nur das, wovon das Gericht **überzeugt** ist. Erforderlich ist eine persönliche Gewissheit auf rational-objektiver Grundlage. Die Würdigung muss rationaler Argumentation standhalten. Die Überzeugungsbildung hat sich an folgenden Maßstäben und Grenzen zu orientieren:
  - Es muss eine objektiv hohe Wahrscheinlichkeit der Sachverhaltsannahmen mit der subjektiven Überzeugung des Richters einhergehen.
  - Dabei sind die Gesetze des Denkens zu beachten (z.B. zwingende Gesetze der Logik, feststehende Erkenntnisse der Wissenschaften). Auch dem Zweifel enthobene Tatsachen der Lebenserfahrung dürfen nicht missachtet werden.
  - Überzeugung bedeutet aber nicht mathematische Gewissheit. Deshalb braucht das Gericht bloß theoretische Zweifel nicht zu berücksichtigen.

Das Gericht würdigt nicht nur unmittelbare Beweise (Haupttatsachen), sondern auch mittelbare (Indiz- und Hilfstatsachen, § 267 I 2: „Soweit der Beweis aus anderen Tatsachen gefolgert wird ...“).

Zusammengefasst bedeutet **richterliche Überzeugung** also 728

ein nach der Lebenserfahrung ausreichendes Maß an Sicherheit, das vernünftige und nicht bloß auf denktheoretische Möglichkeiten gegründete Zweifel nicht mehr zulässt (*BGH* NJW 1951, 122).

Zu nennen sind hier erstens die **Indizien**. 729

**Beispiel:** Wenn sich auf dem Messer, mit dem das Opfer getötet wurde, die Fingerabdrücke des Angeklagten befinden, handelt es sich dabei um ein starkes Indiz für dessen Täterschaft.

Ferner gehören hierher die **Indizienreihe** und die **Indizienkette**. Bei 730
einer Indizienreihe weist jedes Anzeichen für sich auf eine entscheidungserhebliche Tatsache hin. Etwa wenn der Angeklagte dem Opfer vor dessen Tod drohte, es umzubringen, er kurz nach der Tat in der Nähe des Tatorts gesehen wurde und er zudem für den Tatzeitpunkt kein Alibi (lat. „anderswo“) hat. Dann spricht eine Reihe von Indizien dafür, dass der Angeklagte das Opfer getötet hat. Bei der Indizienkette wird von einem Indiz auf ein weiteres, drittes usw. geschlossen. Alles

zusammen führt zur entscheidungserheblichen Tatsache. Beispielsweise bekunden mehrere Zeugen, den Angeklagten in einem Survivalshop gesehen zu haben. Bei einer Durchsuchung findet die Polizei eine Rechnung über ein Messer. Dessen Kauf hatte der Angeklagte zuvor vehement bestritten.

731 Zweitens gibt es **Hilfstatsachen**.

**Beispiel:** Ein Zeuge bekundet, dass der Angeklagte dem Opfer das Messer in den Bauch gestochen hat. Seine Aussage ist glaubhaft, weil sie in sich stimmig ist (= Hilfstatsache). Außerdem ist er glaubwürdig, weil es sich um einen Beamten handelt (= Hilfstatsache).

732 Hat das Gericht aber vernünftige Zweifel an der Tatbegehung, greift der Grundsatz „in dubio pro reo". **Beachte:** Er kommt erst **nach** abgeschlossener Beweiswürdigung zum Einsatz.

733 **Fall 87:** A wird vorgeworfen, B getötet zu haben. Gegenüber der Polizei erklärt er, „mit der Sache nichts zu tun" zu haben, bei der Vernehmung im Rahmen der U-Haft schweigt er, wohingegen er in der Hauptverhandlung erklärt, C habe auf B geschossen. Darf das Gericht aus dem ursprünglichen Schweigen des A nachteilige Schlüsse ziehen?

Ein Beschuldigter hat das Recht zu schweigen (Nemo-tenetur-Grundsatz). Umstritten ist, ob **Teilschweigen** in die Beweiswürdigung zum Nachteil des Angeklagten einfließen darf. Dies bejaht die Rspr., wenn der Angeklagte sich generell zur Sache eingelassen hat, aber einzelne Fragen nicht beantworten will (*BGH* NStZ 2007, 417). Kein verwertbares Teilschweigen liegt hingegen vor, wenn sich das Schweigen auf eine andere prozessuale Tat bezieht (*BGH* NStZ 2000, 494). Das gleiche gilt, wenn – wie im Fall 87 – der Angeklagte zunächst schweigt und sich erst in der Hauptverhandlung zur Sache einlässt (BGHSt 20, 281). Eine unzulässige Verwertung des Teilschweigens lässt sich erfolgreich mit der Revision anfechten.

### 7. Urteil

734 Am Ende der Hauptverhandlung steht die Verkündung des Urteils. Als Entscheidungsmöglichkeiten kommen in Betracht: **Einstellung** (§ 260 I, III), **Freispruch** (§§ 260 I, 267 V), **Verurteilung** (§§ 260 I, II, IV, V, 267 I–IV, VI) und/oder die **Anordnung einer Maßregel der Besserung und Sicherung** (§ 260 IV 4).

735 Wird das Verfahren eingestellt, heißt das Urteil „**Prozessurteil**", „**Sachurteil**", wenn verurteilt, freigesprochen oder eine Maßregel angeordnet wird.

Der Urteilsverkündung gehen im Kollegialgericht Beratung (§ 260 I) und Abstimmung (§ 263) voraus. Zur Prozedur: §§ 192 ff. GVG. Die Urteilsurkunde in Strafsachen lässt sich in fünf Teile gliedern: der Urteilskopf („**Rubrum**", lat. „rot"; wurde nach einer römischen Tradition mit roter Tinte geschrieben) enthält die Wendung „Im Namen des Volkes" (§ 268 I), den Namen und die Personalien des Angeklagten, die Angabe des Sitzungstages und die am Urteil beteiligten Personen (§ 275 III); der **Urteilstenor** (§ 260 IV) ist der wichtigste Teil des Urteils, weil dort geschrieben steht, was die Grundlage der Rechtskraft und der etwaigen Strafvollstreckung ist (Bestandteil des Tenors ist gem. § 464 II auch ein Entscheidung über die Kosten und notwendigen Auslagen); es schließen sich gem. § 260 V 1 die **angewendeten Vorschriften** an; sodann folgen die **Gründe** (§ 267 I–III); den Abschluss bilden die **Unterschriften** der Berufsrichter (§ 275 II 1); Schöffen brauchen nicht zu unterschreiben (§ 275 II 3). **736**

Nicht immer muss ein Urteil ausführlich begründet werden: Verzichten alle zur Anfechtung Berechtigten auf Rechtsmittel oder verstreicht die Rechtsmittelfrist, genügt sowohl bei einer Verurteilung (§ 267 IV) als auch bei einem Freispruch (§ 267 V 2) eine Kurzfassung der Gründe. (Deshalb mögen Richter den allseitigen Rechtsmittelverzicht.) **737**

Das fertige Urteil soll gem. § 268 II, III 1 am Schluss der Verhandlung verkündet werden, spätestens nach zwei Wochen (§ 268 III 2). Nach § 10 II EGStPO kommt es auch hier zu einer Hemmung der Unterbrechungsfristen, wenn der Verkündungstermin aufgrund von Schutzmaßnahmen zur Verhinderung der Verbreitung von Infektionen mit dem SARS-CoV-2-Virus (COVID-19-Pandemie) nicht durchgeführt werden konnte. Dabei verliest der Vorsitzende den Tenor und gibt die Urteilsgründe bekannt. Das geschieht gem. § 173 I GVG öffentlich (bei den Urteilsgründen kann die Öffentlichkeit ausgeschlossen werden, § 173 II GVG). Nach Bekanntgabe der Entscheidung ist der Angeklagte gem. § 35a über die Rechtsmittel zu belehren (inklusive Frist und Form). **738**

Meist erklärt der Verteidiger, die Belehrung zu übernehmen, worin zugleich ein Verzicht des Angeklagten auf gerichtliche Belehrung zu sehen ist. Wird die Belehrung unterlassen oder unvollständig erteilt, führt dies zur Anwendung des § 44 S. 2 (Wiedereinsetzung in den vorigen Stand). Ferner ist etwa bei einer Aussetzung der Strafe oder Maßregel zur Bewährung der Angeklagte gem. § 268a III über die Bedeutung dieser Anordnung zu belehren, bei einem verhängten Fahrverbot über dessen Beginn (§ 268c). **739**

Wurde das Urteil nicht bereits ins Hauptverhandlungsprotokoll aufgenommen, ist es gem. § 275 „unverzüglich zu den Akten zu bringen". Spätester Termin ist fünf Wochen nach der Verkündung, soweit keine **740** besonderen Gründe für eine Fristverlängerung vorliegen (§ 275 I S. 2 Hs. 2 und S. 4). Die Geschäftsstelle hat den Eingang zu vermerken (§ 275 I 5). Kommt der Richter auch nur einen Tag zu spät, war alles vergebens. Denn die Fristversäumnis führt nach § 338 Nr. 7 unweigerlich zu einem absoluten Revisionsgrund.

**741** Bei pünktlicher Ablieferung des Urteils in der Geschäftsstelle muss es sodann zugestellt werden (bei Unanfechtbarkeit genügt formlose Mitteilung, vgl. § 35 II 2). Wichtig ist die Zustellung z.B. für den Beginn der Fristen für die Berufungseinlegung (wenn der Angeklagte bei der Verkündung abwesend war, vgl. § 314 II) oder für die Revisionsbegründung (§ 345 I 2).

**742** **Beachte:** Alle diese Fristen beginnen nur zu laufen, wenn **vor** (!) der Urteilszustellung das Hauptverhandlungsprotokoll fertig gestellt wurde (§ 273 IV)! § 271 I sieht dies als gegeben an, wenn der Tag der Fertigstellung im Protokoll vermerkt wurde, was mit der letzten Unterschrift der Urkundsperson einhergeht. Eine vorherige Zustellung des Urteils ist unwirksam und setzt keine der damit zusammenhängenden Fristen in Gang.

**743** Sie fragen, wozu diese Regelung gut ist? Nun, im Hauptverhandlungsprotokoll steht vieles drin, was die Entscheidung für oder gegen die Einlegung eines Rechtsmittels beeinflussen kann (etwa, ob der Verteidiger eine Anordnung des Vorsitzenden nach § 238 II gerügt hat oder dies versäumte). Weil die Begründungsfristen aber grds. mit Urteilszustellung in Gang gesetzt werden, muss auch das Protokoll zu diesem Zeitpunkt vorliegen. Das Sitzungsprotokoll wird übrigens nicht zugestellt – es muss angefordert werden.

# D. Rechtsmittel

**Literatur:** *Gubitz*, Der Anwalt als Strafverteidiger Vierter Teil: Verteidigung im Berufungs- und Revisionsverfahren, JA 2009, 451; *Lesch*, Das System der Rechtsmittel gegen Strafurteile, JA 2004, 679.

**744** Unterscheiden Sie: **Ordentliche Rechtsbehelfe** gegen gerichtliche Entscheidungen sind nur **vor** dem Eintritt der Rechtskraft zulässig. Mit einigen haben wir uns bereits befasst, z.B. dem Einspruch gegen einen Strafbefehl gem. § 410 (→ Rn 512 f.) oder der Beanstandung von sachleitenden Anordnungen des Vorsitzenden während der Hauptverhandlung gem. § 238 II (→ Rn 625). In diese Gruppe gehören auch die „**Rechtsmittel**“, nämlich **Beschwerde** (§§ 304–311a), **Berufung** (§§ 312–332) und **Revision** (§§ 333–358).

**745** Hingegen sind die **außerordentlichen Rechtsbehelfe** auch nach Eintritt der Rechtskraft zulässig: vor allem Wiedereinsetzung in den vorigen Stand gem. §§ 44 ff. (→ Rn 858 ff.) und die Wiederaufnahme des Verfahrens nach §§ 359 ff. (→ Rn 864 ff.). Ferner gehören hierzu die Verfassungsbeschwerde

(Art. 93 I Nr. 4a GG, §§ 13 Nr. 8a, 90 ff. BVerfGG), die Individualbeschwerde gem. Art. 34 ff. MRK sowie die Dienstaufsichtsbeschwerde und die Gegenvorstellung (beide nicht kodifiziert, → Rn 531). – Manchmal wird nach den §§ 33a und 311a gefragt. Bei der Nachholung des rechtlichen Gehörs handelt es sich um Rechtsbehelfe eigener Art, die wegen Art. 103 I GG geschaffen wurden.

## I. Charakteristika

(1) Rechtsmittel dienen der Korrektur von Entscheidungen. Bei der Beschwerde findet eine Überprüfung in **rechtlicher und tatsächlicher Hinsicht** statt. Dasselbe gilt für die Berufung: Sie ist eine zweite Tatsacheninstanz mit neuer Beweisaufnahme. Die Revision dient hingegen nur der Nachprüfung des Urteils in **rechtlicher Hinsicht**. **746**

(2) Alle drei Rechtsmittel führen zur Überprüfung der angefochtenen Entscheidung durch eine **höhere Instanz (Devolutiveffekt)** (bei der einfachen Beschwerde ist die vorrangige Abhilfemöglichkeit nach § 306 II zu beachten). **747**

Rufen Sie sich an dieser Stelle noch einmal den Instanzenzug in Erinnerung, indem Sie einen Blick auf die Übersicht zur gerichtlichen Zuständigkeit in der ersten Instanz werfen (→ Rn 538).

Berufung und Revision hemmen gem. § 316 bzw. § 343 die Rechtskraft und also die Vollstreckbarkeit einer verhängten Strafe (§ 449). Das ist der **Suspensiveffekt**. Die Beschwerde hemmt grds. nicht (§ 307), es sei denn, die aufschiebende Wirkung tritt per Gesetz ein (z.B. §§ 81 IV 2, 462 III 2) oder ein Gericht ordnet die Aussetzung der Vollziehung an (§ 307 II). **748**

(3) Legt allein der Angeklagte, sein gesetzlicher Vertreter oder die StA zu Gunsten des Angeklagten Berufung oder Revision ein, braucht der Verurteilte keine Verschlechterung zu befürchten, denn eine sog. **Verböserung („reformatio in peius“)** schließen die §§ 331 I, 358 II aus **(Verschlechterungsverbot)**. **749**

Beide Normen sehen vor, dass die „Art und Höhe der Rechtsfolgen“ nicht zum Nachteil des Angeklagten geändert werden dürfen. Der Schuldspruch unterliegt dieser Beschränkung nicht. Aus einem verurteilten Dieb kann die Berufungsinstanz – bei gleicher Strafe – einen Räuber machen; nicht aber darf die Berufungsinstanz aus 20 Tagessätzen 30 machen (selbst wenn sie die Höhe absenkt und die Strafsumme identisch bliebe).

Das Verschlechterungsverbot gilt nicht, wenn die StA, der Nebenkläger oder der Privatkläger Berufung oder Revision einlegen. **750**

Aus diesen Gründen ist die missbräuchliche Praxis verbreitet, dass immer dann, wenn ein Rechtsmittel des Angeklagten zu erwarten ist, automatisch die StA Berufung oder Revision einlegt.

751 Bei der Beschwerde existiert das Verschlechterungsverbot grds. nicht; der Beschwerdeführer trägt also das Risiko der Verschlechterung (zu den Ausnahmen *Meyer-Goßner*, Vor § 304 Rn 5).

## II. Allgemeine Erfolgsvoraussetzungen

752 Ob ein Rechtsmittel Erfolg hat, hängt ab von seiner Zulässigkeit und Begründetheit. Es gibt Zulässigkeitsvoraussetzungen, die für alle drei Rechtsmittel gelten. Wir ziehen sie deshalb „vor die Klammer", wie es die §§ 296–303 tun.

### 1. Anfechtungsbefugnis

753 Wer ein Rechtsmittel einlegen darf, bestimmt das Gesetz. Befugt hierzu ist der **StA** zu Gunsten oder zu Ungunsten des Beschuldigten (§ 296 I Alt. 1, II), der **Beschuldigte** zu seinen Gunsten (§ 296 I Alt. 2), der **Verteidiger** zu Gunsten des Beschuldigten, aber nicht gegen dessen ausdrücklichen Willen (§ 297), der **gesetzliche Vertreter** zu Gunsten des Beschuldigten (§ 298), ggf. gegen dessen Willen (Umkehrschluss aus § 297), der **Privatkläger**, wobei ihm Rechtsmittel im gleichen Umfang zustehen wie der StA bei öffentlicher Klage (§ 390 I), aber wegen seiner Stellung als Partei nur zulasten des Beschuldigten, eingeschränkt der **Nebenkläger** (§§ 395 IV 2, 400, 401) und der **Einziehungsbeteiligte** (§§ 431 I 1, 437 I 1).

Bei der Beschwerde sind anfechtungsberechtigt auch Zeugen, Sachverständige und andere von den Beschlüssen und Verfügungen Betroffene (§ 304 II).

### 2. Rechtsschutzinteresse („Beschwer")

754 Beschwert ist, wer von einer Entscheidung nachteilig betroffen wird, er hat ein Rechtsschutzinteresse. Fehlt es, ist das Rechtsmittel unzulässig. Beschwert kann jeder sein, der durch die Entscheidung unmittelbar in seinen Interessen verletzt ist. Will die StA ein Rechtsmittel einlegen, muss sie nicht beschwert sein, weil sie mit der Wahrnehmung von Aufgaben der staatlichen Rechtspflege betraut ist. Anders liegt die Sache nur für den Fall, dass die StA gem. § 296 II zu Gunsten des Beschuldigten ein Rechtsmittel einlegt; dann muss dieser ein Rechtsschutzinteresse haben.

755 Die Erledigung der Angelegenheit führt nicht zum Ausschluss des Rechtsmittels, konkret der Beschwerde. Das *BVerfG* hat aus Art. 19 IV GG einen effektiven und möglichst lückenlosen Rechtsschutz hergeleitet. Solange ein besonderes Feststellungsinteresse vorliegt, ist der Betroffene auch beschwert. Dies kann sich

etwa daraus ergeben, dass die **Beeinträchtigung** trotz ihrer Erledigung **fortwirkt**, eine konkrete **Wiederholungsgefahr** besteht oder ein **tiefgreifender Grundrechtseingriff** vorlag, der ein Rehabilitationsinteresse entstehen ließ (etwa bei U-Haft).

**Fall 88:** A ist empört. Zwar sprach ihn Richter R vom Vorwurf der Vergewaltigung frei, doch begründete er dies nicht mit des Angeklagten Unschuld, sondern mit einem Mangel an Beweisen. Kann A gegen den Freispruch „2. Klasse" vorgehen? 756

Um ein Rechtsmittel einlegen zu können, müsste A in Fall 88 beschwert sein. Es ist jedoch anerkannt, dass sich eine Beschwer grds. nur aus dem Entscheidungs**tenor** ergeben kann, nicht aber dann vorliegt, wenn jemand sich durch die Entscheidungs**gründe** beeinträchtigt sieht. Weil der für A „unerhörte" Zusatz in den Gründen und nicht im Tenor steht und ein Freispruch keinen Nachteil darstellt, ist die Beschwer zu verneinen.

Das *BVerfG* sieht in den Entscheidungsgründen eines freisprechenden Urteils dann eine Beschwer, wenn „sie – für sich genommen – den Angeklagten so belasten, daß eine erhebliche, ihm nicht zumutbare Beeinträchtigung eines grundrechtlich geschützten Bereichs festzustellen ist, die durch den Freispruch nicht aufgewogen wird" (BVerfGE 28, 151 Rz 32). Das soll aber nicht einmal gegeben sein, wenn das Urteil die Unschuld des Angeklagten an einer Stelle als erwiesen ansieht und ihn am Ende nur aus Mangel an Beweisen freispricht.

### 3. Form der Einlegung

Entweder schriftlich oder mündlich zu Protokoll der Geschäftsstelle 757
müssen sowohl Beschwerde (§ 306 I) als auch Berufung (§ 314 I) und Revision (§ 341 I) eingelegt werden. Doch wo genau? Beim Gericht, dessen Entscheidung angefochten wird („**iudex a quo**") oder bei jenem, das über das Rechtsmittel entscheidet („**iudex ad quem**")? – Antwort: Nach den §§ 306 I, 314 I bzw. 341 I immer bei dem Gericht, dessen Entscheidung angefochten wird, also beim „iudex a quo".

**Merke:** iudex a quo = Richter, von dem (die Entscheidung kommt); iudex ad quem = Richter, an den (die Sache geht).

### 4. Weder Verzicht noch Rücknahme

§ 302 erlaubt die Zurücknahme und den Verzicht eines Rechts- 758
mittels. Der Verteidiger kann dies nur dann wirksam erklären, wenn er dazu von seinem Mandanten ausdrücklich ermächtigt wurde (§ 302 II). Wer auf ein Rechtsmittel wirksam verzichtet oder es zurücknimmt und

diesen Schritt nachher bereut, hat Pech. Denn der Widerruf oder die Anfechtung eines Verzichts oder einer Rücknahme sind grds. ausgeschlossen (*BGH* NStZ-RR 2008, 65, 66 f.).

Die h.M. interpretiert jede Zurücknahme eines Rechtsmittels als konkludenten Rechtsmittelverzicht. Das ist realitätsfern, weil der Betroffene gar kein Interesse an einer solchen Erklärung haben kann. Die h.M. unterstellt ihm einfach, dass er sich mit der Rücknahme festlegt, kein Rechtsmittel mehr innerhalb der verbleibenden Frist einzulegen.

## III. Beschwerde (§§ 304–311a)

**759** Unterscheiden Sie zunächst drei Formen: die unbefristete **einfache Beschwerde** (§ 304), die befristete **sofortige Beschwerde** gem. § 311 (wird im Gesetz immer als „sofortige Beschwerde" bezeichnet, vgl. § 46 III) und die **weitere Beschwerde** gem. § 310, die das Rechtsmittel darstellt gegen Entscheidungen des Beschwerdegerichts.

Die wenigen Besonderheiten der sofortigen und weiteren Beschwerde behandeln wir jeweils im Vergleich zur einfachen Beschwerde.

### 1. Zulässigkeit

**760** (1) **Statthaftigkeit:** Statthaft ist die Beschwerde gegen alle „von den Gerichten ... erlassenen Beschlüsse" sowie gegen „die Verfügungen des Vorsitzenden, des Richters im Vorverfahren und eines beauftragten oder ersuchten Richters" (**§ 304**).

Unabhängig von § 304 ist die (sofortige) Beschwerde in den gesetzlich zugelassenen Fällen statthaft, etwa bei Entscheidungen über einen Wiedereinsetzungsantrag (§ 46 III), eine einstweilige Unterbringung (§ 81 IV) oder Verhaftung (§§ 117 II 2, 118 II), die Einstellung im Privatklageverfahren (§ 383 II 3), die Verwerfung des Einspruchs im Strafbefehlsverfahren (§ 411 I 1 Hs. 2) oder über Kosten und notwendige Auslagen (§ 464 III 1 Hs. 1).

**761** § 304 I Hs. 2 enthält die **wichtige Einschränkung**, dass Entscheidungen nur angegriffen werden können, „soweit das Gesetz sie nicht ausdrücklich der Anfechtung entzieht". Die Beschwerde darf mit anderen Worten **nicht gesetzlich ausgeschlossen** sein. Zwei Fallgruppen sind wichtig:

**762** ▪ Allgemein bestimmt **§ 305 S. 1**, dass **Entscheidungen** der erkennenden Gerichte, **„die der Urteilsfällung vorausgehen"**, nicht der Beschwerde unterliegen. Allerdings müssen diese Entscheidungen in einem inneren, sachlichen Zusammenhang mit der Urteilsfällung stehen, ausschließlich der Vorbereitung des Urteils dienen, mit Berufung oder Revision überprüft werden können und keine weiteren Wirkungen im Verfahren entfalten.

Etwa die Ablehnung eines Beweisantrags; strittig für Anträge auf Bestellung eines Pflichtverteidigers, Terminverlegung oder Akteneinsicht.

Beachte die Einschränkungen des § 305 S. 2 – etwa für Verhaftungen, Beschlagnahmen, die Festsetzung von Zwangsmitteln oder für Entscheidungen, durch die dritte Personen betroffen werden. Darüber hinaus findet sich der Ausschluss der Beschwerde an verschiedenen Stellen in der StPO, z.B. ist gem. § 322a 2 die Entscheidung über die Annahme der Berufung nicht anfechtbar. **763**

- Ein Ausschlussgrund liegt auch vor, wenn **speziellere Rechtsbehelfe** eingreifen, z.B. die Haftprüfung gem. § 117 I, II 1. **764**

(2) Die **Anfechtungsbefugnis** ist manchmal auf bestimmte Beteiligte beschränkt. Wird etwa die Eröffnung des Hauptverfahrens abgelehnt, haben sie nur die StA (§ 210 II), der Privatkläger (§ 390 I 1) oder – eingeschränkt – der Nebenkläger (§ 400 II 1). **765**

(3) **Frist:** Einfache und weitere Beschwerde sind unbefristet möglich. Nur die „sofortige" Beschwerde ist gem. § 311 II innerhalb einer Woche ab Bekanntmachung der Entscheidung einzulegen. Darin liegt der wesentliche Unterschied zur „einfachen" Beschwerde; es geht aus Gründen der Rechtssicherheit um eine rasche Klärung der Sachfrage. **766**

### 2. Begründetheit

In der Begründetheit ist danach zu fragen, ob die angefochtene Entscheidung rechtmäßig ist. **767**

### 3. Verfahren

Der „iudex a quo" kann der (einfachen) Beschwerde abhelfen, d.h. die eigene Entscheidung berichtigen (§ 306 II Hs. 1). Bei der sofortigen Beschwerde ist dies gem. § 311 III 1 grds. nicht möglich, außer das rechtliche Gehör wurde in Bezug auf entscheidungsrelevante Tatsachen oder Beweisergebnisse verletzt (§ 311 III 2). **768**

Ohne eine Abhilfeentscheidung ist die Sache binnen dreier Tage dem Beschwerdegericht („iudex ad quem") vorzulegen. Es entscheidet – ggf. nach Anhörung des Beschwerdegegners (§ 308 I) – ohne mündliche Verhandlung (fakultative Ausnahme: Haftbeschwerde, § 118 II). **769**

Ist die Beschwerde **unzulässig**, wird sie als unzulässig verworfen, ist sie **unbegründet**, wird sie als unbegründet verworfen, ist sie **begründet**, kann das Gericht entweder eine eigene Entscheidung in der Sache treffen (§ 309 II) oder ausnahmsweise die Sache an das Unterge- **770** richt zurückverweisen, wenn ein Verfahrensmangel vorliegt, den das Beschwerdegericht nicht beheben kann oder dieser besonders schwerwiegend ist.

771 Gegen die Entscheidung des Beschwerdegerichts ist die **weitere Beschwerde** nach § 310 zulässig, wenn es sich um Beschlüsse des *LG* oder *OLG* über eine Verhaftung (Nr. 1), einstweilige Unterbringung (Nr. 2) oder eine Anordnung des dinglichen Arrestes von mindestens 20.000 Euro (Nr. 3) handelt. Weil in allen anderen Fällen der Betroffene sofort zur Verfassungsbeschwerde greifen müsste, wenn er die Entscheidung des Beschwerdegerichts angreifen will, regelt § 311a die nachträgliche Anhörung und die Korrektur der getroffenen Entscheidung.

### 4. Prüfschema Beschwerde

772 *„Die Beschwerde hat Erfolg, wenn sie zulässig und begründet ist."*

**I. Zulässigkeit**

1. Statthaftigkeit (§ 304)
2. Anfechtungsbefugnis
3. Rechtsschutzinteresse („Beschwer")
4. Form und Frist der Einlegung
5. Weder Verzicht noch Rücknahme

**II. Begründetheit**

*„Die Beschwerde ist begründet, wenn die angegriffene Maßnahme rechtswidrig ist."*

## IV. Berufung (§§ 312–332)

773 **Fall 89:** Der Angeklagte A wurde vom Amtsrichter R verurteilt. Zwei Tage später erhält R von A einen Brief mit folgendem Inhalt: „Hiermit lege ich Rechtsmittel ein. Sie haben ohne Not dem Zeugen Hans Hansen geglaubt, obwohl er wegen seiner heimlichen Liebe zu Ingeborg Holm das Blaue vom Himmel log. Außerdem habe ich für mein Alibi jetzt die Zeugin Lisaweta Iwanowna". Wohin wird R (über die StA, § 321 bzw. § 347 II) das Rechtsmittel schicken – als Berufung zum *LG* oder als Revision zum *OLG*?

774 Ist dem Antrag des Verurteilten nicht klar zu entnehmen, welches Rechtsmittel er einlegt, muss das Gericht die Erklärung auslegen. Denn gegen Urteile des *AG* kommen Berufung (§ 312) und Sprungrevision (§ 335) in Betracht. Herauszuarbeiten ist das Rechtsschutzziel. Will der Rechtsmittelführer nur eine rechtliche Überprüfung (Revision) oder auch eine Überprüfung der tatsächlichen Feststellungen (Berufung). Im Zweifel ist von einer Berufung auszugehen, weil dadurch eine umfassendere Überprüfung des Urteils möglich ist.

Im Fall 89 präsentiert A eine neue Entlastungszeugin. Bei einer Revision wäre das nicht zulässig. In der Berufungsinstanz lässt § 323 III neue Beweismittel ausdrücklich zu. R muss das Schreiben von A demnach als Berufung deuten und die Sache dem *LG* vorlegen (kleine Strafkammer, vgl. §§ 74 III, 76 I 1 GVG). **775**

Weil innerhalb der Rechtsmittelfristen (also einer Woche) idR weder das Hauptverhandlungsprotokoll noch das Urteil zugestellt werden, erlaubt die Rspr., die genaue Bezeichnung des Rechtsmittels später nachzuholen. So darf innerhalb der Revisionsbegründungsfrist (ein Monat) von der Berufung zur (Sprung-)Revision gewechselt werden. Umgekehrt soll dies nur dann gehen, wenn die Revision „vorschnell" gewählt und noch keine Festlegung erfolgt war. **776**

## 1. Zulässigkeit

(1) **Statthaftigkeit:** Die Berufung ist statthaft gegen Urteile des *AG* (**§ 312**). Alle Rechtsmittel gegen andere Urteile sind Revisionen! **777**

Die Berufung darf **nicht gesetzlich ausgeschlossen** sein. Das Gesetz will den Berufungsgerichten die Bagatellkriminalität „vom Leibe halten". § 313 I macht die Berufung deshalb unter bestimmten Voraussetzungen von der Annahme durch das Berufungsgericht abhängig (vgl. § 322a). Wichtigster Fall ist die Verurteilung zu einer Geldstrafe von nicht mehr als fünfzehn Tagessätzen. Nach § 313 II wird die Berufung nur angenommen, wenn sie „nicht offensichtlich unbegründet ist". Bieten die bisherigen Feststellungen keinen Anlass für vernünftige Zweifel und scheint das Urteil auch in sachlich-rechtlicher Hinsicht einwandfrei, wird die Berufung gem. § 313 II 2 als unzulässig verworfen. **778**

(2) **Anfechtungsbefugnis**: **779**
Anstelle des Beschuldigten kann gem. **§ 297** auch dessen Verteidiger ein Rechtsmittel einlegen. Allerdings heißt es in dieser Vorschrift zugleich, dass der Verteidiger gegen den ausdrücklichen Willen des Beschuldigten kein Rechtsmittel einlegen darf. Gleiches gilt gem. § 302 II für die Zurücknahme eines Rechtsmittels.

(3) **Frist**: Einzulegen ist die Berufung innerhalb einer Woche nach Verkündung des Urteils, vorausgesetzt, der Angeklagte war anwesend (§ 314 I). Falls nicht, ist der Zeitpunkt der Urteilszustellung maßgeblich (§ 314 II), wobei gem. § 273 IV vorher das Protokoll fertiggestellt werden muss. Im Gegensatz zur Berufung im Zivilprozess und anders als bei der strafprozessualen Revision ist eine Begründung bei der Berufung gem. § 317 fakultativ. **780**

(4) Eine **Beschränkung** der Berufung erlaubt § 318. Eine Teilanfechtung beinhaltet zugleich den Verzicht oder die Rücknahme hinsichtlich der nicht angegriffenen Teile. Sie erwachsen in Teilrechtskraft (→ Rn 852): **781**

782 **Fall 90:** A wurde wegen Zuhälterei in Tateinheit mit Vergewaltigung verurteilt. Zuhälter sei er, aber kein Vergewaltiger, lässt er seinen Verteidiger wissen. Der legt „mit Blick auf die Vergewaltigung" Berufung ein.

783 Ob eine Beschränkung zulässig ist, beurteilt die Rspr. nach der sog. **Trennbarkeitsformel:** Der angefochtene Entscheidungsteil muss sich von dem nicht angefochtenen tatsächlich und rechtlich trennen lassen und einer selbständigen Beurteilung und Entscheidung zugänglich sein. Insbesondere darf es zwischen den nicht angefochtenen Teilen und der Entscheidung des Rechtsmittelgerichts zu keinen Widersprüchen kommen. Bei unzulässiger Beschränkung gilt der „**ganze** Inhalt des Urteils als angefochten" (§ 318 S. 2).

784 **Beispiele: Zugelassen** wird eine Teilanfechtung bei mehreren Prozessgegenständen, materiellrechtlicher Tatmehrheit im Rahmen ein und desselben Prozessgegenstandes oder etwa eine Beschränkung auf den Rechtsfolgenausspruch. **Unwirksam** ist die Beschränkung auf den Rechtsfolgenausspruch bei „doppelrelevanten Tatsachen„ (→ Rn 670), also solchen, die als Tatmerkmale zugleich den Schuldspruch tragen (z.B. meint der Beschwerdeführer, er habe § 316 StGB nur fahrlässig verwirklicht).

785 Im Fall 90 handelt es sich bei der Zuhälterei um ein Dauerdelikt. Obwohl es in Tateinheit zur Vergewaltigung steht, ist eine Beschränkung der Berufung auf die Vergewaltigung zulässig, weil sich die Taten rechtlich und tatsächlich trennen lassen.

### 2. Begründetheit

786 Die Berufung ist begründet, wenn das angefochtene Urteil aus tatsächlichen oder rechtlichen Gründen unrichtig ist.

### 3. Verfahren

787 Vorbereitung und Durchführung der Berufungshauptverhandlung laufen im Wesentlichen wie in der ersten Instanz ab (vgl. §§ 323 und 332). § 323 III erlaubt das Vorbringen neuer Beweismittel. Wichtige Abweichungen bestehen insoweit, dass nach § 324 I 1 anstelle der Verlesung des Anklagesatzes ein Berichterstatter über die Ergebnisse des bisherigen Verfahrens berichtet und nach § 325 erweiterte Verlesungsmöglichkeiten von Schriftstücken bestehen.

788 Die Berufung kann **durch** einen **Beschluss als unzulässig verworfen** werden, wenn:

- sie verspätet eingelegt wurde. Zuständig ist gem. § 319 I das erstinstanzliche Gericht („iudex a quo"). Gegen dessen Entscheidung kann das Berufungsgericht „angerufen" werden (§ 319 II 1).

- sie aus den Gründen des § 313 nicht angenommen wird. Zuständig ist gem. § 322a S. 1 das Berufungsgericht („iudex ad quem"). Diese Entscheidung ist nicht anfechtbar (§ 322a S. 2).
- die Vorschriften über die Einlegung der Berufung nicht beachtet wurden (z.B. Form, Beschwer). Zuständig ist das Berufungsgericht (§ 322 I). Gegen dessen Entscheidung ist die sofortige Beschwerde statthaft (§ 322 II).

Die Berufung kann **mit** einem **Urteil enden**, worin: **789**

- die Berufung verworfen wird, wenn weder der Angeklagte noch (in den zulässigen Fällen) sein Vertreter erscheint und das Ausbleiben nicht genügend entschuldigt ist (§ 329 I 1) – auch, wenn der Angeklagte anwesend, aber (wegen Volltrunkenheit) verschuldet verhandlungsunfähig ist.
- die Berufung wegen Fehlens einer Zulässigkeitsvoraussetzung gem. § 322 I 2 Hs. 1 als unzulässig verworfen wird.
- das Verfahren wegen Fehlens einer Verfahrensvoraussetzung oder des Bestehens eines Verfahrenshindernisses gem. § 260 III iVm § 332 eingestellt wird.
- die Berufung als unbegründet verworfen wird.
- gem. § 328 I das erstinstanzliche Urteil aufgehoben wird und das Berufungsgericht eine eigene Sachentscheidung trifft (beachte § 331 I).
- bei Unzuständigkeit des erstinstanzlichen Gerichts das Urteil aufgehoben und gem. § 328 II an das zuständige Gericht verwiesen wird.

## V. Revision (§§ 333–358)

**Literatur:** *Barton*, Die Abgrenzung der Sach- von der Verfahrensrüge, JuS 2007, 977; *Meyer-Mews*, Wieder auf dem Prüfstand: Die Revision in Strafsachen, NJW 2005, 2820; *Sobota/Wipplinger*, Die strafrechtliche Klausur im Assessorexamen, 2016; *Russack*, Die Revision in der strafrechtlichen Assessorklausur, 5. Aufl. 2009.

Geprüft wird allein, ob das Urteil in rechtlicher Hinsicht in Ordnung ist. Die Revision ist reine Rechts- und keine Tatsacheninstanz. **790**

Revisionen sind kein effektives Rechtsmittel. Der BGH bestätigt in etwa 85% der Fälle das angefochtene Urteil. Die verbleibenden 15% der aufgehobenen Urteile stellen freilich nicht die Erfolgsquote dar, weil ein Großteil davon nur Teilaufhebungen und Scheinerfolge betrifft. Die am häufigsten praktizierte Erledigungsform (ca. 85%) ist die Beschlussverwerfung einer Revision nach § 349 II als „offensichtlich unbegründet" (lesenswert *Rosenau*, ZIS 2012, 195), gemeinhin bezeichnet als „ou"-Beschlüsse (Aussprache von „ou": zweisilbig). **791**

### 1. Zulässigkeit

(1) **Statthaftigkeit:** Die Revision ist statthaft gem. §§ 335, 312 gegen Urteile des *AG* (Sprungrevision) sowie nach § 333 gegen (Berufungs-) Urteile des *LG* und gegen erstinstanzliche Urteile des *OLG*. **792**

793 Die Revision darf **nicht ausgeschlossen** sein. Umstritten ist dies für die Fälle der Annahmeberufung iSd § 313: A wird vom *AG* zu einer Geldstrafe von nur 10 Tagessätzen verurteilt. Misslingt die Sprungrevision, weil gegen das angefochtene Urteil die Berufung an § 313 scheitern würde? Der Wortlaut des § 335 I spricht dafür: ein Urteil darf nur dann mit der Sprungrevision angefochten werden, wenn gegen das Urteil Berufung zulässig wäre. Zulässig ist die Berufung aber nur dann, wenn sie nach § 313 I 1 angenommen wird. Allerdings stammt § 313 erst aus dem Jahr 1993. Dem Gesetzgeber war es wichtig, eine zweite Tatsacheninstanz bei Bagatellfällen zu verhindern. Dass er zugleich die Revision begrenzen wollte, lässt sich nirgendwo entnehmen. In den Fällen der Annahmeberufung ist die Revision daher statthaft.

794 (2) **Frist:** Die Revision ist gem. § 341 I innerhalb einer Woche einzulegen, es sei denn, das Urteil wurde in Abwesenheit des Angeklagten verkündet. Dann läuft die Frist ab Zustellung des Urteils (§ 341 II), vorausgesetzt zuvor ist das Protokoll fertiggestellt worden (§ 273 IV).

795 (3) Im Rahmen der Begründung hat der Beschwerdeführer **Revisionsanträge** zu stellen (§ 344 I Hs. 1): Zum einen gehört hierzu die Erklärung, welche Teile des Urteils angefochten werden (zur Teilanfechtung → Rn 781 ff.); zum andern der Antrag, das Urteil aufzuheben. § 344 II bestimmt, was mit der Revision gerügt werden kann: erstens die Verletzung einer Rechtsnorm über das Verfahren (**Verfahrensrüge**, § 344 II 1 Alt. 1); zweitens die Verletzung materiellen Rechts (**Sachrüge**, § 344 II 1 Alt. 2). Es kommt dabei nicht auf den Wortlaut der Rüge an, sondern auf deren Sinn (ggf. Auslegung).

796 Ein Revisionsantrag könnte etwa lauten: „Ich beantrage, das angefochtene Urteil mitsamt den zugrunde liegenden Feststellungen aufzuheben und die Sache an eine andere Abteilung des *AG Bochum* zurückzuverweisen“ oder „Ich beantrage, das angefochtene Urteil hinsichtlich des Strafmaßes aufzuheben und an eine andere Kammer des *LG Dortmund* zurückzuverweisen“.

797 ▪ Der **Sachrüge** unterfallen alle Rechtsnormen, die nicht zum Verfahrensrecht gehören. Gerügt werden kann z.B. die falsche Subsumtion unter einen Straftatbestand.

798 ▪ Die **Verfahrensrüge** betrifft Rechtsnormen, die den Weg des Gerichts bis zur Urteilsfindung „pflastern“. Verfahrensrecht ist verletzt, wenn
   - eine gesetzlich vorgesehene Handlung unterblieben ist,
   - eine solche Handlung fehlerhaft vorgenommen wurde oder
   - eine Verfahrenshandlung gänzlich unzulässig war.

Während die Berufungsbegründung ein Recht des Angeklagten darstellt, ist die **Revisionsbegründung** seine **Pflicht** (§ 344 I Hs. 2). Bei der **Sachrüge** genügt hierfür der Satz: „Ich rüge die Verletzung materiellen Rechts“. Eine weitergehende Begründung schadet (selbst bei Unrichtigkeit, § 352 II) nicht, empfiehlt sich sogar, weil auch Revisionsrichter nicht alles sehen. Bei der **Verfahrensrüge** müssen nach § 344 II 2 „die den Mangel enthaltenen Tatsachen“ angegeben werden. Hört sich leicht an, ist aber äußerst schwierig. Das hat im realen Fall 58 (→ Rn 432) selbst die StA Dortmund nicht geschafft. Der *BGH* verlangt: Das Revisionsgericht muss in die Lage versetzt werden, allein anhand der Darlegungen die „Schlüssigkeit“ des Vorbringens zu beurteilen. Fehlt ein einziges Glied in der Darlegungskette, ist die Revision mit Blick auf den betroffenen Verfahrensmangel unzulässig. **799**

Viele Verfahrensrügen scheitern an dieser Hürde. Sie zu überspringen können selbst erfahrene Revisionsverteidiger nicht garantieren: Was der *BGH* an Sachvortrag verlangt, ist nicht immer vorhersehbar und manchmal böswillig. Das *BVerfG* hat die praktizierte Auslegung des § 344 II 2 im Kern vor dem Gebot effektiven Rechtsschutzes aus Art. 19 IV GG bestehen lassen (NJW 2005, 1999; dagegen zutreffend *Meyer-Mews*, NJW 2005, 2820). **800**

Zu beachten ist **§ 345:** Sowohl die Revisionsanträge als auch die Begründung müssen grundsätzlich innerhalb eines Monats nach Ablauf der Frist zur Einlegung der Revision angebracht werden. Eine Ausnahme besteht, wenn das Urteil zu dieser Zeit noch nicht zugestellt war; dann läuft die Frist erst ab der letzten wirksamen Zustellung (§ 273 IV beachten!). Die Revisionsbegründungsfrist verlängert sich nach § 345 I 2 auf bis zu insgesamt drei Monate, wenn das Urteil erst spät zur Akte gelangt ist. **801**

**Beispiel:** Gegen das am 5.8.2003 verkündete Urteil legt der Angeklagte sofort Revision ein. Nachdem das Hauptverhandlungsprotokoll am 6.8.2003 fertig gestellt wurde, erfolgt die Zustellung des Urteils am 11.8.2003. Wann lief die Revisionsbegründungsfrist ab? Am 13.9.2003 um 24 Uhr: Die Frist zur Einlegung der Revision endete am 12.8.2003 um 24 Uhr. Die Zustellung des Urteils erfolgte innerhalb dieser Zeit, nach Fertigstellung des Protokolls (§ 273 IV). Der erste Tag der Revisionsbegründungsfrist fällt damit auf den 13.8.2003 (vgl. § 345 I 1: „**nach** Ablauf dieser Frist“). Ein Blick in § 43 I, II hilft sodann, als letzten Tag für die Begründung den 15.9.2003 zu finden.

Die Revisionsbegründung soll von sachkundiger Seite stammen, um den Revisionsgerichten die Auseinandersetzung mit unsinnigen Anträgen und Ausführungen von juristischen Laien zu ersparen. Deshalb muss die Begründung vom Angeklagten entweder zu Protokoll der Geschäftsstelle abgegeben oder von einem Rechtsanwalt oder Verteidiger unterzeichnet sein (§ 345 II). Im letzteren Fall ist es mit der bloßen **802**

Unterzeichnung aber nicht getan. Wer etwa schreibt: „Auf Bitte meines Mandanten trage ich vor, dass ..." (sog. **Distanzierungsvermerk**), riskiert die Unzulässigkeit der Verfahrensrüge. Denn nach h.M. muss der Verteidiger oder ein Rechtsanwalt für den Inhalt der Schrift die volle Verantwortung übernehmen.

Diese Sicht soll auch den Verurteilten schützen. Sie passt aber nicht zur zweiten Alternative des § 345 II: Die Geschäftsstelle des Gerichts übernimmt keine Verantwortung in diesem starken Sinne. Überdies ist es verfehlt, den Revisionsführer zu „schützen", indem man seine Revision für unzulässig erklärt.

### 2. Begründetheit

803 (1) Die Revision ist begründet, wenn

- das **Urteil** nach **§ 337 I** auf **„einer Verletzung des Gesetzes" beruht**,

  „Gesetz" iSd § 337 I ist nach § 7 EGStPO „jede Rechtsnorm", auch Gewohnheitsrecht. Nicht jedoch etwa Verwaltungsanordnungen, innerdienstliche Anordnungen (z.B. RiStBV), AGB oder Vereinssatzungen.

804 - eine **Verfahrensvoraussetzung** fehlt oder ein **Verfahrenshindernis** besteht.

805 Da Verfahrenshindernisse sich aus dem Gesetz ableiten lassen (→ Rn 90), stellt eine Entscheidung, die ein vorhandenes Verfahrenshindernis missachtet oder ein fehlendes annimmt, eine Gesetzesverletzung dar.

Verfahrensvoraussetzungen prüft das Revisionsgericht **von Amts wegen**, ohne an die Feststellungen des Tatgerichts gebunden zu sein. Hierzu gehört auch, ob die vorherige Berufung zulässig war. Denn überprüft wird das Urteil der zweiten Instanz. Hätte dieses gar nicht ergehen dürfen, wird die Berufung als unzulässig verworfen, d.h. das Berufungsurteil aufgehoben und das Urteil der ersten Instanz wiederhergestellt (selbst wenn dieses falsch sein sollte; dann kommt evtl. eine Wiederaufnahme des Verfahrens in Betracht). Das ist z.B. der Fall, wenn das Berufungsgericht die Unzulässigkeit, etwa wegen verspäteter oder formwidriger Einlegung, verkannt hat. Hierher gehört auch die Prüfung, ob eine Berufungsbeschränkung (Teilanfechtung) wirksam war.

806 **§ 337 I** erfasst die Verletzung sowohl des Verfahrensrechts (**Verfahrensrüge**) wie des materiellen Rechts (**Sachrüge**). In beiden Fällen muss …

- eine Rechtsnorm **nicht** oder **nicht richtig angewendet** worden sein (§ 337 II) **und**
- das Urteil auf dieser Gesetzesverletzung **beruhen** (§ 337 I).

807 Das Urteil beruht auf der Gesetzesverletzung, wenn es ohne sie möglicherweise anders ausgefallen wäre. Bei den in § 338 enthaltenen Gründen wird dies unwiderlegbar vermutet (**absolute Revisionsgrün-**

**de**). Wichtig: Nur für das Beruhen, also nur für die Kausalität der Gesetzesverletzung für das Urteil ist § 338 von Bedeutung. Dagegen ist das Beruhen bei den **relativen Revisionsgründen** einzelfallabhängig. Zweckmäßig ist die daher die Prüfung:

Obersatz: § 337 I ⇨ absolute Revisionsgründe ⇨ relative Revisionsgründe

**Beachte:** Selbst wenn das Urteil auf einer Gesetzesverletzung beruht, ist die Revision im Fall des § 339 unbegründet: Will die StA das Urteil zum Nachteil des Angeklagten anfechten, darf sie sich nicht auf die Verletzung von Verfahrensnormen berufen, die allein den Angeklagten schützen. **808**

(2) Der Prüfungsumfang ist zweifach begrenzt: zum einen durch die Revisionsanträge mit den darin bezeichneten Tatsachen (§ 352 I); zum andern ist der von der Vorinstanz festgestellte Sachverhalt bindend. Selbst wenn die Tatsachenfeststellungen unrichtig sind, kann das Revisionsgericht von ihnen nicht abweichen. **809**

### a) Verfahrensrüge

Verfahrensrecht ist verletzt, wenn eine gesetzlich vorgesehene Handlung unterblieben ist, eine solche Handlung fehlerhaft vorgenommen wurde oder eine Verfahrenshandlung gänzlich unzulässig war (→ Rn 798). **810**

*aa) Absolute Revisionsgründe (§ 338)*

**§ 338 Nr. 1** erfasst die nicht vorschriftsmäßige Besetzung des erkennenden Gerichts und damit Verstöße gegen das **Prinzip des gesetzlichen Richters** (Art. 101 I 2 GG). Beschränkt wird die Geltendmachung dieses Revisionsgrundes in erstinstanzlichen Verfahren vor dem *LG* und *OLG*. Die vorschriftswidrige Besetzung muss nach § 222b bis zum Beginn der Vernehmung des Angeklagten zur Sache gerügt werden. Andernfalls wird die Rüge präkludiert (präkludieren = versperren, verschließen). Die einzelnen Voraussetzungen für die Besetzungsrüge enthalten die Buchstaben a–d des § 338 Nr. 1. **811**

**Fall 91:** Weil die Schöffin R nachts Krimis schreibt, nickt sie während der Zeugenbelehrung kurz ein. Ein Rippenstoß des Vorsitzenden holt sie zurück in die Hauptverhandlung. Revisionsgrund? **812**

Die Rspr. subsumiert den Fall des schlafenden Richters unter § 338 Nr. 1. Allerdings sagt der *BGH*, nicht jedes Schlafen bedeute zugleich Abwesenheit. Nur wenn ein Richter während des Schlummerns „wesentliche Vorgänge" verpasst, sei § 338 Nr. 1 verletzt. Im Fall 91 handelte es sich nur um ein kurzes Einnicken während eines unwesentlichen Teils der Hauptverhandlung. Ein Revisionsgrund nach § 338 Nr. 1 ist also nicht gegeben. – Zur Mitwirkung einer Richterin während des gesetzlich vorgeschriebenen Mutterschutzes vgl. *BGH* NStZ 2017, 107.

813 **§ 338 Nr. 2** betrifft die Mitwirkung eines nach §§ 22, 23 oder § 31 ausgeschlossenen Richters bzw. Schöffen (→ Rn 593 ff.). Der Richter/Schöffe muss am Urteil mitgewirkt haben. Hier gibt es keine Rügepräklusion.

814 **Fall 92:** In der Hauptverhandlung gegen die „Sauerland-Gruppe" riet der Vorsitzende V eindringlich zu einem Geständnis und empfahl, „nah am Tatgeschehen" zu bleiben und „keine Märchen aus tausend und einer Nacht" zu erzählen. Die Verteidiger schwiegen dazu. Hat nach der Urteilsverkündung eine Revision Aussicht auf Erfolg, die die Befangenheit des V rügt (§ 338 Nr. 3)?

**§ 338 Nr. 3** gewährt, was § 28 I zunächst verwehrt – die Überprüfung, ob ein Ablehnungsgesuch zulässig und begründet war. Voraussetzung der Rüge ist, dass ein Ablehnungsgesuch zu Unrecht verworfen und der abgelehnte Richter am Urteil mitgewirkt hat. Es handelt sich bei der Revision nach § 28 II um eine besondere Form der „sofortigen Beschwerde"! Deshalb gelten auch die Spielregeln der Beschwerde. Das Revisionsgericht darf die angefochtene Entscheidung auch in tatsächlicher Hinsicht würdigen und sein eigenes Ermessen ausüben. – Im Fall 92 haben die Verteidiger versäumt, fristgerecht ein Ablehnungsgesuch zu stellen. Ihre Rüge ist damit präkludiert.

815 **§ 338 Nr. 4** umfasst die Rüge der Unzuständigkeit des Gerichts. Bei der örtlichen Zuständigkeit ist die Frist des § 16 zu beachten. Das Revisionsgericht prüft insofern, ob der Einwand der örtlichen Unzuständigkeit rechtzeitig erhoben und zu Unrecht verworfen wurde. Weil die sachliche Zuständigkeit nach § 6 „in jeder Lage des Verfahrens von Amts wegen" zu prüfen ist, bedarf es hierfür der Regelung des § 338 Nr. 4 nicht. Hat sich willkürlich ein höheres Gericht mit der Sache befasst, hebt das Revisionsgericht das Urteil auf und verweist die Sache an das sachlich zuständige Gericht (§ 355).

Kommt die funktionale Zuständigkeit besonderer Spruchkörper (z.B. Schwurgericht) in Betracht, ist § 6a zu beachten: Erhebt der Angeklagte bis zu seiner Vernehmung zur Sache keinen Einwand, ist die Rüge präkludiert.

816 **§ 338 Nr. 5** verleiht § 226 Zähne (wobei die Abwesenheit eines Richters § 338 Nr. 1 unterfällt). In § 226 ist geregelt, wer während der Hauptverhandlung ständig anwesend sein muss. Allerdings liegt ein Revisionsgrund nur vor, wenn das Urteil denkgesetzlich auf dem Gesetzesverstoß beruhen kann. Das ist zu bejahen, wenn die Abwesenheit bei einem wesentlichen Teil der Hauptverhandlung vorlag. Unwesentlich ist etwa der Aufruf der Zeugen und Sachverständigen, deren Be-

lehrung nach § 57, die Feststellung der Identität des Angeklagten oder die mündliche Eröffnung der Urteilsgründe.

**Beispiel:** StA S verlässt den Gerichtssaal, um sein Auto umzuparken. S, der Strafrichter und der Angeklagte vereinbaren, dass in der Abwesenheit des S schon mal der Zeuge Z vernommen wird – S kenne dessen Aussage aus dem Vorverfahren. – Es ist anerkannt, dass die Zeugenvernehmung zu den wesentlichen Teilen einer Hauptverhandlung zählt und dass die Anwesenheitspflicht besteht. Die Zustimmung des Angeklagten ist unbeachtlich.

**Fall 93:** Weil sich vor dem Bochumer *AG* eine Baustelle befindet, führt nur ein schmaler Gang zur Tür des Gerichtsgebäudes. Versehentlich kippt ein Laster dort einen unüberwindbaren Berg Bauschutt ab. Davon nichts wissend, beginnt Richter R zehn Minuten später mit einer Hauptverhandlung. Der darin verurteilte Angeklagte legt Sprungrevision ein und rügt den Ausschluss der Öffentlichkeit. Gibt das *OLG* ihm Recht? **817**

**§ 338 Nr. 6** dient der Durchsetzung der **Öffentlichkeit in der Hauptverhandlung** (→ Rn 583). Die Vorschrift greift ein bei Verletzung des § 169 S. 1 GVG iVm §§ 171a–173, 175, 177 GVG und bei Nichtbeachtung des Verfahrens über den Ausschluss der Öffentlichkeit (§ 174 GVG). Voraussetzung ist, dass der Verfahrensverstoß auf einem Verschulden des Gerichts beruht. Das ist der Fall, wenn Gericht oder Vorsitzender die Öffentlichkeit mit einer Anordnung unzulässig beschränken oder eine bekannte Beschränkung nicht beseitigen. – Im Fall 93 hat R die Beschränkung weder angeordnet noch wusste er von der Blockade; ihn trifft kein Verschulden am faktischen Ausschluss der Öffentlichkeit. § 338 Nr. 6 ist nicht verletzt.

Nach umstrittener Rspr. gelangen die §§ 338 Nr. 6, 337 I nicht zur Anwendung bei einer unzulässigen **Erweiterung der Öffentlichkeit** (z.B. bei Duldung von Ton- und Fernsehaufnahmen, wenn das Gericht während der Hauptverhandlung den Tatort in Augenschein nimmt). – Wird die Öffentlichkeit im Jugendstrafverfahren entgegen § 48 I JGG zugelassen, gilt § 337 I. Einen relativen Revisionsgrund sieht der BGH auch bei einem Verstoß gegen § 171b III 2 GVG: faktischer Ausschluss der Öffentlichkeit bei den Schlussanträgen ohne dahingehenden Gerichtsbeschluss (dazu *Kudlich*, JA 2019, 708). **818**

**§ 338 Nr. 7** sichert die Richtigkeit und Vollständigkeit der Urteilsgründe. Neben fehlenden Urteilsgründen erfasst er die verspätete Urteilsabsetzung. Selbst eine geringfügige Fristüberschreitung führt zu diesem absoluten Revisionsgrund (→ Rn 738). **819**

**§ 338 Nr. 8** betrifft Fälle, in denen die Verteidigung in einem für die Entscheidung **wesentlichen** Punkt unzulässig beschränkt wurde. Wesentlich ist nach h.M. eine Beschränkung nur dann, wenn das Urteil auf ihr beruht. Nach dieser Sicht beschreibt § 338 Nr. 8 also keinen absoluten Revisionsgrund, sondern nur einen relativen iSd § 337. **820**

**Beispiel:** Jungrichter R verwehrt dem Verteidiger V des Angeklagten, den Mitangeklagten zu befragen. Zur Begründung verweist R auf § 240 II 2. Auf Beanstandung des V (§ 238 II) bestätigt R seine Ansicht in einem Gerichtsbeschluss. – Hier hätte eine Revision Erfolg, weil R das Gesetz verletzt hat und sein Urteil auf dieser Gesetzesverletzung beruht (§ 337 I). Richter R verkannte, dass sich § 240 II 2 nur auf den Angeklagten, nicht aber auf dessen Verteidiger bezieht. Ihm gestattet § 240 II 1 die Befragung. Auf der Verletzung des § 240 II 1 beruht das Urteil, weil es ohne die Verletzung möglicherweise anders ausgefallen wäre. Die Befragung des Mitangeklagten hätte durchaus weitere Gesichtspunkte über das Tatgeschehen etc. ergeben können. Da V einen Beschluss nach § 238 II herbeigeführt hat, ist die Rüge nicht präkludiert.

*bb) Relative Revisionsgründe (§ 337)*

821 Als relative Revisionsgründe kommen sämtliche Verfahrensverstöße in Betracht. Im Folgenden nennen wir einige Beispiele:

822 **Fall 94:** Erneut soll Domina D (→ Rn 128) gegen ihren Ehemann aussagen. Sie beeidet ihre belastende Aussage, ohne von Richter R zuvor über ihr Eidesverweigerungsrecht belehrt worden zu sein. Revisionsgrund?

823 (1) Bei den relativen Revisionsgründen wird das Beruhen des Urteils auf einem Gesetzesverstoß nicht unwiderleglich vermutet. Im Einzelfall ist anzuzeigen, dass das **Urteil** ohne den Verfahrensmangel **vielleicht anders ausgefallen** wäre. Nach der Rspr. soll der Beschuldigte nur die Verletzung derjenigen Vorschriften rügen können, welche seinen Rechtskreis berühren (→ Rn 423). Zur gleichen Kategorie bedenklicher Einschränkungen zählt die Einordnung mancher Verfahrensvorschriften als bloße Ordnungsvorschriften. Deren Verletzung soll ohne Folgen bleiben (dagegen instruktiv *Neuhaus*, in: FS Herzberg, 2008, S. 871 ff.).

**Beispiele:** Bloße Ordnungsvorschriften sollen sein: § 57 (Zeugenbelehrung), § 64 IV (Heben der rechten Hand beim Eid) oder § 257 (Fragerechte).

824 Im Fall 94 hat R gegen § 61 verstoßen, was den Rechtskreis des beschuldigten Ehemannes berührt. Damit das Urteil nach § 337 I revisibel ist, müsste es auf dem Verstoß gegen die Belehrungspflicht beruhen. Der *BGH* (StV 2002, 465) bejaht dies: Es lasse sich nicht ausschließen, dass der Tatrichter die Glaubwürdigkeit eines Zeugen anders beurteilt, wenn dieser nach entsprechender Belehrung seine Aussage nicht beschwören will. Damit liegt im Fall 94 ein Revisionsgrund vor.

825 **Fall 95:** Im Ermittlungsverfahren hat der Beschuldigte B die Tat nur gestanden, weil er nicht nach § 136 I 2 belehrt wurde. In der Hauptverhandlung schweigt B. Richter R will deshalb den Polizisten als Zeugen vom Hörensagen vernehmen. Bs Verteidiger widerspricht dieser Vorgehensweise erfolglos. R vernimmt den Polizisten und stützt die spätere Verurteilung auf dessen Aussage. Ist die Revision begründet?

Bs Aussage ist unter Verletzung des § 136 I 2 (iVm § 163a IV 2) zustande gekommen und unterliegt einem Beweisverwertungsverbot. Auch die Vernehmung des Polizisten war daher unzulässig. Dies hat der Verteidiger gem. § 238 II ordnungsgemäß beanstandet und sich so die Revisionsrüge erhalten. Weil nicht auszuschließen ist, dass das Urteil ohne Verwertung der Vernehmung anders ausgefallen wäre, beruht es auf der Gesetzesverletzung. Die Revision ist begründet.

(2) Soweit kein spezieller Verfahrensmangel ersichtlich ist, kann **826** immer noch die sog. **Aufklärungsrüge** greifen. Mit ihr wird eine Verletzung des Amtsermittlungsgrundsatzes iSd § 244 II beanstandet (→ Rn 672 ff.). Gerichtet ist die Rüge darauf, dass der Tatrichter von sich aufdrängenden Beweismitteln keinen Gebrauch gemacht habe und deshalb zu einem möglicherweise falschen Beweisergebnis gekommen sei. Weil es sich um eine Verfahrensrüge handelt, wird die Aufklärungsrüge mit Blick auf § 344 II 2 nur dann Erfolg haben, wenn der Revisionsführer vorträgt, **welche** entscheidungserhebliche Tatsache, **wie** (Weg), **womit** (konkrete Beweismittel) und mit **welchen** Auswirkungen auf die Beweiswürdigung hätte bewiesen werden sollen, und **inwieweit** dem Gericht erkennbare Umstände vorlagen, die zu einer weiteren Aufklärung drängten.

**Beispiele:** Der Angeklagte hat Gedächtnislücken, macht einen verwirrten Eindruck und verhält sich auch sonst sonderbar. Gleichwohl gelangt das Gericht zu der Überzeugung, er sei völlig gesund. Hier kann mit der Aufklärungsrüge bemängelt werden, dass das Gericht zur Überprüfung der Schuldfähigkeit (§ 20 StGB) einen Sachverständigen hätte hinzuziehen müssen.

*cc) Beweis des Verfahrensmangels*

Der Verfahrensmangel muss vom Beschwerdeführer bewiesen werden. **827** Dafür bleibt ihm meist nur der Rückgriff auf das Hauptverhandlungsprotokoll, dem spricht **§ 274** eine unangreifbare Beweiskraft zu (→ Rn 598 ff.): Alles, was drinsteht, gilt, selbst wenn nicht geschehen, als geschehen (**positive Beweiskraft**). Alles, was nicht drinsteht, gilt, selbst wenn geschehen, als nicht geschehen (**negative Beweiskraft**).

Nur soweit Verfahrensvorgänge nicht vom Hauptverhandlungsprotokoll erfasst werden, **828** darf auch auf die Urteilsgründe zurückgegriffen werden, z.B. wenn sie ausweisen, dass eine Beschimpfung des Verletzten während der Hauptverhandlung strafschärfend berücksichtigt wurde. Bleibt das Vorliegen des Verstoßes zweifelhaft, wird von der Rechtmäßigkeit des Verfahrens ausgegangen; bei Revision des Angeklagten also: „in dubio contra reum".

Nach der Rspr. entfällt die Beweiskraft, wenn das Protokoll Widersprüche, **829** Lücken oder Unklarheiten enthält; das gilt auch, wenn ein Vorgang beurkundet ist, der sich nach der Lebenserfahrung so nicht zugetragen haben kann (**widersprüchliches Protokoll**).

Streng entschied das *OLG Hamm* (NStZ 1986, 378) hinsichtlich eines angeblich erklärten Rechtsmittelverzichts: „Daß der Angekl. und der Verteidiger gemeinschaftlich zur gleichen Zeit erklärt haben: ‚Wir nehmen das Urteil an' [so wies es das Protokoll aus], ist vernünftigerweise auszuschließen."

**830** Sonst ist die Beweiskraft des Protokolls gesetzlich nur ausgeschlossen beim Nachweis der Fälschung (§ 274 S. 2). Der *BGH* spricht dem Protokoll ferner in Fällen **unwahrer Verfahrensrügen** die Beweiskraft ab: Der Verteidiger V rügt mit seiner Revision, dass der Angeklagte eines Mordprozesses an einem der Hauptverhandlungstage nicht verteidigt war; das Protokoll weist die Anwesenheit des V nicht aus (auch nicht indirekt durch Wiedergabe einer Verfahrenshandlung). Der *BGH* stuft diese Rüge als rechtsmissbräuchlich ein, sofern V weiß, dass er zugegen war und dass das Protokoll nicht stimmt (St 51, 88).

**831** Diese Rspr. ist abzulehnen: „Es geht ... um dasselbe Protokoll, das dem Angeklagten, sollte es einen Verfahrensfehler zu Unrecht nicht ausweisen, die erfolgreiche Revision nahezu unmöglich macht" (*Satzger/Hanft*, NStZ 2007, 185, 187). Es wäre willkürlich, das Protokoll nur zu Lasten des A gelten zu lassen. – Bei unbewusst unwahrer Rüge stellt sich das Problem der **Rügeverkümmerung:** Darf das Protokoll nachträglich ohne Zustimmung des A berichtigt werden und so der Verfahrensrüge der Boden entzogen werden? Auch da sagt der *BGH*: ja. Lesen Sie BGHSt (GrS), 51, 298; *BVerfG* NJW 2009, 1469; *Hamm*, NJW 2007, 3166! Überzeugend ist das nicht, weil es zu einer Relativierung des § 274 führt (*Beulke*, Rn 564).

**832** Greift die Beweiskraft des Protokolls nicht, muss das Revisionsgericht im Freibeweisverfahren klären, ob der Sachvortrag stimmt.

### b) Sachrüge

**833** Mit der Sachrüge wird vorrangig überprüft, ob die vom Tatgericht festgestellten Tatsachen die Anwendung des materiellen Rechts rechtfertigen, ob also das Gericht aus dem festgestellten Sachverhalt falsche rechtliche Schlussfolgerungen gezogen hat. Die Sachrüge kann zum Erfolg führen bei: einer falschen **Subsumtion**, einer fehlerhaften **Rechtsansicht**, rechtlichen Fehlern bei der **Beweiswürdigung** (insb. Missachtung des Grundsatzes **„in dubio pro reo"**), falschen Erwägungen bei der **Strafzumessung**.

**834** **Fall 96** (nach *LG Dortmund*): A ist angeklagt, im Dezember 2007 mit zwei Kilogramm Kokain gehandelt zu haben. Kokainlieferant L hat in der Hauptverhandlung als Zeuge ausgesagt, dass er eigentlich immer nur ein Kilogramm an A geliefert habe, im Dezember 2007 könnten es aber durchaus zwei gewesen sein. Im Urteil legt das *LG* dem A Handel mit zwei Kilogramm zur Last, weil L dies als möglich eingeräumt habe und es bekannt sei, dass in der Vorweihnachtszeit der Kokainkonsum und folglich auch der Bedarf steigen. Hält die Beweiswürdigung Stich?

Die **Beweiswürdigung** nach **§ 261** ist die **„Domäne des Tatrichters“** (*BGH* NStZ 2009, 401, 402); unterliegt aber der eingeschränkten Kontrolle des Revisionsgerichts. Rechtsfehler liegen vor, wenn das Tatgericht verstoßen hat gegen Denkgesetze, Erfahrungsgrundsätze, Sätze der wissenschaftlichen Erkenntnis oder wenn es offenkundige Tatsachen ignoriert hat. Das gleiche gilt, wenn die Beweiswürdigung widersprüchlich, lückenhaft oder unklar ist. **835**

Im Fall 96 lässt sich der vom Tatgericht festgestellte Sachverhalt (Handel mit **zwei** Kilogramm Kokain) aus den im Urteil mitgeteilten Gründen nicht ableiten. Es gibt keinen Erfahrungsgrundsatz, dass der Kokainkonsum in der Vorweihnachtszeit steigt. Und selbst wenn es den gäbe, folgte daraus nicht, dass L im Dezember 2008 zwei Kilogramm erhalten hat. Rs Überzeugungsbildung ist nicht plausibel und darauf beruht das Urteil. Die Sachrüge wird Erfolg haben. **836**

**Fall 97:** Die Strafkammer verurteilt A wegen Vergewaltigung. A hat die Tat bestritten und im Prozess geschwiegen. Die Kammer berücksichtigt im Urteil strafschärfend, dass er sein Verhalten nicht bereut. Zu Recht? **837**

Nein! Denn das Schweigen des Beschuldigten ist sein gutes Recht. Die Ausübung eines Rechts darf sich nicht nachteilig auswirken (sonst wäre das Recht nichts wert). Im Fall 97 sind deshalb Rs Strafzumessungserwägungen fehlerhaft. Bei richtiger Strafzumessung wäre das Urteil anders ausgefallen, weshalb es auf dem Gesetzesverstoß iSd § 337 I beruht. As Sachrüge hat Aussicht auf Erfolg.

**Beachte:** Die **Verfahrensvoraussetzungen** prüft das Revisionsgericht schon dann, wenn nur die Sachrüge wirksam erhoben ist. **838**

### 3. Verfahren

Der Hauptverhandlung im Revisionsverfahren geht eine Prüfung voraus: Der „iudex a quo“ verwirft die Revision als unzulässig, wenn Form und Frist nicht eingehalten sind (§ 346 I). Dagegen kann der Beschwerdeführer das Revisionsgericht anrufen (§ 346 II). Ist die Revision hingegen insoweit zulässig, lässt das Gericht die Revisionsschrift dem Gegner des Beschwerdeführers zustellen (§ 347 I 1). Der kann sich nach § 347 I 2 schriftlich äußern oder – wenn es sich um den Angeklagten handelt – die Gegenerklärung auch zu Protokoll der Geschäftsstelle abgeben (§ 347 I 3). Geschieht dies oder läuft die Frist ab, sendet die StA die Akten an das Revisionsgericht (§ 347 II). **839**

Vor der Hauptverhandlung kann mit der Revision Folgendes geschehen: **840**

- **Verwerfung** der Revision mittels eines Beschlusses
  - als unzulässig, wenn sie nicht ordnungsgemäß eingelegt wurde (§ 349 I).

  - als „offensichtlich unbegründet", aber nur auf Antrag der StA (§ 349 II).

- **Aufhebung des Urteils** durch Beschluss, wenn
  - das Revisionsgericht die zugunsten des Angeklagten eingelegte Revision einstimmig für begründet hält (§ 349 IV).
- **Einstellung des Verfahrens** durch Beschluss bei Vorliegen eines Verfahrenshindernisses.

Die h.M. wendet § 206a an, wobei es nicht darauf ankommen soll, ob das Verfahrenshindernis vom Tatrichter übersehen worden oder erst im Revisionsverfahren eingetreten ist. Die Anwendung des § 206a lässt sich begründen mit dem Wortlaut, wonach die Norm stets „nach Eröffnung des Hauptverfahrens" gilt. Andere sehen in § 349 IV die speziellere Norm.

**841** Findet die Revision auch in dieser Phase kein Ende, wird die Hauptverhandlung iSd §§ 350, 351 durchgeführt. Wie schon bei der Berufung fasst ein Berichterstatter das bisherige Verfahren zusammen. Weil es sich um keine Tatsacheninstanz handelt, entfällt die Beweisaufnahme. Am Ende steht das Urteil. Es kann folgende Inhalte haben:

**842** ▪ Fehlt eine Zulässigkeitsvoraussetzung mit Blick auf den Revisionsantrag, wird die Revision **als unzulässig verworfen** (Prozessurteil iSd § 349 V).

**843** ▪ Ist die Revision unbegründet, wird sie **als unbegründet verworfen** (Sachurteil iSd § 353 I).

**844** ▪ Ist die Revision begründet (Sachurteil),
  - wird das angefochtene **Urteil aufgehoben** (§ 353 I) und
  - vielleicht auch die dem Urteil zugrunde liegenden **Feststellungen** (vgl. § 353 II).

Die Aufhebung muss nicht notwendig alle Feststellungen umfassen; vielmehr nur solche, welche von der Gesetzesverletzung betroffen sind.

**845** Zugleich erfolgt eine **eigene Sachentscheidung** (§ 354 I) oder eine **Zurückverweisung** an die Vorinstanz (§ 354 II, III).

Weil der Anschein der Voreingenommenheit nicht entstehen soll, wird die Sache an eine andere Abteilung, Kammer, einen anderen Senat oder gar an ein anderes Gericht verwiesen (§ 354 II). Das Untergericht ist gem. § 358 I an die rechtliche Beurteilung des Revisionsgerichts gebunden (nur in der zurückverwiesenen Sache, nicht bei anderen Verfahren). Gegen die Entscheidung des Untergerichts ist wiederum Revision (oder bei *AG*-Urteilen Berufung) statthaft.

Eine Besonderheit des Revisionsverfahrens bietet § 357: Eine Urteilsaufhebung erstreckt sich auf Mitangeklagte, die selbst keine Revision eingelegt haben. Dies gilt aber nur bei der Verletzung von materiellem Recht („Gesetzesverletzung bei Anwendung eines Strafgesetzes"), nicht bei Verstößen gegen formelles Recht (→ Rn 798). **846**

## 4. Prüfschema Revision

*„Die Revision hat Erfolg, wenn sie zulässig und begründet ist."* **847**

**I. Zulässigkeit**

1. Statthaftigkeit: §§ 333, 335
2. Anfechtungsbefugnis: Angeklagter und StA (§ 296 I), Verteidiger (§ 297) und gesetzlicher Vertreter (§ 298 I), Privatkläger (§ 390 I), Nebenkläger (§ 401), Einziehungsbeteiligter (§§ 431 I 1, 437 I 1)
3. Rechtsschutzinteresse („Beschwer"): Beschwert ist, wer von einer Entscheidung nachteilig betroffen ist.
4. Weder Verzicht noch Rücknahme
5. Form und Frist der Einlegung: Schriftlich oder zu Protokoll der Geschäftsstelle beim *iudex a quo* (§ 341 I), inhaftierte Verurteilte auch beim *AG* im Bezirk der JVA (§ 299 I); binnen einer Woche ab Urteilsverkündung (§ 341)
6. Form und Frist der Revisionsbegründung: Schriftlich (seitens des Angeklagten unterzeichnet von seinem Verteidiger) oder zu Protokoll der Geschäftsstelle beim *iudex a quo* (§ 345 I), inhaftierte Verurteilte auch beim *AG* im Bezirk der JVA (§ 299 I); binnen eines Monats ab Ende Einlegungsfrist (§ 345 I)
7. Ordnungsgemäße Erhebung
   a) Verfahrensrüge (§ 344 II 1, 2): Darlegungspflicht, Beweis der den Verstoß begründenden Tatsachen; Rügebefugnis: Rügepräklusion (Stichwort: „Widerspruchslösung" – Widerspruch gegen Verwertung und Herbeiführung eines Gerichtsbeschlusses gem. § 238 II)
   b) Sachrüge (§ 344 II 1): *„Gerügt wird die Verletzung sachlichen Rechts."*

**II. Begründetheit (§ 337 I)**

*„Die Revision ist begründet, wenn das Gesetz verletzt ist und das Urteil auf dieser Verletzung beruht (§ 337)."*

1. Vorliegen aller Verfahrensvoraussetzungen
2. Ggf. Zulässigkeit der Berufung (§ 313)
3. Verfahrensrüge
   a) Gesetzesverletzung (§ 337 II)
   b) Beruhen
      aa) Absolute Revisionsgründe (§ 338 Nr. 1–7)
      Das „Beruhen" wird unwiderlegbar vermutet.

bb) Relative Revisionsgründe
*Das Urteil beruht auf der Gesetzesverletzung, wenn es ohne sie möglicherweise anders ausgefallen wäre."*
(Achtung: nach h.M. zu prüfen auch bei § 338 Nr. 8)

4. Sachrüge

# E. Rechtskraft

## I. Formelle Rechtskraft

848 **Fall 98:** Der Angeklagte Bukowski (B) ist wegen einer gefährdenden Trunkenheitsfahrt (§ 315c StGB) vom Amtsrichter R zu einer Geldstrafe von 90 Tagessätzen verurteilt worden; außerdem wird ihm die Fahrerlaubnis entzogen, der Führerschein eingezogen und eine Sperre von einem Jahr verhängt (§§ 69 StGB, 69a StGB). Am Ende der mündlichen Verhandlung erklären B und StA S, sie werden keine Rechtsmittel einlegen. Zwei Tage später schickt B ein Schreiben an das *AG*, worin er seine Erklärung widerruft und darauf verweist, dass ihm kein Verteidiger beistand. Davon unterrichtet, überlegt S, ob er die Vollstreckung einleiten und die Eintragung der Verurteilung in bestimmte Register veranlassen darf.

849 Strafurteile sind erst vollstreckbar, wenn „sie [formell] rechtskräftig geworden sind" (**§ 449**). Eine vorläufige Vollstreckbarkeit wie im Zivilprozessrecht gibt es nicht. Aber was ist die Rechtskraft? Das lässt sich aus den **§§ 316, 343** schließen: Die rechtzeitige Einlegung eines Rechtsmittels hemmt die Rechtskraft. D.h. umgekehrt: Formell rechtskräftig sind Entscheidungen, die mit Rechtsmitteln nicht mehr angefochten werden können (formelle Rechtskraft = **Unanfechtbarkeit**).

850 Ist im Fall 98 das Urteil noch anfechtbar? Nach § 314 I (bei einer Sprungrevision nach § 341 I) beträgt die Rechtsmittelfrist eine Woche. Weil diese Frist noch nicht verstrichen ist, kann die Unanfechtbarkeit nur aus der mündlichen Erklärung folgen, die B am Ende der Sitzung abgegeben hat. Ein solcher **Rechtsmittelverzicht** (→ Rn 758) führt zur Unanfechtbarkeit, wenn er wirksam ist. Der Umstand, dass B unverteidigt war, hindert die Wirksamkeit des Verzichts nicht. (Anders nur in Fällen der notwendigen Verteidigung.) Führt denn wenigstens der Widerruf zur Unwirksamkeit? Nein, der Rechtsmittelverzicht ist als Prozesshandlung **bedingungsfeindlich**, **nicht anfechtbar** und **unwiderruflich**! Demnach ist das Urteil rechtskräftig. S darf (und muss) vollstrecken. Ebenfalls darf er die Eintragungen ins Bundes- und ins Verkehrszentralregister veranlassen, denn auch das darf er ab Eintritt der formellen Rechtskraft (§§ 4 BZRG, 28 StVG); die Zuständigkeit des S ergibt sich aus §§ 20 I 1 BZRG, 28 IV StVG.

Neben der Bedeutung der formellen Rechtskraft für Vollstreckbarkeit und Registereintragungen ist sie wichtig für § 186 I StGB: Die Behauptung etwa, B sei betrunken Auto gefahren, gilt als erwiesen (§ 190 StGB). **851**

Die **Teilanfechtung** bewirkt nur eine **Teilrechtskraft** (auch **relative Rechtskraft**), sie erstreckt sich nur auf den nicht angefochtenen Teil (→ Rn 735). **852**

Lernen Sie die übliche Terminologie: Die **vertikale Teilrechtskraft** erfasst nur abtrennbare Teile des Prozessgegenstandes, also solche, die in einem eigenen Verfahren hätten verhandelt werden können. Zum Beispiel legt nur einer von mehreren Angeklagten Berufung ein; oder der Angeklagte greift nur die Aburteilung einer von zwei eigenständigen Taten an. Die **horizontale Teilrechtskraft** erfasst einen Teil auf derselben Stufe des Verfahrens. Etwa bei der Strafmaßrevision: der Schuldausspruch im Übrigen erwächst in Rechtskraft. – Gilt die Entscheidung gegenüber jedermann und in all ihren Teilen, spricht man auch von **absoluter Rechtskraft**. – Unterscheiden Sie von der Teilrechtskraft die **beschränkte Rechtskraft:** Sie gibt es nur bei Beschlüssen, und zwar dann, wenn das Verfahren unter bestimmten Voraussetzungen wieder aufgenommen werden kann. Zum Beispiel bei Einstellungen und Strafbefehlen darf die Tat bei neuen Tatsachen oder Beweisen als Verbrechen verfolgt werden (§§ 153a I 5, 373a). **853**

## II. Materielle Rechtskraft

Die **materielle Rechtskraft** bedeutet erstens: Der Ausspruch im Tenor steht endgültig fest. Zweitens: Ein erneutes Verfolgen der abgeurteilten Tat ist gesperrt (Art. 103 III GG). **854**

1. Bindung des Ausspruchs im Tenor
2. Unzulässigkeit erneuter Strafverfolgung

Dieses Befassungsverbot (weil eine Verfahrensvoraussetzung fehlt → Rn 89) gilt für Verurteilungen und Freisprüche. Gerichte und Strafverfolgungsbehörden müssen es in allen Verfahrensstadien von Amts wegen beachten (zu den Wirkungen fremdstaatlicher Entscheidungen → Rn 104).

Für den Begriff der „abgeurteilten Tat" wird jetzt all das relevant, was wir oben zum wichtigen Begriff der prozessualen Tat gesagt haben (→ Rn 105 ff.). – **Merke:** Wenn z.B. A vom Vorwurf des Totschlags freigesprochen wurde, kann B in einem anderen Verfahren wegen Beihilfe zu eben diesem Totschlag verurteilt werden! In anderen Verfahren bindet die Entscheidung also nicht. **855**

Nach h.M. hat das Urteil nur prozessrechtliche Wirkung und rechtfertigt – für sich genommen – nicht den Vollzug der Strafe (**prozessrechtliche Rechtskrafttheorie**). **856**

**Beispiel:** Josef K. ist wegen Totschlags unanfechtbar zu 11 Jahren Freiheitsstrafe verurteilt worden, obwohl er unschuldig ist. Seine Ehefrau Martha verhilft ihm zur Flucht. – Die Gefangenenbefreiung iSd § 120 I StGB ist für Martha strafbar. Zwar wurde nach h.M. die Freiheit des Josef K. „rechtswidrig“ angegriffen, weil das Urteil allein die Einsperrung nicht rechtfertigt. Gleichwohl treffe den Verurteilten und erst recht dessen Fluchthelfer eine Duldungspflicht; wegen der Rechtssicherheit und wegen des Rechtsfriedens müsse der Verurteilte die ungerechte Beeinträchtigung hinnehmen („Elfmeter ist, wenn der Schiedsrichter pfeift!“). Das gelte auch für die Frage der Zumutbarkeit beim entschuldigenden Notstand (§ 35 I 2 StGB).

## III. Durchbrechung der Rechtskraft

**857** Die Rechtskraft und die mit ihr verfolgten Ziele der Rechtssicherheit und des Rechtsfriedens sind hohe Güter. Hinter ihnen muss die Gerechtigkeit oft zurücktreten. Ausnahmsweise gestattet das Gesetz eine Durchbrechung der Rechtskraft:

### 1. Wiedereinsetzung in den vorigen Stand

**858** Ein rechtskräftiges Urteil büßt seine Rechtskraft ein, wenn ein Antrag auf Wiedereinsetzung in den vorigen Stand Erfolg hat und deshalb die Rechtsmittelfristen wieder laufen.

**859** **Fall 99:** A wurde von der Strafkammer wegen Vergewaltigung verurteilt. Er beauftragt seinen Rechtsanwalt (R), Revision einzulegen. Weil R zu viel um die Ohren hat, versäumt er die Wochenfrist des § 341 I. Als A – in U-Haft sitzend – davon erfährt, ruft er Sie als seinen neuen Rechtsbeistand an. Was raten Sie ihm?

**860** Was die Wiedereinsetzung erfordert, bestimmen die §§ 44, 45: **Antrag**, **Einhaltung der Wochenfrist**, **Glaubhaftmachung der Gründe** (unverschuldete Säumnis, Hinderungsgrund, Zeitpunkt des Wegfalls) und **Nachholung der versäumten Handlung**.

**861** Ziel muss im Fall 99 sein, Wiedereinsetzung zu erreichen, um in Ruhe die Begründetheit der Revision prüfen zu können. Die Wochenfrist des § 45 I 1 ist noch nicht abgelaufen. Der Antrag hätte auch Erfolg, weil A kein Verschulden an der Versäumung trifft; das Verschulden seines Anwaltes ist ihm nicht zuzurechnen (Umkehrschluss aus § 85 II ZPO). Sie sollten ihm daher raten, dass Sie den Antrag bei Gericht stellen und sich, was die Glaubhaftmachung angeht, darum bemühen werden, eine eidesstattliche Versicherung des R einzuholen. Ist A einverstanden, dürfen Sie nicht vergessen, das Versäumte zusammen mit der Stellung des Wiedereinsetzungsantrags nachzuholen, also Revision einzulegen!

Merken Sie sich zu den **Folgen der Wiedereinsetzung**: 862

1. Zurückversetzung in den Abschnitt vor der Versäumung
2. Entfallen der Rechtskraft

Solange über den **Wiedereinsetzungsantrag** noch nicht entschieden ist, 863
bleibt das Urteil vollstreckbar (§ 47 I)! Das führt manchmal zu Härten, etwa wenn ein Fahrverbot vollzogen wurde und das Urteil später aufgehoben wird. Nach der gesetzlichen Systematik ist das aber hinzunehmen (Umkehrschluss aus § 456c I 1). Dahinter steckt der Gedanke, dass der Wiedereinsetzungsantrag nicht missbraucht werden soll, um die Vollstreckung unliebsamer Sanktionen hinauszuzögern. Denn schließlich genügt für die Wiedereinsetzung etwa die Begründung, die Ehefrau des Verurteilten habe auftragswidrig die Einlegung der Revision versäumt; das Verschulden der Ehefrau wird dem Angeklagten nämlich nicht zugerechnet (anders bei der StA, die sich ein Verschulden ihrer untergeordneten Dienstkräfte zurechnen lassen muss).

## 2. Wiederaufnahme des Verfahrens

Die Wiederaufnahmevorschriften nennen eng begrenzte Fälle, in 864
denen die Gerechtigkeit vorgeht und die Rechtskraft durchbrochen wird, weil das Urteil Fehler enthält, die aufrechtzuerhalten unerträglich wäre. Mit der numerischen Aufzählung hat der Gesetzgeber ausgedrückt, dass die Gründe abschließend sind und von der Rspr. nicht erweitert werden dürfen.

Die Wiederaufnahme**gründe** werden danach eingeteilt, ob erstens das Urteil in 865
seiner konkreten Gestalt nur wegen einer strafbaren Handlung zustande gekommen ist (**propter falsa** = wegen Falschheit). In Betracht kommen etwa Falschaussage, Urkundendelikte oder Rechtsbeugung. Zweitens danach, ob neue Tatsachen oder Beweismittel zutage getreten sind (**propter nova** = wegen Neuem). – Die Prüfung nach § 368, ob der Antrag zulässig ist, nennt man **Aditionsverfahren**, die Begründetheitsprüfung nach §§ 369 ff. **Probationsverfahren**.

Das Gesetz unterscheidet die Wiederaufnahme zu Gunsten des Ver- 866
urteilten (§ 359) von derjenigen zu Ungunsten des Angeklagten (§ 362). Das Verfahren ist aber in beiden Fällen gleich und zerfällt in drei Abschnitte:

1. Aditionsverfahren: Prüfung der Zulässigkeit (§ 368)
2. Probationsverfahren: Prüfung der Begründetheit (§§ 369 ff.)
3. Neue Hauptverhandlung

### a) Zugunsten des Verurteilten

867 **Fall 100:** M wurde in einem Indizienprozess wegen Mordes an ihrem Ehemann zu „lebenslänglich" verurteilt. Die Urteilsgründe stellen fest, sie habe die Leiche zerstückelt und die Teile im Ofen verbrannt. Diese Feststellungen beruhen auf einem Sachverständigengutachten. Jahre später wird der komplette Leichnam des Ehemanns in einem Auto sitzend in der Donau gefunden. Hat Ms Antrag auf Wiederaufnahme des Verfahrens Erfolg?

868 **Aditionsverfahren:** Das Gericht unterstellt erst einmal, dass das Vorbringen des Angeklagten wahr ist. Auf dieser Basis prüft es, ob ein Wiederaufnahme**grund** vorliegt (sog. **Schlüssigkeitsprüfung**). Dabei sind auch die Ausschlussgründe des **§ 363** zu beachten: Unzulässig ist die Wiederaufnahme, wenn nur eine Milderung nach § 21 StGB oder eine andere Strafbemessung aufgrund desselben Strafgesetzes verfolgt wird (§ 363).

869 M bestreitet im Fall 100 ihre Täterschaft, sodass § 363 nicht entgegensteht. Als Grund für die Wiederaufnahme greift hier **§ 359 Nr. 5**. Die „Tatsache", dass der Ehemann nicht zerstückelt wurde, ist „neu"; weiter ist die Leiche selber ein „neues Beweismittel„.

870 **§ 368** fordert ein „**geeignetes** Beweismittel". Diese Eignung meint nur, ob das Beweismittel zulässig, erreichbar, und nicht völlig ungeeignet ist. Ein unerreichbarer Zeuge etwa ist nicht „geeignet".

871 Die Rspr. lässt hier aus Gründen der Verfahrensökonomie eine **Beweisantizipation** zu. Das bedeutet, die Beweiskraft der beigebrachten Beweismittel sei zu bewerten, soweit dies ohne förmliche Beweisaufnahme möglich sei. Zu beachten ist *BVerfG* NStZ 1995, 43 (44): Die verfassungsrechtliche Garantie effektiven Rechtsschutzes verbiete es, „im Zulassungsverfahren im Wege der Eignungsprüfung Beweise zu würdigen und Feststellungen zu treffen, die nach der Struktur des Strafprozesses der Hauptverhandlung vorbehalten" seien. Daher müsse „jedenfalls die Feststellung solcher Tatsachen, die den Schuldspruch wesentlich tragen ..., der Hauptverhandlung vorbehalten bleiben."

872 Von der Eignung iSd § 368 ist die Frage zu unterscheiden, ob der Antrag „die Freisprechung ... zu begründen **geeignet** ist" (§ 359 Nr. 5). Bei dieser Eignung geht es um eine Prognose hinsichtlich der Überzeugung des Gerichts. Die Rspr. verlangt dafür analog § 170 I, dass der **Freispruch wahrscheinlich** ist. Dieser recht strenge Maßstab erklärt sich aus dem Bemühen, die Rechtskraft der Strafurteile zu halten. Nach a.A. genügen ernstliche Zweifel an der Richtigkeit der Verurteilung.

873 Bei der Geeignetheitsfrage ist die Rolle des Grundsatzes „in dubio pro reo" unklar. Die wohl h.M. verneint die Anwendbarkeit des Zweifelssatzes. Eine mittelbare Relevanz wird man ihm allerdings nicht absprechen dürfen: Danach genügt es für die **Schlüssigkeit** des Antrags, dass das Gericht in der gedachten

neuen Hauptverhandlung wahrscheinlich nicht überzeugt sein wird, weil es „in dubio pro reo“ zu Gunsten des Angeklagten entscheiden muss.

Machen Sie sich klar: „Von der Begründetheitsprüfung nach § 370 unterscheidet sich die Prüfung nach § 368 nur dadurch, dass die Richtigkeit des Wiederaufnahmevorbringens nicht untersucht, sondern unterstellt wird“ (*Meyer-Goßner*, § 368 Rn 1). **874**

Im Fall 100 ist demnach zu beurteilen, wie sich der Umstand auswirkt, dass die Leiche nicht zerstückelt wurde. Die Feststellung, die Leiche sei im Ofen verbrannt worden, war ein stark belastendes Indiz. Fällt es als Säule für das Urteil weg, so ist ein Freispruch wahrscheinlich. Der Antrag ist schlüssig und zulässig (§§ 359 Nr. 5, 368). **875**

**Probationsverfahren:** Der Antrag ist begründet, „wenn die darin aufgestellten Behauptungen ... genügende Bestätigung gefunden haben“ (Umkehrschluss aus § 370 II). Um dies beurteilen zu können, nimmt – falls nötig – zunächst ein Richter die Beweise auf (§ 369 I). **876**

Steht im Fall 100 fest, dass es sich bei der Leiche aus der Donau um den Ehemann handelt, hat sich die im Antrag erhobene Behauptung genügend bestätigt. Der Antrag ist dann begründet. Das Gericht wird eine neue Hauptverhandlung anordnen (§ 370 II). **877**

Wird der Beschluss nach § 370 II rechtskräftig, so ist das Verfahren in den Zustand der Rechtshängigkeit zurückversetzt; damit entfällt auch die Vollstreckbarkeit (vgl. § 449)! **878**

In klaren Fällen kann das Gericht mit Zustimmung der StA den Verurteilten ohne neue mündliche Verhandlung sofort freisprechen (§ 371 II). **879**

Neue Hauptverhandlung: Zuständig ist nach § 140a GVG ein Gericht gleicher sachlicher Zuständigkeit (I), das vor dem Geschäftsjahr vom *OLG*-Präsidium des Bezirks bestimmt wurde (II). Zu beachten ist gemäß § 373 IIdas Verbot der „Verböserung“ (*reformatio in peius*). **880**

In der neuen Hauptverhandlung muss das Gericht im Fall 100 von der Täterschaft der M überzeugt sein, will es das alte Urteil aufrechterhalten. Der Angeklagten hilft jetzt der Grundsatz „in dubio pro reo“. Weil das tragende Indiz weggebrochen ist, kann die hinreichende Überzeugung iSd § 261 nicht gebildet werden. Der Antrag hätte daher Erfolg.

### b) Zuungunsten des Verurteilten

**Fall 101:** V wurde nur deshalb vom Vorwurf des Versuchs der schweren räuberischen Erpressung freigesprochen, weil der Zeuge Z ihn in der Hauptverhandlung entlastet hatte. Z wurde später angeklagt wegen uneidlicher Falschaussage. In diesem Verfahren stellte das Gericht fest, Z habe tatsächlich gelogen, sei aber von V mit dem Tode bedroht worden. Weil der Richter **881**

den Z wegen der Drohung im entschuldigenden Notstand sah, sprach er ihn frei. Die StA beantragt nun die Wiederaufnahme des Verfahrens gegen V nach § 362 Nr. 2. Mit Erfolg?

882 **Aditionsverfahren:** Beruft sich die StA auf § 362 Nr. 2, so ist der Antrag im Fall 101 nur zulässig, wenn der Zeuge (Z) sich einer Falschaussage „schuldig" gemacht hat (§ 362 Nr. 2) und (!) dies entweder durch ein rechtskräftiges Urteil festgestellt worden ist oder das Strafverfahren gegen Z nicht erfolgen kann (§ 364 S. 1). Keine dieser Voraussetzungen liegt hier vor: Z handelte ohne Schuld und wurde freigesprochen; gegen ihn gab es also ein Verfahren. Der auf § 362 Nr. 2 gestützte Antrag ist daher unzulässig.

883 § 364 S. 1 führt in Fällen schwerer Drohungen zu Ergebnissen, die der materiellen Gerechtigkeit widersprechen: Hätte V im Fall 101 den Z bestochen, wäre dieser wegen der Falschaussage verurteilt worden, und das Verfahren gegen V hätte wieder aufgenommen werden können. V steht also nur deshalb besser da, weil er mit der Drohung noch stärker auf Z eingewirkt hat (s. § 35 StGB). Weil das grob ungerecht ist, lässt sich an Analogie denken.

884 Im Fall 101 stehen einer analogen Anwendung des § 362 Nr. 2 prinzipielle Gründe entgegen: Art. 103 III GG sieht überhaupt keine Ausnahme vom Verbot der Mehrfachbestrafung vor. Die Anwendung der Wiederaufnahmevorschriften ist daher schon bedenklich, wird aber als noch (!) verfassungsgemäß angesehen. Das lässt sich damit begründen, dass der Verfassungsgeber an der damals geltenden Rechtslage zur Wiederaufnahme mit Art. 103 III GG nichts ändern wollte. Diese Legitimation besteht aber nicht für Wiederaufnahmegründe, die nach Inkrafttreten der Verfassung von der Rspr. erfunden werden.

885 Bei **Strafbefehlen** gelten die Wiederaufnahmevorschriften entsprechend (§ 373a II). Zu beachten ist die **beschränkte Rechtskraft** von Strafbefehlen (§ 373a I): Zulässig ist eine Wiederaufnahme, wenn neue Tatsachen oder Beweise beigebracht werden, die geeignet sind, die Verurteilung wegen eines Verbrechens zu begründen.

886 Mit dem „Gesetz zur Herstellung materieller Gerechtigkeit" vom 21.12.2021 hat der Gesetzgeber mit § 362 Nr. 5 einen neuen Wiederaufnahmegrund geschaffen. Gibt es neue Tatsachen oder Beweismittel, die allein oder in Verbindung mit früher erhobenen Beweisen dringende Gründe bilden etwa für eine Mordverurteilung, dann ist eine Wiederaufnahme erlaubt.

Die Neureglung verstößt gegen Art. 103 III GG und ist verfassungswidrig (ebenso *Jahn*, JuS 2022, 554 zu OLG Celle BeckRS 2022, 7938, das die Neuregelung hingegen für verfassungsgemäß hält). Ob das BVerfG das auch so sieht, ist aber fraglich.

### 3. Weitere Konstellationen der Rechtskraftdurchbrechung

- **Revisionserstreckung auf Mitangeklagte:** Nach **§ 357** kann ein Verurteilter, der selbst kein Rechtsmittel gegen das Urteil eingelegt hat, vom Revisionserfolg des Mitangeklagten profitieren. Das ist aber nur der Fall, wenn die Aufhebung ergeht wegen „Gesetzesverletzung bei Anwendung des Strafgesetzes". Darunter versteht die h.M. neben **sachlich-rechtlichen Fehlern** eine **fehlerhafte Beurteilung der Verfahrensvoraussetzungen** (nicht aber sonstige Verfahrensfehler). – Eine analoge Anwendung auf Berufung und Beschwerde wird abgelehnt. **887**
- **Verfassungsbeschwerde:** Mit der Rüge, es sei spezifisches Verfassungsrecht verletzt, kann der Verurteilte Verfassungsbeschwerde einlegen. Sie hat **keine aufschiebende Wirkung**; die stattgebende Entscheidung des *BVerfG* durchbricht aber die Rechtskraft (**§ 95 II BVerfGG**). **888**

Beachte den Unterschied zu § 79 I BVerfGG (iVm § 78 BVerfGG), der lediglich den Weg zu einer Wiederaufnahme des Verfahrens öffnet.

- **Individualbeschwerde:** Gem. **Art. 34 MRK** kann „jedermann" nach Erschöpfung des innerstaatlichen Rechtswegs die sog. **Individualbeschwerde** vor dem *EGMR* erheben. Das muss innerhalb von sechs Monaten ab Bekanntmachung der innerstaatlichen Entscheidung geschehen. **889**
- **Nachträgliche Gesamtstrafenbildung:** Im Falle der §§ 55 I StGB, 460 wird der Strafausspruch des Ersturteils aufgelöst und im neuen Urteil zu einer einheitlichen Strafe verbunden. **890**
- **Verletzung des rechtlichen Gehörs:** Die Rechtskraft kann auch durchbrochen werden bei einer Verletzung der Gewährung rechtlichen Gehörs (§§ 33a, 356a), wenn das Verfahren auf Antrag („Gehörsrüge") oder von Amts wegen in die Lage zurückversetzt wird, die vor dem Erlass der Entscheidung bestand. **891**

**Beispiele:** § 356a greift etwa bei einer Entscheidung nach den §§ 346, 349 oder 354. § 33a kann zum Zuge kommen, wenn etwa eine Berufung nach § 313 Abs. 2 S. 2 als unzulässig verworfen wird.

# Kapitel 4. Lernkontrollfragen

## Überblick

1. Was sind die wesentlichen Rechtsquellen für den Strafprozess? (→ Rn 9 f.)
2. Was sind die Ziele des Strafverfahrens? (→ Rn 13 ff.)
3. Wer kann Beteiligter eines Strafverfahrens sein? (→ Rn 16 ff.)
4. Wie läuft das Normalverfahren im Wesentlichen ab? (→ Rn 24 ff.)

## Vorverfahren

5. Welchem Zweck dient das Vorverfahren? (→ Rn 33)
6. Was ist zu verstehen unter einem „Anfangsverdacht"? (→ Rn 38)
7. Wie kann ein Strafverfahren in Gang kommen? (→ Rn 42 ff.)
8. Wofür ist die Beschuldigteneigenschaft wichtig? (→ Rn 46, 54)
9. Wann ist jemand Beschuldigter? (→ Rn 49 ff., 58 f.)
10. In welchem Zusammenhang spielen „informatorische Befragungen" und „Spontanäußerungen" eine Rolle? (→ Rn 57)
11. Was sind Vorermittlungen und sind sie zulässig? (→ Rn 61 ff.)
12. Muss ein StA ermitteln, wenn er außerdienstlich Kenntnis von einer Straftat erlangt? (→ Rn 64)
13. Die gefestigte Rspr. beurteilt ein Verhalten als strafbar – muss die StA anklagen, wenn sie das Verhalten als straflos einstuft? (→ Rn 65 ff.)
14. Die gefestigte Rspr. beurteilt ein Verhalten als straflos – darf die StA dennoch anklagen, wenn sie die Rspr. für falsch hält? (→ Rn 65 ff.)
15. Was besagt das Legalitätsprinzip? (→ Rn 68)
16. Welche Ausnahmen gibt es vom Legalitätsprinzip? (→ Rn 69)
17. Was besagt das Opportunitätsprinzip? (→ Rn 69)
18. In welchem Umfang muss die StA den Sachverhalt ermitteln? (→ Rn 73 ff.)
19. Was besagt der Untersuchungsgrundsatz? (→ Rn 79)
20. Was ist das Gegenteil zum Untersuchungsgrundsatz? (→ Rn 79)
21. Ist eine verfahrensbeendende Verständigung zwischen StA, Gericht und Beschuldigtem schon im Vorverfahren zulässig? (→ Rn 83)
22. Welche Verfahrensvoraussetzungen gibt es? (→ Rn 90 ff.)
23. Was hat zu geschehen beim Auftreten eines dauerhaften Verfahrenshindernisses (im Ermittlungsverfahren, im Zwischenverfahren und im Hauptverfahren)? (→ Rn 88)
24. Was geschieht bei einem vorübergehenden Verfahrenshindernis? (→ Rn 88)
25. Welche Auswirkungen hat „tatprovozierendes Verhalten" eines polizeilichen Lockspitzels? (→ Rn 96 f.)

26. Woraus leitet sich der Beschleunigungsgrundsatz ab? (→ Rn 98)
27. Kann sich eine öffentliche Vorverurteilung auf das Strafverfahren auswirken? (→ Rn 98)
28. Nach welchen Kriterien beurteilt sich das Vorliegen einer „prozessualen Tat“ und wofür ist das wichtig? (→ Rn 99 ff., 111)
29. Welche europäische Norm ist wichtig für den Strafklageverbrauch? (→ Rn 103 f.)
30. Was ist unter „Umgrenzungsfunktion“ des Tatbegriffs zu verstehen und in welchen Paragrafen tritt sie zutage? (→ Rn 112)
31. Welche Beweisverfahren kennt die StPO und welche Beweismittel sind jeweils zulässig? (→ Rn 113 f.)
32. Welche Befugnispyramide lässt sich zeichnen (mit Blick auf die ermittelnden Personen)? (→ Rn 117)
33. Wie ist das Verhältnis zwischen Polizei und StA ausgestaltet? (→ Rn 132 ff.)
34. Welche Rechte hat der Beschuldigte, welche Pflichten hat er? (→ Rn 140 ff.)
35. Woraus leitet sich der „Grundsatz des rechtlichen Gehörs“ ab und wie gewährt ihn die StPO in den einzelnen Verfahrensstadien? (→ Rn 142 ff.)
36. Was heißt „nemo tenetur se ipsum accusare“? (→ Rn 144)
37. Was besagt der Grundsatz der Aussagefreiheit? (→ Rn 144)
38. Was besagt das Fairnessprinzip? (→ Rn 150)
39. Muss ein Beschuldigter einer polizeilichen Ladung zur Vernehmung Folge leisten? (→ Rn 152 f.)
40. Besteht trotz Schweigerechts eine Verpflichtung, Angaben zur Identität zu machen? (→ Rn 158)
41. Wann liegt nach der StPO eine Vernehmung vor? (→ Rn 160 f.)
42. Hat der Verteidiger des Beschuldigten ein Anwesenheitsrecht, wenn der Richter den Mitbeschuldigten vernimmt? (→ Rn 163)
43. Hat der Verteidiger ein Anwesenheitsrecht, wenn die StA den Beschuldigten vernimmt? (→ Rn 163)
44. Wie läuft idR eine Vernehmung ab? (→ Rn 164 ff.)
45. Welche Vernehmungsmethoden schließt § 136a aus? (→ Rn 172 ff.)
46. Fällt die „kriminalistische List“ unter § 136a? (→ Rn 175)
47. Was ist der Unterschied zwischen dem „formellen“ und „materiellen“ Vernehmungsbegriff? (→ Rn 179)
48. Ist nach dem *BGH* eine polygraphische Untersuchung zulässig? (→ Rn 183 ff.)
49. Wer kann nicht Zeuge sein? (→ Rn 189 ff.)
50. Was ist ein „sachverständiger Zeuge“? (→ Rn 194)
51. Welche Pflichten hat ein Zeuge? (→ Rn 195 f.)
52. Muss ein Zeuge einer polizeilichen Ladung zur Vernehmung Folge leisten? (→ Rn 196)
53. Wo sind Zeugnisverweigerungsrechte in der StPO geregelt? (→ Rn 197)
54. Hat der Beschuldigte ein Anwesenheitsrecht, wenn der Richter einen Zeugen vernimmt? (→ Rn 209)

55. Wer ist zu informieren, wenn der Richter einen Zeugen vernimmt? (→ Rn 209)
56. Wie läuft eine Zeugenvernehmung ab? (→ Rn 211)
57. Was kennzeichnet einen Sachverständigen? (→ Rn 214 ff.)
58. Was sind Anknüpfungs-, Befund- und Zusatztatsachen“? (→ Rn 218 f.)
59. Welche Pflichten hat ein Sachverständiger? (→ Rn 220)
60. Welche Rechte hat ein Sachverständiger? (→ Rn 221)
61. Was ist ein „Verletzter“ im Strafverfahren und welche Rolle spielt er? (→ Rn 223 ff.)
62. Was ist ein „Nebenkläger“? (→ Rn 228)
63. Unter welchen Voraussetzungen ist ein Adhäsionsverfahren zulässig? (→ Rn 229)
64. Was ist eine „Raster-“, was eine „Schleppnetzfahndung“? (→ Rn 233 ff.)
65. Gestattet die StPO auch die Identitätsfeststellung bei nichtverdächtigen Personen? (→ Rn 239)
66. Welcher Verdachtsgrad ist notwendig, um eine erkennungsdienstliche Maßnahme nach § 81b durchzuführen? (→ Rn 240)
67. Erlaubt § 81b bei einem Beschuldigten das Verändern des äußeren Erscheinungsbildes, etwa das Abrasieren seines Vollbartes? (→ Rn 243)
68. Mit welchen Kriterien lässt sich die körperliche Untersuchung von der Durchsuchung des Körpers abgrenzen? (→ Rn 246)
69. Kann ein Beschuldigter gezwungen werden, eine Schriftprobe abzugeben? (→ Rn 247)
70. Was unterscheidet den körperlichen Eingriff von der körperlichen Untersuchung? (→ Rn 248)
71. B steht im Verdacht, einen Beutel mit Drogen verschluckt zu haben. Darf ihm per Magensonde ein Brechmittel verabreicht werden? (→ Rn 252 ff.)
72. Unter welchen Voraussetzungen darf ein Nichtbeschuldigter körperlich untersucht werden? (→ Rn 256 ff.)
73. Wodurch unterscheiden sich Informanten, V-Personen, Verdeckte Ermittler und Lockspitzel? (→ Rn 263)
74. Für welche Aktionen braucht ein „Verdeckter Ermittler“ die Erlaubnis der StA oder eines Richters? (→ Rn 266)
75. Ist es zulässig, die Identität eines Verdeckten Ermittlers im gesamten Strafverfahren geheim zu halten? (→ Rn 268)
76. Was versteht man unter Telekommunikation? (→ Rn 273)
77. Welche Ermächtigungsgrundlage kommt in Betracht, wenn es um die Überwachung des E-Mail-Verkehrs eines Beschuldigten geht? (→ Rn 274)
78. Was ist eine „Online-Durchsuchung“? (→ Rn 275)
79. Ist der Einsatz von sog. IMSI-Catchern zulässig? (→ Rn 276)
80. Wie unterscheiden sich „kleiner“ und „großer Lauschgriff“? (→ Rn 281)
81. Welche Verwertungsverbote bestehen beim „großen Lauschangriff“? (→ Rn 289 ff.)
82. Was ist beim großen und kleinen Lauschangriff hinsichtlich Zufallserkenntnissen zu beachten? (→ Rn 295)
83. Welche Norm rechtfertigt den heimlichen Einbau eines GPS-Senders durch die Polizei am Auto eines Beschuldigten? (→ Rn 303)

84. Darf die Polizei unverdächtige Personen durchsuchen? (→ Rn 307)
85. In welchen Fällen darf die StA eine nächtliche Wohnungsdurchsuchung anordnen? (→ Rn 309 ff.)
86. Was ist der Unterschied zwischen einer „Sicherstellung" und einer „Beschlagnahme"? (→ Rn 312)
87. Was fällt unter die „beschlagnahmefreien" Gegenstände? (→ Rn 315 f.)
88. Darf im Ermittlungsverfahren der Führerschein eingezogen werden? (→ Rn 317)
89. Unter welchen Voraussetzungen darf U-Haft angeordnet werden? (→ Rn 324 ff.)
90. Wann ist „dringender Tatverdacht" gegeben? (→ Rn 325)
91. Welche Besonderheiten gibt es beim Haftgrund der „Wiederholungsgefahr"? (→ Rn 331)
92. Welche Rechtsschutzmöglichkeiten hat der Inhaftierte? (→ Rn 338 ff.)
93. Welches Gericht hat nach sechs Monaten eine Haftprüfung vorzunehmen? (→ Rn 344)
94. Was ist eine „Flagranzfestnahme" und welche Voraussetzungen müssen dafür gegeben sein? (→ Rn 351)
95. Was ist der richtige Rechtsbehelf gegen Zwangsmaßnahmen? (→ Rn 357)
96. Gibt es auch Rechtsschutz, wenn sich eine Zwangsmaßnahme erledigt hat? (→ Rn 367, 371 f.)
97. Welche Arten der Verteidigung gibt es? (→ Rn 377 ff.)
98. In welchen Fällen besteht eine „notwendige Verteidigung"? (→ Rn 380 ff.)
99. Zu welchem Zeitpunkt muss ein Pflichtverteidiger bestellt werden? (→ Rn 384 ff.)
100. Welche Stellung hat der Strafverteidiger im Verfahren? (→ Rn 389 ff.)
101. Was besagt im Zusammenhang mit der Strafverteidigung die „Organtheorie"? (→ Rn 391 ff.)
102. Welche Pflichten hat ein Verteidiger? Welche Rechte hat er? (→ Rn 395 ff.)
103. Wie unterteilt man Beweiserhebungsverbote und Beweisverwertungsverbote? (→ Rn 404, 408)
104. Wann folgt aus dem Verstoß gegen ein Beweiserhebungsverbot, dass der so gewonnene Beweis nicht verwertet werden darf? (→ Rn 410 ff.)
105. Welche Gesichtspunkte können innerhalb der „Abwägungslehre" relevant werden? (→ Rn 419 ff.)
106. Was bedeutet im Zusammenhang mit der Beschuldigtenvernehmung „qualifizierte Belehrung"? (→ Rn 432 ff.)
107. Was bedeutet im Zusammenhang mit der Beschuldigtenvernehmung „Umgehungssperre"? (→ Rn 437 ff.)
108. Darf die Polizei einem Beschuldigten eine „Hörfalle" stellen? (→ Rn 442)
109. Welche Folgen hat die Verletzung von Anwesenheitsrechten? (→ Rn 447 ff.)
110. Was verlangt der *BGH* mit der „Widerspruchslösung" vom Verteidiger? (→ Rn 450 ff.)
111. Warum ist die „Widerspruchslösung" abzulehnen? (→ Rn 451)

112. Ist eine sog. „Fernwirkung“ von Beweisverwertungsverboten anzuerkennen? (→ Rn 461 ff.)
113. Was besagt die „fruit of the poisonous tree doctrine“? (→ Rn 463)
114. Wer muss wie nachweisen, dass gegen ein Beweiserhebungsverbot verstoßen worden ist? (→ Rn 466 ff.)
115. Welche Rolle spielen richterliche Vernehmungen bei § 252? (→ Rn 471)
116. Was ist unter der „Sphärentheorie“ (*BVerfG*) zu verstehen? (→ Rn 479)
117. Wie kann die StA das Vorverfahren abschließen? (→ Rn 482 f.)
118. Wer darf in welchen Fällen den Privatklageweg der StPO beschreiten? (→ Rn 489 ff.)
119. Wie unterscheidet sich § 153 von 153a und § 154 von 154a? (→ Rn 493 ff.)
120. Kommt es bei einer Einstellung nach § 153 oder § 153a zu einem Strafklageverbrauch? (→ Rn 497 bzw. 500)
121. Wie läuft ein Strafbefehlsverfahren ab? (→ Rn 505 ff.)
122. Gilt im Strafbefehlsverfahren ein Verschlechterungsverbot? (→ Rn 513)
123. Was wird im „einfachen Führungszeugnis“ eingetragen? (→ Rn 517)
124. Welche Voraussetzungen müssen vorliegen, um ein Beschleunigtes Verfahren durchzuführen? (→ Rn 519)
125. Welche Besonderheiten bei der Beweisaufnahme gibt es beim Beschleunigten Verfahren? (→ Rn 522 ff.)
126. Was besagt der Anklagegrundsatz? (→ Rn 524)
127. Welche Funktionen erfüllt die Anklageschrift? (→ Rn 527)
128. Welchen Grundsatz enthält § 152 I? (→ Rn 524)
129. Wie läuft ein Klageerzwingungsverfahren ab? (→ Rn 535)
130. Woraus ergibt sich das „Prinzip des gesetzlichen Richters“? (→ Rn 537)
131. Welche Spruchkörper gibt es bei *AG*, *LG*, *OLG* und *BGH*? (→ Rn 538)
132. Wie sind die Spruchkörper bei *AG*, *LG*, *OLG* und *BGH* besetzt? (→ Rn 540)
133. Wonach richtet sich die örtliche Zuständigkeit? (→ Rn 542 ff.)
134. Wonach richtet sich die sachliche Zuständigkeit? (→ Rn 546 ff.)
135. Was ist unter „beweglicher Zuständigkeit“ zu verstehen? (→ Rn 551)
136. Darf ein Einzelrichter am *AG* vier Jahre Freiheitsstrafe verhängen? (→ Rn 553 f.)

**Zwischenverfahren**

137. Welchen Zweck hat das Zwischenverfahren? (→ Rn 558)
138. Welche Rechte hat der Angeschuldigte im Zwischenverfahren? (→ Rn 559)
139. Wie läuft das Zwischenverfahren ab? (→ Rn 561 ff.)
140. Welchen Inhalt hat ein Nichteröffnungsbeschluss bzw. Eröffnungsbeschluss? (→ Rn 565 ff.)
141. Welche Wirkungen hat ein Nichteröffnungsbeschluss bzw. Eröffnungsbeschluss? (→ Rn 568 ff.)
142. Welche Rechtsbehelfe stehen der StA gegen einen Nichteröffnungsbeschluss zu? (→ Rn 571)

143. Welche Verfahrensgrundsätze gelten speziell im Zwischenverfahren? (→ S. 218)

**Hauptverfahren**

144. In welche Teile zerfällt das Hauptverfahren? (→ Rn 572)
145. Wie ist vorzugehen, wenn sich nach Eröffnung des Hauptverfahrens und vor Beginn der Hauptverhandlung die Beurteilung der örtlichen oder sachlichen Zuständigkeit ändert? (→ Rn 580)
146. Unter welchen Voraussetzungen ist es zulässig, die Öffentlichkeit von der Hauptverhandlung gegen einen erwachsenen Angeklagten auszuschließen? (→ Rn 583 ff.)
147. Wie läuft eine Hauptverhandlung – grob skizziert – ab? (→ Rn 588)
148. An welcher Stelle der Hauptverhandlung sind erfolgte Verständigungen mitzuteilen? (→ Rn 588)
149. Was ist gemeint mit „absoluter Beweiskraft" des Hauptverhandlungsprotokolls? (→ Rn 589)
150. Was ist gemeint mit der Protokollierung „wesentlicher Förmlichkeiten"? (→ Rn 591)
151. Welche Beteiligten müssen in der Hauptverhandlung anwesend sein? (→ Rn 592 ff.)
152. Ist ein Strafrichter befangen, wenn er bereits an einer Vorentscheidung in einem Zivilverfahren mitgewirkt hat? (→ Rn 596)
153. Unter welchen Voraussetzungen kann die Hauptverhandlung in Abwesenheit des Angeklagten stattfinden? (→ Rn 605 ff.)
154. Ist es möglich, einen StA wegen Befangenheit abzulehnen? (→ Rn 611 ff.)
155. Welche Bedeutung hat § 238 II? (→ Rn 625 ff.)
156. In welchen Fällen ist ein rechtlicher Hinweis iSd § 265 erforderlich? (→ Rn 628 ff.)
157. Unter welchen Voraussetzungen kann die StA in einer bereits laufenden Hauptverhandlung eine neue prozessuale Tat anklagen? (→ Rn 633)
158. Was ist der Unterschied zwischen einer Unterbrechung und einer Aussetzung der Hauptverhandlung? (→ Rn 634 f.)
159. Welche Grundsätze galten hinsichtlich der „Verständigung im Strafverfahren" vor August 2009? (→ Rn 647)
160. Inwieweit unterscheidet sich die gesetzliche Regelung über Verständigungen von den davor geltenden Grundsätzen? (→ Rn 648 f.)
161. Was wird an der gesetzlichen Regelung kritisiert? (→ Rn 650 ff.)
162. Welche Tatsachen müssen in einem Strafverfahren als Strengbeweis erhoben werden? (→ Rn 667)
163. Was gebietet der Amtsermittlungsgrundsatz? (→ Rn 672 ff.)
164. Wie lässt sich ein Beweisantrag definieren? (→ Rn 678)
165. Was ist ein Beweisermittlungsantrag? (→ Rn 681)
166. Unter welchen Voraussetzungen kann ein Beweisantrag abgelehnt werden? (→ Rn 685 ff.)
167. Was besagt der Unmittelbarkeitsgrundsatz? (→ Rn 695)
168. Darf ein im Ermittlungsverfahren abgelegtes Geständnis in der Hauptverhandlung verlesen werden? (→ Rn 700)

169. Welche Besonderheiten gibt es, wenn ein richterliches Protokoll nicht ordnungsgemäß zustande gekommen ist, etwa Anwesenheitsrechte bei der richterlichen Vernehmung missachtet wurden? (→ Rn 714)
170. Was ist ein „Vorhalt" und unter welchen Voraussetzungen ist er in der Hauptverhandlung zulässig? (→ Rn 721 ff.)
171. Ist es zulässig, polizeiliche Ermittlungsniederschriften per Verlesung in die Hauptverhandlung einzuführen? (→ Rn 724)
172. Darf das Teilschweigen eines Angeklagten in der Beweiswürdigung zu seinem Nachteil verwertet werden? (→ Rn 733)
173. Ist es erforderlich, dass an der Hauptverhandlung beteiligte Schöffen das Urteil unterzeichnen? (→ Rn 736)
174. Innerhalb welcher Frist muss das vollständige Urteil „zu den Akten" gebracht werden? (→ Rn 740)

**Rechtsmittel**

175. Welche Rechtsbehelfe stellt die StPO zur Verfügung? (→ Rn 744 f.)
176. Welche Rechtsmittel erlauben die Überprüfung eines Urteils in tatsächlicher und rechtlicher Hinsicht? (→ Rn 746
177. Was ist der „Devolutiveffekt", was der „Suspensiveffekt"? (→ Rn 747 f.)
178. Bei welchen Rechtsmitteln gilt das Verschlechterungsverbot? (→ Rn 749)
179. Was ist gemeint mit „iudex a quo" und „iudex ad quem"? (→ Rn 757)
180. Bei welchem Gericht sind Rechtsmittel einzulegen? (→ Rn 757)
181. Darf der Verurteilte seinen Rechtsmittelverzicht widerrufen? (→ Rn 758)
182. Kann der Verteidiger anstelle des Verurteilten wirksam auf die Einlegung eines Rechtsmittels verzichten? (→ Rn 758)
183. Welche Arten der Beschwerde gibt es? (→ Rn 759)
184. Gibt es bei der Beschwerde eine mündliche Verhandlung? (→ Rn 769)
185. Gegen welche Urteile ist die Berufung statthaft? (→ Rn 777)
186. Was ist unter einer „Annahmeberufung" zu verstehen? (→ Rn 778)
187. Wofür ist die sog. „Trennbarkeitsformel" relevant? (→ Rn 783)
188. Welchen Inhalt kann die Entscheidung über eine Berufung haben? (→ Rn 788 f.)
189. Was ist bei einer Revision ein „ou-Beschluss"? (→ Rn 791)
190. Welche Zulässigkeitsvoraussetzungen gibt es bei der Revision? (→ Rn 792 ff.)
191. Welche zwei Arten von Revisionsrügen gibt es? (→ Rn 795)
192. Welche Form genügt, um eine Sachrüge wirksam zu erheben? (→ Rn 799)
193. Aus welcher Norm ergibt sich bei einer Revision der Obersatz für die Begründetheitsprüfung? (→ Rn 803 f.)
194. Worin liegt der Unterschied zwischen „absoluten" und „relativen" Revisionsgründen? (→ Rn 807)
195. Welche „absoluten Revisionsgründe" gibt es? (→ Rn 811 ff.)
196. Wann „beruht" ein Urteil auf einer Gesetzesverletzung? (→ Rn 823)
197. Wie geht die Rspr. bei Revision mit der Verletzung sog. Ordnungsvorschriften um? (→ Rn 823)
198. Was ist unter einer Aufklärungsrüge zu verstehen? (→ Rn 826)

199. Wie kann der Revisionsführer einen Verfahrensfehler beweisen? (→ Rn 827 ff.)
200. Welche Grundsätze gelten bei der sog. „unwahren Verfahrensrüge“? (→ Rn 830 f.)
201. Was ist die sog. „Rügeverkümmerung“? (→ Rn 831)
202. In welchen Fällen ist eine „Sachrüge“ begründet? (→ Rn 833 ff.)
203. Darf das Revisionsgericht auch die Beweiswürdigung des Tatgerichts überprüfen? (→ Rn 835)

Welche Möglichkeiten hat das Revisionsgericht, ein Revisionsverfahren zu beenden? (→ Rn 839 ff.)

**Rechtskraft**

204. Wann tritt formelle Rechtskraft ein? (→ Rn 849 f.)
205. Was ist zu verstehen unter vertikaler und horizontaler Teilrechtskraft? (→ Rn 853)
206. Was bedeutet materielle Rechtskraft? (→ Rn 854 ff.)
207. In welchen Fällen wird die Rechtskraft durchbrochen? (→ Rn 857 ff.)
208. Was darf der Verteidiger beim Wiedereinsetzungsantrag nicht vergessen? (→ Rn 860)
209. Wie läuft ein Wiederaufnahmeverfahren ab? (→ Rn 864 ff.)
210. Welche Wiederaufnahmegründe gibt es? (→ Rn 865 ff.)
211. Gilt der Grundsatz „in dubio pro reo“ im Aditionsverfahren? (→ Rn 873)
212. Greift der Wiederaufnahmegrund des § 362 Nr. 2 zuungunsten des Freigesprochenen, wenn der maßgebliche Entlastungszeuge von ihm schwer genötigt worden ist? (→ Rn 881 ff.)
213. Unter welchen Voraussetzungen ist die Wiederaufnahme eines durch rechtskräftigen Strafbefehl abgeschlossenen Verfahrens möglich? (→ Rn 885)

# Anhang I: Verfahrensgrundsätze (Übersicht)

**Literatur:** *Huber*, Grundwissen – Strafprozessrecht: Der Anklagegrundsatz, JuS 2008, 779; *Jahn*, Das Legalitätsprinzip, in: Hb. zum Strafverfahren, hrsg. v. Heghmanns/Scheffler, 2008, I Rn 85 ff.; *Verrel*, Nemo tenetur – Rekonstruktion eines Verfahrensgrundsatzes, NStZ 1997, 361 u. 415; *Weßlau*, Konsensprinzip als Leitidee des Strafverfahrens, StraFo 2007, 1.

## Allgemeine Verfahrensgrundsätze

- **Unschuldsvermutung** (Art. 20 III GG, Art. 6 II MRK, Art. 14 II IPbpR) → Rn 35

  Jede angeklagte Person gilt bis zum gesetzlichen Beweis ihrer Schuld als unschuldig. Der gesetzliche Beweis liegt erst mit der Rechtskraft des Urteils vor.

- **Verbot des Selbstbelastungszwangs** – „Nemo tenetur se ipsum accusare" (Art. 2 I iVm 1 I und 20 III GG, Art. 14 III lit. g IPbpR) → Rn 144
- **Untersuchungsgrundsatz** (§§ 160 II, 202 S. 1, 244 II) → Rn 79
- **Rechtliches Gehör** (Art. 103 I GG, §§ 33, 136 II, 257 I StPO, § 67 I, III JGG) → Rn 142

  Es genügt, wenn der Betroffene Gelegenheit zur Äußerung hat.

- **Beschleunigungsgrundsatz** (§§ 163 II, 229 StPO, Art. 5 III 1, 6 I 1 MRK) → Rn 98
- **Grundsatz des gesetzlichen Richters** (Art. 101 I 2 GG) → Rn 537
- **Faires Verfahren (fair trial)** (Art. 1, 20 III GG, 6 I MRK) → Rn 150

  Auslegungsrichtlinie für den Strafrichter! Konkretisierung: Recht auf Verteidigung, Gebot der Waffengleichheit, Aussagefreiheit, Zugang zu den Beweisen etc.

- **Zweifelssatz („in dubio pro reo")** (Art. 6 II MRK) → Rn 36
- **Konsensprinzip** (§§ 160b, 202a, 212, 257c) → Rn 639

## Verfahrensgrundsätze im Vorverfahren

- **Legalitätsprinzip** (Art. 3 GG, § 152 II, 170 I) ↔ **Opportunitätsprinzip** (§§ 153–154e) → Rn 68 f.

  § 152 II: Die StA „ist ... verpflichtet, wegen aller verfolgbaren Straftaten einzuschreiten" (Legalität), „soweit nicht gesetzlich ein anderes bestimmt ist" (Opportunität).

- **Offizialprinzip** (§ 152 I) ↔ Privatklage (§§ 374 ff.) → Rn 524

  „Zur Erhebung der öffentlichen Klage ist die Staatsanwaltschaft berufen" (§ 152 I) – bei einem Privatklagedelikt auch der „Verletzte" (§ 374 I).

## Verfahrensgrundsätze im Zwischenverfahren

- **Anklagegrundsatz/Akkusationsprinzip** (§ 151) → Rn 524

  „Die Eröffnung einer gerichtlichen Untersuchung ist durch die Erhebung einer Anklage bedingt" (Merksatz: „Wo kein Kläger, da kein Richter"). Durchbrechung: Klageerzwingungsverfahren (§ 172 II 1).

## Verfahrensgrundsätze im Hauptverfahren

- **Immutabilitätsprinzip** (§ 156) → Rn 568

  „Die öffentliche Klage kann nach Eröffnung des Hauptverfahrens nicht zurückgenommen werden." Wichtige Ausnahmen: Strafbefehl (§ 411 III), Privatklage (§ 391), Auslandstaten (§ 153c IV).

- **Öffentlichkeitsgrundsatz** (§§ 169–175 GVG, Art. 6 I 1 MRK) → Rn 583

  Kein Geheimverfahren – Einschränkungen: §§ 171a–175 GVG; § 48 JGG

- **Mündlichkeitsgrundsatz** (§§ 261, 249 I 1) → Rn 582

  Verknüpft mit dem Öffentlichkeitsgrundsatz: so werden z.B. Urkunden verlesen, damit die Überzeugung des Gerichts nachvollziehbar „aus dem Inbegriff der Verhandlung" geschöpft werden kann.

- **Konzentrationsmaxime** (Ausprägung des Beschleunigungsprinzips) → Rn 634

- **Unmittelbarkeitsgrundsatz** (§§ 226 I, 250) → Rn 695

  Formell: „ununterbrochene Gegenwart der zur Urteilsfindung berufenen Personen sowie der Staatsanwaltschaft". Materiell: Vorrang des Personalbeweises vor dem Sachbeweis. Ausnahmen: §§ 251, 253 f., 256.

- **Freie (richterliche) Beweiswürdigung** (§ 261) → Rn 725

  Das Gericht entscheidet aus „freier Überzeugung". Eine Bindung besteht nur an Natur- und Denkgesetze.

# Anhang II: (Tat-)Verdachtsgrade (Übersicht)

**Vermutung:** wenn von bestimmten Anzeichen ohne ausreichende Tatsachengrundlage willkürlich auf die Annahme einer Straftat geschlossen wird (→ Rn 38).

Bloße Vermutungen genügen nicht für die Einleitung eines Ermittlungsverfahrens, ggf. aber für Vorermittlungen (→ Rn 61 f.). Ergibt sich danach kein Anfangsverdacht, werden – unter Verweis auf § 152 II – die Vorermittlungen beendet, andernfalls ein Ermittlungsverfahren eingeleitet.

**Anfangsverdacht:** wenn auf einer Tatsachengrundlage fußende „zureichende tatsächliche Anhaltspunkte" vorliegen, aus denen sich nach kriminalistischer Erfahrung die Möglichkeit der Begehung einer „verfolgbaren Straftat" ergibt (§ 152 II, → Rn 38).

Relevant z.B. für die Frage, ob ein Ermittlungsverfahren einzuleiten ist, und bei Standardmaßnahmen (z.B. nach §§ 81a, 94, 102).

**Qualifizierter Verdacht** (konkretisierte Verdachtslage): wenn konkrete, in gewissem Umfang verdichtete Umstände als Tatsachenbasis vorhanden sind, aufgrund derer eine erhöhte Wahrscheinlichkeit für die Beteiligung an einer Katalogtat besteht (→ Rn 287).

Relevant für die Frage, ob eine akustische Wohnraumüberwachung angeordnet werden darf („großer Lauschangriff": § 100c I, II; „kleiner Lauschangriff": § 100f I iVm § 100a).

**Hinreichender Tatverdacht:** wenn es am Ende der Ermittlungen wahrscheinlich ist, dass der Beschuldigte verurteilt werden wird (→ Rn 33).

Relevant für die Frage, ob die Voraussetzungen vorliegen für eine Anklageerhebung (§ 170 I), den Erlass eines Eröffnungsbeschlusses (§ 203), die Beantragung eines Strafbefehls (§§ 407 ff.), eines Sicherungsverfahrens (§§ 413 ff.) oder eines Beschleunigten Verfahrens (§§ 417 ff.).

**Dringender Tatverdacht:** wenn nach dem aktuellen Stand der Ermittlungen eine große Wahrscheinlichkeit dafür besteht, dass der Beschuldigte eine Straftat begangen hat (→ Rn 325).

Relevant für die Frage, ob die Voraussetzungen zum Erlass eines Haftbefehls (§ 112 I 1) oder für eine Unterbringung zur Beobachtung (§ 81 II 1) gegeben sind.

**Richterliche Überzeugung:** ein nach der Lebenserfahrung ausreichendes Maß an Sicherheit, das vernünftige und nicht bloß auf denktheoretische Möglichkeiten gegründete Zweifel nicht mehr zulässt (→ Rn 728).

Relevant für die Frage, ob ein Angeklagter verurteilt werden darf (§§ 261, 267).

# Stichwortverzeichnis

Die Zahlenangaben beziehen sich auf Seiten.
Fettdruck kennzeichnet Hauptfundstellen.